La Baja Edad Media en los siglos XIV-XV

Política y cultura

PROYECTO EDITORIAL
HISTORIA DE ESPAÑA. 3.er MILENIO

Dirección:
Elena Hernández Sandoica

La Baja Edad Media en los siglos XIV-XV

Política y cultura

José M.ª Monsalvo Antón

Editorial SINTESIS

Diseño de cubierta: Manuel Gracia Gascón

© José M.ª Monsalvo Antón

© EDITORIAL SÍNTESIS, S. A.
Vallehermoso, 34 - 28015 Madrid
Tel.: 91 593 20 98
http://www.sintesis.com

Reservados todos los derechos. Está prohibido, bajo las sanciones
penales y el resarcimiento civil previstos en las leyes, reproducir,
registrar o transmitir esta publicación, íntegra o parcialmente
por cualquier sistema de recuperación y por cualquier medio,
sea mecánico, electrónico, magnético, electroóptico, por fotocopia
o por cualquier otro, sin la autorización previa por escrito
de Editorial Síntesis, S. A.

Depósito Legal: M-32.716-2000
ISBN: 84-7738-736-2

Impreso en España - Printed in Spain

Índice

Introducción   9

1. La centralización de la monarquía castellana
   y sus condicionamientos estamentales, c. 1300-1500   15

   1.1. Situación previa. El proyecto de estado de Alfonso el Sabio   15
   1.2. De la inestabilidad permanente a la recuperación de la autoridad
        regia (1284-1350)   20
        1.2.1. Tensiones factuales entre realeza y fuerzas del reino   20
        1.2.2. El proyecto monárquico, hacia la superación
               de los vaivenes de las fuerzas del reino   23
   1.3. Guerra civil e instalación de los primeros Trastámara
        (1350-1406)   31
        1.3.1. Precedentes y desarrollo de la guerra civil (1350-1369)   31
        1.3.2. Instalación de la dinastía Trastámara y cambios
               en la elite política (1369-1406)   34
        1.3.3. Transformaciones del régimen monárquico durante
               los primeros reinados Trastámara   40
   1.4. Auge de la monarquía centralizada y sus límites
        estamentales (1406-1474)   49
        1.4.1. Tensiones entre facciones y banderías políticas   51
        1.4.2. Funcionamiento de los aparatos monárquicos en el XV   55
   1.5. Algunas claves controvertidas del sistema político castellano
        bajomedieval   61
        1.5.1. El régimen político castellano y el mito
               del autoritarismo   61
        1.5.2. Las fuerzas motrices de la centralización monárquica
               castellana   67
   1.6. Novedades del reinado de Isabel   71

2. Las monarquías de Aragón y Navarra en la transición medieval al Estado Moderno (c. 1300-1500) 75

    2.1. Corona de Aragón 75
        2.1.1. La estabilización del ámbito geopolítico de la corona aragonesa y de su esquema de poder (1283-1327) ... 75
        2.1.2. Decadencia de la vieja dinastía y centralización policéntrica (1327-1412) 78
        2.1.3. Los estados de la corona de Aragón bajo los Trastámara (1412-1479) 92
        2.1.4. Dos claves de la historia política de los estados de la corona aragonesa 100
        2.1.5. Situación a comienzos del reinado de Fernando II 107
    2.2. Navarra 109
        2.2.1. La monarquía navarra hacia 1300 109
        2.2.2. La singularidad dinástica de Navarra y su progresiva decantación peninsular 109
        2.2.3. El territorio y las instituciones de Navarra en la Baja Edad Media 114
        2.2.4. Relaciones de los reyes con la sociedad política 115

3. Ideas y representaciones políticas sobre el rey, la corona y el reino (el caso castellano) 117

    3.1. El marco intelectual del pensamiento político bajomedieval ... 117
    3.2. Imágenes y ritos de la realeza 120
    3.3. Vertebración ideológica del estado monárquico 127
        3.3.1. La noción de corona y soberanía real 127
        3.3.2. Los límites del poder monárquico y la propaganda política 129
        3.3.3. Mitos e identificación pre-nacionales 138

4. Los poderes locales y señoriales 141

    4.1. Los poderes señoriales 141
        4.1.1. El poder de la nobleza señorial castellana a partir de sus señoríos 141
        4.1.2. La situación en la Corona de Aragón 155
    4.2. Poderes urbanos 158
        4.2.1. Los poderes concejiles castellanos: el ejemplo de los concejos de la cuenca del Duero 159
        4.2.2. Los municipios catalanes 168

5. Nuevas condiciones y canales de expresión de los saberes y las culturas — 179

    5.1. Renovación de las condiciones materiales y sociales de la producción y difusión culturales — 179
        5.1.1. Precariedad de medios, cultura minoritaria y renovación de los instrumentos del saber — 179
        5.1.2. Ampliación de los creadores, nuevos ambientes y nuevas demandas culturales — 189
    5.2. La interacción entre saberes de elite y culturas populares. La identidad cultural — 194
        5.2.1. Renovación del pensamiento intelectual sabio y erudito — 194
        5.2.2. Consolidación de las literaturas vernáculas — 199
        5.2.3. Corrientes de cultura popular y su incorporación al legado intelectual — 218
        5.2.4. La identidad cultural del período, ¿casticismo o universalismo?, ¿humanismo hispánico? — 225

6. Religión, sensibilidades espirituales y vulgarización del ideario católico — 233

    6.1. Crisis eclesiásticas y prácticas religiosas. Reforma, tradición e innovación — 235
        6.1.1. Deterioro de la institución eclesiástica — 235
        6.1.2. Intentos de reforma — 241
        6.1.3. Creencias y práctica religiosa de los laicos — 246
    6.2. Trasvase de la cultura clerical y catequización popular — 254
        6.2.1. Difusión de la cultura católica: libros didácticos, catequéticos y confesionales — 255
        6.2.2. La predicación bajomedieval. Sermones y predicadores — 260
    6.3. De la Escolástica al Humanismo. Apología y contestación de una teología académica y domesticada — 266
        6.3.1. Corrientes de pensamiento religioso — 266
        6.3.2. Disidencias y heterodoxias — 271
        6.3.3. Hacia una nueva espiritualidad personal — 278

7. Representaciones del individuo y la sociedad — 285

    7.1. El individuo y los escenarios de la vida humana — 285
        7.1.1. Conciencia de lo individual — 285
        7.1.2. Miedos renovados ante la muerte — 292
        7.1.3. Escenarios lejanos. Escenarios próximos (campo y ciudad) — 297

7.2. La representación imaginaria del orden social. Los estados
  y la mentalidad social ... 303
  7.2.1. De los rígidos "órdenes" funcionales a la pluralidad
    de "estados del mundo" ... 303
  7.2.2. "Estados" y crítica moral. Riqueza y pobreza, justicia
    y protesta ... 309
  7.2.3. De las Tres Culturas al ideario de exclusión ... 314
7.3. Cultura y mentalidades caballerescas ... 315
  7.3.1. Creación de una identidad genuina. Ambientes
    y costumbres de un nuevo estilo de vida ... 316
  7.3.2. El discurso cultural de los valores caballerescos ... 324

Apéndice de textos ... 331

1. Textos políticos (Cortes de Castilla) ... 331
2. Destronamiento del rey por los nobles, Farsa de Ávila, 1465 ... 337
3. Imagen de la sociedad estamental ... 339
4. Difusión de la doctrina católica: dos catecismos romances
   de la primera mitad del siglo XIV ... 342
5. Crítica al papel desestabilizador del dinero. "Enxienplo
   de la propiedat quel dinero ha", del *Libro de Buen Amor*,
   del Arcipreste de Hita ... 345
6. El exemplum en el sermón. *Sermones* de San Vicente Ferrer
   en Castilla 1411-1412 ... 347
7. Preeminencia de Castilla. Alonso de Cartagena, *Discurso
   sobre la precedencia del rey católico* (de Castilla)
   sobre el de Inglaterra ... 348

Bibliografía ... 349

Introducción

Los siglos XIV y XV no fueron una época de transición, salvo por el hecho de que todas las sociedades históricas lo han sido en alguna medida. La Baja Edad Media tiene su propio perfil. Fue época de consolidaciones y también de innovaciones, pero con identidad específica. Los fenómenos políticos y culturales del período no pueden considerarse episodios de tránsito, y mucho menos entre un supuesto oscurantismo medieval y un diáfano Renacimiento, según un cliché incrustado en el mundo académico por la torpeza analítica del siglo pasado y ya claramente superado.

Hoy sabemos, por ejemplo, que buena parte de los fenómenos asociados al Estado Moderno y al pensamiento político "moderno" fueron, en rigor, bajomedievales: las nociones de soberanía, de corona, de comunidad política, la participación institucional de los estamentos, el pactismo, el poder absoluto del príncipe... Se trata de progresos en las formas y en las ideas políticas acaecidos en los siglos XIV y XV, aparecidos algunos incluso en el siglo anterior. Se intentará en el libro indagar acerca de estos problemas, pero no sólo como desarrollos doctrinales (capítulo tercero) sino también en relación con la evolución política concreta de las monarquías hispánicas, la corona de Castilla (capítulo primero), Aragón y Navarra (capítulo segundo). Para estas monarquías en los últimos siglos medievales no existía ya ningún desafío transcendental en términos de afirmación territorial. Tan sólo hay que subrayar que la corona de Aragón impulsó una estrategia expansiva en el Mediterráneo. Y que Castilla aún limitaba en sus confines meridionales con el reino nazarí de Granada. Pero ya no era una prioridad la "Reconquista", como lo había sido en el pasado. Sólo en determinadas circunstancias se hizo con decisión la guerra a los musulmanes —mediados del XIV, primera década del XV–, pero sólo al final las conquistas fueron decisivas y se modificaron las fronteras. Al comenzar el año 1492 se extinguía el reino musulmán de Granada. Ahora bien, tanto la expansión catalanoaragonesa como la guerra contra los musulmanes pueden considerarse "política exterior". Internamente, el gran reto de las monarquías en los siglos XIV y XV fue llegar a vertebrarse como sistemas de poder estables y en sintonía con las sociedades políticas de los distintos reinos. Los conceptos clave para entender el desarrollo de las monarquías bajomedievales en fase de constitución del llamado Estado Moderno pensamos que son 'centralización' y 'estamentos'. De su peculiar interacción nacieron, sin duda, singularidades y relaciones características, que se estudian en los tres primeros capítulos. Pero el estado en una sociedad que seguía siendo feudal, en el sentido amplio de la palabra, no era sólo el polo de la monarquía y los poderes centrales. Era también el poder de la nobleza señorial y de los municipios, a los que se dedica el cuarto capítulo.

Los reinos peninsulares a mediados del siglo XV.

Lo mismo que de la política habría que decir de los fenómenos culturales. Muchos rasgos del pensamiento, de la cultura y de las sensibilidades espirituales, que antes se atribuían al Renacimiento, se saben hoy forjados en el período bajomedieval: la subversión filosófica que supuso el nominalismo, o la impugnación de la dictadura teológica tomista en el pensamiento; la aparición de la ascética y de estilos de devoción de tono personal e intimista; la desclericalización de la actividad cultural; la eclosión de las diferentes culturas "nacionales" o de los distintos países, expresadas en las respectivas lenguas vernáculas, ahora robustecidas y maduras, frente a una anterior unitaria cultura latina, de formato uniformizador; el nacimiento del humanismo; el cultivo de la poesía como desafío estético y la búsqueda de la belleza formal en la creación literaria; los libros de memorias y recuerdos familiares; la recuperación de ideas y filosofías vitales epicúreas, senequistas u otras, y de personales puntos de vista sobre la naturaleza, la moral y la sociedad; el auge de las ideas individualistas sobre la fama y la fortuna... Y lo mismo ocurriría con las concepciones estéticas y artísticas, con la plenitud de la arquitectura gótica, con novedades como el descubrimiento técnico en el XV de la perspectiva en la pintura, la proliferación de retratos singulares y de personajes con rasgos propios, o la inclusión de temáticas profanas en las obras. Todo ello, sin duda, convierte en extraordinariamente rico y muy dinámico el período de los siglos XIV y XV y hace esfumarse con ello ese tópico del Renacimiento como cambio brusco o ruptura en la historia europea.

Todos estos fenómenos afectaron a la Europa de la época. Y los territorios hispánicos formaban parte de ella. No se puede en este libro dar cuenta de todos los cambios culturales acaecidos en el período, pero sí de algunos. En los siglos XIV y XV —el proceso se había iniciado en el siglo anterior— el ambiente cultural se modificó sustancialmente. Se asiste a una secularización firme, aunque la Iglesia y el discurso religioso siguieron ejerciendo un papel importante, sin el que no puede entenderse la época. Pero ya no estuvieron solos. Caballeros, letrados y burgueses entraron en el mundo de la creación y del mecenazgo. Nuevos medios de difusión cultural, incluida la universidad, se expandieron en el período. Y acabaron de triunfar las lenguas vernáculas. Las aguas de lo popular y lo culto, de lo religioso y lo laico, se acabaron mezclando en los nuevos ríos de estas literaturas romances. El humanismo se abriría paso en el siglo XV, con perfiles propios pero solventes. Todo ello será objeto del quinto capítulo.

La citada secularización no sólo afectó al mundo de la creación cultural. La Iglesia oficial, en crisis, vio removerse sus cimientos en el período, sufrió un Cisma, perdió prestigio, pero impulsó por su parte reformas internas, institucionales y de otro tipo. Movimientos reformadores más o menos heterodoxos brotaron en el período, aunque quizá lo más innovador fue el concepto de una nueva religiosidad personal, inserta en la *devotio moderna*. Pero la Iglesia estuvo también preocupada por la difusión de sus mensajes, por la catequización de los laicos, por la imposición generalizada de sus sistemas de creencias y valores. Todos estos aspectos sobre Iglesia y religiosidad se analizan en otra parte del libro (capítulo sexto).

Finalmente, y ello será el objeto del séptimo y último capítulo, hay que decir que la imagen que la sociedad tenía de sí misma, así como sus ambientes y estilos de vida, se modificaron en los siglos XIV y XV. Detrás de todo ello latían cambios de actitudes, entre los cuales la acentuación de la conciencia de lo personal y de la propia angustia vital, ante la muerte o el destino, cargó de responsabilidad a los individuos de la época. Y esto se reflejó en las expresiones culturales. La misma forma de hacer inteligible el orden social cambió, se complejizó, como lo muestran las nuevas elaboraciones doctrinarias sobre los *estados* de la sociedad. Incluso los valores caballerescos se renovaron, añadiéndose ingredientes nuevos extraídos de la cultura clásica, el estilo de vida cortesano y la mentalidad humanista.

El libro se completa con una selección de textos y una relación bibliográfica. En esta última se ha cuidado la calidad de la selección, aunque no se han recogido necesariamente todos los mejores trabajos sobre el período —algunos por ser demasiado monográficos, puntuales o metodológicos—, sino que en la relación aparecen prácticamente los que son citados a lo largo del texto en relación con los temas de Política y Cultura de los siglos XIV y XV. Su consulta podrá remitir al lector a ese *corpus* de referencias bibliográficas exhaustivas que, desgraciadamente, no puede tener cabida en una obra como ésta.

Se ha pretendido en el libro la armonía entre los temas de Política y los de Cultura. Otros equilibrios se han procurado mantener también, pero no estrictamente. Así, los referidos a los distintos territorios de los entonces reinos hispánicos. No todos eran igual de extensos o poblados. En el reinado de los Reyes Católicos, exceptuando por tanto Portugal, había en los reinos hispánicos cerca de cinco millones de personas, según los especialistas en estas cuestiones, aunque los márgenes de error no son pequeños. De ellos correspondía a Castilla el 80%, cuatro millones, de los cuales las mayores concentraciones se daban en las cuencas del Duero y del Guadalquivir, zonas en las que además era muy potente la red urbana; de 900.000 a un millón, como mucho, eran de la corona de Aragón, el 18%; y cien mil, como máximo, corresponderían a Navarra, el 2%. Pues bien, a pesar de estas desproporciones, se ha procurado mantener cierto equilibrio entre unos reinos y otros, de modo que lo relativo a los estados pequeños no resultara "discriminado", podríamos decir, ante la preponderancia de lo castellano. Eso sí, por razones de selección, a veces nos hemos centrado sólo en algunos territorios, reinos o regiones, por razones prácticas.

En concreto, en temas referentes a la corona de Aragón hemos puesto mayor énfasis quizá en la situación catalana. No hay nada más que razones operativas y de selección en ello, aunque bien podría argüirse que el peso de Cataluña en su corona era el más destacado. En concreto, del casi millón de habitantes de la corona en el siglo XV –siglo, eso sí, de declive para Cataluña en el conjunto de la corona– un 45% correspondería al Principado, frente a un 25% de valencianos y otro tanto de aragoneses, y apenas un 5% de las Islas. Pero, aparte de ello, historiográficamente, el medievalismo ha insistido en las décadas pasadas en una contraposición entre Cataluña y Castilla y, dentro de ella, la Castilla interior, por lo que nos ha parecido oportuno ser mínimamente sensibles a estos énfasis territoriales en concreto, si bien sólo en algunas temáticas.

El libro sí renuncia, en cambio, a definiciones detalladas y teóricas de algunos de los conceptos empleados, empezando por las nociones de Política o Cultura, que darían lugar a espesas referencias, así como las nociones de "poder", "estado", "sociedad política", etc. En concreto, en el caso de la Cultura se podría distinguir entre lo que se consideran "mentalidades", "ideologías", "actitudes", "culturas", etc., en la línea de las conocidas distinciones académicas. Pero se ha preferido no entrar en disquisiciones conceptuales. Asimismo, se soslayan, o quedan implícitos en el texto, acercamientos más técnicos a algunas materias, concretamente a partir de las aproximaciones cuantitativas, la semiología icónica de las imágenes artísticas o la lingüística aplicada, metodologías habituales en la actual historia cultural, pero difíciles de concentrar la atención con todos sus detalles en un libro de este tipo.

1

La centralización de la monarquía castellana y sus condicionamientos estamentales, c. 1300-1500

1.1. Situación previa. El proyecto de estado de Alfonso el Sabio

¿Había nacido el "Estado Moderno" en Castilla al filo del 1300? Algunos recientes acercamientos historiográficos, alentados por el enfoque preponderante en la serie de estudios europeos sobre la *Genèse de l'Etat moderne*, se han visto tentados a responder afirmativamente a esta cuestión. Bastaría observar algunos fenómenos ligados a dimensiones administrativas, jurídicas o doctrinarias que muchos historiadores consideran como requisitos de tal aparición: la existencia de una serie de instituciones centrales; un progreso notable en la unificación jurídica del reino, así como una capacidad regia de otorgar leyes y de impartir justicia para todo el reino, a partir de la aplicación de los principios de derecho romano revisados; la aparición de una fiscalidad de estado estable y ajena al entramado feudovasallático; la afirmación en el pensamiento político de principios de soberanía regia. Éstos serían, entre otros, índices de que la monarquía feudal estaba siendo franqueada por un nuevo estadio en la historia de las formas políticas.

Lo asombroso es que para la Castilla medieval todo este conjunto de cambios, aunque a la postre ralentizados o sometidos –muchos de ellos– a una hibernación durante décadas, se habían afirmado en el reinado de Alfonso X (1252-1284). Es cierto, no obstante, que algunos historiadores alargarían hasta mediados del XIV este umbral, básicamente al comprobar que con Alfonso XI triunfaba el proyecto diseñado por su bisabuelo Alfonso X. De considerarse todos estos cambios como inequívoca prueba de la existencia de una forma de estado que preconiza el llamado

"Estado Moderno", resultaría que el de El Sabio habría sido un brillante y pionero ensayo de estado monárquico, tan moderno como prematuro en la historia europea. Pero, ¿cuáles fueron en concreto y sucintamente esos avances tan marcados?

Existía hasta entonces una diversidad jurídica notable. El monarca se habría encontrado con una pluralidad de fuentes: profundas diferencias locales entre las ciudades y sus respectivos fueros; contrastes entre el derecho más espontáneo y localista castellano frente al más territorial y feudalizado del Fuero Juzgo leonés –también respetado en tierras de Toledo–; o entre un norte del Duero constreñido por un discontinuo *usus terrae*, junto con dispersos derechos de cariz señorial, apenas salpicado por tímidos fueros concejiles, frente a unas Extremaduras castellano-leonesas caracterizadas por libertades concejiles avanzadas, que con ciertas reservas Fernando III había intentado trasladar a tierras andaluzas. Los textos elaborados por Alfonso X habían pretendido superar la situación. La importancia de la obra jurídica de Alfonso X, elaborada en el entorno directo de su corte, ha sido resaltada por numerosos historiadores. Entre los del derecho, García-Gallo, Lalinde, Iglesia Ferreirós, González Alonso, Paz Alonso, MacDonald, entre otros, han subrayado los propósitos de los textos alfonsinos. El *Fuero Real*, a partir de la experiencia extremadurana y castellana en general, había iniciado la unificación jurídica, pero sobre todo afirmaba el principio de monopolio legislativo del monarca. Con la técnica jurídica del *ius commune* se propugnaba que la capacidad de hacer *leges*, leyes además de alcance general para todo el reino, era exclusiva de la realeza. El principio político, que ya no se abandonaría, era el romanista aforismo *quod principi placuit legis habet vigorem*. El *Espéculo* pretendía renovar el derecho a partir de la armonización de lo mejor de los códigos existentes. Por su parte, las *Partidas*, la obra más monumental del rey y más tardía, trascendían la preocupación castellana para ofrecer la más vanguardista recopilación jurídica de la época –de *ius* más que de *leges*–, a partir de los más racionales y doctrinarios enunciados del derecho común. En ellos aparecía perfectamente concretada la *plenitudo potestatis* regia y afirmadas sus facultades legislativas de una manera rotunda, a costa lógicamente de la pretérita promiscuidad de derechos tradicionales.

El robustecimiento de la potestad jurisdiccional regia respaldó esta renovación jurídica. Aunque se reconociese jurisdicción propia a señores y municipios, el rey aparecía como el depositario último de la titularidad jurisdiccional, que podía ceder, eso sí. Al rey correspondía además el *merum imperium*, es decir, casos de pena de muerte y otros de carácter grave. Se dibujaba en la obra alfonsina la idea de mayoría o reserva de justicia, en tanto que en concreto el *Fuero Real* y las *Partidas* establecían que había pleitos que sólo podían ser sustanciados ante el rey en su corte, casos reservados a esta instancia: quebrantamiento de camino o tregua, mujer forzada, traición, alevosía, muerte, encartamientos de hombres... Existiría por otra parte la posibilidad de recurrir a la justicia regia en última instancia. La concreción de la potestad jurisdiccional, aparte de la justicia de la corte, se había intentado asegurar además enviando jueces o *alcaldes del rey* a los municipios, como se ve en el *Fuero Real*. Sin embargo, el proyecto fue contestado por los concejos. Desde 1270-1272 se dejó de aplicar este texto legal y recuperaron posiciones las justicias forales. Aun así, cierto compromiso con los derechos municipales se dio en las Cortes de Zamora de 1274. En ellas se distinguió entre los *pleitos foreros*, sustanciables según fueros locales, aunque también había posibilidad de alzada ante la corte, y los *pleitos del rey*, que se resolverían en la corte regia ante sus *alcaldes de corte* y que se correspondían más o menos con los casos graves reservados a la mayoría regia.

Las transformaciones en la administración cortesana y territorial fueron también notables en el reinado. Aparte de los jueces, en la Casa y Corte actuaban los clásicos oficios domésticos –*camarero, mayordomo*–, pero se impulsaron además las funciones de los cargos más políticos y ligados a la administración hacendística, como los *tesoreros*. En la administración territorial se completaron algunos desarrollos ya iniciados. Al norte del Duero, en las unidades que se llamaban –a pesar de la unión definitiva de la corona desde 1230– *"reinos"* de León, Galicia y Castilla actuaban desde el reinado anterior un *Merino Mayor* de Castilla y otros para Galicia y León, que venían a superponerse a los *merinos menores*, que representaban al rey en las circunscripciones del realengo o *merindades*. Éstas, que eran unas pocas decenas, habían aglutinado los restos de los antiguos *alfoces* territoriales del realengo. La incorporación de las nuevas tierras meridionales redondeó el esquema. Se mantuvieron las denominaciones de *"reinos"* para Jaén, Córdoba y Sevilla, y lo mismo Murcia, creándose *Adelantados* en los nuevos territorios, y superponiéndose un Adelantado Mayor de la Frontera para Andalucía y otro para Murcia. En la franja central del reino, es decir en la cuenca sur del Duero y al sur de la Cordillera Central, la territorialidad completa del sistema concejil de la zona, que implicaba una efectiva expresión de 'realengo transferido' por parte de los concejos mismos, hacía innecesario el entramado de Merinos y Adelantados, recayendo el protagonismo en las comunidades o *concejos de villa y tierra*.

Especial relieve tuvo la existencia de unas auténticas Cortes de Castilla desde 1252, año de su institucionalización como tales: eran convocadas por el rey, otorgaban servicios, y a ellas acudían los procuradores de las ciudades y villas principales de la corona.

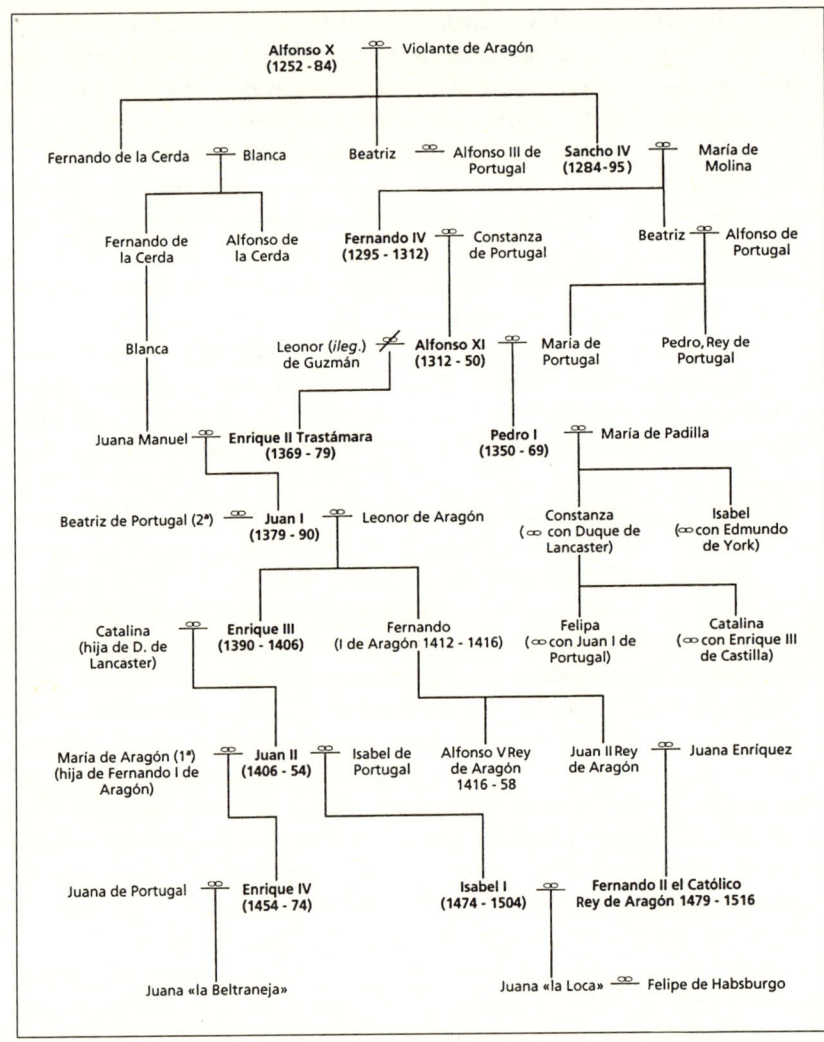

FIGURA 1.1. Reyes de Castilla en la Baja Edad Media.

Las transformaciones fiscales, estudiadas fundamentalmente por Ladero Quesada, fueron también decisivas en el reinado de Alfonso X, cuando puede considerarse institucionalizada una "fiscalidad de estado" superadora de la vieja fiscalidad de origen "dominial" o señorial. Esta vieja fiscalidad regia se basaba en *martiniegas, yantares, infurciones, capitación* de moros y judíos o *regalías* varias –moneda y sal–. Estas rentas regias siguieron existiendo, con un peso económico decreciente, mientras que en las innovaciones fiscales residió desde entonces el peso de la extracción fiscal: se implantaron desde 1268 *servicios* no foreros, impuestos directos en teoría extraordinarios, que multiplicaban bastante el monto de lo que aportaba otra de las cargas, las *monedas foreras* –impuesto directo cobrado cada siete años, mucho menos gravoso que los nuevos servicios– con la particularidad de que estos nuevos *servicios* eran otorgados por las Cortes; desde 1270 se impusieron rentas sobre la trashumancia y uso de pastos (*servicio y montazgo* de ganados), un estratégico recurso, dado el esplendor de la ganadería lanar de la época; se percibieron, con autorización del Papa, rentas de origen eclesiástico, como algunos subsidios especiales *(décimas)* y las llamadas *tercias reales*, que eran 2/9 partes del diezmo eclesiástico; se cobraron tasas resultantes de la regularización de la *bula de cruzada*, por la concesión de indulgencias; desde 1268 se desplegaron también numerosos impuestos indirectos, no sólo *portazgos*, tributos tradicionales, sino también diezmos aduaneros en los puertos cantábricos (llamados más tarde *diezmos de la mar*), aduanas en las fronteras con tasas relacionadas con la exportación *(aduanas, cosas vedadas)* y finalmente, recogiendo instituciones islámicas, los *almojarifazgos* o derechos aduaneros por las importaciones en las ciudades fronterizas al sur de Toledo, en Andalucía y Murcia. Gracias a todas estas mejoras, Alfonso X pudo afrontar los gastos de las guerras, incluso el proyecto fracasado –en 1273– de alcanzar la corona imperial del Sacro Imperio y, cómo no, aunque tampoco fue comprendido por ellos, la posibilidad de retribuir con soldadas vasalláticas o *"tierras"* –que es como se denominaban estas retribuciones– la fidelidad de los nobles.

El proyecto alfonsino en su conjunto contenía, como se ve, importantes argumentos para considerarse como un serio intento de concentración de poder estatal en beneficio de la institución monárquica. Aunque permaneció como referente, el empeño regio fracasó sin embargo en su momento, salvo en algunos aspectos como el de las Cortes y la fiscalidad. Desde 1272 el rey tuvo que afrontar una sublevación nobiliar muy fuerte y acompañada también de la de muchos concejos. Éstos se oponían a la sustitución de los fueros por los nuevos textos legales y las justicias regias, al tiempo que quisieron ver en los ponderados programas de reforma regios agresiones a sus libertades. Los nobles, por su parte, probablemente acusando o previendo una crisis de ingresos ya en ciernes, reclamaron mayor participación en los ingresos fiscales o la supresión de los impuestos indirectos que afectaban a sus tierras, se opusieron además a la creación de villas reales en comarcas señorializadas de Castilla, León y Galicia, defendieron el tradicionalismo del viejo derecho señorial, que les garantizaba las arbitrariedades en sus dominios, y en general impugnaron ese propósito de superioridad del poder regio que todavía no consideraban positivo y necesario. Los fracasos regios se fueron sucediendo. Al del *"fecho del imperio"* en 1273 se unió el "pleito sucesorio" con la muerte del primogénito Fernando en 1275. El pleito consistía en la discusión sobre si la sucesión debía recaer en los hijos de Fernando, los infantes de la Cerda, o bien en Sancho, segundo hijo de Alfonso X. La toma de partido de las ciudades leonesas y castellanas de la Meseta, de la Iglesia y sobre todo de los grandes linajes nobles a favor de los derechos de Sancho convirtió a éste en sucesor. Desde 1282 tomó de hecho las riendas del reino, siendo reconocido por las Cortes de Valladolid. Cuando en 1284 sucedió ya con pleno derecho a su padre muerto, Sancho IV había dejado bastante lejos el proyecto político de su antecesor.

Ahora bien, el fracaso del proyecto de estado de Alfonso X, que además es relativo, no debemos achacarlo sólo a cuestiones coyunturales. El proceso de centralización monárquica distaba mucho de completarse, como se podrá comprobar al ver los logros de la época Trastámara. Pero no sólo porque aún resultaran inviables transformaciones estatales capaces de crear un entramado institucional de nuevo cuño, sino porque una monarquía centralizada estimamos que requería la integración estructural en el estado de los sectores sociales capaces de sustentar su suelo político, y de reproducirse colectivamente como tales grupos sociales hegemónicos. Para que esto se produjera debía transcurrir aún bastante tiempo. El estado centralizado estaba aún por madurar. De momento, en el terreno de los cambios políticos, los reinados que siguieron a la muerte de Alfonso X no favorecieron la recomposición de la autoridad regia hasta la mayoría de edad de su bisnieto, cuando se produjo otro impulso importante a la centralización monárquica.

1.2. De la inestabilidad permanente a la recuperación de la autoridad regia (1284-1350)

1.2.1. Tensiones factuales entre realeza y fuerzas del reino

A) Minoridades y conflictos (hasta 1312)

El reinado de Sancho IV (1284-1295), pese a sus comienzos, no dio satisfacción a las aspiraciones nobiliarias. Historiadores como Gaibrois, L. V. Díaz Martín o Nieto Soria han destacado la inestabilidad de ese período, que continuó en el reinado siguiente, de Fernando IV (1295-1312), historiado por C. González Mínguez. El ciclo de ambos reinados tuvo muchas dimensiones conflictivas, entre las cuales las más desestabilizadoras fueron las protagonizadas por la nobleza, como han revelado desde el ángulo de los conflictos sociales los estudios de Valdeón o Moreta.

En el entorno de Sancho IV se produjo un alejamiento respecto de la nobleza que había apoyado su acceso al trono. El señor de Vizcaya, Lope Díaz de Haro, quien fuera consejero decisivo y apoyo desde que Sancho fuera infante, acusado de traición, acabó siendo muerto por hombres del rey en 1288. En la corte se respiraba un perenne clima de traiciones y conspiraciones. Y la nobleza parecía polarizarse en torno a las dos grandes casas de la vieja nobleza castellana, los Haro y los Lara, pero sin que el entorno regio pudiese apoyarse con tranquilidad en uno u otro bando. De hecho, las relaciones con los Lara tendieron a ser casi siempre tensas y conflictivas. Naturalmente, como punto estable de las alianzas adversas al rey, siempre estaba para los nobles la alternativa dinástica de la sangre regia de los infantes de la Cerda, Alfonso y Fernando, sobrinos y rivales de Sancho, aglutinantes potenciales de los linajes descontentos. El infante don Juan, hermano de Sancho IV, protagonizó por su parte sublevaciones de nobles contra él, a quien llegó a traicionar con los musulmanes en Tarifa. Otra constante del reinado fue el hecho de que los nobles enemistados con el rey se aliaran a veces con los musulmanes o con Aragón.

Los años de minoridad de Fernando IV se consideran continuación de la anarquía. Las aspiraciones de Alfonso de la Cerda, el aspirante al trono, habían aumentado al no estar resuelto aún un problema legal: la falta de dispensa eclesiástica del matrimonio de Sancho IV y María de Molina —no se había disuelto un primer matrimonio no consumado de Sancho y además María de Molina era tía del propio Sancho—, lo que dejaba al nuevo rey, con nueve años de edad al llegar al trono, a merced de nuevas intrigas palaciegas. La debilidad política de la reina madre hizo que el otro regente, el infante Enrique, hermano de Alfonso X, protagonizara una de las dos facciones en liza. La otra, que protagonizaron los influyentes miembros de la familia real, la encabezó el infante don Juan, hermano de Sancho IV. La vieja nobleza castellana, agrupada en fidelidades —a menudo cambiantes— lideradas por Diego López de Haro o por Juan Núñez de Lara, se movilizaba para aspirar a rentas, castillos o señoríos. El reino mismo estuvo a punto de fragmentarse cuando en 1296 un acuerdo faccioso contra los derechos de Fernando IV preveía la entrega a Alfonso de la Cerda de todos los *"reinos"* de Castilla —incluyendo Toledo y los de Andalucía—, mientras que el de León —incluyendo Asturias y Galicia— pasaría al infante Juan. En este conjunto de acuerdos peninsulares, Murcia pasaría a Jaime II de Aragón, que aseguraría su apoyo a los rebeldes. El intentó no acabó consumándose, pero la amenaza continuaba. Sin embargo, la obtención de apoyos concejiles por parte de María de Molina, en la misma línea que en el reinado anterior, pudo contribuir a contener a los grandes. La mayoría de edad de Fernando IV en 1301 no sólo vino acompañada ese año de la legalización por el papado del matrimonio de sus padres sino que coincidió con una tranquilidad política transitoria, gracias a la pacificación del infante don Juan y de los infantes de la Cerda, que fueron neutralizados con concesiones de señoríos. La renuncia de Alfonso de la Cerda al trono se concretó en 1304 en la sentencia arbitral de Torrellas. Aragón cedió Murcia a Castilla definitivamente, aunque los castellanos renunciaban a sus aspiraciones sobre Alicante, Orihuela, Elche y sus comarcas. Otro acuerdo coetáneo sellaba la paz entre los reinos y afirmaba el compromiso, a efectuar poco después, de reanudar la cruzada conjunta contra Granada, aunque esta intención no pasó de algunos asedios fallidos en tierras almerienses y de Algeciras. Los últimos años del reinado de Fernando IV, aunque carentes de sublevaciones abiertas, fueron de intensas intrigas y de potentes facciones aristocráticas que dejaron poco margen al rey.

B) *El reinado de Alfonso XI*

El nuevo reinado se presentaba con un perfil semejante a los anteriores. Nacido tan sólo un año antes en Salamanca, cuando en 1312 a Alfonso XI le correspondió suceder a su padre en el trono tenía ante su acentuada minoridad el panorama de una familia real tensa y una aristocracia crecida y dispuesta a ejercer el gobierno del reino directamente. Tan sólo la presencia de la reina, ahora abuela, María de Molina, figura engrandecida con el paso del tiempo, pudo garantizar la continuidad de un reinado personificado en un rey niño rodeado de una elite de parientes acostumbrada a medrar en la corte, a la traición y a las componendas. Los regentes fueron sucediéndose: el infante don Juan, hermano de Sancho IV, el infante don Pedro, hermano de Fernando IV, y la propia María de Molina ejercieron la regencia en los primeros años. La sensación de desorden era tan acusada que los concejos organizaron en las Cortes de Burgos de 1315 una potente *Hermandad General* con el propósito de sostener la débil posición del rey. Tras la muerte de los infantes don Juan y don Pedro en 1319, durante una campaña contra Granada, María de Molina compartió regencia con otros cuantos parientes regios: el infante don Felipe, hermano de Fernando IV; Juan el Tuerto, hijo del fallecido infante don Juan y de María Díaz de Haro, que como cabeza de los Haro poseía el Señorío de Vizcaya y gran influencia en la aristocracia; y el infante don Juan Manuel, el célebre escritor, nieto de Fernando III, que había empezado su ascenso en la corte durante el reinado de su primo Sancho IV.

Cuando en 1321 moría en Valladolid la que fuera "tres veces reina", María de Molina, las tensiones en el reino eran muy agudas, con un clima de turbulencias y *malfetrías* nobiliarias en medio de una honda crisis material, y la posición del joven Alfonso precaria. El infante Felipe aceleró la declaración de mayoría de edad del rey a sus 14 años, en 1325.

Los largos años de la mayoría de edad se caracterizan por la progresiva superación por parte del rey de las dificultades anteriores. Los problemas de legitimidad dinástica se fueron diluyendo, sobre todo cuando en 1331 se produjo la renuncia definitiva de Alfonso de la Cerda al trono. Fueron años de tensiones e intrigas, en especial la primera década tras la mayoría de edad. El rey, utilizando todos los medios a su alcance, incluida la muerte de sus rivales, calificados –casi siempre con motivos fundados– de traidores, fue eliminando todas las amenazas que se fueron cerniendo sobre él. Juan el Tuerto fue una de sus más tempranas víctimas, en 1326, como también Alvar Núñez Osorio, que antes de caer en desgracia propició la de aquél. Otro personaje importante, el señor de los Cameros, Juan Alfonso de Haro, que se sublevó contra el rey, acabó también muerto. Y lo mismo ocurrió con el Maestre de Alcántara, Gonzalo Martínez de Oviedo. Otros influyentes personajes estuvieron a punto de correr la misma suerte, como Juan Núñez de Lara, uno de los enemigos más señalados y cabeza de los Lara, sublevado en los años treinta, que a punto estuvo de perecer en un cerco regio de su villa de Lerma, en 1335. O el propio don Juan Manuel, el intelectual infante, que instigó contra el monarca, sobre todo en los años treinta. Con todo, las rivalidades se fueron desvaneciendo y el rey tendió cada vez más a perdonar o firmar la paz con sus antiguos enemigos, especialmente cuando su consolidación en el trono y sus victorias hicieron inviables las maniobras desestabilizadoras aristocráticas. En general la última década del reinado se considera tranquila. Se dieron por definitivamente superados los conflictos más agudos entre nobleza y monarca. Y se pueden resaltar dos grandes proyecciones regias acaecidas en un contexto de pacificación interior: por un lado, el impulso a la guerra contra los musulmanes, con las importantes victorias del Salado, la del río Palmones y la toma de Algeciras, en 1340, 1343 y 1344 respectivamente, que otorgaban el control del Estrecho al rey cristiano; por otro lado, los importantes avances en el proyecto político de fortalecimiento del poder regio, a través de reformas en el régimen municipal y de cambios en la corte y en el sistema jurídico del reino.

I.2.2. El proyecto monárquico, hacia la superación de los vaivenes de las fuerzas del reino

Los especialistas en el reinado de Alfonso XI, entre ellos Moxó, y sobre todo los historiadores del derecho, han resaltado precisamente los últimos años de este reinado. Es en efecto cuando se aprecia mejor el avance monárquico y la recomposición de las fuerzas del reino. Pero conviene contemplar todo el desarrollo del proyecto político desde antes, desde finales del siglo XIII, atendiendo en concreto a la sociedad política. Se comprenderá así que el impulso de las principales transformaciones en la estructura del poder monárquico —en la línea iniciada por El Sabio—, un impulso en cierto modo aletargado o inviable durante el gran ciclo de inestabilidad 1282-1325, cuando menos, se pudo acelerar durante los años de la mayoría de edad de Alfonso XI, y en especial en la última década, aspecto éste que destacaremos ahora en primer lugar.

A) Cambios institucionales

Desde el punto de vista de la estructura estatal monárquica quizá haya que resaltar el refuerzo de la hacienda regia al final del reinado de Alfonso XI. Por lo pronto la nueva fiscalidad de mediados del XIII (*supra* 1.1) se acabó consolidando en el siglo siguiente, pese a lo que suponía de honda revisión del viejo orden fiscal tradicional. Es más, con Alfonso XI —ávido de obtener dinero para la guerra contra los moros— se reforzaron las *regalías*, con el firme control centralizado sobre las salinas en el ordenamiento de 1338, y la incorporación de algunos montazgos enajenados al impuesto ganadero establecido, quedando así asegurada la tributación del *servicio y montazgo*. Además se estableció un impuesto indirecto de enorme futuro, la *alcabala*. Con precedentes en gravámenes municipales de las ciudades del Sur y en tasas cobradas en Andalucía y Murcia hacia 1330 —donde suponía el 3,3%—, desde 1342 se generalizaba en toda la corona de Castilla. Consistía entonces en un 5% de gravamen sobre todas las mercancías y aún no era un ingreso ordinario. Por entonces empezaron a aparecer los primeros *cuadernos* de carácter fiscal y nacían en la corte los primeros *contadores* especializados, todavía de una manera embrionaria.

En otros ámbitos no hubo grandes cambios durante la primera mitad del XIV. La administración territorial, por ejemplo, no había sufrido grandes transformaciones en ese período. Adelantados Mayores regían desde el punto de vista territorial los *reinos* andaluces y murciano, mientras que al norte del Duero los Merinos Mayores de León, Galicia y Castilla venían a ser equivalentes a aquéllos. A veces se usa indistintamente el nombre de Adelantado y Merino Mayor. Por debajo del Merino Mayor se mantenían las *merindades menores*. La estructura territorial mejor conocida es la castellana del norte. A mediados del XIV, una veintena de circunscripciones formaban, bajo el Merino Mayor de Castilla, el reino viejo de Castilla, más o menos desde el río Valderaduey —al oeste empezaba el reino de León— y los actuales límites de Cantabria, por el oeste, el Cantábrico por el norte, el reino navarro por el este y el río Duero por el sur. Aparte del Señorío de Vizcaya y de la *merindad menor* de Allende de Ebro –tierras alavesas y guipuzcoanas–, la de Logroño, la de Bureba y la de Rioja-Montes de Oca, *merindades* todas estas que faltan en el célebre registro, el *Libro Becerro de las Behetrías,* da cuenta detallada –registra nada menos que 2.402 núcleos– de las restantes quince circunscripciones o *merindades* castellanas: Cerrato, Infantazgo, Monzón, Campos, Carrión, Villadiego, Aguilar, Liébana y Pernía, Saldaña, Asturias de Santillana, Castrojeriz, Candemuñó, Burgos con Ubierna, Castilla Vieja –norte de la actual provincia de Burgos y Trasmiera en Cantabria–, Santo Domingo de Silos. Por su parte, el viejo reino de León –que incluye tierras leonesas y zamoranas del norte hasta el Duero, así como también Asturias y el *"reino"* de Galicia– tenía una estructura territorial peor conocida, pero articulada también en circunscripciones regias. Al sur del Duero, tanto en la franja de Castilla como en la de León seguía vigente la red de *concejos de villa y tierra* en torno a los concejos capitalinos de las ciudades y villas de la zona, algunas de ellas al frente de distritos o *tierras* enormes: Salamanca, Ávila, Segovia, Soria, Cuenca, etc.

En relación con los poderes concejiles, sólo al final del reinado se enviaron *jueces*, pero sobre todo *pesquisidores* o *corregidores* y se inauguró el régimen del *Regimiento*. En lo referente a la administración central de justicia y el estatuto jurisdiccional del reino lo más destacable fue la ruptura en 1348 de un régimen que perduraba desde el reinado de Alfonso X o, si se quiere, desde el fracaso del proyecto regio en 1272 y la transacción de 1274. Desde entonces en la corte venían funcionando los *alcaldes de corte* y los *alcaldes de las alzadas*, encargados de los pleitos foreros que llegaban en alzada. Es cierto que el núcleo de "sabedores de derecho" o *letrados* estaba prosperando en la primera mitad del XIV en la corte. Y que se crearon algunas otras figuras no especialmente relevantes, como el *promotor de justicia* o *procurador fiscal*, institucionalizado hacia 1312. Pero básicamente cabe hablar de poco dinamismo hasta mediados del siglo. Hay que tener en cuenta que habían sobrevivido los derechos forales, con toda su diversidad y casuística intrínsecas, y que, fuera de la corte, las justicias regias habían encontrado serias dificultades para penetrar en los concejos hasta el final del reinado.

Coincidiendo con las reformas municipales, la promulgación por el rey en 1348 del Ordenamiento de Alcalá supuso un cambio muy relevante en el sistema normativo castellano. Se establecía en él una prelación de normas jurídicas: se aplicarían en primer lugar las leyes del Ordenamiento, algo que se traduciría genéricamente en la preponderancia de toda la legislación emanada desde entonces del poder regio; en segundo lugar, si no entraban en contradicción con el derecho regio y sólo en aquellos asuntos que estaban en uso, se aplicarían los fueros municipales; en tercer lugar, en ausencia de normas positivas de las fuentes anteriores, se podría recurrir como derecho supletorio a las *Siete Partidas*, el viejo texto de Alfonso el Sabio apenas retocado y estructurado en el reinado de Fernando IV. El Ordenamiento de Alcalá suponía reconocer la herencia jurídica y política de Alfonso X, aunque en la práctica las *Partidas* carecían de la textura jurídica propia de la ley vigente, ya que su acusado doctrinarismo y su expresa supletoriedad las invalidaba para ser una fuente de derecho importante en el reino. El Ordenamiento suponía también privar a los derechos municipales de la condición de única referencia en los aspectos judiciales –de carácter procesal, penal, etc.– y normativos, en adelante supeditados ya a las leyes regias, si bien los concejos siguieron ejerciendo y desarrollando capacidades de gobierno y normativas en sus ámbitos. Con el Ordenamiento se avanzaba enormemente en la modernización y unificación jurídicas iniciadas un siglo antes. Triunfaba también la concepción según la cual los poderes descentralizados, concejos y señoríos, quedaban supeditados al poder regio y sus leyes. Este principio, que se denominaría de *mayoría de justicia*, o *justicia mayor*, que suponía la reserva a la corona de ciertos casos imprescriptibles o inalienables, así como la superioridad de la jurisdicción regia sobre las señoriales, no era un descubrimiento. Estaba entre los principios de Alfonso X y hasta una fuente coetánea al Ordenamiento de Alcalá, como el *Fuero Viejo de Castilla*, lo reconocía: "estas quatro cosas son naturales al señorío del Rey, que non las deve dar a ningund ome, nin las partir de sí, ca pertenescen a él por razón del señorío natural: justicia, moneda, fonsadera e suos yantares", según el título I del Libro Primero de este *Fuero Viejo*, considerado recopilación jurídica de sesgo rancio, tradicionalista y señorial. La idea no era nueva, pues, pero ahora se concretaba tanto en un sistema regaliano –que se ha mencionado a propósito de la fiscalidad– como en un sistema emergente de gestación de leyes regias –establecido en el *Ordenamiento* de 1348– aplicado para todo el reino y situado en la cima de una ordenada jerarquía normativa. La elevación del poder regio por encima de los restantes, condición de la centralización monárquica, puede decirse que no era nueva, pero sí que cobraba un impulso vigoroso.

B) Participación colectiva de la sociedad política

Las transformaciones en la estructura del estado monárquico hubiesen sido sólo formales o precarias si no se hubiese alcanzado un ensamblaje adecuado de las fuerzas políticas. En el período entre fines del XIII y mediados del XIV tal ensamblaje, aunque no era en absoluto completo o definitivo, sí se produjo. Consistió, podríamos sintetizar, en un ensayo de participación en la política que vino a superar la relación singular entre el rey y cada concejo o señor, que se acopló tanto a las situaciones de rebelión como de paz y que, finalmente, acabó en un modelo de inserción reglada donde, aceptada ya la supeditación al poder regio, ciudades y nobles aseguraron sus respectivos ámbitos de acción institucional.

En lo que respecta a las ciudades, encontraron una vía de afirmar su presencia colectiva precisamente en los momentos en los que la anarquía del reino les dotó de un reconocimiento como poder fáctico con el que contener, siquiera relativamente, las convulsiones nobiliarias. Se trata de las *hermandades*. El fenómeno "hermandino", estudiado por historiadores como Suárez Fernández, Álvarez de Morales, Mínguez Fernández, González Mínguez, González Jiménez, García Fernández, entre otros, fue muy agudo sobre todo entre 1282-1325, los años de mayor desorden. Las *hermandades* eran ligas de concejos reunidos en *ayuntamientos*, cuyo número oscilaba desde unas pocas a varias decenas. A estas ligas se podían adherir varios agrupamientos de villas y ciudades con carácter regional y más o menos de forma coordinada. Desplegaban la capacidad militar de sus vecinos, hermanándose para combatir los atropellos y *malfetrías* de los nobles –guerras directas contra ellos no hubo, sin embargo–, dictaban *"ordenamientos"* o *"acuerdos"* para hacer reinar el orden público en sus territorios y tomaban partido colectivamente en conflictos dinásticos, en general apoyando la posición de los monarcas acosados por los nobles levantiscos.

Tras las *hermandades generales* de 1282 y 1284, que sobre todo habían servido para reforzar a Sancho IV frente a sus rivales, el fenómeno rebrotó al principio de la minoridad de Fernando IV. En 1295 se organizaron reuniones de varias villas de la zona burgalesa, alavesa y riojana, como Haro, Belorado, Miranda, Logroño, entre otros. En el mismo año los concejos hermanados de Salamanca, Alba y Zamora comenzaron a recabar apoyos por toda la corona. Los concejos consiguieron que ese año se organizasen tres grandes *hermandades*, una en Castilla, otra en León con Galicia y otra en la Extremadura castellana y Toledo. Otros focos se dieron en el Sur: el que protagonizaron en su región también en 1295 los concejos de Sevilla, Córdoba y Écija, a cuya *hermandad* se adhirió Jerez al año siguiente; y el de Andújar, Úbeda, Baeza, Jaén con otros de la zona. Ambos formaron en 1297 una *Hermandad General* de Andalucía. Por su parte también en 1295 se formó el foco de Murcia, Lorca, Cartagena y otros concejos de la zona. Hacia 1297 las *hermandades* de toda la corona constituían una fuerza tan notable que se articularon con las propias Cortes, concretamente en las Cortes de Cuéllar de ese año, creándose una especie de diputación permanente de las Cortes ligada a la fuerza de la *hermandad*.

El fenómeno "hermandino" se debilitó en los años siguientes, aunque reapareció con enorme fuerza al principio de la minoridad de Alfonso XI. En concreto los años 1312-1313 fueron de gran organización de *hermandades*. Por ejemplo, en 1313 los concejos de León, Zamora, Salamanca, Mansilla, Benavente, Alba, Ledesma, Villalpando, Olmedo, Granadilla, Sayago, Mayorga y Astorga se comprometían a proteger el orden en sus términos y la posición del rey. Por entonces otra *hermandad* nacía con propósitos afines entre Sevilla, Córdoba, Jaén, Andújar, Úbeda, Carmona, Jerez, Arjona, etc., apoyada incluso por algunos nobles. Al margen de la andaluza, que funcionó por su lado, la suma de las organizaciones de Castilla, León y Galicia, Toledo y las Extremaduras acordaron la *Hermandad General* en la reunión de las Cortes de Burgos de 1315, en las que participaron casi un centenar de concejos de ciudades y villas castellanas, e incluso bastantes *"caballeros fijosdalgo"*. Esto último no debe sorprender porque la *hermandad* no era estrictamente antinobiliar, sino que se oponía a las violencias del partido nobiliario contrario a los regentes, en ese momento los infantes don Juan, don Pedro y María de Molina. La de 1315 fue la última gran convocatoria, aunque hubo un rebrote en 1317 y 1318, cuando se afirmaba la vigencia de la *Hermandad General*, precisamente en las Cortes de Medina de ese año, donde los concejos hermanados dictaron lo aprobado. La organización entró, sin embargo, en declive y desde 1325, cuando el rey alcanzó la mayoría de edad, se intentó acabar con estas ligas. Precisamente, en las Cortes de Valladolid de ese año, así como en otras posteriores, se ratificarían acuerdos pasados, pero siempre cuadernos de Cortes anteriores *"que non fablan de hermandades"*.

Era evidente que, tras unas décadas de articulación entre Cortes y *hermandades*, necesarias éstas en momentos de debilidad regia, perdían las segundas las preferencias del rey como vía de particiapación estamental. Otra cuestión era la vigencia de *"hermandades"* de carácter profesional, económico etc., que cristalizaban por entonces –primera mitad del XIV– en muchos ámbitos: "Hermandad Vieja de Toledo, Talavera y Ciudad Real" que protegía los intereses de los propietarios de montes y ganados de la región; o la "Hermandad de la Marina de Castilla", que aglutinaba desde 1296 los intereses de las villas de la costa cantábrica. Con la supresión del "movimiento hermandino" no era, pues, la *hermandad* como fórmula de organización de villas y ciudades lo que se relegaba o prohibía –por supuesto, tampoco las *hermandades* piadosas– sino sólo lo que emergía cuando este movimiento asociativo concejil desplegaba un poder político, esto es, las *hermandades* por antonomasia, como gran fuerza política y armada de las villas y ciudades castellanas. Ahora bien, aunque fracasadas o más bien innecesarias desde 1325, las *hermandades* nos parece que habían servido para dar cohesión a los concejos y para imponer en el tablero del reino la presencia colectiva de una auténtica fuerza política, la del mundo concejil, de la que no se podía prescindir. Claro que había otra vía, es cierto, de mayor consistencia.

En efecto, la alternativa para períodos de paz era, sin duda, la de las Cortes. Desde la época de Alfonso X se habían convertido en institución directamente vinculada a las ciudades, que era el único brazo que acudiría regularmente. Y la institución funcionaba. Según O'Callaghan entre 1252 y 1350 hubo 42 reuniones, casi todas plenarias, y algunas particulares o regionales, lo que da una media de una reunión cada 2,38 años (*Las Cortes de Castilla y León*, I, 1988: 162). La institución se consolidó en su primer siglo de vida. Solían ser además reuniones con amplia participación: más de un centenar de ciudades y villas acudieron a las Cortes de Burgos de 1315. Otras convocatorias fueron más discretas. Desde principios del XIV se tendió a hacer las reuniones de Cortes unitarias, para Castilla y León, y no por separado de cada reino, como era más frecuente antes. A través de las Cortes, además del diálogo singular con los monarcas, las ciudades fueron acotando un marco colectivo de inserción en la monarquía nada despreciable: los privilegios urbanos tanto concejiles como de grupos concretos –fiscales, de aprovechamientos pastoriles, etc.– eran a menudo ratificados y confirmados en ese foro; se impedían actuaciones regias ilegales contra ellos –*"cartas desaforadas"*–; se consiguió frecuentemente el requisito del consentimiento de las Cortes en la exigencia de impuestos; las autoridades concejiles de justicia y la posición dirigente de los *caballeros* y los *omes buenos*, tal como la tenían en sus respectivos concejos, fueron en general respaldadas por esta institución. Las Cortes, podría decirse, generaban 'tejido estatal', comprometían a la sociedad política con el gobierno de la monarquía y vertebraban los territorios de los reinos de Castilla y León.

Nada de esto se suprimió ni siquiera al final del reinado de Alfonso XI, con el Ordenamiento de Alcalá de 1348 ni con las reformas municipales de mediados de siglo. Es más, la unidad y prelación legislativa que aquél establecía, pese a lo que parezca a primera vista, no era intrínsecamente nocivo para las ciudades en sus contenidos. La capacidad de dictar *leyes* generales era del rey, en efecto, pero en la concreción formal eran las *leyes "otorgadas en Cortes"*. Aunque no fuera necesariamente a través de los *cuadernos de peticiones*, sino como simples *ordenamientos* regios, ciertamente el sesgo de la normativa regia salido de esta institución distaba mucho de asfixiar las atribuciones políticas de las ciudades y sus cuadros de poder. Lo cual facilitaba sin duda el consenso urbano sobre el creciente robustecimiento monárquico, un consenso forjado tras largas secuencias articuladas y convergentes de *hermandades*, Cortes, pactos, autonomía e integración. Es por ello por lo que parece arriesgado considerar el ciclo histórico iniciado en 1325 como de éxito monárquico y derrota de las ciudades. Si aquél es indudable, también lo es la maduración y la lubricación cívica progresiva de las fuerzas concejiles como estamento funcional del reino.

Y lo mismo habría que decir a propósito de la nobleza como fuerza política colectiva. Se considera que el reino estuvo en sus manos entre 1295 y 1325. Pero se tiende a ver el ciclo iniciado con la mayoría de edad de Alfonso XI, y válido hasta los Trastámara, como de derrota política de la nobleza y las potestades señoriales (González Alonso, 1988: 223-224). Es cierto que el Ordenamiento de Alcalá clarificaba la supeditación de los señoríos particulares a la legislación y jurisdicción regias. Pero pensamos que no es menos cierto que incluso en los períodos de mayor fortaleza regia las inmunidades señoriales fueron reconocidas, que se salvaguardó el derecho señorial y feudal tradicional en las zonas castellanas más sensibles a su supervivencia –ahí está el *Fuero Viejo*–, que los grandes nobles mantuvieron sus privilegios, que tenían presencia en el consejo tradicional del rey y que la estamentalización de la nobleza como fuerza del reino se consiguió precisamente en este período. En las Cortes de Burgos de 1338 y en las de Alcalá de 1348 se dibujaba una generosa integración militar y vasallática de la nobleza en el reino, remunerada y reconocida. Por entonces Alfonso XI se afanaba en distinguir diversas categorías de *caballeros fijosdalgos*. La clarificación no perjudicaba a los principales nobles. Es verdad que se ratificaba el ennoblecimiento básico de las capas bajas, incluyendo las de origen villano, incluyendo los modestos *caballeros de alarde*. Pero si algo quedó claro a mediados del XIV fue la distinción formal entre estas capas bajas de origen villano, por un lado, por otro los *fijosdalgo de solar conosçido* y, finalmente, la selecta aristocracia de *ricoshombres*. Esta última estaba diferenciada del resto de los nobles: por provenir de los principales linajes, a menudo emparentados con los reyes; por tener patrimonios señoriales, además de riquezas de primer orden; y por la privanza, o acceso al entorno del rey. Éstos eran los rasgos de este pequeño grupo escogido, estudiado en su día por Moxó. Incluso Alfonso XI fundó una orden de caballería selecta, la Orden de la Banda, como distintivo elitista.

Desde este punto de vista, los nobles por antonomasia, los grandes nobles, no habían perdido el poder. A través de una combinación de guerras y sublevaciones nobiliarias, *malfetrías*, pactos y, cada vez más, transacciones oportunistas de paz a cambio de privilegios, el poder nobiliario siguió contando mucho en la vida política durante la primera mitad del siglo XIV.

Sin embargo, tendencialmente, los nobles estaban perdiendo parte de su potencial y aún no habían hallado una vía de integración a largo plazo en la monarquía que les diera estabilidad y posibilidad de reproducción social y política. Sus dificultades durante la primera mitad del XIV no derivaban de la pérdida de poder político. Eran dificultades de otra índole: formas señoriales anticuadas –*solariegos, behetrías*–; desgarradora competencia internobiliar por esos predios señoriales dispersos, diminutos y poco sustanciosos; conciencia de empobrecimiento de sus dominios frente a las prósperas economías villanas... Todo ello en el norte. Los recientes estudios de Álvarez Borge, Estepa, Jular, Martínez Sopena o Reglero lo han demostrado. Y en el centro de Castilla, como bien saben los estudiosos de los *concejos de villa y tierra*, absoluta inconsistencia "dominial", y casi lo mismo en el Sur, y tanto aquí como en el centro peninsular, imposibilidad nobiliaria de mantener las bases materiales de sus superpoblados linajes en comparación y rivalidad con una red de concejos realengos fortalecida y bien organizada. Como bien supo ver Moxó, un nutrido grupo de linajes de *ricos hombres* integrantes de la *nobleza vieja* se acercaba a su declive si no se reciclaba a tiempo. Eran sobre todo familias del *reino* de Castilla: aparte de los Haro y Lara, desgastados en sus pugnas, los Castro, Rojas, Manuel, Téllez de Meneses, Girón, Ponce, Guzmán, Vega, Castañeda, Sandoval, Ayala, Mendoza, Manrique... Y unos pocos supervivientes del *reino* leonés: Traba, Fróilaz, Alfonso, Osorio, Muñoz, menos importantes que aquéllos, aunque unos y otros se hallaban entrelazados. Unas décadas después el panorama de la nobleza castellana y su relación con la monarquía se modificará sustancialmente.

1.3. Guerra civil e instalación de los primeros Trastámara (1350-1406)

1.3.1. Precedentes y desarrollo de la guerra civil (1350-1369)

Los apoyos de este puñado de linajes nobles, bajo la dirección de algunos miembros ligados a la familia real, todavía fueron decisivos al comienzo del reinado de Pedro I, aunque el reinado no resultó precisamente pacífico. ¿Cuál era la situación al morir Alfonso XI?

El heredero, Pedro I, contaba con apenas 15 años en marzo de 1350. Su principal valedora en la corte era su madre, María de Portugal. Pronto el aliado fuerte del rey fue el noble de origen portugués Juan Alfonso de Alburquerque, que además de sus relaciones exteriores había enlazado por matrimonio con los Téllez de Meneses y los Castro, linajes castellanos a los que se solapó. Rival de Pedro I era su primo Fernando, infante de Aragón por ser su padre Alfonso el Benigno. Hijo también de Leonor, hermana de Alfonso XI, Fernando podía alegar que era nieto de Fernando IV y aspirar al trono. La otra gran fuente de enemistad abierta era la de los hijos bastardos de la unión ilegítima de Alfonso XI con Leonor de Guzmán: Enrique

–nacido en 1333–, Fadrique, Tello y sus hermanos, hasta ocho en total, que aún quedaban de esa unión. Con relevantes posesiones señoriales en el noroeste y con el apoyo de algunos linajes andaluces, como los Ponce y Guzmán, contaban con la simpatía de otros castellanos. Era Leonor de Guzmán, precisamente, la que lideraba este partido de los bastardos frente a la reina madre al comienzo del reinado de Pedro. Al casarse en 1350 el jovencísimo Enrique con la niña Juana Manuel, hija del célebre infante escritor, el vástago de Leonor de Guzmán e ilegítimo hijo de Alfonso XI enlazaba ya por vía legítima con la sangre real y podía alegar derechos al trono, que a la postre conseguirá. Pero este Enrique Trastámara, de 17 años, era aún una opción muy lejana. Otro personaje importante hacia 1350 era Juan Núñez de Lara, señor de Vizcaya, nieto de don Fernando de la Cerda, noble de primera fila en Castilla y remoto aspirante al trono. De momento se hallaba aliado con Juan Alfonso de Alburquerque.

Todo ello ocurría en el verano de 1350, cuando una enfermedad grave de Pedro I amenazaba con dejar vacante el trono. El hombre fuerte de la corte, Juan Alfonso de Alburquerque, se decantó ante una eventual candidatura regia por la del infante Fernando. Esto supuso que se levantara en armas en Burgos y otras partes Juan Núñez de Lara contra su antiguo aliado. Al final, el rey sanó y en noviembre murió Juan Núñez de Lara, pero dejando un foco de enemistad contra el que ahora aparecía como el hombre fuerte indiscutible: Juan Alfonso de Alburquerque, al que los historiadores califican como auténtico valido de Pedro I en los primeros años.

Las acciones siguientes de Alburquerque, que "gobernó" hasta 1353, tendieron a eliminar a sus rivales y fortalecer la posición del monarca. En cuanto a lo primero, se deshizo de Leonor de Guzmán, ejecutada en 1351, humilló a sus hijos y también asesinó a los principales partidarios de Juan Núñez de Lara. En cuanto a lo segundo, hizo a Pedro I presidir las Cortes de Valladolid de 1351, importante momento político que supuso la consolidación de la posición monárquica en el reino. Sin embargo, no se logró un reinado tranquilo.

Los comportamientos arbitrarios y los desaciertos matrimoniales de Pedro I –repudio de su esposa Blanca de Borbón, unión inicialmente sin legalizar con María Padilla...–, unidos a cierta supuesta crueldad de su reinado –asesinatos políticos–, hasta cierto punto tópica en la época –Alfonso XI, o el coetáneo Pedro el Ceremonioso en Aragón, y lo mismo los sucesores de Pedro I en el trono, que también lo hicieron– justificaron que se fueran produciendo sublevaciones nobiliarias, sobre todo ya tras el destierro de Alburquerque a Portugal en 1353: guerras parciales en 1353, 1355 y 1356 en las que hasta María de Portugal dio apoyo en ocasiones a los sublevados. Hasta entonces no habían sido conflictos generalizados. Pero desde 1356 la situación fue cobrando otras dimensiones: en ese año se iniciaba una guerra con Aragón, la "guerra de los dos Pedros" y poco después, en 1363 y tras breves paréntesis en la guerra, El Ceremonioso apoyaba decididamente a quien se había ido convirtiendo en la alternativa castellana más firme a Pedro I, su hermanastro Enrique Trastámara. Poco antes, en 1360, Enrique Trastámara había sido derrotado en Nájera por Pedro I, pero contaba con grandes partidarios y desde que tuvo además el apoyo aragonés se sintió robustecido.

Los alineamientos en la importante guerra civil que se desarrolló entre 1366 y 1369 se fueron dibujando con creciente claridad. Unos pocos nobles y muchas ciudades respaldaban a Pedro I, que contaba con las simpatías de Inglaterra. En el otro lado, el grueso de la nobleza y la jerarquía eclesiástica, Aragón, el Papado y Francia, respaldaban a Enrique Trastámara. En el desarrollo de la guerra destaca la internacionalización del conflicto. Enrique II consiguió incorporar a su causa las temibles Compañías Blancas de Bertrand Du Guesclin. Con ellas invadió Castilla en 1366 y ya fue proclamado rey por sus partidarios. Pedro I por su parte ganó ese año –tratado de Libourne– el apoyo de Inglaterra, prometiéndole el Señorío de Vizcaya, y logró que las compañías del Príncipe de Gales, el llamado "Príncipe Negro" –por el color de su arnés–, al mando de temibles arqueros, contuvieran de momento a los mercenarios franceses y a las mesnadas nobles enriquistas. A pesar de que Pedro I venciera en la segunda batalla de Nájera en 1367, la guerra se fue inclinando hacia el Trastámara, perdiendo Pedro al final incluso el apoyo inglés –no podía cumplir el tratado de Libourne, entre otras cosas– hasta llegar al último episodio, cuando Pedro I, sitiado y derrotado en Montiel, fue muerto en marzo de 1369 por su hermanastro, personalmente. Las pocas plazas petristas que quedaban, entre ellas Toledo y algunas andaluzas, cayeron poco después.

El hecho de que la mayoría de la nobleza apoyara en la guerra civil a Enrique, y que a la larga cristalizara un bloque de poder nobiliario muy consistente, han ayudado a que se suela presentar la guerra como un conflicto entre ciudades y autoritarismo regio, por un lado, y partido nobiliar, opuesto a ese autoritarismo, por otro. Sobre el "autoritarismo regio" de Pedro I cabe hacer alguna matización. La acción gubernativa no sólo de los primeros años de Pedro I –que ya fueron comprometidos– sino de todo el reinado puede tildarse de continuista respecto al anterior. Así lo muestra su política de estabilización en el plano económico, o su continuidad en la implantación de regimientos urbanos, como ya hiciera Alfonso XI. No parece que se dieran importantes rupturas. Se ha dicho que la política de apoyo regio a las ciudades y el comercio, la excesiva arbitrariedad e incluso una supuesta política antinobiliar, o el rodearse de consejeros como el judío Samuel Leví, tesorero y hombre de confianza, desencadenaron la oposición de la alta nobleza hacia el rey. Pero lo cierto es que parece haber en esta explicación, que vincula las guerras civiles a una determinada política estatal monárquica, un excesivo peso de argumentos *ex post facto*. La hostilidad nobiliar está ahí, pero no es tan claro que los nobles sublevados representaran un proyecto político alternativo y diferenciado. Es difícil pensar que los nobles castellanos combatieran con las armas ya desde 1353 un proyecto regio que ni siquiera era todavía consistente y que ni siquiera había sido todavía desacreditado por la propaganda —filojudaísmo, tiranía...—. La propaganda antipetrista sólo fue consistente en la guerra civil de 1366-1369, o después, cuando el partido enriquista hizo uso de las acusaciones de concubinato, le atribuyó la condición de tirano o "cuel" —para sus partidarios fue "justiciero"—, responsabilizándole de la muerte de Blanca de Borbón o de arrojar por una ventana al infante don Juan de Aragón, e incluso al difundir la leyenda que decía que Pedro I era hijo de un judío llamado Pero Gil, y "emperegilados" por tanto los partidarios de Pedro. La propaganda parece más bien efecto que causa de la hostilidad altonobiliar. Pero también resulta forzado pensar que el reinado de Pedro I chocara con la nobleza por seguir un determinado proyecto político objetivamente hostil a este sector. Más verosímil es quizá suponer que la nobleza siguió haciendo uso de un juego ya conocido y ensayado de intrigas/violencias/pactos, que reflejaba en el fondo una crisis social y una falta de perspectivas de salida solvente ante tal crisis. Mientras no se lograra vincular ese juego de tensiones crónicas con un encaje beneficioso en el estado, rompiendo por ejemplo el *statu quo* de la extensión y modelo vigente de señorialización —como ocurrirá más tarde—, todo lo que parece observarse es el recurso inintencional de la nobleza a unas alianzas y banderías cortesanas que daban como resultado victorias personales y contingentes, pero no soluciones estructurales y estamentales. Esta vieja manera de hacer política todavía la percibimos en la guerra civil. El desenlace de ésta, con la victoria de Enrique II, supuso la instalación de una nueva dinastía en la que sí se empezaron a dar ya los requisitos de cambio cualitativo en las formas de reproducción del poder nobiliar.

1.3.2. Instalación de la dinastía Trastámara y cambios en la elite política (1369-1406)

Con Enrique II (1369-1379) se inauguraba una nueva dinastía reinante en Castilla, que consiguió consolidarse con sus sucesores. Los más inmediatos fueron Juan I (1379-1390) y Enrique III (1390-1406).

Con el término "revolución Trastámara" a mediados de nuestro siglo aproximadamente algunos historiadores pretendían indicar que el cambio de dinastía había sido "un cambio fuerte mediante el cual una legitimidad existente es rechazada y sustituida por otra", como todavía decía hace poco L. Suárez Fernández, uno de los que acuñaron la expresión. La "revolución" iniciada en 1369 sería un proceso nacido de un brusco cambio dinástico y conduciría a la Monarquía Católica al cabo de poco más de un siglo.

Hoy día, la condición revolucionaria de un cambio dinástico es tácita pero firmemente negada por sobredimensionar un aspecto considerado epidérmico. Tampoco se valora tanto como en el franquismo el destino final de la monarquía inaugurada con la estirpe de Enrique II. Sin embargo, no se puede negar que la nueva situación supuso un punto de inflexión importante en la historia de Castilla. Hoy pensamos que el acento de esta inflexión no ha de ponerse en el relevo súbito y bélico de la familia reinante, ni en la contundente y temprana legitimidad doctrinal y jurídica que pronto consiguió la nueva dinastía, puesto que esto lo hacían todas. Ya la tesis de J. Valdeón sobre Enrique II, en el año 1966, se asomaba a la trastienda social de la guerra entre hermanastros. Y en las últimas décadas se han ido añadiendo argumentos nuevos y matices salidos de la historia social y más recientemente de la historia del poder.

La época Trastámara sigue viéndose como época de cambios. Pero el acento lo ponemos en unas nuevas condiciones de relación entre el poder central y las fuerzas sociales, así como en unas transformaciones en la estructura del estado que otorgaron un determinado perfil al período: despegue de la renta centralizada; despliegue del estado central como extractor independiente del excedente; honda señorialización basada en nuevos beneficiarios –"nueva nobleza"–; nuevos contenidos materiales –señorío sobre villas–, generosamente enajenados del realengo y nuevas formas de poder señorial, "señorío jurisdiccional" exclusivamente. Aunque hablamos una y otra vez de "nuevos", no lo eran prácticamente ninguno de estos elementos *per se*, fácilmente rastreables en su génesis un siglo antes o aún más. Los Trastámara no inventaron el señorío jurisdiccional, ni la enajenación de villas reales con sus *tierras* o alfoces concejiles, ni diseñaron artificialmente de la nada una nobleza de servicio sin antepasados consanguíneos de abolengo. Todo esto existía ya. El viejo axioma dialéctico de que la cantidad puede transformarse en cualitativa adquiere cierto sentido aquí si pensamos que la "novedad" es que todos estos elementos ya existentes se generalizaron, se normalizaron, se combinaron y triunfaron. Su difusión en la época Trastámara fue tal que constituyeron una especie de "modelo" de desarrollo histórico que vino a eliminar formas de dominación anticuadas sobre tierras y vasallos y que soldó las piezas de una monarquía centralizada suficientemente sostenida por una sociedad política implicada y beneficiada por tales cambios. Éstos hay que verlos en una secuencia secular, para toda la época Trastámara. Más adelante se incluye, pues, el análisis para todo el ciclo, incluyendo el siglo XV. Conviene detenerse ahora en el arranque de éste, en sus primeros reinados. Primero se hará referencia a los relevos en la elite de gobierno y las relaciones del reino con los vecinos; en el siguiente epígrafe a los grandes cambios en las instituciones monárquicas.

En cuanto a la política "exterior", Enrique II siguió comprometido con su alianza francesa e intervino en algunas batallas de la guerra de los Cien Años, como la de La Rochelle de 1372, derrotando a los ingleses. Las alianzas castellanas con Francia se mantuvieron en general bastante tiempo y se convirtieron en una constante durante todo el resto de la Edad Media. Incluso puede ser ésta la causa de que cuando se produjo el Cisma del Papado en 1378 Enrique II y su sucesor tuvieran inclinaciones hacia la causa del país vecino. No obstante, en este asunto, como ha destacado Suárez Fernández, lo importante no era tanto la adscripción como la idea de que todos los reinos hispánicos debían actuar al unísono, como una única *nación*, como así se reconocía en el léxico eclesiástico. Es más, según este historiador, Enrique II y sus sucesores desarrollaron la idea de *Monarquía Hispánica* o española.

Las mismas estrategias de enlaces matrimoniales desplegadas ya por el primer Trastámara revelarían una lógica que tendría en cuenta todos los reinos hispánicos y Portugal, según una concepción política de unidad en el fondo de los reinos peninsulares, aunque evidentemente sin que se planteasé superar las identidades de cada uno de los reinos que formaban esa Monarquía Hispana todavía irrealizable en la práctica (Suárez, 1994: 89-98). El hecho de que se establecieran enlaces entre herederos de los distintos reinos iría en esa dirección, con el objetivo de que todos emparentaran entre sí. Eso sí, el rey castellano se reservaba tácitamente la natural jefatura de esa *entente* regia peninsular. Ya en 1373 esta política del altar se había fijado con la planificación de varias bodas. Y entre 1375, justo el año en que se firmaba una previsible paz con Aragón tras dos décadas de enfrentamientos, y 1383, ya con Juan I, fueron cristalizando los enlaces. La boda en 1375 de quien luego sería Carlos III de Navarra con Leonor, hija de Enrique II, buscaba una alianza con Navarra. El enlace del primogénito castellano Juan con Leonor de Aragón en ese mismo año resultó también fructífero y posibilitó décadas después que los descendientes alcanzaran el trono aragonés. De modo que la generación o generaciones de reyes hispánicos de finales del siglo XIV y principios del XV –Juan I y luego su hijo Enrique III de Castilla, Carlos el Noble navarro y Juan y Martín aragoneses– fueron parientes cercanos y normalmente bien avenidos.

La convergencia con Portugal no corrió la misma suerte. Se había intentado que la heredera portuguesa enlazara antes con algún Trastámara. Las circunstancias hicieron que a la muerte del rey portugués Fernando I en 1383 heredara el trono su hija Beatriz, que había contraído matrimonio poco antes con el recién enviudado Juan I de Castilla. Al rey castellano se le abrió la expectativa de ser rey del país vecino, por su esposa portuguesa. Castilla, con el apoyo de no pocos nobles lusos, entró en guerra. Enfrente tuvo un fuerte partido encabezado por João de Avís, aliado del mundo urbano portugués y de los ingleses. La inesperada derrota castellana en Aljubarrota en 1385, ante los partidarios de Avís y los ingleses, fue tan drástica e impactante que ya no se olvidó en las respectivas trayectorias de ambos estados. La nueva Casa de Avís, con João I, frenó de raíz las aspiraciones castellanas en Portugal.

A pesar de su contundencia, y de la sensación de precipitación regia que dejó en el reino, el debilitamiento de Juan I no alcanzó las cotas que habría ocasionado si la dinastía no estuviese firmemente apoyada por los castellanos. Lo estaba plenamente. Lo pudo comprobar poco después el duque de Lancaster. Casado con una hija de Pedro I, Constanza, quiso aprovechar la derrota castellana en Aljubarrota para reclamar su derecho al trono. Invadió en 1386 el noroeste peninsular. Pero la resistencia encontrada entre nobles y concejos castellanos fue tan fuerte que debió renunciar a su propósito tras algunas batallas. En 1388 se zanjaba en Bayona la paz y la renuncia del inglés mediante el acuerdo de matrimonio entre una de sus hijas, Catalina, y el heredero castellano, que llegará a ser poco después Enrique III. El reinado de este último resultó bastante tranquilo desde el punto de vista de los conflictos externos, lo cual se puede atribuir al efecto de las estrategias geopolíticas de sus antecesores.

En lo referente a la elite gobernante de los primeros Trastámara, cabe destacar que se fue paulatinamente disolviendo el círculo de parientes y aliados más cercanos con que accedió al trono Enrique II. Cuando terminó el reinado de su nieto Enrique III estos parientes regios, *"epígonos Trastámara"*, y otros pocos linajes de primera fila, como advirtieron historiadores como Mitre o Suárez (Mitre, 1968; Suárez, 1975: 21-34, 71-85), habían sido sustituidos por otra elite de poder encumbrada.

En efecto, la herencia de la victoria de Enrique II había elevado a lo más alto a unos cuantos individuos y familias artífices de la victoria. Los títulos de condes, duques o marqueses que detentaban revelan la cercanía más directa al poder. Aparte de algunos otros linajes, de parentesco lejano con el rey, como La Cerda, que enlazaron con la casa francesa de Bearn, de la que Bernal de Bearn vino a ayudar a Enrique II, y que tendrían el condado de Medinaceli, o del infante Alfonso de Aragón, a quien se adjudicó el marquesado de Villena, el grueso del círculo predilecto lo constituían familiares directos del nuevo monarca. El hermano gemelo de Enrique, Fadrique, había muerto, pero un hijo de éste, sobrino por tanto de Enrique II, Pedro Enríquez —este apellido formaba parte de las líneas familiares de los reyes Trastámara— fue premiado con el condado gallego de Trastámara. No era la principal posesión, ni la más emblemática, ya que la nueva dinastía no se identificaba aún a sí misma por esa denominación. Dos hijos bastardos de Enrique II recibieron importantes títulos: Alfonso Enríquez recibió el título de conde de Noreña, que incluía Gijón, y tenía Paredes de Nava entre sus dominios; Fadrique, otro hijo natural de Enrique II, recibió el título de duque de Benavente, con importantísimas posesiones en las actuales provincias de León, Zamora y Orense. El hermano de Enrique II, don Tello, recibió el título de conde de Vizcaya y este Señorío, además de las villas de Aguilar de Campóo y Castañeda. Otro de los hermanos de Enrique II, Sancho, recibió el título de conde de Alburquerque, incorporando los dominios de la extinguida casa de Meneses y de Juan Alfonso de Alburquerque, además de importantes señoríos, entre ellos Haro y Ledesma. Enrique II premió también al primo de su esposa Juana Manuel, Juan Sánchez Manuel, con el título de conde de Carrión y Adelantado Mayor del reino de Murcia. Sobrino del célebre don Juan Manuel, era la cabeza de esta importante familia. Finalmente, otro primo de Enrique II, Juan Alfonso de Guzmán, de este linaje, recibía el título de conde Niebla, extensísimo señorío ubicado en la actual provincia de Huelva y otras áreas del Bajo Guadalquivir.

En los reinados siguientes, por circunstancias y vicisitudes diversas, este reducido círculo de parientes del rey de primera fila acabó descomponiéndose. Los hermanos de Enrique II murieron, quién sabe si con extraña oportunidad. Don Tello, titular del Señorío de Vizcaya, murió en 1370 y Enrique II decidió incorporar para su hijo Juan este territorio. Desde él los reyes castellanos llevaron el título de Señores de Vizcaya. Don Sancho murió en 1374. En el reinado siguiente, la realeza chocó con los epígonos Trastámara, que pretendían seguir ejerciendo una especie de poder cortesano paralelo al del propio monarca: Alfonso Enríquez, conde de Noreña, Juan Sánchez Manuel, conde de Carrión y Adelantado de Murcia, y Pedro Enríquez, conde de Trastámara, se sublevaron. Este último lo hizo en 1383 y fue derrotado, aunque no desposeído. El conde de Carrión murió ese año y el conde de Noreña no consiguió mejorar su influencia. El declive de estos epígonos Trastámara fue acentuándose en el reinado de Juan I, pero su hundimiento se consumó en el siguiente. Pedro Enríquez, conde de Trastámara, y Alfonso Enríquez, conde de Noreña, rivales entre sí, perdieron sus bienes y su influencia. Y también cayó el último de los que se sublevaron, desde 1393-1394, Fadrique, duque de Benavente, que fue preso y despojado de sus bienes. Así acabó el "gobierno de los parientes del rey". Tan sólo un personaje de la sangre regia salió fortalecido: Alfonso Enríquez, un hermano del conde de Trastámara –Pedro Enríquez. Este tal Alfonso Enríquez llegó a ser Almirante de Castilla desde 1405 y su éxito le vino porque en las disputas de los epígonos Trastámara formó parte de los que apoyaron al rey y fue además pacificador de estos conflictos.

La eliminación del círculo de parientes directos de Enrique II en el reinado de Enrique III coincidía con unas fuertes transformaciones en la cúpula de la monarquía. Desde el punto de vista de los círculos del poder regio, suponía no sólo la superación de la accidentalidad que supuso el acceso traumático de los Trastámara al trono, sino también que por primera vez desde hacía siglos el servicio iba a ser más importante que el parentesco regio. Y en efecto, con la excepción de los Enríquez, que siguió siendo un apellido regio ligado a los medios políticos de parientes del rey, el nuevo círculo de nobles que empezaron a dirigir el gobierno real desde Enrique III era expresión de una nueva *"nobleza de servicio"*, como suelen denominarla los historiadores desde Moxó y Suárez. Ahí estaban ya en el círculo de cargos de Enrique III miembros de los Mendoza, Dávalos, Estúñiga, Ayala, Suárez de Figueroa, Velasco... Véase, si no, quién detentaba los principales oficios de casa y corte o territoriales: Diego López de Estúñiga era justicia mayor; Juan Hurtado de Mendoza, mayordomo; Diego Hurtado de Mendoza, almirante; Ruy López Dávalos, condestable; Pedro López de Ayala, el canciller; Juan Fernández de Velasco, camarero mayor; Lorenzo Suárez de Figueroa, maestre de Santiago; Alfonso Enríquez, almirante a finales del reinado; por su parte estaban a punto de convertirse en una especie de gobernadores territoriales nobiliarios, o "barones" de influencia regional en el Norte, los Manrique y los Suárez de Quiñones, a través de los cargos de Adelantados Mayores de Castilla y de León respectivamente.

Los nuevos gobernantes pertenecían a los linajes que más destacarán en el siglo XV. Ellos ocuparon los principales cargos del estado. Eran fruto de un cierto relevo. No un relevo radical ni completo, por supuesto. Por no hablar de los Enríquez, es verdad que los Ayala, Velasco o Mendoza –como los Guzmán o Manrique– no eran del todo nuevos. Pero tampoco eran la nobleza de más abolengo. Desde posiciones subalternas un siglo antes habían sucedido al filo de 1400 a los Lara, Haro, Castro, Meneses, y otros linajes esplendorosos hasta el XIV. Despuntaban además en el reinado de Enrique III otros linajes, éstos sí totalmente de encumbramiento bajomedieval, que se auparán a la cúspide sin tener su origen, o una posición destacada, en el seno de la vieja nobleza: los Estúñiga, los Quiñones, los Pimentel o los Álvarez de Toledo.

Esta *nobleza de servicio* no dependía de la sangre real, de la estirpe reinante, sino que brillaba por su lealtad y su capacidad política. Encajaban mucho mejor en un esquema de gobierno monárquico donde la despersonalización en el ejercicio del poder político avanzaba con firmeza. Precisamente éste fue uno de los más sobresalientes proyectos de estado de los primeros Trastámara.

1.3.3. Transformaciones del régimen monárquico durante los primeros reinados Trastámara

Sin alternativas interiores, con la popularidad nacida de la victoria militar y la propaganda antipetrista, la dinastía Trastámara halló con prontitud la legitimación para su causa. Es fácilmente perceptible en la legislación de Cortes, en las obras de pensamiento político y en la cronística de los primeros reinados, la de López de Ayala en particular. La sucesión al trono en el seno de la familia legítima, a partir de la primogenitura masculina, funcionó fluida y rutinariamente desde el primer momento en los primeros reinados. No hubo ninguna sorpresa en esto. Podría destacarse, en el tono instituyente típico de los tiempos, la regulación formal de la sucesión al trono. Se trata del reconocimiento legal de los derechos del heredero a recibir, a partir de un momento de su vida, la sucesión al trono bajo la forma de concesión del "Principado de Asturias". La creación de esta institución data de 1388. Reflejaba la noción de continuidad automática de la corona, que no era ya por entonces una idea novedosa. Pero sobre todo era un reconocimiento honorífico y protocolario que reforzaba la distinción del sucesor. El de Asturias no era un "señorío" típico, ni tampoco un principado territorial del tipo ultrapirenaico. Era un territorio como el del Señorío de Vizcaya, que estaba adscrito a la casa real reinante en Castilla, pero en el caso de Asturias sin la dimensión administrativa que sí conservaba el Señorío. Carente de esta dimensión, el principado de Asturias no fue una institución especialmente relevante ni conflictiva.

Tampoco hubo grandes cambios en la Casa y Corte del Rey. La alta aristocracia copó los oficios de mayordomo, camarero, alférez, justicia mayor, canciller, copero, almirante o condestable. De rancio origen, estos cargos tenían aún un aire doméstico, de privanza palaciega. Sus titulares recibían *raciones* y *quitaciones* por estos oficios. Pero la importancia política de los mismos no nacía de su función. Incluso eran honoríficos en cierto modo. Algunos que, sobre todo más tarde, fueron desempeñados por destacadísimos miembros de los círculos políticos, como el cargo de almirante o condestable, fueron importantes sólo por los ocupantes, más que por la naturaleza del cargo. En todo caso, la lealtad y confianza, y no la sangre real, algo cada vez más aleatorio, determinaban la posición en la corte. El reducido círculo de nobleza áulica tenía la relevancia de la obvia cercanía a los reyes o regentes, la posibilidad de intriga, de tráfico de influencias. Los principales detentaban además, y esto sí era verdaderamente decisivo, extensos estados señoriales o gobernaban territorios importantes. Junto con los prelados del reino, los maestres de las órdenes militares y los cargos de Merinos o Adelantados Mayores, los oficiales de la Casa y Corte del rey eran paso obligado de muchas de las principales decisiones. Ya se han mencionado los principales nombres del reinado de Enrique III. Pero, insistamos en ello, no eran los oficios de la corte en sí la causa de su poder en Castilla, más bien su efecto.

Las principales reformas institucionales de la época se concretaron en la Audiencia y el Consejo Real. En esas instituciones se detecta claramente la transferencia de poder del rey al estado. En cuanto a la Audiencia –que con el tiempo se llamará también Chancillería, al coincidir en palacio con la ubicación de la residencia del canciller– puede asimilarse a una especie de tribunal supremo o permanente. Es probable que ya existiera como órgano sometido a algunas normas en los reinados de Alfonso XI –tras 1348– y de Pedro I, según se desprende de un reciente estudio de L. V. Díaz Martín. Pero la normalización institucional se produjo en 1371. Se convirtió entonces en el órgano judicial estrella para causas civiles y sus sentencias resultaban inapelables. Desde los tribunales inferiores los súbditos sólo podían acudir a este órgano en grado de apelación, pero en cambio los contenciosos jurisdiccionales podían ir directamente.

Las sentencias de la Audiencia se emitían en nombre del rey, pero la institucionalización de la Audiencia representa el triunfo de la despersonalización del rey en la administración central de justicia. Es verdad que los procuradores de las ciudades habían pedido en las Cortes de Pedro I de 1351 que el monarca en persona celebrase dos audiencias semanales para oír las quejas de la gente y juzgar allí mismo (*Cortes*, II: 28). Ya se le había pedido a Alfonso XI y se sabe que a veces algunos reyes ejercitaron esta forma de justicia salomónica directa, o más bien, podríamos decir, de propagandística escenografía populista. A mediados del XIV no eran ya propuestas realistas. No es que no fueran atendidas, que efectivamente no lo fueron, sino que tales propuestas pertenecían más bien a una especie de imaginario popular que evocaba la figura del 'buen rey' impartiendo justicia a cada cual y con ecuánime talante. Los tiempos eran otros, más bien de creación de órganos estables y profesionalizados que actuaran en nombre del rey, como jurisdicción específica de éste, pero delegada. Eso era la Audiencia. Tal como se establecía en 1371 se trataba de un órgano especializado compuesto por *alcaldes* instructores y *oidores* o jueces. Había una docena de *alcaldes*: ocho eran *alcaldes de corte* o de las provincias –dos por el *reino* de León, dos por el *reino* de Castilla, dos por las Extremaduras, uno por el *reino* de Toledo y otro por Andalucía–; uno era el alcalde *de los hidalgos;* otro de *alzadas;* y otros dos del "rastro", esto es, con jurisdicción en los alrededores de cinco leguas de donde estuviera la residencia regia, tal como había sido instituido en las Cortes de 1351. En cuanto a los jueces, según las disposiciones de 1371 había siete *oidores*, de los cuales tres eran obispos y cuatro letrados. Un buen número de escribanos auxiliaba en los procesos.

Hubo en los reinados siguientes varias reformas posteriores que afectaron a la composición y funcionamiento de la Audiencia, sobre todo en las Cortes de Segovia de 1383, en las de Briviesca de 1387 y en las de Guadalajara de 1390. Pero se trata de reformas que no afectaron ya a la identidad del órgano como corte suprema de justicia.

Por lo que respecta al Consejo Real, fue formalmente instaurado desde Juan I, aunque existía un consejo "privado" del rey desde varios siglos atrás. Así lo califica S. de Dios, estudioso de la institución. Este consejo lo venían formando nobles, juristas o eclesiásticos y su importancia había sido grande desde mediados del XIII al menos. Este antiguo "consejo real" carecía, sin embargo, de "competencias fijas" y "funcionamiento preciso, a falta de unas ordenanzas que lo regulasen" (De Dios, 1982: 68), por lo que no se puede considerar un órgano institucionalizado formalmente. Esto no ocurrió hasta 1385 cuando las Cortes de Valladolid promulgaban las primeras ordenanzas del órgano.

De todos modos, prescindiendo de estas distinciones de los historiadores del derecho y si no se quiere subrayar el cariz de ruptura institucional, sería más correcto hablar quizá de un consejo real tradicional –más que "privado"– y un "nuevo" Consejo Real, si se quiere subrayar el hecho jurídico de la reglamentación de 1385.

Desde entonces se iba a convertir en el principal órgano de gobierno ordinario del reino. Actuaba en nombre del rey –éste decidía *"con consejo de los miembros del mi Consejo"*– y asumía competencias numerosas en materias administrativas y gubernativas, nombramientos, asuntos de gracia y merced, de momento apenas competencias judiciales, que en el XV sí llegaron a ser importantes. En su primera regulación de 1385 (Apéndice 1j) el Consejo estaba formado por doce miembros, cuatro *prelados* –en ese caso los arzobispos de Toledo, Santiago, Sevilla y obispo de Burgos–, cuatro nobles o *"cavalleros"* –el marqués de Villena, Juan Hurtado de Mendoza, Pedro Suárez Quiñones, Alfonso Fernández de Montemayor– y cuatro *"çibdadanos"* –Juan de Sanjuanes, Ruy Pérez Esquivel, Ruy González de Salamanca y Pedro García de Peñaranda. Éstos fueron los primeros miembros del Consejo Real recién instituido. Hay que destacar la representación de los ciudadanos. Aunque hubo prácticamente desde la guerra civil intentos serios de las ciudades por formar parte del anterior consejo del rey –peticiones de 1367, 1371 y 1379– la presencia de cuatro consejeros ciudadanos en el Consejo Real es un hito asociado a la institucionalización de éste. Ahora bien, distaba de ser un reconocimiento de los representantes de las ciudades en calidad de miembros de un *estado* o estamento, a modo de tímida expresión de un embrionario *"ständestaat"*. Nada de esto, ni representación de los estamentos –de los ciudadanos, pero tampoco *a priori* del eclesiástico o noble– ni tampoco representación territorial, por provinçias o *reinos*. Las ordenanzas fundacionales de 1385 dejaban claro que los escogidos "non los damos por dignidades nin por provinçias, nin es nuestra voluntad de lo fazer así, más ponémoslos agora porque entendemos que cunple así a nuestro serviçio e a provecho de los nuestros rregnos e que son tales que darán buena quenta a Dios e a nos e a los nuestros rregnos de lo que les encomendamos", que era como decir que tales consejeros no eran la representación del reino ante el rey, sino un instrumento de éste.

Tal carácter se puso de manifiesto en las reformas posteriores. En las Cortes de Briviesca de 1387, seguidas de otras remodelaciones de los años 1389 y 1390 (Suárez, 1994: 134-135; De Dios, 1982: 78-94), se fue fijando una composición donde se apreciaba más nítidamente la noción de órgano al servicio del gobierno regio. Los cuatro consejeros ciudadanos fueron sustituidos por cuatro *letrados*, que constituirían un núcleo estable jurídicamente preparado. El número de consejeros fue variando en el futuro, pero la exclusión de los ciudadanos como tales del Consejo se mantuvo. Era la tecnificación y burocratización del órgano, el fracaso de un posible Consejo que hubiera podido evolucionar hacia órgano de representación estamental y territorial del reino, o "diputación permanente" de las Cortes, algo a lo que habían aspirado las ciudades (Apéndices, 1c, f, h). Pero éstas habían fracasado también en otra de sus aspiraciones, ya que su petición de exclusión de la alta nobleza del órgano –*"que non estén en él grandes omnes"*, que habían pedido en las Cortes de Briviesca de 1387– no fue atendida. Por las ordenanzas dadas para el Consejo en 1406 y por el testamento regio de ese mismo año se comprueba que la institucionalización del reinado de Juan I seguía vigente. Prelados, nobles y *doctores*, o sea letrados, eran los únicos componentes, en un número de dieciséis consejeros que parecía haber por entonces. En adelante, alta jerarquía eclesiástica y alta nobleza compartirían con letrados los puestos del Consejo, mientras que las ciudades habían perdido definitivamente su presencia en él.

Las pugnas en torno a la composición del Consejo revelan que las grandes fuerzas del reino entraban en conflicto en torno a la estructura del estado central. Si el Consejo se fue decantando cada vez más como un órgano de centralización monárquica y también de diálogo político del rey con Iglesia y nobleza, las Cortes se confirmaron como el foro específico de las ciudades. Tras el vacío dejado por la última gran convocatoria de Cortes de Pedro I en 1351, los primeros Trastámara reunieron frecuentemente Cortes o ayuntamientos afines ya desde la misma guerra civil. Durante los reinados de Enrique II, Juan I y Enrique III se celebraron Cortes cada año o un par de años, con pocas excepciones de lapsos más amplios. Pero además tuvieron un enorme relieve político, quizá como en ningún otro momento histórico, como han señalado estudiosos de la institución en ese período, como Suárez, Valdeón o Mitre. L. Suárez habló de "pleamar de las Cortes" para referirse al período, específicamente la segunda mitad del reinado de Juan I. Aunque formalmente los otros dos *estados*, eclesiástico y nobiliario, podían acudir y a veces lo hicieron, en la práctica sólo los representantes de las ciudades de realengo acudían; y, de hecho, las Cortes eran la única institución en la que existía una participación política estatal de las ciudades consideradas como algo parecido a un *tercer estado*, aunque no lo era rigurosamente. Las reuniones tenían lugar sobre todo en ciudades de la Meseta, especialmente de la Meseta Norte, pero a ellas acudían un buen número de representantes de ciudades de todas las regiones de Castilla. Aunque en reuniones de tiempos pasados el número de ciudades participantes pudo ser aún mayor –cerca de cien en Burgos, 1315–, todavía el número fue estimable durante los primeros Trastámara. Véanse, a título de ejemplo, los datos de las Cortes de Madrid de 1391. En estas Cortes 125 procuradores –lo normal era dos por ciudad, pero podían ser uno o bien más de dos– representaron a 49 ciudades y villas, citadas a partir de la *caput Castellae* y las restantes cabezas de los *reinos*, que se distinguen primero: Burgos –con 8 procuradores–, Toledo –5 procuradores–, León –5 procuradores–, Sevilla –3 procuradores–, Córdoba –3 procuradores–, Murcia –2 procuradores–, Jaén –3 procuradores–, y siguen Zamora –4 procuradores–, Salamanca –8 procuradores, máxima representación–, Ávila, Segovia, Soria, Valladolid –4 procuradores–, Plasencia, Baeza, Úbeda, Toro –4 procuradores–, Calahorra, Oviedo, Jerez, Astorga, Ciudad Rodrigo, Badajoz, Coria, Guadalajara, La Coruña, Medina del Campo, Cuenca, Carmona, Écija, Vitoria, Logroño, Trujillo, Cáceres, Huete, Alcaraz, Cádiz, Andújar, Arjona, Castrojeriz, Madrid, Béjar, San Sebastián, Villareal, Sahagún, Cuéllar, Atienza, Tarifa, Fuenterrabía. No cabe duda de que estos núcleos eran los principales de la corona de Castilla. Incluso una ciudad de señorío eclesiástico, Palencia, que pleiteaba con su señor, el obispo, se adhirió luego a las Cortes, alcanzándose el número de 50. En cuanto a los representantes de las ciudades se sabe que pertenecían a las elites dirigentes de las mismas. Pero, a diferencia de lo que ocurrirá después, parece que eran elegidos y designados sin injerencias muy marcadas por parte del poder regio.

Pero además las Cortes bajo los primeros Trastámara desempeñaron un papel importantísimo. Es verdad que la capacidad legiferante de los reyes, por sí mismos y a través del Consejo Real, se había afirmado antes, pero sólo eran leyes por antonomasia los ordenamientos promulgados en Cortes. Historiadores del derecho como Pérez Prendes han dicho que esto no quiere decir que hubiese una potestad legislativa compartida entre rey y Cortes, lo que en general puede aceptarse desde una perspectiva de historia parlamentaria comparada. Ahora bien, las Cortes fueron protagonistas en esos reinados por varios motivos: de ellas salió importantísima legislación, desde materia económica hasta reformas relativas al ejército, o la misma regulación citada de la Audiencia y Consejo Real, fijándose la praxis de que el monarca legislaba ordinariamente –en el sentido estricto de dictar leyes generales– en el marco orgánico de las Cortes; los impuestos extraordinarios tenían que ser consentidos en las Cortes, llegando a veces a establecer éstas el tope máximo de las cantidades exigidas al reino e incluso la forma, como ocurrió en las Cortes de Segovia de 1386; implicación decisiva en los problemas de la sucesión y regencia del reino, en particular durante la minoridad de Enrique III. En general, y aparte de competencias concretas, fueron un organismo vivo, con poder político, que refrendó y apoyó globalmente la nueva dinastía. La debilidad inicial de ésta en la guerra civil, los problemas con Portugal en los años ochenta y las minorías regias intentaron ser aprovechados por las ciudades a través de las Cortes. Las ciudades obtuvieron privilegios considerables, privilegios económicos, medidas antisemitas, control del gasto... Puede decirse que, si bien no alcanzaron todos sus objetivos máximos –potestad legislativa plena, contención política de los grandes en los órganos del estado, presencia ciudadana directa en las decisiones del poder monárquico– de alguna manera las Cortes gobernaron "a la aragonesa", si se entiende que fueron una instancia imprescindible en el gobierno monárquico. El declive político de las Cortes castellanas estaba aún por llegar.

Si Audiencia, Consejo y Cortes fueron los pilares del orden institucional, otros aspectos del gobierno del reino también fueron reformados o retocados en esta etapa. La administración territorial fue una de las menos alteradas. En el sur, aparte de la administración municipal, muy consistente, siguió sin apenas cambios el sistema de Adelantamientos de Murcia y Andalucía, mientras en los territorios antiguamente extremaduranos el sistema concejil siguió siendo preponderante, con pequeños cambios: *alcaldes mayores* y *justicias mayores*, oficios que se concedieron a miembros de la nobleza alta y media, eran delegados del rey para uno o varios distritos regios, pero su papel estaba bastante desdibujado, dado que los distritos muchas veces eran poco mayores o simplemente coincidentes con los de los concejos de *villa y tierra*; de manera que cuando se empezó a difundir el régimen de corregidores con Enrique III aquellos oficiales de la administración territorial se solapaban a las ciudades y villas de realengo con la figura del corregidor municipal. Así pues, en el centro peninsular seguía habiendo una administración territorial regia casi invisible, algo achacable probablemente a la tradición de *continuum* territorial que representaban en estas regiones los *concejos de villa y tierra*.

Del Duero al Cantábrico sí hubo algunos retoques en la administración territorial durante la segunda mitad del XIV y principios del XV. Desde 1402 se dividió el Adelantamiento de León, quedando uno para León y otro para Asturias, ambos dentro del viejo *reino* leonés septentrional al Duero. Lo más interesante es constatar que familias de la alta nobleza se empezaban a reproducir en estos cargos –siguieron haciéndolo en el siglo XV–, de manera que los Quiñones leoneses, que antes aunaban el único Adelantamiento, se quedaron con el oficio para Asturias, mientras que los Manrique se reservaron el resto, el Adelantamiento de León. Igual iban a hacer los Sarmiento con el autónomo Adelantamiento de Galicia, también patrimonializado en la época Trastámara. Aparte de León, los Manrique tenían también el cargo equivalente para el *reino* de Castilla, del Cantábrico al Duero, llamado generalmente Adelantamiento de Castilla en la segunda mitad del XIV. Este Adelantamiento o Merindad Mayor de Castilla incluía la casi veintena de *merindades* menores, todavía funcionales como distritos fiscales de la monarquía en la Castilla del norte del Duero.

El mismo proceso de patrimonialización que protagonizaron Quiñones o Manrique con sus oficios territoriales de primer orden o "Mayores", por los que percibían rentas más que poder efectivo, se dio también con las circunscripciones originariamente del escalón siguiente, algunas de las cuales experimentaron transformaciones en la segunda mitad del XIV. Habría que destacar que desde mediados del XIV Pedro Fernández de Velasco había conseguido separar del Adelantamiento de Castilla la antigua *merindad* menor de Castilla Vieja, a la que estaba vinculado ya antes, convirtiéndola en Merindad Mayor de Castilla Vieja y él en su Merino Mayor, que fue pasando a sus sucesores, desde Juan Fernández de Velasco, que la tuvo con los primeros Trastámara, hasta sus descendientes, que patrimonializaron el cargo. Esto permitió a los Velasco ejercer una influencia extraordinaria sobre todo en el norte de la actual provincia de Burgos, desde el Ebro hacia el norte, región donde acumularon también numerosos señoríos. En el País Vasco, hay que indicar que el Señorío de Vizcaya estaba anexionado a la Corona, mientras que la Merindad de Allendebro acabó correspondiendo a la actual Álava, toda vez que hacia 1356 se segregó de la misma la Merindad de Guipúzcoa. Al frente de la misma, con el título de Merino Mayor de Guipúzcoa, el linaje de los Ayala dirigió al principio el poco peso ya por entonces de la Guipúzcoa no avillazgada. Sin embargo, desde la creación estable en 1397 de la Hermandad de Guipúzcoa, este organismo, que agrupaba las villas guipuzcoanas, fue el principal interlocutor del monarca en ese territorio histórico, como ha estudiado S. Tena. Otro fenómeno coetáneo, en relación también con la propia constitución de la Hermandad, fue la existencia de un corregidor para toda Guipúzcoa, pero que más que un cargo municipal lo era de carácter territorial, con autoridad sobre numerosas villas, demasiado pequeñas –toda Guipúzcoa no era más grande que un concejo de tamaño medio del sur del Duero– para tener cada una su propio corregidor. También un único corregidor para todo el Señorío, así como una Hermandad, funcionaban en Vizcaya a principios del XV. La fórmula de corregidores que no lo eran sólo de una ciudad sino de un territorio más vasto, ya fuera por la exigüidad territorial de sus villas realengas ya por ser preponderante el territorio señorial e insulares con respecto a él por tanto las ciudades realengas, aparte de las provincias vascas, se utilizará también en otras zonas del norte: Villas del Mar de la actual Cantabria, o zonas de Asturias y de Galicia, que durante el XV tuvieron corregidores de este tipo territorial o regional, diferentes por tanto de los propiamente municipales, que eran característicos del resto de la corona.

Las instituciones centrales hacendísticas y militares, consideradas pilares de la fortaleza estatal, se reforzaron con los primeros Trastámara. Con respecto a lo primero, quizá desde Enrique II cabe hablar de una mejora de la especialización hacendística, aunque ya había comenzado en el reinado anterior. Se trata de la instauración de Contadores Mayores de Hacienda y de Cuentas, de la consolidación de los tesoreros de la corte, con la propia noción de tesoro central, y del incremento de recaudadores, capaces ya de formar una red extendida por todo el reino. Éste estaba dividido en grandes distritos fiscales, en buena medida coincidentes con los obispados. Por otra parte, se difundió el más efectivo procedimiento de arrendamiento de rentas en la época de Enrique III. A pesar de la eficacia fiscal, la corona solía arrastrar un déficit permanente si se atiende a los ingresos ordinarios. Ahora bien, la posibilidad de incrementar considerablemente, doblar o triplicar, estos recursos mediante ingresos extraordinarios aseguraba la potencia de la maquinaria monárquica. En cuanto a las rentas en sí, el sistema fiscal que venía funcionando desde Alfonso XI siguió básicamente vigente, sostenido por una fiscalidad "de estado" compuesta por *alcabalas, servicio y montazgo, cabezas de pecho* de moros y judíos, recaudaciones aduaneras y servicios extraordinarios efectuados en *pedidos* y *monedas*. Los tributos tradicionales –*yantares, martiniegas*– eran ya totalmente marginales. Una novedad es que la *alcabala* acabó fijándose en el 10% de las compraventas desde los primeros reinados Trastámara y, sobre todo, que emprendió el camino hacia su papel hegemónico en la fiscalidad real desde que, con Enrique III, comenzó a ser renta ordinaria, que no requería ya el consentimiento de las Cortes.

En cuanto al potencial militar castellano, cabe hablar de la ausencia de un ejército profesional permanente. Es cierto que sólo el rey tenía la facultad de declarar la guerra y la movilización militar y que la guardia personal del rey, en concreto los Monteros de Espinosa, puede considerarse embrión del futuro ejército permanente, aunque ese cuerpo, compuesto por unos doscientos hombres, se destinaba sobre todo a las cacerías. Pero el ejército como tal no existía. Los contingentes militares que actuaban eran el resultado de la combinación de las mesnadas señoriales, las de las Órdenes Militares, las milicias concejiles o de *hermandad* –que agrupaban varios concejos asociados– y las tropas propiamente regias. Las tropas extranjeras, que sería otra de las aportaciones militares, sólo fueron importantes en algunas guerras. Es el caso de la guerra entre Pedro I y Enrique II: así en 1366-1367, las Compañías Blancas de Bertrand du Guesclin disponían de 10.000-12.000 hombres y las del Príncipe Negro de 6.000. Después de las guerras con Portugal, que acabaron con la derrota de Aljubarrota en 1385, la aportación extranjera fue irrelevante. La nobleza castellana aportaba muchos soldados. Pero eran las finanzas públicas las que corrían con los gastos. Hay que reseñar un aumento del gasto dedicado a la guerra y vasallaje nobiliario, ya que los nobles percibían una soldada llamada *"tierra"*. Las necesidades militares siempre fueron considerables y eran el principal gasto. Tras la derrota de Aljubarrota Juan I propuso que todos los vecinos estuviesen armados, según la cuantía –desde una simple lanza y escudo hasta el arnés completo para los más acomodados–, que era una vieja tradición castellana, algo en desuso, pero que se emparenta con los caballeros de alarde o de cuantía, regulados a mediados del XIV.

Hubo dos ordenamientos sobre el ejército en esta época. En el ordenamiento de 1387 se quiso reclutar y pagar a cerca de 20.000 hombres, para lo que se esperaba destinar 14 millones de maravedíes para estos *sueldos* o *acostamientos*, cuando los ingresos totales estaban en torno a 20-22 millones (Ladero, 1993b: 207-208). Los contingentes eran: 4.000 *lanzas castellanas* o de *"hombres de armas"* esto es, unidades de tres hombres formadas por un *caballero* –hombre a caballo– con *"armamento a la guisa"*, esto es, bien pertrechado, con lanza larga, arnés, loriga, peto reforzado, celada, un caballo bueno y otro rocín como ayuda de carga o posible sustituto del principal–, ayudado a lo sumo por uno o dos mozos o pajes, con la idea de pagar 1.500 maravedíes al año a cada unidad o *lanza*; 1.500 *jinetes,* esto es *"lanzas jinetas",* o sea jinetes de armamento más ligero, con lanza corta, adarga, estribo alto –lo que le daba más movilidad de piernas– y normalmente sólo con un ayudante suplementario o sin él, a razón de 1.300 maravedíes anuales; y 1.000 *ballesteros*. Pero los objetivos no se alcanzaron. En el Ordenamiento de Guadalajara de 1390 con 9 millones de maravedíes se pretendía financiar un ejército de 4.500 *lanzas castellanas* y de 1.500 *jinetes*, aparte de otros auxiliares.

1.4. Auge de la monarquía centralizada y sus límites estamentales (1406-1474)

La muerte de Enrique III tuvo lugar en la navidad de 1406. En diciembre de 1474 era proclamada reina Isabel tras la muerte de su hermano Enrique IV. En este intervalo se extiende un larguísimo período de la historia castellana correspondiente a los reinados de Juan II (1406-1454) y Enrique IV (1454-1474). Desde el punto de vista de la pugna entre *nobleza y monarquía*, binomio que L. Suárez hizo clásico en su obra más conocida (Suárez, 1975), ambos reinados resultaron no menos conflictivos que los anteriores. Minoridad, formación de facciones nobiliarias, momentos de firmeza regia, frente a otros de debilidad, períodos de "anarquía", "guerras civiles"... Cambiantes situaciones alternaron en esta época.

A veces se ha querido ver en el largo período una lucha entre dos grandes actores políticos o dos grandes alternativas, una encabezada por el poder regio y otra por la nobleza. A la primera, la del *partido monárquico*, se atribuye la virtud de haber reforzado el orden y la legitimidad del estado, o por el contrario el defecto de haber ejercido un autoritarismo exagerado, según se considere teleológicamente, en la historia de los regímenes políticos, que el robustecimiento del poder regio frente a las fuerzas del reino es signo positivo o negativo respectivamente. Bajo estas mismas premisas apriorísticas, a la segunda opción, la del *partido aristocrático*, se atribuye la de haber defendido intereses particulares y oligárquicos frente al sentido de estado del rey, o por el contrario haber propugnado un contrapeso equilibrador y un proyecto contractual frente al autoritarismo regio, con el que a la postre habría tropezado. Según estas concepciones, al final del ciclo, la victoria de Isabel, emblemática expresión del partido monárquico, representaría bien la victoria de la ley y el orden frente a la anarquía nobiliar, si se hace una lectura en positivo, bien la victoria del autoritarismo sobre la alternativa contractual, si se resalta lo negativo del régimen. Políticamente, habría triunfado el partido monárquico, aunque social y económicamente la nobleza, perdedora política, se habría fortalecido.

Se trata de interpretaciones historiográficas posiblemente bien argumentadas. Pero antes de dar por sustantiva la conflictividad entre un proyecto político de la "nobleza" y otro diferenciado de la "monarquía" conviene tener en cuenta algunas observaciones sobre los agentes en cuestión, que más bien invitan a la prudencia. Así, por ejemplo, parece evidente que el fortalecimiento de los aparatos centrales de la monarquía, pese al efecto de las coyunturas en él, siguió reafirmándose. Pese a la indudable interacción, no parece que pueda identificarse la posición coyuntural de cada rey en los vaivenes provocados por las facciones del momento con la tendencial situación del papel del monarca como cabeza de un estado cada vez más centralizado. Dicho sea de paso, centralización no es lo mismo que autoritarismo. También habría que tener en cuenta el papel de otras fuerzas, como los concejos, que sin ser protagonistas en primer plano en las tensiones nobleza-monarquía, son imprescindibles para entender la estructuración política del estado.

En cuanto a los nobles, quienes protagonizaron los principales conflictos de la época fueron un puñado de ellos, como se indicará inmediatamente, aunque arrastraron a otros. Pero pensar que la nobleza no formaba parte del estado, como pieza clave del mismo, sino que era sólo "un poder social y económico" es defender una noción puramente administrativa de estado, olvidando que éste tiene la virtud de condensar en su seno las diferentes fuentes de poder que existen en la sociedad. Otra cosa es que, por su aceptación académica y como convencionalismo historiográfico, los medievalistas sigamos hablando de las pugnas entre *"nobleza y monarquía"* como el *leit motiv* de la época. Si, como pensamos, la nobleza era parte integrante del poder estatal de la monarquía, la cual como instancia de poder albergaba además otras fuerzas y relaciones, no se pueden contraponer nobleza y monarquía en un escenario neutro de contendientes equivalentes, como ha venido haciendo cierta historiografía. El poder de la monarquía, autónomo respecto de grupos sociales concretos, más bien se asemeja a un ámbito complejo en cuyo seno se desenvolverían las pugnas entre los poderes del reino, entre ellos la nobleza. Pero, más allá de esto, al valorar las actuaciones de los nobles del período se aprecia lo difícil que resulta hallar una supuesta congruencia como *partido aristocrático* defensor de un determinado proyecto político. Sus alianzas, por otra parte cambiantes, tuvieron siempre como argumento de legitimidad el apoyo a algún pretendiente al trono o al rey existente, y siempre hubo nobles, en mayor o menor medida, en los movimientos que los reyes encarnaron frente a sus rivales dinásticos. No existió, pues, un polo de la *monarquía* y otro de la nobleza: reyes y nobles realimentaban unas y otras alianzas. Unas pocas decenas de destacadas cabezas de los principales linajes de Castilla, nobleza titulada y con *estados señoriales* extensos, fueron los actores visibles de los movimientos políticos. Pero precisamente una de las grandes novedades de la acción de los grandes nobles en este período, pensamos algunos, es haber sabido conectar sus luchas facciosas con la obtención y ampliación de estos *estados señoriales*. La formación de *ligas, confederaciones*, banderías nobiliarias, que fue la principal técnica organizativa no institucional de la acción política noble en el siglo XV, resultó ser un recurso nuevo, o por lo menos con un despliegue y potencial inusitados, toda vez que la concentración de poder regio gracias la monarquía centralizada pudo quebrar en favor de la alta nobleza el *statu quo*. El escenario resultante permitió alterar el anterior orden jurisdiccional del reino, la distribución de rentas, la extensión y la naturaleza del régimen señorial. El marco de los conflictos se volvió por tanto diferente. Y es por eso que se trata de algo nuevo. Luego se hablará de ello. Veamos ahora en síntesis la secuencia de las principales tensiones y la normalización institucional de los instrumentos de la monarquía centralizada en este período.

1.4.1. Tensiones entre facciones y banderías políticas

En una posible secuencia de acontecimientos de los reinados de Juan II y Enrique IV, bien conocidos gracias a las explícitas crónicas y documentos de la época, pueden establecerse sucintamente varias etapas.

Desde 1406 a 1419 se extiende una primera fase caracterizada por la minoría de edad de Juan II y la consiguiente regencia. De ésta se hicieron cargo la reina madre, Catalina, y Fernando, hermano del rey fallecido. La victoria sobre los musulmanes en 1410 en Antequera le hizo a éste ser conocido por este sobrenombre "Fernando de Antequera". Pero también por el de Fernando I de Aragón, al ser elegido en Caspe en 1412 rey de esa corona. Su poder en Castilla le venía no sólo de la condición de héroe militar, de tío de Juan II o de rey de Aragón, por si esto fuera poco, sino también de las importantísimas posesiones señoriales de su esposa, Leonor de Alburquerque, conocida como "la *ricafembra*". Fernando fue sin duda el hombre fuerte de la minoridad de Juan II. Durante este período no sólo se extinguió la estela de los *epígonos Trastámara*, sino que se fraguó el núcleo de lo que sería la principal parcialidad nobiliaria castellana durante las décadas siguientes: los propios descendientes de Fernando de Antequera.

Desde 1419, momento de la mayoría de edad, a 1445, en lo que sería una segunda etapa, la principal contraposición, con varios vaivenes de éxitos y fracasos, se dio entre los partidarios de la principal facción aristocrática, los *infantes de Aragón*, llamados así los hijos de Fernando de Antequera, y sus adversarios políticos. Estos últimos estuvieron cada vez más explícitamente liderados por Álvaro de Luna, que gozó del favor de Juan II durante casi todo su mandato.

En efecto, los hijos de Fernando de Antequera, muerto en 1416, destacaban por su situación: el mayor fue el monarca aragonés, Alfonso V, siempre potencial aliado de sus hermanos, quienes en Castilla ejercieron el liderazgo anterior de su padre. Tras el primogénito, quedaba para defender los intereses castellanos Juan, futuro rey de Navarra –desde 1425– y de Aragón, pero que fue antes de ello el principal bastión de los *infantes de Aragón* en Castilla, desde la condición de cabeza de la parcialidad y desde los considerables señoríos castellanos encabezados por el ducado de Peñafiel. El tercer varón era Enrique, conde de Alburquerque y maestre de Santiago, que era otro importante personaje, casi siempre aliado con su hermano Juan. Los restantes hermanos tuvieron menos protagonismo, desaparecieron antes o eran mujeres, pero fueron también importantes: a don Sancho –maestre de Alcántara– y don Pedro hay que añadir que doña María fue esposa de Juan II de Castilla y doña Leonor de don Duarte de Portugal.

Esta importante familia, encabezada por Juan y Enrique, que dominaron los primeros años de la mayoría de edad de Juan II, con quien rivalizaron, fueron encontrando la oposición de buena parte de la nobleza castellana. Quien encabezó este bando, el condestable Álvaro de Luna, de apellido tan ligado a Aragón, fue precisamente quien supo atraerse al monarca de Castilla, actuando como una especie de valido, y tachar a sus enemigos, los hijos de Fernando de Antequera, de servir a la causa aragonesa, apelando a la siempre rentable reticencia de los nobles a ser influidos desde el exterior. El carácter de auténticos "castellanos" de los *infantes de Aragón* podía ser indiscutible para muchos nobles pese a la propaganda de Álvaro de Luna, pero el excesivo poder que tenían animó a muchos a nutrir el partido de este último.

En 1430 se produjo la primera derrota de los *infantes de Aragón*, concretada en las llamadas treguas de Majano, que suponían el repliegue del monarca aragonés de la escena castellana y, por el momento, la pérdida de las posiciones de sus hermanos Juan y Enrique en Castilla, que perdieron señoríos y marcharon a Aragón. Pero tanto el rey de Navarra como su hermano se recuperaron y formaron ligas nobiliarias favorables a ellos a lo largo de la década de los treinta, coincidiendo y favorecidas por el carácter personalista del gobierno de Luna. Hacia 1439 los *infantes de Aragón* habían conseguido ganarse un puesto en la corte y consiguieron desplazar al condestable, que fue incluso desterrado temporalmente.

Durante los años 1439 a 1441 existieron dos bandos nobiliarios en Castilla. El de los *infantes* estaba liderado por Juan de Navarra y contaba con importantes personajes: en él estaban su hermano Enrique; don Fadrique Enríquez, almirante de Castilla; el hermano de éste, Enrique Enríquez; el Adelantado Mayor de León, Pedro Manrique; Juan Manrique, conde de Castañeda; el Merino Mayor castellano, Pedro Fernández de Velasco, conde de Haro; Pedro de Estúñiga, conde de Ledesma, luego de Plasencia; Rodrigo Alonso Pimentel, conde de Benavente; Pedro de Acuña, conde de Valencia de don Juan; Íñigo López de Mendoza, señor de Hita y Buitrago; Pedro de Quiñones, Merino Mayor de Asturias, y su hermano Suero; Diego Gómez de Sandoval, conde de Castro. Contaba con las simpatías de la esposa de Juan II –hermana de los *infantes de Aragón*–, del propio príncipe heredero, don

Enrique de Castilla, y del privado de éste, Juan Pacheco. En el otro bando el líder era Álvaro de Luna. Contaba con las simpatías personales de Juan II y había menos miembros de la alta nobleza: los Álvarez de Toledo, condes de Alba; Pedro Carrillo; Pedro Álvarez Osorio; el obispo Lope de Barrientos. Con algunos cambios de posición y deslealtades en el bando lunista, éste fue desplazado del poder hacia 1441.

Desde entonces hasta 1444 hubo un predominio en la corte de los *infantes de Aragón*. Pero ese año el conde de Alba y Lope de Barrientos, con el apoyo de Luna y del rey Juan II, consiguieron atraerse a varios nobles del otro bando contra los *infantes*: el príncipe y Pacheco, así como los cabezas de linaje de los Mendoza –con la promesa del marquesado de Santillana para Íñigo López–, los Velasco –promesas de más señoríos en Castilla la Vieja– los Estúñiga y los Manrique. Los *infantes* contaban aún con el Almirante don Fadrique Enríquez y con las cabezas de los linajes Pimentel, Quiñones y Sandoval. Hubo una batalla en Olmedo en 1445 que supuso la derrota definitiva de los *infantes*, con la pérdida de sus señoríos en Castilla, la muerte de Enrique de Aragón y la marcha definitiva a este reino del rey Juan de Navarra.

Una tercera etapa, de 1445 a 1454, se corresponde con la "tiranía" y declive –hasta su caída– de Álvaro de Luna. El condestable fue perdiendo aliados y la alta nobleza, mucha de ella represaliada por Luna, fue agrupándose en su contra. Sus rivales políticos no fueron ya los descendientes de Fernando de Antequera sino las nuevas ligas nobiliarias renovadas, pero en cuanto al liderazgo de éstas fue muy marcado el progresivo protagonismo del futuro Enrique IV, todavía príncipe. Las ligas nobiliarias fraguaron la caída final del privado Luna, ejecutado en junio de 1453. Al año siguiente moría Juan II. El que ya constituía el poder emergente, el príncipe don Enrique, por entonces muy ligado a su privado Pacheco, heredaba el trono.

La cuarta etapa, de 1454 a 1464, vendría a coincidir con la primera mitad del reinado de Enrique IV. Fue la etapa pacífica del mismo. Hasta 1460 no se formaron ligas contra el rey y sobre todo contra Juan Pacheco, quién por otra parte perdió la confianza del rey. Pero no hubo conflictos abiertos en esos años. En 1462 la enemistad nobiliar se dirigió contra el nuevo privado, Beltrán de la Cueva. Aparte de éste, tan sólo los Mendoza constituían los apoyos sólidos del monarca. Pero siguió siendo una etapa tranquila, aunque de conspiraciones soterradas, hasta 1464.

La quinta etapa se corresponde con la última década del reinado, 1464-1474, enormemente convulsa. Despega con la liga nobiliar de 1464 y el comienzo de la guerra civil. La liga de 1464 consiguió que se declarara heredero de Enrique IV a su hermano Alfonso, apenas un niño, pero ésta era la causa dinástica –contra la privanza de Beltrán de la Cueva en la corte– en la que se implicaron los grandes nobles de la liga. Hubo pequeños cambios en los integrantes de ésta, pero básicamente se mantenían los alineamientos con los que empezó un conflicto abierto, y armado, desarrollado entre 1465 y 1468. La destitución simbólica de Enrique IV en 1465, o "Farsa de Ávila" supuso el momento más bajo del reinado. El 5 de junio ritualmente fue destronada la estatua o efigie que representaba al rey, en un acto casi bufo celebrado cerca de las murallas de Ávila y protagonizado por unos cuantos que proclamaron rey al infante niño Alfonso: Alonso Carrillo, arzobispo de Toledo; el marqués de Villena, Juan Pacheco; el conde de Plasencia, Álvaro de Estúñiga; el conde de Paredes, Rodrigo Manrique; el conde de Benavente, Rodrigo Alonso Pimentel, entre otros. En este mismo bando partidario de don Alfonso –"Alfonso XII", hasta 1468– estaban, además de los citados: el Almirante de Castilla don Fadrique; el hermano de Juan Pacheco, Pedro Girón, maestre de Calatrava; Gómez de Solís, maestre de Alcántara; Diego López de Estúñiga, conde de Miranda del Castañar; Pedro Portocarrero, conde de Medellín (Apéndice 2). Enrique IV contaba con otros nobles: Beltrán de la Cueva, duque de Alburquerque y conde de Ledesma; Diego Hurtado de Mendoza, marqués de Santillana, sucesor del célebre escritor; Íñigo López de Mendoza, conde de Tendilla, y varios Mendoza más; el conde de Haro, Pedro Fernández de Velasco; el conde de Alba, García Álvarez de Toledo; Pedro Manrique, conde de Treviño; Pedro Álvarez Osorio. En la guerra hubo varias coyunturas, entre ellas la segunda batalla de Olmedo de agosto de 1467, de victoria enriquista, y por el contrario en septiembre la toma por los alfonsinos de Segovia, la ciudad más vinculada al rey.

En julio de 1468 murió el candidato Alfonso. En septiembre se firmó el Pacto de los Toros de Guisando, por el que se acababa la guerra y por el que Enrique IV aceptaba a Isabel, su hermana, como heredera. Isabel al año siguiente contrajo matrimonio con el heredero aragonés. Con esta boda, celebrada en Valladolid, cambiaron las alianzas, Enrique IV se retractó del acuerdo y se produjo una nueva guerra entre los isabelinos y quienes ahora defendieron para la sucesión, negando la validez del pacto de Guisando, la causa de Juana "la Beltraneja", hija de Enrique IV –o de Beltrán de la Cueva, según la envenenada propaganda contraria. Desde 1469 casi toda la alta nobleza, dirigida por Juan Pacheco –que volvía a la privanza del rey–, apoyó el bando de Enrique y La Beltraneja, proclamada heredera en 1470. Isabel contó con el arzobispo Carrillo, con los Manrique, los Enríquez y los Guzmán, así como con el apoyo de Aragón. Pero el grupo isabelino aumentó cuando murió en diciembre de 1474 Enrique IV. Entonces casi todos los grandes linajes –Mendoza, Álvarez de Toledo, Velasco, Enríquez, Pimentel, Quiñones, Guzmán, Arellano, Manrique, etc.– apoyaron a Isabel como reina, junto con las principales ciudades. Tan sólo extrañamente Carrillo, que cambió de bando, Diego López Pacheco y Álvaro de Estúñiga, entre los grandes, apoyaron a La Beltraneja, que contaba, eso sí, con el apoyo externo de Portugal, por parentesco y por intereses geoestratégicos. La guerra sucesoria entre los partidarios de Isabel y de Juana, con los respaldos respectivos de Aragón y Portugal, estaba en ciernes. Y marcaría los primeros años del reinado de Isabel I.

I.4.2. Funcionamiento de los aparatos monárquicos en el XV

Los grandes reajustes en la estructura institucional de la monarquía habían tenido lugar ya con los primeros Trastámara. Lo sobresaliente de los reinados de Juan II y Enrique IV es que no se torció la tendencia pese a los vaivenes coyunturales. Desde la óptica administrativa, la centralización política en todo caso se reforzó, aunque hubo algunos cambios y retoques. Los grandes reinados de la dinastía trastámara del siglo XV no supusieron una ruptura con los anteriores. Es fase más bien de asentamiento, de consolidación, de normalización de la monarquía centralizada.

Desde el punto de vista institucional la monarquía estaba estructurada en el siglo XV en torno a tres grandes pilares: el Consejo Real, la Audiencia y las Cortes. El Consejo Real actuaba como principal órgano de gobierno. Tal como mostraba el estudio de S. de Dios, el Consejo Real ejerció en el siglo XV amplias competencias: los asuntos de gracia y merced, la concesión de franquicias; la designación de tenencias regias; la actividad normativa –junto a las Cortes–, con elaboración de leyes, pragmáticas, provisiones reales, instrucciones, mandamientos, etc., instrumentos del poder regio enormemente desarrollados en el siglo XV y que eran ejercidos de hecho por el Consejo Real en nombre del monarca; la protección de derechos y de las jurisdicciones, en particular de todo el territorio realengo; el control de los oficiales regios; la provisión de los cargos municipales realengos no adscritos a los vecinos de los concejos; las decisiones de carácter militar; la aceptación hacendística; tenía finalmente amplias competencias judiciales en temas de alta justicia, aunque no era el principal órgano judicial. Podría decirse que el gobierno real de Castilla recaía fundamentalmente en el Consejo Real. Hubo ciertos cambios en el número de integrantes, pero su composición, donde se compaginaban expertos juristas y sobre todo nobles, no se modificó. Continuó siendo un órgano controlado por los nobles, y fue un sensible termómetro de las banderías nobiliarias de la época.

En cuanto a la Audiencia, el número de oidores cambió –en las Cortes de Madrid de 1419 se establecía que hubiera ocho letrados y dos obispos; en las de Palenzuela de 1425 se fijó en seis los alcaldes y en siete el número de oidores...–, pero mantuvo su naturaleza de principal órgano supremo de justicia. La Audiencia –Audiencia y Chancillería se llamaba también– aumentó el nivel de profesionalización y tecnificación jurídica, estando sus oidores muy especializados en materias civiles, aunque les llegaban todo tipo de causas y había, por ejemplo, desde 1432, alcaldes especializados en asuntos criminales. Desde 1442 se decidió establecer la sede en Valladolid, donde poco después actuaría el servicio de cancillería regia también. La ubicación de estos órganos, al tiempo que la de ser el lugar más frecuente de reunión de las Cortes, junto a estancias reales continuadas, hizo de Valladolid casi la capital del reino desde mediados del XV. No lo era en rigor, no sólo porque carecía de este estatuto, sino porque las decisiones de los reyes en lo referente a los lugares de residencia y reuniones cambiaban frecuentemente. Por ejemplo, Enrique IV tuvo preferencia por Segovia, de modo que sólo en los reinados siguientes recuperó Valladolid ese papel de corte virtual de los reyes castellanos.

En cuanto a las Cortes, si durante los primeros reinados Trastámara pudieron apuntar un sentido de control político e incluso iniciativas legislativas, desde el reinado de Juan II este papel decreció o incluso, según algunos especialistas, desapareció. Los historiadores en general (*Las Cortes*, 1988; Pérez-Prendes, 1974; González Alonso, 1995) coinciden en hablar de declive de la institución durante el XV. La acción legiferante de los reyes, a través de *pragmáticas* y otros instrumentos ejecutivos y normativos salidos del Consejo Real, imposibilitó el uso normal de la potestad legislativa por las Cortes. En éstas siguieron promulgándose leyes, en los *ordenamientos* y *cuadernos de leyes*, pero más como foro de presentación, legalización y respaldo de la normativa regia, no pactada por las Cortes con el rey. El papel de las Cortes castellanas en el otorgamiento de *servicios* mantuvo la formalidad, según la cual las Cortes consentían en el impuesto y respaldaban –o no– la cuantía pedida –casi siempre con el pretexto de la guerra–, quizá sin constituir un verdadero condicionamiento estricto de la institución hacia la imposición fiscal, aunque sí supervisaban el sistema tributario, y tampoco es descartable que sirvieran de medio de presión. Sí mantuvieron las Cortes su carácter político tradicional en los llamados *cuadernos de peticiones*, donde aparecían quejas o sugerencias de las ciudades y que reflejan un diálogo político normalizado del rey con sus súbditos. En esas peticiones se planteaban múltiples problemas sobre derechos fiscales, inmunidades, relación entre señorío y realengo, sobre todo con los problemas por la enajenación de éste, usurpaciones de términos, estatutos privilegiados, libertades municipales, entre otros asuntos.

Desde el punto de vista de los participantes, sólo lo hacía, como venía siendo tradicional, el estamento ciudadano, no los demás. Suele argüirse que la nobleza no tuvo interés por las Cortes castellanas al ejercer un control sobre otro órgano –el Consejo Real–, por disponer de oficios de Casa y Corte o de la administración territorial –cuyos cargos de Merino y Adelantado Mayor patrimonializaban en el XV, como se indicó antes– y porque la imposición fiscal tratada en las Cortes no les afectaba. Las Cortes en Castilla, a diferencia de las de Aragón, fueron así claramente reflejo político del realengo urbano. Señalar que los procuradores de las ciudades asistentes eran miembros de las elites ciudadanas dirigentes, que además se repetían en el cargo de unas a otras convocatorias, pese a que ha sido algo muy destacado por el medievalismo actual, no parece tan relevante a la hora de trazar el perfil del contenido político de la institución como subrayar la ausencia de los otros estamentos privilegiados: el carácter urbano y realengo neto de los participantes en las Cortes situaba la institución *a priori* al margen de los intereses directos de la alta nobleza, por ejemplo, o del brazo eclesiástico, a diferencia de lo ocurrido en la corona de Aragón.

Ahora bien, hay que señalar que la participación en las Cortes castellanas desde el primer tercio del siglo XV había continuado su tendencia a la reducción numérica, aunque en teoría las ciudades asistentes representaban los intereses del realengo de toda la corona. Eran un "club" selecto de ciudades inmunes a la caída en señorío –la mayor parte de las villas medias y pequeñas habían sido en cambio señorializadas– e importantes objetivamente. En rigor, y aunque hubiera regiones que se sentían poco representadas, las pocas ciudades que sí eran convocadas regularmente de forma estable eran los núcleos principales, estaban en las zonas más pobladas del reino y a ellas estaban adscritos los distritos fiscales del reino: las ciudades de León, Burgos, Toledo, Jaén, Córdoba, Murcia y Sevilla tenían un derecho claro no sólo por su importancia sino por ser capitales de los *"reinos"* de Castilla; junto a ellas, las otras ciudades de realengo de primera línea: Salamanca, Zamora, Toro, Ávila, Soria, Segovia y Cuenca; y tres "villas" relevantes –o sea, no eran formalmente "ciudades": sedes episcopales–: Valladolid, Madrid y Guadalajara. Estas 17 ciudades fueron convocadas cada cierto tiempo, cerca de una veintena de veces durante los reinados de Juan II y Enrique IV, si bien la cifra incluye las reuniones que eran consideradas *"Ayuntamientos"* y las *"Cortes"*, propiamente dichas, dotadas éstas de mayor solemnidad, aunque en la práctica no había grandes diferencias entre estas dos modalidades de reuniones.

Otros instrumentos de la acción de la monarquía se desarrollaron durante el siglo XV a partir de las transformaciones anteriores. El sistema hacendístico castellano siguió basándose en las instituciones financieras ya existentes desde la etapa anterior y en las mismas bases de imposición, sin cambios cualitativos importantes ya a estas alturas. Hay que destacar que desde principios del XV la *alcabala* era un impuesto ordinario. Su importancia en los recursos del estado ha sido muchas veces expuesta. Así, en 1429, a título de ejemplo significativo, la *alcabala* constituía el 75% de las rentas ordinarias de la corona, en concreto más de 46,5 millones de los 62 obtenidos por rentas ordinarias, mientras que las tercias reales –que eran el 2/9 del diezmo eclesiástico– eran un 4,90%, basándose el resto en derechos aduaneros, *almojarifazgos*, portazgos, etc., por tan sólo un 2% correspondiente a pechos y pedidos antiguos de los monarcas (Ladero, 1982: 57). Son datos relativos sólo a los ingresos ordinarios. Pero hay que tener en cuenta que los extraordinarios, entre los cuales podían incluirse las *cabezas de pecho* de las minorías y la fiscalidad directa de *servicios* y *monedas* –otorgados estos servicios en las Cortes– rara vez alcanzaban a los ordinarios. En concreto, ese año de 1429 las rentas extraordinarias alcanzaron los 45 millones, cifra menor que los 62 millones por ingresos ordinarios.

Observando el sistema fiscal castellano, ya al margen del estudio técnico de la Hacienda, resultan evidentes algunas cuestiones. Por lo pronto, las bases impositivas eran muy modernas, siendo residuales los viejos tributos y en cambio imprescindibles las fuentes de exacción fiscal consideradas avanzadas en la progresión del llamado Estado Moderno. Mantenían además un equilibrio entre la fiscalidad directa –*servicios*– y la indirecta, la clave de las rentas ordinarias. Por otra parte, la fiscalidad otorgada en Cortes –los *servicios*– era importante, y daba un cierto margen a la sociedad urbana castellana para la negociación política –muy en concreto en relación con el mundo concejil–, pero no lo suficiente como para hipotecar el margen de acción regia, que contaba con el principal recurso de una fiscalidad indirecta independiente del control de los estamentos. Esta situación pensamos que tuvo el efecto de potenciar la autonomía del poder regio sobre fracciones oligárquicas concretas, conseguir ser más independiente de las fuerzas del reino. Otra consecuencia es que los recursos de la Hacienda dependían de una fiscalidad ligada al comercio, los intercambios e incluso la exportación –la *alcabala* era el 10% de las compraventas–, lo cual no dejaba de ser estimulante para el dinamismo económico. Como además la red urbana castellana era sólida a nivel europeo –con regiones destacadas como el valle del Guadalquivir, la cuenca del Duero y la red de villas costeras cantábricas–, los rendimientos agrarios y la población crecientes ambos en el XV, puede decirse que la fiscalidad no sólo incrementó por ello sus magnitudes, sino que coadyuvó al desarrollo: se dio una interacción en ese siglo entre la condición de Castilla como un reino próspero, poblado, urbanizado, como una potencia comercial interior y exterior –lo más conocido es la exportación de lanas– y una fiscalidad estatal que unía su propia capacidad de reproducción ampliada con las mismas bases de la prosperidad general. Una última consecuencia del sistema impositivo vigente en el siglo: la autonomía monárquica en la detracción fiscal, unida a la magnitud de las rentas obtenidas, sin las hipotecas que habría supuesto tener que depender de una asignación tasada y preasignada en Cortes –como ocurría en Aragón, cuyos estamentos oligárquicos bloqueaban la acción regia–, dotó a los reyes castellanos de un instrumento estratégico para transferir rentas a las arcas de la nobleza, rentas canjeables por apoyos políticos. Luego se comentará este aspecto, pero no hay duda de que el diseño del sistema fiscal castellano –que por otro lado tampoco era gravoso desde el punto de vista particular de las exentas oligarquías urbanas del "club" de grandes ciudades, convertidas así en consentidoras del sistema– propició también un relanzamiento de los mecanismos de recomposición de las rentas nobiliarias, probablemente contribuyendo a limar resistencias de la alta aristocracia del reino hacia la centralización monárquica. Todo quedaba entrelazado: aumento de los excedentes en una economía rural y urbana en expansión → intercambios comerciales → alta fiscalidad indirecta (y consentimiento fiscal de las Cortes) → fortalecimiento de los aparatos centrales del estado → transferencia estratégica de rentas a la nobleza → integración tendencial de las capas altas en la centralización monárquica... En definitiva, un reino próspero, una monarquía solvente y una aristocracia satisfecha.

En cuanto a los recursos militares, las principales reformas estaban ya en vigor desde los primeros Trastámara. Los ejércitos castellanos exigieron grandes esfuerzos financieros durante todo el siglo XV, incluyendo aquí también el último reinado: guerras contra Granada, sobre todo muy importantes en los decenios iniciales y finales del siglo, guerras contra Aragón y Navarra durante la época de Juan II, guerras civiles tanto en el de éste como en el reinado de Enrique IV, guerras con Portugal al principio del reinado de Isabel. En comparación con la situación de finales del XIV, a lo largo del XV el valor económico de las *lanzas* fue aumentando nominalmente, pero no en términos reales. La *lanza* castellana costaba 4.000 mrs. y el jinete 3.000 a fines del XV. Sin duda, las guerras fueron uno de los gastos más fuertes de la monarquía y en buena medida contribuyeron al despegue de la fiscalidad centralizada. Absorbían buena parte de los ingresos y en casos de mayor movilización ponían en peligro la propia estabilidad financiera. Por ejemplo, para financiar las campañas contra los *infantes de Aragón*, aliados con Aragón y Navarra, en 1429, poco antes de la victoria de Álvaro de Luna sobre ellos, apenas llegaban los ingresos concedidos por las Cortes, más otras cantidades pendientes y solicitadas con la excusa de la guerra de Granada, para cubrir los 100 *cuentos* o millones de mrs. necesarios. Es lo que se estimaba que costaría, según la

Crónica de Juan II correspondiente a ese año, armar durante seis meses un ejército "de diez mil lanzas e dos o tres mil jinetes e treinta o cuarenta mil omes de pie, e para lievas de cien mil cargas de pan, trigo e cebada, e otras tantas de vino, que a lo menos serían menester para entrar en los reinos de Aragón e de Navarra, e para façer engenios e bonbardas [...] eso mesmo para armar flota por mar, la entendía el rey fazer de veinte e quatro o veinte e cinco galeas e treinta naos e algunas carracas e más otras fustas pequeñas". Ésta podría ser más o menos la dotación ideal necesaria para un despliegue bélico con garantías, en este caso concreto o bien para las guerras con Portugal o la guerra de Granada en sus principales campañas. Así, 10.000 lanzas, 4.000 jinetes y 50.000 peones, más 50 naos y 30 galeras habían previsto las Cortes en 1406 para la reanudación de esta guerra por entonces. Mientras que en 1491 se dotaron 10.000 hombres a caballo y 50.000 peones.

Hay que tener en cuenta cómo seguía siendo entonces la estructura del ejército técnicamente hablando. No había diferencias sustanciales entre mesnadas de nobles y las territoriales del realengo, sólo que en aquéllas los vasallos de *acostamiento* o soldada y los cuadros de mando –capitanes– dependían orgánicamente de los nobles señores de vasallos –o maestres, en las órdenes militares– y solían predominar más los combatientes a caballo que los infantes, más abundantes en las tropas realengas. Como se ha dicho, en todos los casos se distinguía durante la Baja Edad Media entre las *lanzas castellanas* y las *lanzas jinetas*. Estas últimas *lanzas* eran más baratas, pero gozaron siempre de gran popularidad en la Castilla medieval, porque enlazaban con una típica forma de guerrear nacida de las luchas de conquista y en la que no había grandes batallas campales y sí eran frecuentes en cambio el asedio, la cabalgada o incluso la tala o algara, técnicas militares más aptas para la potenciación de la caballería ligera. Aun así, hubo guerras de toda clase durante el período y todas las modalidades tuvieron su función. Junto a estas modalidades de servicio a caballo, hay que mencionar la del servicio a pie, llevado a cabo por los *infantes* o *peones*, cuyo grueso lo constituían las bases de las milicias concejiles. Los peones podían constituir 2/3 del ejército. Entre los peones buena parte se dedicaban a la logística de la guerra –herreros, carpinteros, hacheros, cavadores...– y entre los cuerpos propiamente militares cabe distinguir los lanceros de infantería y los ballesteros; y a finales del siglo XV los espingarderos, con los que se iniciaban nuevos tiempos en la historia de la infantería, incorporándose ya las primeras armas de fuego. Durante todo el período bajomedieval se empleó también la artillería, tanto la artillería pesada –para el asedio de las plazas granadinas sobre todo, en especial tras el impulso desde principios del XV de la técnica de fundición de bronce– como la artillería ligera, ya al final del período medieval. En cuanto a la flota, mientras la aragonesa pudo combatir nada menos que a las potencias del Mediterráneo, Venecia, Génova o Pisa, la realidad castellana no exigió tales esfuerzos y así tuvo un desarrollo más lento. Pero pudo desarrollar tanto una industria como un servicio naval –las obligaciones militares o *galeas* suponían para los concejos dotar o quitar galeras en determinado número– realmente competitivo y diverso: galeras, naos, fustas, carracas, pinazas, cocas o bajeles y, con un éxito destacadísimo a finales del XV, las propias carabelas. De modo que, a partir del tradicional potencial marinero de las villas de la costa y de un soporte económico fuerte, apoyado en la prosperidad del interior, y pese al débil punto de partida, se pusieron las bases a lo largo del XV de la futura potencia naval en que se acabó convirtiendo Castilla.

1.5. Algunas claves controvertidas del sistema político castellano bajomedieval

1.5.1. El régimen político castellano y el mito del autoritarismo

Los historiadores han venido aplicando los parámetros conocidos para identificar la ubicación de la Castilla bajomedieval en el contexto de su época, con sus semejanzas y peculiaridades. Parece que hay un consenso al afirmar el alto grado de concentración de las atribuciones políticas que sus monarcas obtuvieron. Pero se discute sobre su techo, sobre si las fuerzas políticas perdieron el poder o sobre la articulación entre la sociedad política y el poder del rey.

Hace décadas se debatía, sobre todo entre los historiadores del derecho, acerca de la caracterización del régimen político castellano dentro de la evolución de las formas políticas. Los ecos no se han extinguido. Todavía se encuentran partidarios de la postura "binaria", es decir, aquella que defiende que hubo un corte entre una Edad Media de carácter feudovasallático, con pluralidad de poderes, y una Edad Moderna –la bisectriz suele situarse en el reinado de los Reyes Católicos– caracterizada por el absolutismo monárquico, como por ejemplo S. de Dios o M.ª P. Alonso. Otros en cambio, en una línea abierta hace mucho por Hintze o Naef, defienden una postura según la cual una etapa estamental, de equilibrio de poderes entre el rey y las fuerzas del reino, se hallaría enclavada entre la típica atomización del feudalismo político de raíz altomedieval, en un extremo, y el absolutismo típicamente moderno, en el otro. Los que defienden esta postura "ternaria", como B. González Alonso, por ejemplo, suelen hacerla corresponder a los siglos XIV y XV y muy genuinamente a la época Trastámara. Aunque son didácticamente interesantes y válidas, estas caracterizaciones, y esta obsesión por las morfologías políticas según parámetros hoy bastante pétreos y siempre importados, tienen una capacidad explicativa relativa y a algunos les han parecido reminiscencias, aunque loables, del tradicional y germánico academicismo taxonomista tan arraigado entre los historiadores del derecho.

Otras polémicas se han solapado a estas distinciones. La polémica sobre si hubo o no hubo 'estado' antes de la revolución liberal burguesa ha llenado la esfera de reflexión teórica sobre la Edad Moderna de nuevos paradigmas nacidos en el vivero de la antropología política. Desde la perspectiva de B. Clavero, historiador del derecho, también los modernistas cuestionan la validez del concepto de Estado Moderno, o del Estado sin más, para su período. Y ello puede acabar por contagiar a los estudiosos del período anterior; eso sí, con la inocuidad inherente frente a quienes son por definición antropólogos políticos, es decir los medievalistas estudiosos de las formas de poder medievales. Unas formas cuya alteridad con respecto a nuestras sociedades es tan consustancial al objeto mismo de la política de aquella época, tan lejana a la nuestra, como necesario es al método el uso de un instrumental teórico en el que parece legítimo llamar "estado" a la materialización concreta de las relaciones de poder político que se dieron en una sociedad dada. En el mismo eje de los debates sobre el estado se han situado las discusiones sobre la monarquía centralizada de los siglos bajomedievales, de la que Castilla fue un exponente notable, por parte de aquellos historiadores que han resaltado la sustantividad y profundidad de la centralización monárquica, pero al mismo tiempo su ensamblaje con las transformaciones de la sociedad feudal de la época y con las demandas de las fuerzas sociales, que también lo eran políticas, dentro y fuera del estado central. En el epígrafe siguiente se apunta esta conexión estado-sociedad.

Para otros, la llamada monarquía centralizada no sería otra cosa que la simple acumulación mecanicista de atribuciones exclusivas del rey y los órganos de gobierno y judiciales, la superioridad del monarca y la afirmación de la noción jurídica de soberanía en su tránsito hacia la superación de los límites impuestos al rey por el derecho positivo o por los controles de las potestades jurisdiccionales. Para estos otros historiadores las estructuras materiales del país, los grupos o las clases sociales no tendrían apenas protagonismo como motores o piezas intrínsecamente integrantes de ese progreso del poder monárquico que, con altibajos, se habría desarrollado desde Alfonso X a los Habsburgo.

Al margen de estas polémicas bastante teóricas, es conocido otro cliché historiográfico referido al régimen político de la Castilla bajomedieval. Se trata del *autoritarismo*, que suele contraponerse al *pactismo* aragonés. La contraposición es ya antigua, había sido esgrimida por la historiografía nacionalista catalana de antiguo –Soldevila– y no había sido impugnada, sino más bien refrendada, por cierta historiografía entonces oficial –Menéndez Pidal, Suárez Fernández– que vio como virtud del régimen castellano, y a la postre de la monarquía española posterior, precisamente lo que la historiografía catalanista veía como negativo: que los reyes actuaran sin cortapisas de las fuerzas sociales, sobre todo los ciudadanos y nobles. Los apologistas del pactismo veían en estos últimos –ciudadanos y nobles a través de las Cortes por ejemplo, o en la lucha política– los representantes del reino y sus libertades. Los defensores de la idea autoritaria, por el contrario, les veían como voraces y egoístas oligarcas que impedían el progreso del estado y perjudicaban la perfecta comunión del pueblo con su rey. Se adivina que tras esta visión contrapuesta de los historiadores, típica de los años sesenta y setenta, había prejuicios: es curioso por ejemplo que fenómenos y períodos de la época bajomedieval en los que la posición del rey había sido precaria, en los que no podía decidir sin ceder y en los que las fuerzas del reino gobernaban por sí mismas, fenómenos y períodos que ocurrieron en ambas coronas y que eran y son comparables, eran vistos por la historiografía nacionalista catalana, si se referían a su territorio, como los hitos gloriosos de su "pactismo" identitario, mientras que para la historiografía nacionalista española, y refiriéndose al caso castellano, las mismas o parecidas situaciones eran tildadas de "período de anarquía", de crisis, de horas bajas de la monarquía, y se ensalzaban en cambio los monarcas y las situaciones que lograron prescindir de los controles externos.

El nuevo medievalismo de aquellas décadas no sólo empezó a desmitificar estas interpretaciones, y lo hizo desde el conocimiento de ambos territorios, como fue el caso de J.-L. Martín, sino que sobre todo introdujo otra lógica histórica donde no tenían cabida ya estas teleologías. Se enfatizaban, por ejemplo, como hacía J. Valdeón, los aspectos sociales por encima de los "nacionales". Y, de hecho, los historiadores sociales y económicos de los años ochenta y noventa son más remisos ya a calificar las actuaciones de ambas monarquías, o los movimientos de nobles o ciudadanos, como resultado de posturas *pactistas* o *autoritarias*. Sin embargo, el cliché sigue vigente en lo que respecta al régimen político. Por mencionar sólo a historiadores de reconocido prestigio, baste recordar que A. Mackay en un sugestivo manual-ensayo sobre *La España de la Edad Media* (Mackay, 1980) convertía el contraste entre el "absolutismo" castellano y la "estructura constitucional pactista" aragonesa en uno de los dos grandes ejes vertebradores del libro –el otro, la idea de frontera–, o que todavía en recientes artículos de Ladero Quesada se enfatiza dicha contraposición entre las dos coronas. Pero, ¿tiene justificación la contraposición? Todavía no se ha hecho mención aquí de la historia aragonesa. Tampoco se ha aludido al pensamiento político de los siglos XIV y XV, aunque sí puede adelantarse que no hay fronteras claras para las teorías políticas de muchos autores que defendieron, aquí y allá, las concepciones contractualistas o las contrarias. Los partidarios de unas u otras coexistían en la Universidad de Salamanca, la más importante de la Península. Pero, ¿y en el régimen político?, ¿puede justificarse el autoritarismo como identificativo del régimen castellano bajomedieval?

Por la sinopsis de la historia castellana antes descrita parece recomendable no subrayar una especie de tendencia política constante que habría conducido al final al autoritarismo monárquico. Ciertamente, hay datos para esgrimir éste. El "autoritarismo" castellano vendría a ser una forma de ejercer el poder por parte del rey en la que éste —o los oficiales y organismos que lo representaban— no dependía del reino para tomar las decisiones principales sobre reformas institucionales, exigencia de impuestos, contenidos legislativos, etc., es decir, no dependía de los acuerdos recíprocos o las concesiones otorgadas a las fuerzas o estamentos del reino. El rey gobernaría así sin controles exteriores. Se asocia también inevitablemente al autoritarismo la debilidad de las instituciones de representación del reino, como por ejemplo en el caso de Castilla la ausencia de control de la potestad legislativa del rey por parte de las Cortes, o su innecesariedad para exigir impuestos, la inasistencia de los brazos no urbanos a las mismas, o la ausencia de representantes de las ciudades en los órganos centrales de gobierno. Éstos serían los indicadores de ese supuesto autoritarismo. Es verdad que tales indicadores, al haberse constatado en la monarquía castellana, vendrían a avalar la calificación. Pero sólo a condición de querer otorgarles este papel calificador.

Ahora bien, Castilla conoció esenciales y hasta incluso largos momentos en los que se concretó ese cúmulo de circunstancias consideradas propicias para el desarrollo del pactismo, y de hecho en ellas hubo unos desarrollos que sólo los prejuicios historiográficos impiden explicar en esos términos. Así, en todo el ciclo de minoridades regias y tensiones entre 1284 y 1325 instituciones como las Cortes ejercieron un sensible control político del reino, condicionando la política fiscal y legal; a finales del XIII se habían incorporado ciudadanos al consejo tradicional regio; e incluso surgieron plataformas de acción política capaces de ejercer una presión contractual sobre los monarcas, como las *hermandades*. En este contexto los tutores o los monarcas concedieron privilegios a las ciudades, que junto a los nobles compartían de hecho el gobierno del reino con el rey. Pero, claro, en los clichés historiográficos sobre Castilla estos procesos se ven como fruto de la "anarquía" de la época, no como logro del "pactismo". Más adelante, durante la guerra civil entre Pedro I y Enrique II éste ofreció a nobles y ciudades un marco de gobierno compartido. En las Cortes de 1367 y 1369 las ciudades consiguieron que se aceptara que hubiese junto al rey doce representantes, dos por cada región: Castilla, León, Toledo,

Galicia, Extremadura, Andalucía. Ha habido autores que han llegado a ver en esta propuesta una especie de virtual "diputación permanente" del reino, clara institución pactista. Es cierto que tras la guerra, según se aprecia en las Cortes de 1371 y 1379, tales peticiones encontraron menos eco y que, cuando en 1385 y sobre todo en 1387 se institucionalizó la composición del Consejo Real, quedó anulada la participación del estamento ciudadano o la posibilidad de crear una cámara de representación territorial. Pero ahí no se agotaba la actividad del reino. Durante todos estos reinados de los primeros Trastámara, desde Enrique II a Enrique III, las Cortes funcionaron de una manera no muy diferente a la que se considera propia de las instituciones pactistas: colaboraron en la legislación regia, legalizaron la sucesión y tuvieron que votar los impuestos extraordinarios.

Podrían ponerse más ejemplos, pero parecen suficientes argumentos para poner en tela de juicio que el autoritarismo haya sido el régimen político con que caracterizar el siglo XIV en Castilla. Con respecto al siglo siguiente, donde parecería quiza más justificado, es cierto que desde Juan II a Isabel I los órganos centrales no necesitaron contar con la aquiescencia de las ciudades y nobles para ejercer el gobierno o extender la justicia regia por todo el reino; y es cierto que las Cortes declinaron, alejadas ya de cualquier control de la actividad legislativa o financiera regia. A pesar de todo, hubo también muchos altibajos en esta supuesta secuencia histórica del siglo XV. Ésta refleja, en todo caso, el éxito de una monarquía centralizada, de la que formaba parte, entre otros muchos ingredientes, un desarrollo de los mecanismos de ejercer el poder, en este caso el poder regio, prescindiendo del control estamental directo. Ahora bien, ¿ello es debido al triunfo de unos principios de gobierno autoritarios? Podría explicarse así si se pretende hacer de estos principios un *deus ex machina* de la historia del período. Pero también se pueden ver estos principios –que convencionalmente se pueden llamar "autoritarios"– como efectos de otras causas y de otros motores más profundos, basados en otra lógica.

En primer lugar, téngase en cuenta la tendencial autonomía del poder regio castellano, asentada en siglos anteriores: enorme prestigio reconquistador; inmensos territorios realengos en Plena Edad Media con los que traficar territorial y políticamente a cambio de *inputs* centralizadores; proliferación de poderes y espacios del reino no controlados por la nobleza señorial. Todo esto habría elevado muy pronto el poder regio por encima de las fuerzas sociales y sin depender de ninguna de ellas en exclusiva, sobre todo dado el contrapeso del mundo urbano y concejil frente a la nobleza, todo lo cual puede considerarse como un escenario óptimo para la elevación regia.

En segundo lugar, la posibilidad de poder disponer de una relativa autonomía financiera debió ser decisiva para que fueran prescindibles los controles de las oligarquías del reino, un éxito sin duda anclado en el modelo de fiscalidad iniciado en pleno siglo XIII –a su vez muy ligado al potencial del fuerte realengo concejil y las economías urbanas–, reforzado luego por el auge de la *alcabala* en la segunda mitad del XIV y que dio un salto cualitativo cuando esta renta se convirtió en ingreso ordinario, escenario óptimo sin duda para que las Cortes perdieran o vieran debilitada su más prosaica funcionalidad negociadora.

En tercer lugar, cabe preguntarse si acaso no subyacía un invisible gran contrato político inintencional entre el poder regio y las fuerzas principales del reino en un siglo como el XV, en el que se remodelaron las estructuras de poder: la alta nobleza se mantuvo en las más altas magistraturas del estado, y a menudo gobernó con el rey, o simplemente le suplantó; apoyó candidatos y disputas dinásticas; obtuvo un inusitado conjunto de señoríos jurisdiccionales; y se benefició como nunca de una renta centralizada imposible de imaginar sin el marco de las decisiones regias unilaterales... Y qué decir de la aristocracia de las ciudades castellanas. Ese "club" de 17 ciudades con representación en Cortes, y unas pocas más, ¿no condicionaron también sus apoyos a los reyes a cambio de un potente caudal de privilegios y tratos de favor que las elevaron –a las ciudades y a sus oligarquías dirigentes– por encima del restante mundo concejil? Ante este panorama, ¿puede decirse alegremente que los estamentos castellanos fueron desplazados del poder por un unitario polo de poder regio en trance de alcanzar el absolutismo?

Un último argumento para relativizar –tampoco negar en su medida– el protagonismo del autoritarismo como supuesta propensión del régimen político castellano nos trasladaría un poco más adelante en el tiempo. Para muchos, quizá Maravall en primera línea, fue considerada la Revolución de las Comunidades de Castilla como la primera y gran revolución europea de la Edad Moderna con un contenido de monarquía contractual y limitación del poder regio evidentes. Aunque tenía también otros perfiles, no hay duda de que el programa comunero tenía mucho de propuesta pactista, antiabsolutista. La revolución agrupó muchos descontentos, y tiene por supuesto claves específicas del momento, incluidas las emocionales, ligadas a la impericia y al extranjerismo imperial. Pero también es verdad que buena parte de su batería de argumentos políticos, los modelos de convivencia cívica defendidos por los comuneros, sus propuestas de participación ciudadana, se remitían sin duda al siglo XV, cuando menos, y a un modelo de monarquía contractual que los comuneros ubicaban antes de la llegada del nuevo emperador y su régimen, ése sí, absoluto y arbitrario. Los comuneros desempolvaron frente al absolutismo imperial un estilo de gobierno que consideraban el "tradicional" de Castilla, el de las libertades municipales, el de los estamentos urbanos participativos –incluido el *Común*–, el del diálogo político normalizado, el de un rey que reinaba con su reino. Un régimen que se correspondía con el de los Trastámara, incluida también Isabel I. Los comuneros, qué duda cabe, idealizaban el pasado. Pero seguramente se hubiesen sorprendido, y hasta enojado, si alguien calificase el régimen político que ellos defendieron, incluso con su vida y frente al emperador absolutista, como una expresión del típico "autoritarismo castellano".

1.5.2. Las fuerzas motrices de la centralización monárquica castellana

Se ha mencionado antes el impulso que había experimentado el poder regio hacia una elevación tendencial basada en la combinación de recursos derivados de su especificidad –prestigio como realeza, reservas de realengo potencialmente negociable, autonomía frente a fracciones sociales concretas–, recursos de los que sólo el poder regio, y ningún otro, pudo disponer, como así había hecho fehacientemente. Ahora bien, para que la elevación regia en una línea centralizadora fuera aceptada era preciso que las fuerzas principales la consintieran y se implicaran en ella. Muy en especial este *"feedback"* era preciso en el caso de la alta nobleza, sin duda el grupo social más poderoso. Hasta mediados del XIV la nobleza castellana había recelado de los procesos de crecimiento de la maquinaria regia, que veía como perjudiciales para sus intereses, y ello probablemente había sido la causa del fracaso de las políticas de Alfonso X o de Pedro I. En la época del horizonte 1300 los recursos jurídicos, técnicos, doctrinales, organizativos, etc. con que podía contar cualquier rey europeo para desplegar una monarquía centralizada estaban ya maduros. Los verdaderos límites estaban, no obstante, en la sociedad. En el caso concreto de Castilla siempre hemos sugerido que hasta la época Trastámara estos límites no comenzaron a franquearse.

En efecto, en ese intervalo de mediados del XIII a mediados del XIV se evidenciaba la paradoja de que la nobleza castellana seguía siendo el sector más poderoso de la sociedad, pero estaba ahogándose desde el punto de vista de su reproducción social, tanto política como materialmente. Era la fuerza política más poderosa, pero sus señoríos estaban obsoletos. No era, por cierto, un grupo estático, ya que se producían continuos relevos en sus cuadros, aunque en general, como se indicó más arriba, se trataba de lo que Moxó llamaba "vieja nobleza". Entre los siglos XIII y XIV esta nobleza tenía severos problemas, que entendemos irresolubles por entonces si no se producía un giro en las formas estatales, sobre todo la forma de obtener rentas.

Por lo pronto, su presencia en el centro geográfico del reino, desde el Duero hasta Sierra Morena, era patrimonialmente pobre. Los sistemas concejiles *de villa y tierra*, el acceso vecinal y de la caballería villana a la propiedad y la riqueza, habían cortado durante los siglos XI-XIII la posibilidad en todo el centro peninsular de que la nobleza tuviese tierras y vasallos. Las conquistas andaluzas, gracias a las cuales comenzaron a recibir propiedades estimables –aunque todavía no los típicos latifundios, como vulgarmente se pensaba antes– no habían sido suficientes para frenar la crisis. Las viejas formas señoriales del norte del Duero no resultaban rentables para la poderosa nobleza asentada allí y estaban anticuadas. Sobre todo subrayaríamos que los modelos señoriales vigentes destacaban por su obsolescencia porque no incluían precisamente lo más próspero, el realengo de las villas, que eran por otra parte el principal resorte gracias a cuya reestructuración, entendemos, el poder regio se venía robusteciendo.

Podrían añadirse otros argumentos, como las crisis linajísticas o las catástrofes demográficas y agrarias de mediados del XIV, pero lo importante es destacar que la nobleza a esas alturas tenía una situación comprometida. La baja nobleza de sangre de origen rural, muy consistente en el tercio norte, aceleró su declive. Pero, en cambio, parte de la gran nobleza se recicló y renovó. De alguna manera la época Trastámara vino a resolver el problema, visto por algunos como la salida castellana a la crisis, o como formato castellano de salida de la crisis.

En este ciclo histórico de los Trastámara vino a triunfar la "nueva nobleza", sobre todo ya en el XV –Cerda, Álvarez de Toledo, Pimentel, Estúñiga, Cueva, Sandoval...; otros no tanto: Mendoza, Velasco, Ponce, Manrique, Osorio o Quiñones–, la que mejor adaptación halló. Pero sobre todo se encontraron las fórmulas para un cambio cualitativo en las formas de dominación de la nobleza, que se implicó directamente en la monarquía y sus, ahora, ensanchadas formas de extracción centralizada del excedente. Supo hacerlo gracias a la reconversión de sus formas de organización, con una potenciación de la cohesión de sus linajes; gracias a la exhibición calculada de su poderío militar y político, concretado en *ligas* y *confederaciones*, que sirvieron para ir obteniendo las ventajas oportunas, ya que podían ganar o perder en un juego de alianzas, pero colectiva y estructuralmente siempre ganaban; gracias también a una posición estratégica, no tanto institucionalizada sino más bien como un estamento opaco convertido en poder fáctico y en necesario interlocutor de las decisiones del reino: la tranquilidad política de éste se hipotecaba sistemáticamente a las compensaciones que se les daban por una pacificación que sólo los nobles podían asegurar. Los resultados son inequívocos y prueban la inserción de la alta nobleza en el estado o cómo mantuvieron y realimentaron el poder político que correspondía a su hegemonía social.

Puede considerarse que la alta nobleza estaba directamente implicada en la estructura del estado central en primera fila si se tiene en cuenta que siempre dominó el Consejo Real, principal órgano de gobierno de la monarquía, que monopolizó los altos cargos de la administración territorial –Adelantados y Merinos Mayores– y que influyó gracias a su casi exclusiva presencia cortesana en la toma de las principales decisiones regias, incluso aquellas que el rey adoptaba –como fue ocurriendo cada vez en el siglo XV– en virtud del "poderío real absoluto". Piénsese además que sólo una monarquía centralizada era capaz de hacer funcionar el estado central como extractor independiente del excedente; y que esta monarquía, capaz de obtener el 75% de sus ingresos ordinarios de la *alcabala*, como se ha indicado, era capaz así de exigir impuestos a todos los súbditos sin ser señor de ellos. Pero la misma ecuación sirvió a los nobles, ya que gracias a la transferencia de rentas regias en su favor pudieron participar de la renta de todos los súbditos castellanos sin necesidad de ser señores es más que de una parte de ellos. La composición de las rentas señoriales avalan esta interpretación. Martínez Moro en 1977 al analizar los ingresos de los Estúñiga a mediados del XV ya advirtió que casi el 70% de las rentas de estos nobles procedían de las rentas nuevas: un 30,5% de *alcabala*s, 8,5% de *tercias*, 22,3% de librazas de dinero de la Casa Real, etc. En la villa señorializada de Alba de Tormes y su Tierra en el primer tercio del XV la monarquía extraía de sus habitantes cerca de un 75% de rentas, por tan sólo un 14% de fiscalidad señorial, el resto era concejil. Esto en cuanto a los agentes extractores. Sin embargo, los señores acababan llevándose el 60-70% frente al 15-30% de la monarquía. La clave era la misma: concesión de las *alcabala*s de la villa, librazas, transferencias varias de dinero que el rey extraía pero que acababa en manos de los nobles. Los medievalistas vienen hace tiempo corroborando que la alta nobleza vivió en el XV sobre todo de estas transferencias fiscales regias y de la remuneración de cargos territoriales y cortesanos: estudios de Quintanilla Raso o de Franco Silva sobre numerosas haciendas señoriales de Andalucía o Castilla y León, de Beceiro sobre los señores de Benavente, de Gerbet sobre los nobles extremeños... La nobleza vivía de la nueva fiscalidad de estado, fruto de una centralización sin cuya contribución la recuperación de ingresos no hubiese sido posible.

Aparte de otras políticas favorables –la consolidación del mayorazgo como fórmula de consistencia interna de los patrimonios y títulos transmitidos dentro de una casa nobiliar, o la remuneración militar–, que se expandieron con los Trastámara, la concesión de señoríos fue otra prueba de cómo resultó conveniente y necesaria la centralización monárquica para la nobleza. Por lo pronto, las dimensiones de esta señorialización entre las primeras *mercedes enriqueñas* y las de Enrique IV fueron sorprendentes, como se verá en el capítulo cuarto. Con la generalización bajo los Trastámara de estos nuevos *señoríos jurisdiccionales* se superaban las limitaciones de las viejas modalidades señoriales septentrionales. El nuevo tipo de señorío era un trasvase de justicia, de cuadros de gobierno y administración municipales, de tributación local, de poder político en suma, a los señores. Estos nuevos señoríos sobre villas eran una pieza del estado. Y materialmente eran, junto con las ciudades realengas, los enclaves más prósperos, sin comparación ya con los desagregados 'microseñoríos' rurales de corte antiguo. La concesión de señoríos sobre villas reales y extensas *tierras* fue exclusiva de la alta nobleza y solía acompasarse a los vaivenes de las luchas políticas. Pero con una tendencia clara a la disminución del realengo: podríamos decir que fue el trasvase a los nobles de la época Trastámara el último uso que el poder regio hizo de esa vieja reserva del realengo concejil, recurso tan funcionalmente gestado en los siglos plenomedievales de la repoblación. El antiguo gran *regalengum* castellano, ese precioso recurso de negociación de los reyes, se dilapidó casi al fin, pero pensamos que vino a servir de combustible para que, como una especie de globo de modernidad política, ganara altura la centralización monárquica. Piénsese que sólo una monarquía centralizada, un uso del poder absoluto regio, pudo subvertir el orden jurídico de las villas, acabar con sus "libertades" históricas, con su afección al patrimonio real, entregar en definitiva varios siglos de historia villana a unos nobles a veces recién encumbrados. Por eso entendemos también que los nobles no fueron víctimas sino más bien artífices y beneficiarios de la oportuna centralización monárquica.

Falta por apuntar solamente que la alta nobleza, si bien salió reforzada con la centralización, no tuvo tanto poder como para haber instrumentalizado la acción del estado. La potencia del mundo concejil, de las economías de los caballeros patricios y de los mercaderes, incluso de algunos cuadros vecinales, y su fuerte presencia en la propiedad rural y los intercambios, impidió que la alta nobleza cancelara la proverbial autonomía del estado. Una singularidad del modelo castellano de centralización política radica precisamente, pensamos algunos, en la pujanza secular de un sector de propietarios fundiarios, los caballeros villanos, que no eran señores, que dirigían poderosos y extensos sistemas concejiles y que habían jugado un papel territorial indiscutible en siglos anteriores. Además, obviamente, estaban los más convencionales sectores mercantiles y de negocios de las principales ciudades, con potencial suficiente para condicionar la política castellana en alguna medida. Las grandes ciudades y sobre todo sus patriciados lograron, pues, incorporarse también al estado. Caballeros urbanos y plutócratas ennoblecidos ocuparon algunos cargos en la administración. Los dirigentes de los principales núcleos –por ejemplo las 17 ciudades representadas en Cortes y unas pocas más– fueron interlocutores permanentes de los monarcas. Apoyaron a éstos en los conflictos de la época, obtuvieron importantes privilegios, entre ellos la garantía de reproducir su hegemonía en sus propias ciudades, pero éstas también consiguieron, si eran importantes, permanecer en el realengo y muchas veces zonificar además su influencia en competencia supracomarcal con los grandes nobles.

Los sacrificados de la centralización bajomedieval –aparte de la rancia baja nobleza rural del norte castellano, que no pudo mejorar su posición y adaptarse al nuevo estado– fueron los pequeños y medianos concejos villanos, señorializados, y sus vulnerables cuadros dirigentes, pero no las grandes urbes y sus potentes patriciados urbanos. Éstos también pueden considerarse artífices y beneficiados por la centralización monárquica de la época.

1.6. Novedades del reinado de Isabel

Tras la muerte de Enrique IV a finales de 1474 heredó el trono Isabel I, casada con Fernando de Aragón desde 1469. Aceptada inmediatamente como reina en muchos ámbitos, como las grandes ciudades y en general la Meseta norte y la costa cantábrica, tuvo resistencia en cambio en otras regiones. Hay que tener en cuenta que el sector de la alta nobleza hostil a Isabel –con Diego López Pacheco al frente, Pimentel, Ponce de León, luego Carrillo y otros– y partidario de Juana se hallaba bien organizado y contaba con el apoyo de Portugal. Su rey, Alfonso V, se mostró incluso dispuesto a casarse con su sobrina Juana, la hija de Enrique IV, y reclamar para ellos la sucesión. El heredero aragonés en cambio aportó a su esposa el apoyo militar y de otro tipo de Aragón, con lo que el conflicto civil castellano afectó a los reinos vecinos.

La guerra de sucesión comenzó en abril de 1475 y duró hasta 1479. En mayo de 1475 los portugueses invadieron Castilla con 15.000 hombres y obtuvieron éxitos durante unos meses. Las discordias internas entre la nobleza del bando de Juana y la reacción de las tropas de Isabel y Fernando cambiaron las tornas. En la batalla de Toro de marzo de 1476 los isabelinos, dirigidos por Fernando, tuvieron una importante victoria. Por entonces se produjo la defección de la nobleza rebelde y su paso al bando isabelino, incluyendo ya a Pacheco, Carrillo y Estúñiga. La política de la reina de no confiscar señoríos a los rebeldes, como regla general, ayudó a muchos grandes a tomar la decisión de apoyar a Isabel. Claro que Alfonso V de Portugal seguía siendo una amenaza. Incluso Francia, enemistada con Aragón, tuvo alguna leve intervención en este caso contra la aliada de ésta, Castilla, pero no tuvo un relieve importante. La paz con Portugal llegó en los tratados de Alcaçovas en septiembre de 1479, con el reconocimiento de Isabel I por parte de Portugal –Castilla renunció a pretensiones territoriales en la costa y mares de África, Canarias exceptuada, que según el tratado quedó para Castilla–, la renuncia a cualquier derecho de Juana, que acabaría en un convento, y varios compromisos matrimoniales entre miembros de las familias reales que sellarían la paz de Castilla con el reino vecino. Isabel fue entonces reina indiscutida y poderosa. Desde unos meses antes su esposo era además rey de Aragón, al haber sucedido a su padre Juan II. Los Reyes Católicos inauguraban un período de enorme solidez y tranquilidad política. En el caso de Castilla esto no ofrece ninguna duda.

El orden perduró en Castilla desde 1479 hasta al menos 1504, cuando murió Isabel I. El reinado merecería un tratamiento amplio que no es posible hacer ahora. Baste apenas indicar aquí algunas notas características.

Desde el punto de vista de la estructura del estado, Isabel I reforzó mecanismos ya existentes típicos de una monarquía judicial y administrativa. Las Cortes de Castilla no tuvieron un gran papel político, limitándose a conceder los servicios fiscales y servir de foro a las decisiones de la monarquía (Carretero, 1988). Se reunieron muy poco, aunque hay que subrayar que las iniciativas legislativas que la monarquía adoptó en ellas, en las de Madrigal de 1476 y en las de Toledo de 1480, fueron importantes en la estructuración institucional y en la vida política castellana. El Consejo Real siguió siendo el principal órgano político del estado, un Consejo liberado ya del faccionalismo nobiliario y reorganizado administrativamente en las Cortes de 1480, teniendo entonces un carácter más burocratizado, profesionalizado y especializado.

Aparte de la normalización del régimen de corregidores en las ciudades realengas, donde ejercieron de jueces en sus audiencias municipales, un intervencionismo que coexistió con la hegemonía de los patricios locales, durante el reinado de Isabel se reforzaron los mecanismos de la justicia central. Ésta siguió recayendo en la Audiencia o Chancillería, radicada definitivamente en Valladolid. La abundantísima documentación judicial del reinado, de otros archivos o del de la Chancillería misma, aunque todavía no se conoce más que parcialmente, permite asegurar que el tribunal actuó profusamente sobre todo en apelaciones. Divididas las causas en civiles y criminales, con salas especializadas, sus *alcaldes* y *oidores* contribuyeron con sus sentencias a dar el perfil de un reino en el que, cuando menos formalmente, imperaba el orden judicial y los procedimientos basados en el derecho.

La Hacienda castellana, estudiada por Ladero Quesada, seguía basándose en el mismo sistema de impuestos, con el protagonismo de la *alcabala* –80% de los ingresos ordinarios– que arrastraba de tiempos anteriores. La novedad fue la técnica recaudatoria del *encabezamiento* desde 1495, que coexistió con el arrendamiento tradicional. Hacia 1480 los ingresos ordinarios de la corona podían asegurar anualmente cerca de 100-150 millones de maravedíes, pero un par de décadas después la cifra se habría duplicado. Aparte de estas cantidades, estaban los ingresos extraordinarios, que eran algo menores normalmente al monto de los ordinarios, pero que fueron también considerables. Procedían de las bulas de Cruzada, los *pedidos y monedas* concedidos en Cortes –por ejemplo 162 millones en las Cortes de Madrigal– y los impuestos recaudados por la Santa Hermandad.

Precisamente esta institución es una de las novedades del reinado. La nueva *Hermandad* fue creada en las Cortes de 1476 con el objeto de pacificar desórdenes internos en un reino entonces además en guerra. Supuso una movilización extraordinaria de la población. Partiendo de cada pueblo, se formaron *cuadrillas* y *alcaldes de hermandad*, destinados a perseguir malhechores y delitos en general, articulándose hacia arriba en juntas territoriales. No se conoce con detalle el funcionamiento de la institución, aunque se valora su papel de precedente de las fuerzas estatales de seguridad o de las milicias o ejército de masas –aunque perdió cualquier carácter militar antes de acabar el siglo XV–, aparte de su importancia en el sistema fiscal, pues fue un mecanismo de recaudación bastante importante en la época: en 1491 recaudaba anualmente casi 50 millones de mrs.

Gran parte de la estabilidad política y prestigio de Isabel, aparte de una indudable prosperidad y crecimiento material del reino, y quizá algunos aciertos en política económica –apoyo a la Mesta, inicio de medidas mercantilistas, estabilización monetaria...– se debió a los amplísimos apoyos sociales con que contó (*cfr. supra* 1.5.2). La alta nobleza no perdió sus posesiones señoriales con Isabel I, en concreto las que tenían consolidadas los linajes antes de 1465, que eran la mayoría. Las oligarquías urbanas fueron bien tratadas por la monarquía, se refrendaron sus políticas municipales y se llevó a cabo una política económica estatal que en general veían con simpatía. Muchos de los conflictos concejiles fueron solucionados y se institucionalizaron linajes y facciones que permitían a las elites urbanas seguir ejerciendo un gran poder en las ciudades. El intervencionismo legal y fiscal no molestaba especialmente a las elites, puesto que no cuestionaba las bases de su poder y sus economías, y no era en modo alguno nuevo. Las gravosas cargas fiscales no fueron percibidas todavía a fines del siglo XV como onerosa sangría, por lo que no crearon conflictos. Para muchas capas populares el reinado de Isabel I aportó una nueva y casi inédita confianza en las instituciones públicas, en un funcionamiento de la justicia real o municipal –más rigor en el nombramiento y revocación de corregidores, envío de *jueces pesquisidores*–, en la contención regia de las usurpaciones de tierras y en el despojo de jurisdicciones, antes grave problema. Para las capas populares la monarquía administrativa y judicial de los Reyes Católicos fue bien acogida porque captaron una insólita eficacia y presumieron que había en ella –con cierto fundamento– una defensa institucional de los débiles frente a los abusos de los poderosos.

Pero además la monarquía se hizo popular entre las gentes sencillas con la creación de la Inquisición desde 1478, que además de inaugurar un período de intransigencia cultural confortaba el arraigado antisemitismo popular. También fueron importantes los golpes propagandísticos de 1492, con la expulsión de los judíos en marzo y el fin de la guerra de Granada, unos meses antes. Esta guerra, por cierto, fue dura y exigió grandes recursos entre 1481 y enero de 1492. Pero fue culminada con la victoria, lo que suponía un punto culminante de una unidad territorial iniciada muchos siglos atrás y un prestigio indiscutible para los Reyes Católicos. Prestigio que tuvo otro revolucionario hito en el descubrimiento de América por Colón en octubre de 1492. Si se une a los importantes acontecimientos de ese año el hecho –a la larga de gran importancia cultural– de la publicación en agosto de la primera *Gramática Castellana*, a cargo de Antonio de Nebrija, no hay duda de la enorme carga histórica del año 1492. *El año admirable,* como significativamente titulaba en 1992 el hispanista Bernard Vincent un libro conmemorativo al calor de las efemérides del Centenario.

2

Las monarquías de Aragón y Navarra en la transición medieval al Estado Moderno (c. 1300-1500)

2.1. Corona de Aragón

2.1.1. La estabilización del ámbito geopolítico de la corona aragonesa y de su esquema de poder (1283-1327)

A finales del siglo XIII se hallaba ya consolidada la idea y la estructura territorial de la monarquía catalano-aragonesa. Es cierto que el concepto de "corona de Aragón", como expresión consolidada para caracterizar esa estructura, es bastante tardío. Pero sirve para referirse a la unión medieval de territorios diferenciados en sí, pero unidos bajo la misma dinastía reinante y formando parte de una única monarquía. Hay que señalar que desde el enlace en el XII de la casa aragonesa –con su heredera, Petronila– y de la catalana –con Ramón Berenguer IV– la dinastía había superado la mera unión matrimonial para constituir un conjunto sustantivo y único, aunque no uniforme. A las dos piezas iniciales del reino de Aragón y de Cataluña, esta última principado sin rango formal de "reino" –pero como territorio singularizado–, las conquistas regias habían añadido en el XIII las piezas del reino de Mallorca y del reino de Valencia.

Ante la práctica ausencia entonces de un único derecho común unificado y de una legislación regia única, al filo del 1300 cada territorio gozaba de un ordenamiento propio. Cataluña y Aragón se regían tradicionalmente por los *Usatges* y los *Fueros de Aragón* respectivamente. En ambos el tradicionalismo de los poderes feudales era destacado.

Valencia tuvo su propia personalidad, perfectamente tangible ya antes del 1300. Pese a que los nobles aragoneses habían intentado extender su derecho al nuevo reino, en 1283 la monarquía había reconocido los *Furs* o fueros valencianos. Eran de contenido municipal, alodial y comercial y habían sido defendidos sobre todo por las elites urbanas de la ciudad de Valencia y otros núcleos urbanos cercanos a la costa. Inspirados en el derecho romano, los *Furs* valencianos contrastaban con el derecho feudal imperante en gran parte de Aragón y Cataluña. El reconocimiento de sus propios *Furs* y del *Privilegium Magnum* valenciano no sólo significaba el fracaso del modelo nobiliar, sino que dotaba a Valencia de una personalidad propia de carácter regio y urbano que contrastaba con la de los estados antiguos de la corona. Pero el reino tampoco se vería libre de la señorialización. Más de una veintena de villas medias pasaron a señorío en los reinados de Alfonso el Liberal y Jaime II. Hacia 1315, según ha señalado Furió, apenas quedaban unos treinta núcleos urbanos en el realengo. La nobleza valenciana se benefició sobre todo de las recompensas por la participación en las campañas del Mediterráneo.

El caso de Mallorca era también singular. Desde la época de Pedro el Grande se consideraba como reino con dinastía propia, aunque como una especie de feudo de los reyes aragoneses. Estaba formado por las Baleares, donde había un ordenamiento propio –basado en la foralidad urbana de Mallorca– y atribuciones genuinas de sus reyes, como la capacidad de acuñar moneda, pero además incluía algunos núcleos franceses, además de los condados de Rosellón, Cerdaña y el Conflent, hoy zonas francesas. En estos enclaves regía el ordenamiento catalán, la región a la que pertenecían naturalmente.

Desde un punto de vista territorial los reinados de este período, de Pedro el Grande (1276-1285), de Alfonso el Liberal (1285-1291) y de Jaime II (1291-1327), habían supuesto el comienzo de la expansión mediterránea. El punto de partida había sido la intervención en Sicilia del rey aragonés en 1282, a petición de los habitantes de la isla hostiles a los titulares angevinos. Pedro el Grande ocupó y tomó posesión de la isla. Su sucesor Jaime la heredó, aunque la política de alianzas mediterráneas –que desembocaron en Anagni, 1295– y sobre todo el acceso al trono aragonés como Jaime II hizo aconsejable que Sicilia pasase a su hermano Federico, mientras Mallorca era cedida a Jaime II, llamado "de Mallorca". La renuncia a Sicilia fue compensada con Córcega y Cerdeña. De esta última se tomó posesión en 1323. Pero, por otra parte, la pertenencia de Sicilia al rey aragonés fue defendida por tropas *almogávares*, combatientes de fortuna catalano-aragoneses adiestrados en las dificultades de la guerra exterior. A la larga, y teniendo en cuenta paréntesis como el fijado en la paz de Caltabellotta en 1302, se conseguiría el propósito. Además, desde 1311 los *almogávares* iniciaron una expansión por el Mediterráneo oriental, que supuso la conquista e incorporación a la corona catalano-aragonesa de los ducados de Atenas y Neopatria. La expansión mediterránea fue siempre desde entonces la política exterior favorita de los catalanes, no tanto de los otros reinos de la corona, que no evitaron sin embargo que fuera una de las constantes geopolíticas de la monarquía. En cuanto a otros frentes, pocas novedades existían a principios del XIV. La intervención de los reyes aragoneses en el reino de Murcia había supuesto en el XIII disputas y guerras con Castilla. A principios del XIV se clarificó la situación, con el mantenimiento de la región murciana en Castilla, pero con la adscripción —sentencia arbitral de Torrellas de 1304, incorporación efectiva en 1308— de Alicante, Elche y Orihuela a la corona aragonesa (Guinot, 1995).

Antes de comenzar el siglo XIV habían sido puestas también en marcha las principales instituciones de la corona y ensayado el molde del juego político característico. Aparte de los municipios urbanos, convertidos desde mediados del XIII en expresiones de autonomía política ciudadana, funcionaban ya en ese siglo Cortes de carácter consultivo. Pero los principales acontecimientos tuvieron lugar en 1283. Desde las disputas por los modelos de repoblación valenciana, en pleno siglo XIII, existían tensiones entre los estamentos y el rey, tanto en el reino de Aragón como en Cataluña.

Los nobles aragoneses, junto con algunas ciudades, exigieron ser tenidos en cuenta en las decisiones de la monarquía. Formaron una *Unión Aragonesa*, que obligó al rey a jurar el llamado *Privilegio General* de Aragón en 1283. El rey reconocía los privilegios señoriales de la nobleza, se comprometía a no tomar decisiones sin contar con ella, presente en el consejo regio, y debía respetar la institución del *Justicia de Aragón*, figura claramente defensora de los intereses aristocráticos. La necesidad de recursos, en plena implicación siciliana, obligó al monarca a aceptar este reconocimiento político de la participación estamental aragonesa. Por su parte, y apremiado por la misma circunstancia exterior, en las Cortes catalanas de 1283 se concretaba el pacto de Pedro III con la oligarquía catalana. El rey se comprometía a respetar las costumbres y el derecho tradicional catalán, que incluía entre otros aspectos los *"malos usos"* señoriales, a no desarrollar la capacidad legiferante regia, a reunir Cortes una vez al año y a portar en sellos y documentos el título condal de Barcelona.

La historiografía interpreta los acuerdos de 1283 con la aristocracia aragonesa —rural sobre todo— y catalana —nobleza rural, pero también oligarquía barcelonesa— como el episodio fundacional del pactismo. Aunque el crecimiento del poder regio no se detendrá en el futuro, los privilegios reconocidos en 1283 a los estamentos fueron desde entonces referencia en el régimen político catalano-aragonés. Ya en las décadas siguientes estos pactos de limitación del poder regio volvieron a recordarse. La *Unión Aragonesa* intentó reeditar los pactos en 1286-1287. De entonces datan los *Privilegios de la Unión*, o programa maximalista, que sin embargo no tendrían vigencia. En cambio el moderado *Privilegio General* se confirmó en 1325. Durante este período, tanto en el reino como en Cataluña hubo numerosas convocatorias de Cortes, sobre todo durante el reinado de Jaime II. Catalanes y aragoneses fueron convocados en numerosas ocasiones, aunque la periodicidad anual no se cumplió. En concreto en el reino aragonés Jaime II convocó 9 asambleas de Cortes. También cabe destacar el arranque de las Cortes valencianas, aunque sin tener aún el peso de las de los otros dos territorios históricos. En general, el reino de Valencia en todo este período fue objeto de la reacción señorial, aunque resistió el intento.

2.1.2. Decadencia de la vieja dinastía y centralización policéntrica (1327-1412)

A) *Tensiones y compromisos permanentes del poder regio (1327-1387)*

Los reinados de Alfonso el Benigno (1327-1336) y de Pedro el Ceremonioso (1336-1387) se consideran generalmente como períodos de declive de la dinastía, hasta llegar en los siguientes a su propia extinción. En un siglo de crisis material y general, las vicisitudes políticas más bien estuvieron marcadas por un esquema repetido de implicaciones exteriores de la monarquía → necesidad de recursos → apelación a los estamentos → exigencias políticas de éstos, un esquema al que no era fácil sustraerse. Durante el reinado de El Benigno aragoneses y catalanes mantuvieron el *statu quo* en sus respectivos territorios. El principal escenario de las pugnas se desarrolló en Valencia. En este reino existía una contraposición entre las zonas organizadas por la nobleza, a partir del derecho señorial, y las mencionadas zonas de los *Furs*, considerados por muchos sectores como el verdadero derecho del país. Existía un cierto equilibrio entre estas dos realidades, aunque todavía —es verdad que cada vez menos— inclinado hacia el ordenamiento de tipo urbano y realengo de los *Furs*. Por ello se entiende que el rey hallara la oposición de la ciudad de Valencia y las villas cuando intentó desnaturalizar la identidad foral para acompasarla con la jurisdicción señorial aragonesa, quizá simplemente por un afán de unificación jurídica, o por complacer a los nobles expansionistas de aquel reino. A ello se unió el intento regio de conceder en infantazgo o infeudación una parte del patrimonio real valenciano —aparte de Albarracín y Tortosa, fuera de él— en favor de los hijos de su segunda esposa, Leonor de Castilla, Fernando y Juan. Se trataba de importantísimos núcleos del reino valenciano como Alicante, Orihuela, Xátiva, Elda, Alzira, Morella, Castellón y otros núcleos. Los representantes del país, los *jurats*, se opusieron a ello poco antes del final del reinado. La ciudad de Valencia encabezó la oposición en 1332 y logró la revocación de la concesión a los infantes. Éste es el episodio que evocó más tarde la *Crónica* de Pedro IV cuando atribuyó al Benigno el reproche a la indignada reina –de sangre castellana– con el que el monarca se reafirmaba en la imposibilidad de tomar decisiones unilateralmente: *"Reina, el nostre poble és franc, e no és aixi subjugat com és lo poble de Castella, car ells tenen a nos com a senyor e nos a ells com a bons vassalls e companyons"*. Frase de indudable carácter propagandístico, que se ha querido convertir por cierta historiografía en un canto a las bondades del pactismo aragonés, sin tener en cuenta que maquillaba la impotencia del rey aragonés para tomar decisiones deseadas por encima de las relaciones feudales o de los severos controles estamentales. Claro que en este caso evocado había sido la ciudad de Valencia la que limitó esa capacidad que tanto anhelaron los reyes bajomedievales. En todo caso, esta oposición urbana valenciana a la política jurisdiccional y jurídica regia en Valencia preparó el camino para las convulsiones del reinado siguiente. Y no sólo en Valencia, sino también en los otros territorios de la corona.

El largo reinado de El Ceremonioso se movió en ese esquema descrito. El monarca, dentro de la política denominada por algunos autores como de "reintegracionismo mediterráneo", centró los esfuerzos en la reincorporación de Mallorca a la corona, tras comportarse antes ésta como reino casi independiente, con la incorporación en 1343-1344 de las Islas, pero se centró también en luchas en el Rosellón, así como en sofocar revueltas de los habitantes de Cerdeña contra los aragoneses. Los años 1343-1347 fueron de fuerte implicación de la corona en los conflictos del Mediterráneo, sobre todo en competencia con los genoveses. Las exigencias exteriores aumentaron las demandas de recursos de la monarquía. Tal presión sobre los súbditos favoreció que los estamentos, requisito de la concesión de impuestos en las Cortes, plantearan sus reivindicaciones.

El reino de Aragón fue uno de los territorios convulsionados. Existía malestar por la costosa política mediterránea y por las opciones sucesorias del rey, sin descendientes varones y entonces decantadas hacia su hija Constanza, sin contar con las Cortes. Además, se quebraba la costumbre de la corona de excluir a las mujeres. Si hasta 1347 el rey pudo prescindir de la convocatoria en ese año tuvieron que celebrarse Cortes en Zaragoza ante la refundada *Unión Aragonesa*. Controlada por los nobles, aunque también con los principales sectores urbanos de Zaragoza –pero no así en Huesca, ni en la zona meridional del reino ni en general entre los sectores ciudadanos– los *unionistas* exigieron la confirmación del *Privilegio General*, incorporándose el derecho *unionista* aragonés a los ordenamientos territoriales del reino, al tiempo que se renovaba la exigencia de convocar a los estamentos en Cortes anuales. Pero la *Unión* planteaba otra serie de privilegios de carácter estamental más exigentes, que suponían el control del poder por sus miembros, dejando inerme al rey políticamente. Hubo enfrentamientos bélicos entre *unionistas* y *realistas* en 1348, con episodios como la victoria *realista* de Épila o la entrada regia en Zaragoza –con ahorcamientos de 13 rebeldes–, ambas en el verano de ese año. La victoria de los *realistas* supuso la eliminación de los llamados *Privilegios de la Unión*, que fueron simbólicamente quemados en las Cortes de Zaragoza tras la derrota *unionista*, pero en cambio se respetó el *Privilegio General*, convertido formalmente en parte de los Fueros de Aragón, que sin coartar la acción monárquica aseguraban el funcionamiento mínimo de las instituciones pactistas, como la del Justicia Mayor. Aparte de premiar a la familia de su principal aliado, Lope de Luna, con el estado señorial de Luna en rango de condado, las consecuencias de la victoria *realista* fueron sobre todo la contención de las pretensiones maximalistas de los nobles, que sin embargo colaborarían con el gobierno real, y al mismo tiempo el refuerzo de la alianza estratégica entre el mundo concejil y la monarquía, que se mantuvo en el reino largo tiempo.

En Valencia los años 1347-1348 fueron también de enfrentamiento entre el rey y los estamentos. La diferencia fundamental es que la *Unión Valenciana* que se formó no fue dirigida por los nobles, como en Aragón, sino por el mundo urbano y tuvo en Valencia un sesgo antiseñorial. Suele interpretarse, desde el estudio de Rodrigo Lizondo, como un enfrentamiento entre el deseo intervencionista del rey en las ciudades, que quiso cancelar los *Furs*, y los representantes urbanos, celosos de su régimen legal y su autonomía local. Un régimen, por cierto, que tendía a apartar a los nobles de los puestos municipales. Claro es que había razones comunes con las del malestar aragonés, como las cargas fiscales para una política exterior poco estimulante, o los problemas dinásticos, pero parece que específicamente en el país valenciano se vinieron a enfrentar el poder regio y el mundo urbano, con un 80% de dirigentes *unionistas* integrantes del estamento ciudadano. La ciudad de Valencia fue la que mantuvo la *Unión*, aunque otras localidades como Alzira, Gandía, Cullera, Onteniente, etc., se decantaron del lado *unionista*. En general, las villas reales, como Xátiva, Morella, Vilareal, Burriana, entre otras, se decantaron por el bando *realista*. Dado el carácter social de la *Unión Valenciana*, se entiende también que la nobleza del reino, excluida de los cargos municipales, se decantara por el bando *realista*. Creada en 1347, la *Unión Valenciana* se enfrentó a los *realistas* en varias ocasiones. La segunda mitad del año 1348 fue de derrota, desarticulación y represión regia de los *unionistas*. El último gran monarca de la dinastía catalano-aragonesa fue especialmente duro con las capas artesanales y laborales de Valencia, a cuyos líderes hizo ejecutar. Ahora bien, pese a que hubo víctimas de extracción baja, casi ningún historiador cuestiona hoy día que el contenido sociopolítico de la *Unión Valenciana* había sido más oligárquico que popular.

Tras las derrotas *unionistas* de Aragón y Valencia, se produjo un respiro para el poder regio desde 1349 hasta 1356 aproximadamente. El monarca pudo transitoriamente ejercer un diálogo con los territorios de la corona sin sumisión a los estamentos. Sin embargo, el esquema de debilidad estructural del poder regio se repitió desde que Pedro IV se implicó en la guerra con Castilla, contra Pedro I –"guerra de los dos Pedros"– con varios episodios desde 1356 hasta 1369. En septiembre de 1356 los castellanos invadían los territorios del sur valenciano. Las opciones de Pedro IV no eran muchas, por la tradicional rivalidad entre reinos y porque Castilla reclamaba a Aragón los territorios perdidos a favor del reino de Valencia a principios del XIV. Pero enfrentarse a Castilla era hacerlo a un reino muy poderoso, con cuatro veces más población que toda la corona aragonesa. La guerra tuvo lugar y, sin entrar en detalles, es indudable que supuso un enorme desgaste para la corona catalano-aragonesa. Por otra parte, las tensiones en Sicilia y las guerras contra los genoveses, coetáneas al conflicto con Castilla, agotaron los recursos de la monarquía.

La exigencia de impuestos y la necesidad de realizar intervenciones monetarias llevó al rey, desde la guerra con Castilla hasta el final de su reinado, a caer en una dependencia extrema de los estamentos. El rey, hasta entonces poco proclive a la convocatoria de Cortes, tuvo que cambiar de estrategia. Hubo hasta el final del reinado 3 Cortes generales de la corona y varias decenas de las particulares –13 de ellas catalanas, 12 valencianas sólo en los últimos veinticinco años del reinado–, aunque no con la anhelada periodicidad anual. Las Cortes consintieron las demandas tributarias pero a cambio impusieron un duro control del reino por los estamentos. Se ha hablado –Sarasa, González Antón– de auténtico gobierno de los estamentos y de anulación del poder regio. Y no sólo durante los apremios de la guerra con Castilla sino aún después. Las Cortes particulares de Cervera de 1359 y las generales de Monzón de 1362-1363 fueron clave: el control financiero de los recursos dejaba de depender de los oficiales regios y recaía en los propios estamentos. Se creó tras las de Cervera la *Diputació del General de Cataluña* y tras las de Monzón una *Diputación* o *Generalidad* para cada reino, de modo que la fijación de impuestos, la recaudación y hasta la supervisión política de las actuaciones regias fueron sustraídas a las instituciones centrales y recayeron desde entonces en estas instituciones estamentales. Como han destacado también, además de los citados, autores como el propio Vicens Vives, en su momento, o más recientemente Sesma –que habla de *"todos frente al rey"*– estas instituciones y este marco de relaciones políticas en el reinado de Pedro IV tuvieron efectos muy sobresalientes: supusieron, por un lado, la imposibilidad de unir en un único proyecto de estado los territorios históricos de la corona –cada uno tenía su relación con el rey y sus propias instituciones, más allá de unas pocas Cortes generales–, ahondándose así la orientación confederal, reforzado todo ello por fiscalidades diferenciadas, por leyes distintas, por aduanas que separaban los territorios históricos de la corona y por circuitos comerciales igualmente divergentes; y, por otra parte, significaron gobiernos de carácter oligárquico, con unas noblezas rurales que apuntalaban los viejos modos de servidumbre rural –en Aragón y Cataluña sobre todo– y con unas oligarquías urbanas –en las ciudades de los tres territorios– que convertían las instituciones municipales en gobiernos cerrados de los que fueron excluidas las capas medias y de menestrales.

En definitiva, el balance al terminar el reinado de Pedro IV era de debilidad del poder central monárquico, imposibilidad de desarrollos unitarios de la corona y triunfo, en cambio, de la descentralización oligárquica y de la fragmentación territorial de la corona con tres grandes estados autónomos dentro de ella.

B) Hacia la extinción de las casa catalano-aragonesa. El Compromiso de Caspe (1387-1412)

Los reinados de Juan I (1387-1396) y de Martín el Humano (1396-1410) no fueron esplendorosos para la monarquía catalano-aragonesa. Es cierto que hubo algunos éxitos exteriores, como la reincorporación de Sicilia en el reinado de Juan I gracias al enlace matrimonial de María de Sicilia, reina de ese territorio, y Martín el Joven, hijo de Martín el Humano, heredero al trono catalano-aragonés. Pero en general la política exterior sobre todo aportó problemas y gastos a los reyes. Se perdieron Atenas y Neopatria entre 1388 y 1391, se sofocaron revueltas sardas y sicilianas, alentadas por Génova y también por el Papa de Roma, toda vez que los reyes aragoneses se decantaran tras el Cisma por el aviñonés.

La situación siguió favoreciendo la hegemonía política interior de los estamentos. Hubo tensiones internas entre banderías nobiliarias, como las encabezadas por los Luna y sus rivales los Urrea en el reino de Aragón, o las dos parcialidades nobiliarias del reino valenciano, las que encabezaban los Vilaragut –luego por los Soler– y sus rivales los Centelles. En el caso valenciano hay que hacer notar que estas banderías implicaban no sólo a nobles rurales, sino que buena parte de la nobleza urbana de Valencia, que residía en la capital, se veía involucrada en las tensiones. Las rivalidades internobiliarias fueron comunes en todos los territorios de la corona. Pero nunca llegaban hasta el extremo de cuestionar la fuerte acumulación política nobiliar aferrada al control estamental de las decisiones del reino. Por otra parte, los monarcas fra-

Las monarquías de Aragón y Navarra en la transición medieval al estado moderno | 83

casaron en su tibio intento de recuperar las jurisdicciones del antiguo patrimonio real enajenadas como señoríos particulares. Los nobles no consintieron en estos intentos y las necesidades financieras hicieron incluso que hubiera nuevas enajenaciones por ventas.

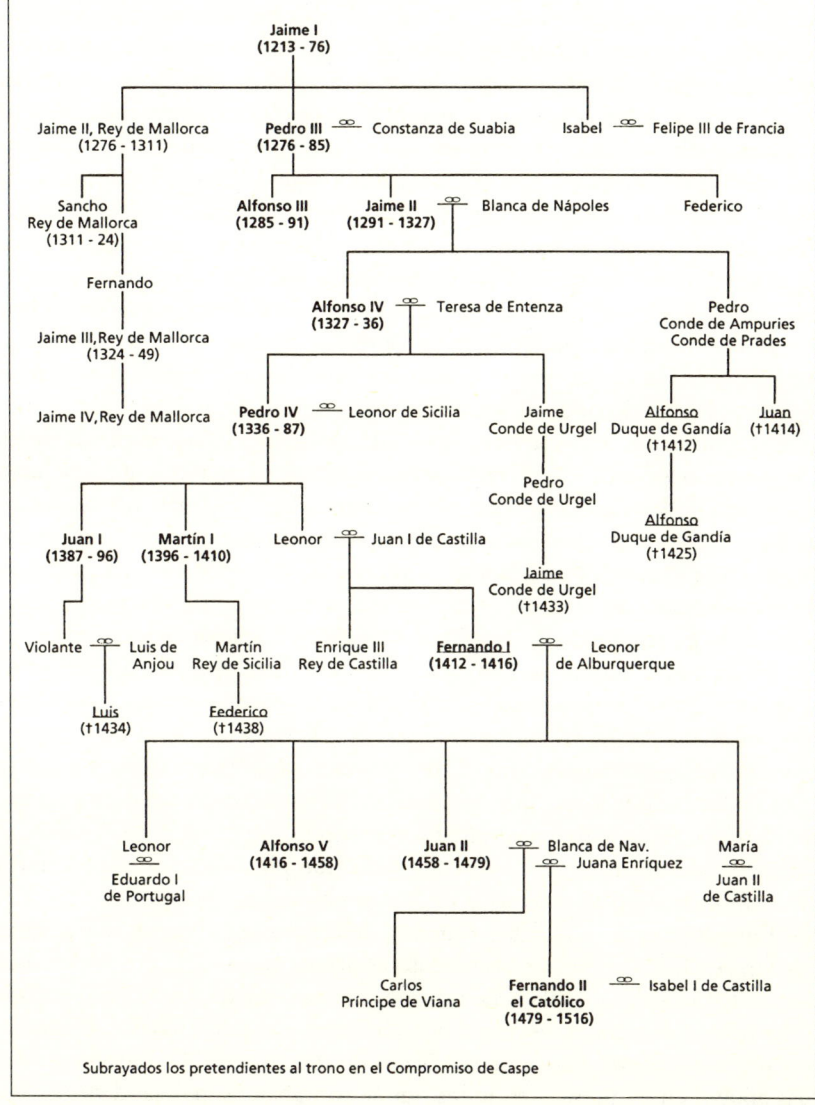

FIGURA 2.1. Reyes de Aragón en la Baja Edad Media.

En este contexto de debilidad estructural de la monarquía tuvo lugar el problema sucesorio de 1410. En 1409 el sucesor natural de Martín I, Martín El Joven, moría sin descendencia legítima. El rey, viudo, contrajo un nuevo matrimonio para dar herederos a la corona, pero no lo consiguió. La solución provisional fue nombrar a su sobrino Jaime de Urgel como Lugarteniente de toda la corona hasta que se resolviera la cuestión sucesoria. La muerte de Martín el Humano en mayo de 1410 dio inicio a un interregno de dos años sin que se alcanzara la solución. Jaime de Urgel fue el mejor situado en ese intervalo, pero no era el candidato de todos. En realidad fue la cabeza de una parcialidad, la de los *urgelistas*, con apoyos importantes, sobre todo entre la nobleza catalana. Pero se formó otra gran parcialidad, la de los *trastamaristas*, que fueron pensando en colocar en el trono a Fernando, llamado de Antequera por sus conquistas en esta zona. Fernando era hermano de quien fuera rey de Castilla hasta pocos años antes, Enrique III Trastámara, y era regente y hombre fuerte de Castilla cuando se iniciaba el interregno aragonés. Precisamente el temor a que la poderosa corona vecina asomara tras Fernando Trastámara podía disuadir a muchos de apoyar a este candidato. Aun así, bien por él mismo o más bien por personificar la rivalidad con Jaime de Urgel, Fernando podía llegar a disponer primero de la neutralidad y luego de las simpatías del papa Benedicto XIII, de la parcialidad nobiliaria de los Urrea aragonesa –Jaime de Urgel apoyó a sus rivales Luna–, de la parcialidad valenciana de los Centelles –por motivos parecidos–, de una parte de la ciudadanía barcelonesa, de algunos nobles catalanes contrarios al de Urgel, encabezados por el conde de Pallars, y en general de todos los que desconfiaban de la candidatura del Lugarteniente General Jaime de Urgel, demasiado comprometido en rivalidades y enemistades en los tres estados de la corona.

Hacia 1412, cuando se convocó la reunión de Caspe para que resolviera la cuestión sucesoria, existía una polarización entre *urgelistas* y *trastamaristas* en todas partes. Unos y otros quisieron llevar a esta reunión compromisarios adeptos. No obstante, había también otros candidatos. Y además existían razones jurídicas que les asistían. Por esta complejidad de partida, política y jurídica, y por el resultado, que supuso un cambio de dinastía, el llamado Compromiso de Caspe es considerado por todos los historiadores como hito decisivo en la historia de la corona catalano-aragonesa.

Entre los demás candidatos, Federico, descendiente de Martín el Humano, quedaría excluido por ser de nacimiento ilegítimo. La candidatura de Alfonso, duque de Gandía, se revelaba demasiado remota. Luis de Anjou tenía el *handicap* de que descendía de Juan I por vía femenina, por Violante, la hija de este rey, aunque esto no era un obstáculo jurídico insalvable. Luis tenía además apoyos en el interior, entre los que se contaban las parcialidades de los Urrea aragoneses y los Centelles valencianos, aparte de los enemigos catalanes de Jaime de Urgel. En cuanto a éste, uno de los candidatos más firmes, contaba con las parcialidades de los Luna aragoneses, los Vilaragut valencianos y buena parte de la nobleza catalana. En cuanto a la candidatura de Fernando, tenía el leve inconveniente jurídico de que sus derechos procedían de su madre. En Cataluña se le achacaba además su condición de regente castellano, con enorme poder. Esta orientación, junto con el apoyo de Benedicto XIII, le atrajo en cambio simpatías entre los aragoneses y los valencianos —la parcialidad de los Centelles se decantó al final por él—, quizá temerosos de que un triunfo de Jaime de Urgel hiciese bascular aún más la corona hacia los intereses geoestratégicos de la oligarquía catalana. Los iniciales apoyos aragoneses y valencianos a Luis de Anjou pudieron así deslizarse hacia Fernando en claro rechazo al de Urgel. Fernando fue quedando como el principal rival del candidato natural de los catalanes, Jaime de Urgel. A principios del 1412 Fernando contaba además con la presencia militar de tropas leales, no sólo aragonesas y valencianas —los Centelles— sino también castellanas, que exhibieron su potencial en las comarcas limítrofes entre Valencia y Aragón, coincidiendo con las elecciones de compromisarios de cada reino. Al final no pudo reunirse un previsto parlamento general de los tres territorios de la corona, pero sí una comisión de nueve miembros con representación paritaria en la villa aragonesa de Caspe.

La comisión de nueve electores, tres por cada estado de la corona, tomó las decisiones oportunas sobre todo por razones políticas, aunque con argumentos también jurídicos. Los aragoneses escogieron a Fernando: Domingo Ram, obispo de Huesca; Francisco Aranda; Berenguer de Bardaixí, jurista. Los compromisarios valencianos también se decantaron por esta opción, que era la de preferencia de Benedicto XIII: Vicente Ferrer y su hermano Bonifacio; y un tercero, Pedro Bertrán, que sustituyó al jurista Gener Rabassa —declarado loco—, y que por ello no votó. Incluso entre la delegación de Cataluña hubo división de opiniones: sólo Guillem de Vallseca, jurista, optó claramente por el de Urgel; Pere de Sagarriga, arzobispo de Tarragona, tuvo una opción más tibia, y, aunque pudo inclinarse con prevención hacia Jaime de Urgel, no tenía tan clara su candidatura; y Bernat de Gualbes, representante del patriciado barcelonés, optó por Fernando de Antequera. Al final, pues, de los nueve electores de la corona, hubo una abstención, seis votos para Fernando y sólo dos —uno poco convencido— hacia Jaime de Urgel. Técnicamente, el resultado era claro: el rey escogido fue el que quisieron los representantes del reino de Aragón y del reino de Valencia, pero además un sector significativo de Cataluña.

El Compromiso de Caspe, que supuso el inicio de la dinastía Trastámara en la corona de Aragón, ha dado lugar a numerosas consideraciones pseudohistóricas, sobre todo en Cataluña. Para la historiografía de carácter nacionalista catalán el resultado habría perjudicado al principado, la principal pieza hasta entonces de la corona. El que no hubiera sido escogido rey un catalán como Jaime de Urgel, y sí en cambio un "castellano", habría sido un punto de inflexión en el declive catalán, cuando no una claudicación de toda Cataluña. La imposición en Cataluña de lo castellano –lengua, modos políticos, etc.– desde entonces va acompañada en este tipo de explicaciones de referencias a la "traición" de aragoneses y valencianos. Toda esta batería de argumentos de carácter más político que histórico, en realidad, no se sostienen y las propias actuaciones de los reyes siguientes lo desmienten. Son opiniones que resultan tan tendenciosas como las de los que quisieron ver –desde el nacionalismo de carácter españolista– la entronización de los Trastámara en Aragón como el comienzo de la unidad española. En realidad, en su momento no se razonaba en estos términos y nadie veía la resolución de Caspe como preludio de futuras uniones entre coronas, ni los compromisarios que eligieron a Fernando dieron un voto "a Castilla", sino que optaron por lo que veían más conveniente. Lo argumentos de carácter "nacional" no fueron inexistentes, es verdad, aunque lo mismo que pudieron haber condicionado a una parte de los catalanes a optar por Jaime de Urgel, por el hecho de serlo, también habrían influido, pero a la inversa, es decir para oponerse a él, en el caso de aragoneses y valencianos. Pero había otros factores: rechazo aragonés a la política exterior netamente catalana –mediterránea–, apoyo valenciano a una realeza fuerte como garantía de una autonomía de acción, intereses geoestratégicos, influjo del papa Luna... O incluso, como ha señalado recientemente Sesma, la identificación de Jaime de Urgel con una nobleza de carácter tradicional, rural y terrateniente, no deseada en la propia Cataluña por la propia burguesía barcelonesa, y que tampoco querían ni valencianos ni aragoneses. Estos dos reinos habrían optado, en cambio, por una monarquía más centralizada y moderna, dirigista y capaz de "intervenir activamente en las funciones del estado" (Sesma, 1997: 369). Seguramente deberá ser una y otra vez interpretado el significado del Compromiso de Caspe. Pero es de esperar que se haga desde la lógica del sentido de la historia, con argumentos científicos, profesionales, y sobre todo contextualizados en lo que era la realidad histórica en los albores del siglo XV, y no tanto como legitimación forzada de opciones políticas del presente.

C) Transformaciones en los aparatos estatales en un siglo de crisis

Hasta la entronización de los Trastámara, la monarquía catalano-aragonesa había desplegado unas instituciones afines a las de otros estados pero también algunas singulares. Desde hace tiempo han sido objeto de numerosos trabajos. A los estudios jurídicos de Lalinde o Font Rius, o los clásicos trabajos históricos y jurídicos de Lacarra, y otros de carácter general (Ladero Quesada, 1996) hay que añadir, para Cataluña, las monografías de Tatjer sobre la justicia (Tatjer, 1996), de Sánchez sobre la fiscalidad (Sánchez, 1995; Sánchez-Furió (eds.), 1997), de Montagut sobre el Maestre Racional y otras instituciones (Montagut, 1987), de Batlle sobre poderes municipales. En el caso del reino de Aragón, aparte de los municipales, con estudios de Falcón sobre Zaragoza, cabe destacar los de González Antón, Sesma y Sarasa (González Antón, 1975; 1996; Sesma, 1989; 1996; Sarasa, 1979; 1986) sobre numerosas instituciones del reino aragonés –Justicia de Aragón, Cortes, Hacienda...–; para Mallorca, los trabajos de Cateura; y para los territorios de Valencia, los de Hinojosa, Guinot, Furió, F. García-Oliver, Narbona, Viciano, entre otros (Furió, 1995, bibliografía), siempre preocupados por las relaciones entre sociedad y vida material, o los más institucionalistas de Romeu o Muñoz, en estos casos sobre las Cortes valencianas.

Entre las singularidades de la corona catalano-aragonesa durante el siglo XIV –que no excepciones en el contexto de la Europa de la época: los poderes de la Europa medieval fueron sobre todo eso, pluralidad, singularidades, variedades regionales...–, cabe destacar *grosso modo* la fortaleza de las instituciones consideradas pactistas y el peculiar entramado territorial. Lo primero porque, aunque se dieron evoluciones de control estamental también en otros reinos –en Castilla, sin ir más lejos–, en Aragón su arraigo institucional llegó a bloquear en muchos casos el principio de autonomía del poder regio. La razón ha sido apuntada: los constantes problemas financieros debidos a la política exterior, no resueltos con recursos propios, puso a los reyes en manos de los estamentos del reino, que se hicieron pagar políticamente el servicio. En cuanto a la estructura territorial, lo más sobresaliente es que los desarrollos institucionales de la corona no implicaron una unificación estatal de sus territorios históricos.

Al poder regio durante el XIV su legitimidad le venía de la unión dinástica catalano-aragonesa y presentaba pocas novedades en cuanto a su transmisión, naturaleza jurídica, etc., ya afirmadas en siglos anteriores. Cabe quizá destacar en este período, con anterioridad a Castilla y su principado de Asturias, el reconocimiento de la sucesión del heredero. Se dio bajo la forma de Ducado de Gerona y se institucionalizó en 1351.

Una forma peculiar de ejercer el poder regio en la corona fue la delegación del mismo en los distintos territorios. Aunque hay precedentes, en el siglo XIV se normalizaba la figura de un Procurador General, que podía ser la misma persona –a veces el primogénito– pero que tenía un representante en cada uno de los tres estados. El rey podía nombrar un Lugarteniente suyo en caso de ausencias, pero a menudo su figura se solapa con la de

Procurador General, ya que éste podía ser el mismo para los tres estados. En la segunda mitad del XIV al Procurador General se le denominó Gobernador General, y Gobernación General a la institución. A su vez tenía sus delegados o *gerenti vices*. La Gobernación representaba el poder regio en cada estado y coordinaba la administración regia allí. Otra institución de delegación de poder regio implantada desde finales del siglo XIV fue la de los virreyes. Se utilizó para Mallorca desde 1397 y a principios del XV se extendió a Cerdeña y Sicilia.

Por debajo de cada Gobernador General, la administración territorial regia contaba con diferentes instituciones en cada reino o estado. En este sentido, aunque políticamente el poder real fue limitado por los estamentos, ello no impidió la extensión de la burocracia estatal durante el siglo XIV. Una parte de esta burocracia se concentraba en los órganos centrales –jueces, oidores y legistas de las Diputaciones, Maestre Racional...–, pero gran parte se desplegaba en los niveles inferiores de la administración real. En Cataluña –por traslación, el esquema simplificado se extendió a Mallorca– las *veguerías* o *vegueries* eran distritos regios, cuyo titular, el *veguer*, presidía un *Consell* judicial y administrativo de su distrito, encargado de hacer llegar las órdenes regias –o del Procurador o Gobernador General de Cataluña–, mantener la paz y gestionar el patrimonio regio. Los *veguers* se ayudaban de *sot-veguers*, o sub-vegueres, y actuaban en coordinación con los *batlles* locales, más centrados en el control de los municipios. Junto a los *veguers* se extendieron, pues, los *batlles* locales –existió un *batlle general*, o *Bayle General* para el Principado– como agentes de la administración hacendística y financiera, en sus respectivas *baylías*, con lo que supusieron una administración en cierto modo paralela a la de los *veguers*. Hay que tener en cuenta que las *veguerías* no eran instrumentos de control municipal ni de recaudación tributaria, sino las circunscripciones regias propiamente dichas. Había 18 *veguerías* hacia 1300: Barcelona, Ausona y Vic, Bagés, Bergedá, Besalú, Camarasa, Castellbot-Urgellet, Cervera y Tárrega, Camprodón, Girona, Lleida, Montblanc, Pallars, Ripollés, Sarral, Tarragona, Tortosa, Vilafranca. En el reino de Aragón, a las merindades y sus agentes tradicionales, *merinos* o *bayles*, se habían superpuesto desde finales del XIII *juntas*, articuladas en torno a las principales ciudades, sobre todo Zaragoza, Huesca, Jaca, Barbastro, Egea y Tarazona; por su parte las *Comunidades* de Calatayud y Daroca, así como Teruel, tenían su propia estructura territorial compatible con las *juntas*. Al frente de cada junta, una *sobrejuntería* se encargaba de ejecutar las sentencias y mandatos regios, imponer el orden y representar la autoridad del rey allí, pero sin capacidad judicial propia. En cuanto al reino de Valencia, se parece a los restantes. La principal diferencia se establecía en el control militar, ya que en el reino valenciano existía un control de las fortalezas por parte de los alcaides públicos, mientras en Cataluña el control era de los feudales. En el terreno administrativo, aparte del Procurador General o Gobernador, máxima autoridad política y judicial, existía un *Bayle General* para el reino de Valencia, encargado de la gestión del patrimonio regio o realengo, y del control fiscal. A escalas inferiores, existían *batlles* locales, que contaban con el auxilio de lugartenientes, notarios, alguaciles, etc. Durante el siglo XIV estos agentes regios fueron muy importantes en Valencia, dado que todavía en ese siglo el realengo era destacado en el reino. Por ejemplo, en el bienio 1335-1336, según Furió, las villas reales valencianas aportaban un 54% del total de ingresos de la tesorería real.

La administración central presentaba un compromiso entre la unidad y la diversidad de territorios. En cuanto a la casa y corte del rey, que por cierto carecía de sede fija, hay que destacar la promulgación por Pedro el Ceremonioso en 1344 de las *Ordinacions* u *Ordenaciones de la Casa Real*. Inspiradas en las *Leges Palatinae* del rey Jaime III de Mallorca, pretendían regular el funcionamiento de la casa real y del consejo real. Este consejo al principio tenía un carácter bastante tradicional o privado, sin convertirse en un consejo o *Consell* de representación territorial o estamental. Pero desde el reinado de Pedro el Ceremonioso, puede hablarse ya de un *Consell* o Consejo Real permanente, consultivo y con competencias en materias de gobierno y administrativas, militares y judiciales. Existían también tesoreros, secretarios, Maestre Racional y mayordomos, en este caso con diferenciación para cada estado de la corona. Dentro de estos órganos centrales el canciller ocupa un papel importante, incluyendo la administración de justicia. Él presidía la Audiencia en nombre del rey, compuesta, según las *Ordinacions*, por seis oidores, repartidos entre tres representantes letrados y otros tres nobles, además de auxiliares. Unas décadas después la tecnificación de la Audiencia había ido en aumento. Cataluña, Aragón y Valencia tenían tres vicecancilleres respectivos –desde 1387– y se tendía a una semejante división territorial de la Audiencia según cada estado.

Aragón contaba por su parte con una institución peculiar, el *Justicia de Aragón*. Existía desde el siglo XIII y tenía funciones judiciales. Protector oficial de las libertades y los fueros de los aragoneses, en cuyas causas debía intervenir mediante sentencias y otras vías, se vinculó desde las *Uniones* a los intereses nobiliarios del reino. Se exigía a su titular la condición de *caballero*. Durante todo el período medieval, aunque estuvo sometido a los vaivenes políticos, constituyó un contrapeso, o un poder que limitó la acción del rey, aunque casi siempre primaba la colaboración con el poder real.

Las Cortes tuvieron en la corona de Aragón una gran importancia política. Mallorca, antes reino semiindependiente, desde 1349 se reintegró a la corona, pero se consideraba como mero apéndice de Cataluña. Los reyes convocaron a veces a mallorquines a algunas Cortes generales, junto a valencianos, aragoneses y catalanes, pero el reino isleño en sí no tuvo Cortes particulares. Hubo Cortes en cambio en los otros tres estados de la corona. Desde 1283, sobre todo en Cataluña pero también en Aragón, limitaban el poder real, aunque no pueden interpretarse, como a veces se hace, como expresión de la soberanía de los pueblos representados, sino que respondían a los mismos esquemas que los de otras asambleas medievales de otros países. Por otra parte, aunque es un tema controvertido entre los especialistas, desde Lalinde suele sostenerse que las Cortes, y en especial las catalanas, tuvieron potestad legislativa, algo de lo que carecieron en otras coronas. No obstante, los reyes pudieron también legiferar de hecho al margen de esta institución. La estructura de las Cortes se basaba en la existencia de reuniones separadas para cada uno de los tres territorios, además de algunas reuniones generales, pocas, donde acudían todos. Por ejemplo en el reinado de Pedro el Ceremonioso fueron convocadas 11 asambleas para Aragón, 13 para Cataluña, 14 para Valencia, además de tres Cortes generales (1362-63, 1376-77, 1383-87). Eclesiásticos, *síndicos* de los municipios –representantes del brazo ciudadano, también llamado *brazo real*– y nobles eran, tanto en las Cortes generales como en las particulares, los tres estamentos o *brazos* que acudían, con la particularidad de que en Aragón se distinguían dos brazos nobiliarios diferenciados, de alta y baja nobleza, esto es, *ricoshombres* y *caballeros* respectivamente, por lo que aquí había cuatro *brazos*.

Las sesiones de Cortes solían durar meses. El rey tenía la prerrogativa de la convocatoria, aunque no necesariamente el monarca estaba presente. En cuanto a los participantes, por el brazo real o urbano acudían en cada reino las principales ciudades. En Aragón durante el XIV destacaba la presencia de Zaragoza –capital del reino–, junto a Huesca, Tarazona, Jaca, Teruel, Calatayud, Daroca, Ainsa, Monzón, Alcañiz, Egea, Ariza, Albarracín, etc., hasta más de una veintena de ciudades que solían ser convocadas. En Cataluña, Barcelona encabezaba la delegación –y tenía más representantes que las demás, cuatro o cinco síndicos– y solía ir arropada por varias decenas de ciudades del *brazo real*, entre las que estaban los principales núcleos del Principado: Lleida, Girona, Tarragona, Vic, Tortosa, Manresa, Perpiñán, Colliure, Cervera, Figueres, Tárrega, Berga, Puigcerdá, Vilafranca del Penedès, Montblanc, etc. En Valencia había unas pocas que eran convocadas siempre o casi siempre, entre ellas Valencia, Morella, Xátiva, Sagunto, Alzira, Burriana, Alpuente, Castellón, Vilareal, Orihuela... Pero otras, hasta cerca de una veintena, sólo fueron convocadas esporádicamente. Destaca en este reino el peso de su capital, Valencia, que siempre tuvo más síndicos que las demás villas.

Los *brazos* eclesiástico –presidido por arzobispos y con participación de los obispos y algunos abades– y nobiliar, y en esto hubo una contraposición clara con Castilla, sí asistían a las Cortes de los estados aragoneses. Entre las funciones de las Cortes, de uno y otro tipo, destacaron la presentación de quejas, con la solicitud de solución de agravios o *greuges*, que mostraban al rey problemas concretos de los países –una medida de presión de los estamentos sobre el rey–, la citada elaboración normativa y sobre todo la gestión y dotación fiscal, que fue la dimensión que más reforzó la posición política de los estamentos y de los territorios ante el monarca, al necesitar éste, como se ha dicho, la aprobación de las Cortes para la imposición tributaria.

Precisamente en relación con el funcionamiento de las Cortes y con las cuestiones fiscales se dieron unas de las instituciones pactistas de la corona más conocidas: las diputaciones permanentes. Para gestionar el cobro de los impuestos, imprescindibles para la guerra entonces existente con Castilla, se creó en Cataluña tras las Cortes de 1359 la *Diputació del General*, que trataba de administrar los impuestos votados en las Cortes en los tiempos en que éstas no estaban reunidas. Pese a su nacimiento extraordinario, el organismo se consolidó como institución estable desde Pedro IV. Además, tras las Cortes generales de Monzón de 1362-1363, la llamada *Diputación del General* o *Generalidad –Diputació o Generalitat* en catalán– se concibió singularizada para cada reino o estado, con autonomía. Varios diputados representaban en la institución a los estamentos. Se acabarían de consolidar en el siglo XV. Aparte de los asesores técnicos, estos órganos se estructuraron con paridad estamental: varios *diputats* o diputados por cada estamento, asesorados por expertos juristas y gestores. Con el tiempo estos órganos, que eran depositarios de las atribuciones de las Cortes por delegación, acapararon funciones no ya sólo fiscales sino también administrativas en general y tuvieron incluso un peso político limitador de la monarquía, por lo que se consideran como baluartes del pactismo.

La raíz de esta posición nacía, como se ha dicho, de la debilidad financiera de la corona, incapaz de generar recursos suficientes sin contar con la aprobación de los reinos. Las rentas del Patrimonio Real procedían de diversas fuentes. Según Ladero (Ladero Quesada, 1996: 117) en el primer tercio del siglo XIV un 25% procedía del monedaje, otro tanto de las contribuciones de moros y judíos, un 16% de multas y derechos y un 15% de las tierras y derechos del dominio real, o sea de las tierras y pechos de los campesinos del realengo; el resto procedía de pequeñas y viejas rentas de escaso relieve. Aparte de todo ello, estaban los recursos extraordinarios votados en Cortes. Para éstos no sólo existía el procedimiento de asignar a cada brazo o estamento una cantidad correspondiente, luego repartida por menudo según fuegos –se respetaban los privilegios y exenciones de los privilegiados, eran sus vasallos de señorío quienes pagaban–, procedimiento de fiscalidad directa conocido como *fogatge* o *compartiment*, sino que desde mediados del XIV –1459 en Cataluña, 1462-1463 para los demás territorios– se implantaron de modo extraordinario las *"generalidades"*, impuestos indirectos que gravaban la fabricación textil y las exportaciones y que tenían un carácter "general", por tanto independientes de las jurisdicciones realengas o señoriales. Las rentas de la corona fueron, sin embargo, insuficientes. No puede decirse que no se establecieran mecanismos eficaces de recaudación. Las *Ordinacions* de 1344 creaban una adecuada estructura hacendística, articulada en el oficio del *Maestre Racional*, encargado de las finanzas regias, auxiliado por tesoreros y escribanos. Un *Bayle General* para cada uno de los tres estados se ocupaba de la recaudación de las rentas del patrimonio real. Pero la gestión no era el problema.

Pesamos que hay que valorar al respecto un excesivo empeño en una política exterior por encima de las posibilidades, pero también la debilidad estructural del propio patrimonio regio. Éste sólo era consistente en Valencia, y aquí también disminuía, como ha estudiado Guinot. El precario realengo fue enajenándose sin que los reyes pudieran evitarlo. Pero mientras en la Castilla Trastámara la cesión del patrimonio real no implicó dependencia de los grandes, sino integración de éstos en las sinergias estatales centralizadoras, en la corona de Aragón ocurrió todo lo contrario, con un escenario de rentas regias descendentes, creciente burocracia, déficit fiscal permanente y estamentos voraces que se hicieron pagar sus contribuciones con privilegios políticos oligárquicos. Es curioso que la supuesta "virtud" del pactismo catalano-aragonés se haya construido a partir de esta endémica "necesidad" fiscal de la monarquía.

2.1.3. Los estados de la corona de Aragón bajo los Trastámara (1412-1479)

A) *Tensiones político-sociales bajo la nueva dinastía*

Los escasos años del reinado de Fernando I (1412-1416), tras la controvertida decisión de Caspe, fueron de tranquilidad en la corona aragonesa. Exteriormente, el rey siguió muy vinculado a la figura europea del papa Luna, aunque éste cayó en desgracia desde 1415. Por otro lado, las evidentes conexiones de Fernando I con Castilla no se dejaron sentir en los reinos de la corona aragonesa. Internamente, el monarca mantuvo las instituciones pactistas tradicionales. En cambio, contuvo, como habían hecho antecesores suyos en el trono, ofensivas maximalistas de los estamentos, como las que se produjeron en las Cortes de Tortosa y Montblanc en 1413-1414, aunque sin llegar a cotas de tensión muy altas.

A Fernando I le sucedió su primogénito, Alfonso V el Magnánimo (1416-1458). Durante su largo reinado no fue tanto este monarca quien se involucró en los asuntos castellanos como sus hermanos: Juan, llamado Juan de Navarra –rey consorte navarro desde 1425– y su hermano Enrique, maestre de Santiago. Ambos tenían importantes señoríos e intereses en Castilla. En este reino eran considerados como *infantes de Aragón* y, liderando sus propias ligas, se enfrentaron a varias facciones de la nobleza castellana y del propio rey castellano, su primo, focalizándose el enfrentamiento con Álvaro de Luna. Éste les derrotó en 1430, por primera vez, y en 1445 –batalla de Olmedo– de forma definitiva. En estos enfrentamientos la ayuda del Magnánimo a sus hermanos no fue nunca decisiva y en realidad el conflicto fue contemplado por el monarca aragonés desde cierto alejamiento. Lo mismo pasaba en relación con el pequeño reino de Navarra: su hermano Juan era el rey allí y desde 1451 se enfrentó con el propio heredero navarro, el príncipe de Viana, a quien no quiso ceder el trono. Pero fue ya un enfrentamiento que tuvo sobre todo efectos más tarde –cuando Juan acumuló las dos coronas– y resultó marginal para las preocupaciones vitales del rey Alfonso.

Donde sí se implicó verdaderamente Alfonso el Magnánimo fue en la política mediterránea. Incluso vivió en Italia en la segunda parte de su reinado. A la pacificación de Cerdeña, y al mantenimiento de la dinastía en Sicilia, cabe unir desde los años veinte las guerras, alianzas y pactos de los catalano-aragoneses con diversos príncipes y ciudades de la zona, que culminaron con el acceso aragonés al trono del extenso reino de Nápoles en 1442. Desde entonces, salvo algún episodio bélico esporádico contra Génova, la implicación en los asuntos italianos no resultó comprometida, aunque sí costosa, como siempre. Los historiadores han venido discutiendo sobre el impacto de la política mediterránea del Magnánimo. Desde luego, casi nadie ha visto ventajas de la misma para valencianos y aragoneses. El caso de Cataluña es más complicado. Como ha señalado Salrach, autores como F. Soldevila, P. Vilar o incluso V. Vives, desde posiciones diferentes entre sí, han presentado esta política de modo más bien negativo, bien porque hayan percibido en ella mero expansionismo sin fundamento, al considerar que no fue económicamente dinámica ni basada en el comercio, sino más bien algo puramente militar y territorial, bien por el hecho de que se responsabilice a esa expansión de la decadencia catalana. Ahora bien, ya el propio Vilar, V. Vives o J. L. Martín habían dado otras claves de esa decadencia del XV como para que no sea necesario cargar en exceso la explicación con el argumento de la expansión napolitana. Tampoco hay que creer ciegamente en la veracidad de las quejas de las Cortes catalanas de la época, ávidas por ejercer un control de esa política mediterránea que el rey procuró hurtarles, pero que despertaba en los mercaderes del Principado seguramente una fundamentada ambición. De hecho, M. del Treppo –cuyos datos ponen en cuestión la propia idea de decadencia económica, que cierta historiografía daba por hecha– ha venido a demostrar la coincidencia de intereses entre el rey y la oligarquía mercantil barcelonesa. Pero es difícil valorar el grado de satisfacción que les proporcionó la costosa diplomacia comercial y bélica en Italia.

De lo que no cabe duda es de la incidencia de la política exterior en las relaciones del rey con los estamentos. Ya se había dado en el siglo anterior. Las tensiones no faltaron en ninguno de los territorios. Pero la situación catalana fue la más difícil. Hay que decir que las dificultades de entendimiento político no eran nuevas. Ya en 1419 y 1420, antes de la aventura napolitana, a través de sus Cortes los diputados catalanes exhibieron un programa reivindicativo en la línea maximalista: control del Consejo Real por las Cortes, control técnico y no regio de la Audiencia, invalidez de cualquier norma regia que discrepara del derecho territorial de los *Usatges* y reserva para los catalanes de los cargos civiles y eclesiásticos que actuaran en el país. Como otras veces bajo la dinastía anterior, el proyecto político de las Cortes, un proyecto de soberanía estamental y nacional a ultranza para Cataluña, fracasó, pero era una forma de marcar los límites del campo de juego por una de las partes. Era previsible que, cuando las dificultades financieras por la aventura italiana pusieran en situación de extrema debilidad a un rey necesitado de recursos, las reivindicaciones de los estamentos se agudizaran. El esquema de la tensión estuvo operando a baja intensidad durante la plenitud del reinado. Pero fue durante el período 1448-1458 cuando se aceleraron las tensiones.

Existía un conflicto social en el campo catalán entre los campesinos de *remensa* y los señores feudales, estos últimos integrantes de las instituciones pactistas. Los campesinos exigían la supresión de las cargas serviles, entre ellas el célebre rescate de la libertad o *remensa*. En la ciudad de Barcelona existía un conflicto social y político entre la oligarquía ciudadana, agrupada en el partido de la *Biga*, cuyos miembros eran los integrantes de las instituciones pactistas, y las capas medias y populares, organizadas en la *Busca*. Ambos conflictos se entrecruzaron en un momento de exigencia de recursos por parte del rey. Alfonso El Magnánimo se inclinó en 1448 por estimular la causa de los campesinos serviles. Éstos le llegaron a ofrecer dinero al rey, hasta 100.000 florines, a cambio de que fueran legalizadas las reuniones del *"sindicato remensa"* y llevadas a cabo acciones judiciales contra los señores. Era iniciar un proceso que conduciría a la emancipación jurídica campesina. La política filoremensa del rey se mantuvo hasta 1452 al menos. Sin embargo, ya desde 1448 las Cortes, dominadas por los estamentos privilegiados, se habían opuesto a estas inclinaciones y desde 1452 pretendían asegurar una contribución de 400.000 florines a cambio de que el rey aceptara las condiciones de los estamentos, en particular el olvido de las reivindicaciones campesinas. Hacia 1453 la posición era dubitativa por parte del monarca. Por entonces los conflictos barceloneses comenzaron a mezclarse con los campesinos. El Gobernador General y Lugarteniente Real en Cataluña, Galcerán de Requesens, llevó en 1453 a la *Busca* al control municipal de Barcelona. La oligarquía urbana se enfrentó a él, dado que la política proteccionista y monetarista de los menudos perjudicaba los intereses de los grandes hombres de negocios librecambistas y rentistas del partido de la *Biga*, ahora desplazado. La sustitución de Requesens por el hermano del rey, Juan de Navarra, agravó la enemistad de la oligarquía barcelonesa. En las Cortes convocadas en 1454 el lugarteniente general, en nombre del rey, contaba con la participación novedosa de diputados barceloneses de la *Busca* y con las villas de realengo, pero la oligarquía rural del principado y la urbana de la capital estaban en contra de las posiciones regias. Las *Corts*, la *Diputació del General* de Cataluña y el *Consell* barcelonés se enfrentaban a la política real. Alfonso el Magnánimo pareció decantarse por el enfrentamiento con los estamentos privilegiados, apoyando a *buscaires* y *remensas*, por razones políticas, aunque quizá también estimulado por contribuciones de dinero prometidas por los campesinos. En 1455 dictó el rey la Sentencia Interlocutoria favoreciendo la supresión de los *malos usos* y la servidumbre, sentencia ratificada dos años después. El conflicto urbano barcelonés seguía abierto cuando murió el rey.

La intervención regia en Cataluña en favor de la causa *remensa* y *buscaire* no debe interpretarse como línea programática uniforme de la monarquía, de la que en buena medida carecía. Baste recordar por ejemplo que coetáneamente al conflicto social barcelonés hubo en la isla de Mallorca fuertes tensiones sociales entre los campesinos o *forans*, sublevados en 1450, apoyados por capas obreras, y los terratenientes y ciudadanos de la capital. En ese caso, ante una revuelta campesina, Alfonso el Magnánimo envío en 1452 un ejército para aplastar aquélla, dirigido por el virrey de Cerdeña, Francèsc d'Erill, siendo pues clara aquí la alianza del rey con los señores de tierra.

Volviendo al caso catalán, el reinado de Juan II de Aragón (1458-1479) comenzaba, por tanto, en medio de un agudo enfrentamiento del monarca con los estamentos, particularmente, como se está viendo, en el Principado de Cataluña, el territorio más conflictivo de la corona. Se atribuye a Juan II intentar incrementar la unidad de la corona, superando las divisiones de los territorios integrantes, y la cohesión estatal, superponiéndose a los estamentos. Pero tropezó con unos y otros, territorios y estamentos. El bando opositor a las pretensiones regias seguían integrándolo los nobles y el patriciado mercantil del Principado. Ellos difundieron la imagen impopular del monarca, quizá más apreciado entre los artesanos urbanos y campesinos serviles, que tenían expectativas de mejorar su posición frente a la oligarquía con la ayuda del autoritarismo monárquico y quizá justiciero. Ahora bien, hubo intervenciones del rey que contribuyeron a su descrédito. En este sentido, el haber hecho detener al príncipe de Viana en 1460, su propio heredero en el trono navarro, fue objeto de la oposición de los catalanes. Comenzó en el Principado un conflicto civil, que duró más de una década.

Se trata de un conflicto entre el bando del rey, es decir el bando *realista*, y el bando contrario, dirigido por la *Biga*, las oligarquías urbanas, la nobleza y buena parte de la jerarquía eclesiástica catalana. Dada la influencia social de estos sectores, que habían formado en 1460 un *Consell del Principat*, que aglutinaba la *Generalitat* y el *Consell* municipal barcelonés, el levantamiento de los catalanes fue bastante generalizado. Liberado el príncipe de Viana, el rey fue obligado en junio de 1461 a aceptar la *Concordia* –o *Capitulación*– de Vilafranca del Penedès. En ella se le impedía al rey incluso entrar en Cataluña sin permiso de sus instituciones. El poder quedaba en manos de la *Generalitat* y de Barcelona, unidas en el *Consell General* de Cataluña. Poco después, también en 1461, moría Carlos de Viana. La gravedad fue tal que se impugnó la propia corona, con lo que se planteaba una cuestión revolucionaria en términos de ruptura dinástica y, quizá en las mentes de algunos, de posibilidades separatistas. En 1462 comenzó la guerra, que duró hasta 1472.

Juan II, que rechazó la humillante –para él– Capitulación de Vilafranca, contaba con apoyos dentro y fuera de Cataluña. En el Principado contaba con las simpatías de algunos mercaderes, del *poble menut* urbano y de los campesinos. Por lo pronto, la entrada de las tropas de Juan II en el Principado fue precedida de levantamientos campesinos que le franquearon el camino. Por eso no conviene ver el conflicto esquemáticamente como una guerra entre Juan II y Cataluña, dado que puede entenderse también como una guerra en la que los partidarios del rey y los de la *Generalitat* –que aglutinó las instituciones políticas del Principado, eso sí– se enfrentaron en Cataluña. Ya en los primeros tiempos el conflicto se internacionalizó. Luis XI de Francia apoyó al rey aragonés con el propósito de hacerse recompensar con los territorios del Rosellón y Cerdaña, que acabaron por ello pasando en 1462 al reino vecino. Por su parte, el bando antirrealista se apoyó en Castilla, llegando incluso a ofrecer el trono catalano-aragonés al rey Enrique IV de Castilla, en 1462, después –retirado el castellano del empeño– al infante portugués don Pedro –muerto en 1466– y más tarde a Renato I de Provenza, de sangre angevina y viejo enemigo del Magnánimo en las luchas mediterráneas.

Hubo varias alternativas en la guerra. En los primeros años destacan las victorias *realistas*, como la de Rubinat, y el asedio a Barcelona, la ocupación de Lleida y Vilafranca en 1464, de Cervera en 1465 y de Tortosa en 1466. Luego, en el lapso 1465-1470, hubo una fase de cierto equilibrio bélico, con victorias de los antirrealistas, como la capitulación de Girona en 1469. Pero desde 1470 la situación se inclinó hacia Juan II, que desde las Cortes de

Monzón de ese año contaba con el dinero de Aragón y Valencia en su guerra particular contra el Principado levantisco. El hijo del rey, el futuro Fernando el Católico, se había casado en 1469 con la infanta castellana Isabel, lo que facilitaba un estratégica alianza con Castilla y la aprobación de buena parte de los otros estados de la corona aragonesa. Desde 1471 los *realistas* recuperaban Girona, tomaban el Ampurdán, el Bagés, el Maresme, y el conflicto acababa con la entrada en Barcelona, en la llamada Capitulación de Pedralbes de 1472, que ponía fin a la guerra de Juan II con la *Generalitat*.

Tras la guerra, los estamentos catalanes carecían de fuerza para combatir al rey victorioso. Éste, por otra parte, había respetado la capitulación de no tomar represalias y de no suprimir las instituciones pactistas tradicionales. Pero un monarca anciano, como era Juan II, y sobre todo lo irreconciliables que parecían las posturas enfrentadas, impidieron la solución de muchos problemas pendientes. Entre 1473-1474 se intentó sin éxito recuperar para Cataluña los territorios pirenaicos perdidos. Tampoco se resolvió el conflicto *remensa*, aunque se caminaba hacia la emancipación un poco posterior. Y las tensiones en el municipio barcelonés no podían decrecer teniendo en cuenta la fuerte bancarrota de la ciudad, el endeudamiento, el declive comercial y el retraimiento económico de la urbe. El hundimiento de Barcelona contrastaba con la prosperidad de Valencia, la gran ciudad de la corona a esas alturas.

B) Evolución de la estructura estatal con la Trastámara

No hubo ninguna convulsión en la estructura estatal bajo la dinastía Trastámara. Es verdad que la burocracia real aumentó durante el siglo XV, y el poder monárquico se hizo más tangible, pero cuesta ver en ello el efecto singular de un cambio de dinastía y más bien parece que era el resultado de unas genéricas transformaciones políticas en todas partes. Los progresos de la autoridad real en la corona fueron los propios de un siglo XV caracterizado en toda Europa –no sólo en las monarquías francesa, castellana, inglesa o portuguesa, sino en los principados alemanes o en los estados regionales italianos, superadores de las comunas ciudadanas– por aires centralizadores. Pero no se produjo en los estados de la corona aragonesa ningún desmantelamiento de las instituciones existentes. Los Trastámara fueron, como se decía en la Cataluña del siglo XV, reyes *"per pactes elegits"*, respetuosos tendencialmente con la tradición institucional, dejando al margen lógicamente los momentos de enfrentamiento entre rey y estamentos, que también se habían dado durante los reinados del Casal de Barcelona. En esta línea, como ocurriera en el siglo anterior en la época de las *Uniones*, la guerra civil catalana supuso en el Principado una ruptura política entre el poder real y las oligarquías dominantes. Pero no se puede valorar todo el ciclo Trastámara en los territorios de la corona por lo ocurrido sólo en el reinado de Juan II en Cataluña, y en concreto en esos años, por relevante que esto fuera.

Durante el siglo XV había continuado, o incluso acentuado, la tendencia a las delegaciones del poder regio. Bajo el largo reinado de Alfonso el Magnánimo las ausencias regias casi permanentes realzaron la figura de un Lugarteniente General –luego se llamaría Virrey. En el reinado de Alfonso V este Lugarteniente Real fue miembro de la familia real, de hecho su mujer Doña María, o su hermano Juan, y la institución se superpuso o absorbió a menudo las funciones correspondientes a la Gobernación General en cada estado. En el reinado de Juan II de Aragón se incorporaron a la Lugartenencia General miembros de la alta nobleza. En cada reino o estado de la corona la Lugartenencia disponía de un Consejo o *Consell* donde oficiales regios como el *Bayle General* y el *Maestre Racional* de cada reino compartían presencia con juristas especializados y con miembros de la nobleza y el clero. Se trataba de un Consejo Real que en cada reino representaba la cabeza de la administración regia. En otro orden de cosas, la tendencia apuntada a la territorialización de la Audiencia –igualmente con distinción entre Cataluña, Aragón y Valencia– se consumó asimismo durante la época Trastámara. No hubo grandes modificaciones en la actuación del Justicia de Aragón tampoco, que siguió cumpliendo su papel tradicional, si bien bajo la atenta supervisión e intentos de control por parte de las Cortes.

Los Trastámara no sólo no resquebrajaron el tradicional pactismo, sino que incluso bajo ellos se consolidaron las instituciones más emblemáticas, entre ellas las comisiones delegadas permanentes de las Cortes. La *Generalitat* catalana, por ejemplo, experimentó un impulso formal desde 1413, cuando se estableció legalmente su carácter permanente, al tiempo que se le encomendaba la salvaguarda de las normas vigentes en Cataluña, entre ellas los *Usatges*. Las Cortes de Barcelona de 1412-1413 fijaban la composición: tres *diputats*, uno por cada estamento, asesorados por varios legistas, y tres *oidors de comptes*. Tendrían mandato trianual y determinarían la designación de sus sucesores. Y en general el organismo, tanto en el Principado como en Valencia y Aragón, alcanzó su máxima institucionalización durante el reinado de El Magnánimo. La *Generalitat* valenciana quedó institucionalizada en 1418 y la *Diputación General* aragonesa en 1436. Dos diputados por cada brazo componían este órgano; había pues seis diputados en la de Valencia y ocho en la de Aragón, pues aquí regía la misma diferenciación en cuatro brazos que existía en las Cortes. Es más, la introducción desde mediados del siglo XV de los procedimientos de insaculación para los diputados, en lugar de la cooptación, debe también valorarse como mecanismo de garantía, aun cuando el sistema de matrícula de elegibles estuviera algo viciado de antemano. Tan sólo al final del siglo puede decirse que la monarquía logró condicionar la designación de los miembros de la institución. Aun así, hubo diferencias entre estas instituciones entre los reinos, aunque no tanto formales, de modo que mientras en Cataluña la *Generalitat* fue afecta netamente en el siglo XV a los intereses de la oligarquía y hostil al poder real, la valenciana fue más proclive a los acuerdos políticos con el poder regio.

En cuanto a las Cortes de la corona bajo los Trastámara en general, absorbidas sus funciones por otras instancias como las mismas Diputación o Generalidad de cada reino, perdieron relieve, aunque no faltan las convocatorias. Por ejemplo, para el reino valenciano Alfonso el Magnánimo las convocó nueve veces y Juan II tres. Y en Cataluña sólo entre 1436 y 1453, durante la Lugartenencia de la reina doña María, hubo cinco convocatorias.

En otro orden de cosas, se mantuvieron las instituciones hacendísticas, incluso se perfeccionaron, con la multiplicación de tesoreros y *bayles*. Hasta 1419 hubo un solo *Maestre Racional* en la corona, luego se creó un cargo para Valencia, más tarde para Aragón, e incluso uno para Mallorca y otro para Cerdeña, hasta acabar por reafirmarse la falta de armonización hacendística entre los territorios históricos, aunque siguió existiendo un *Maestre Racional General* regio. Por debajo del Maestre Racional un *Bayle General* se encargaba en cada reino de la gestión del patrimonio real. De éste dependían los *batlles* locales. Con todo, el problema era el déficit fiscal de la monarquía. Había probablemente un problema de organización. Se ha demostrado, por ejemplo, que entre las autoridades locales del país valenciano y los gastos administrativos de las bailías, la deuda, etc., se quedaba en el camino en el siglo XV entre un 50 y un 75% de la fiscalidad real –a la corona llegaba entre un cuarto y la mitad de lo recaudado–, siendo sobre todo importante la apropiación por parte de las oligarquías locales, que controlaron los procedimientos de gestión fiscal (Mira, 1997: 550). La corona no contaba tampoco con ingresos muy abultados en su patrimonio real, puesto que los objetivos regios esgrimidos por los Trastámara de no enajenar más, e incluso recuperar, castillos, villas y jurisdicciones señorializadas, no se habían cumplido. A mediados del XV los reyes habían enajenado casi todo el patrimonio real y sus rentas ordinarias dependían más bien de impuestos indirectos, de derechos aduaneros –las *"generalidades"*– y subsidios generales, obtenidos éstos al margen de la condición jurisdiccional de los contribuyentes, pero otorgados por las Cortes y gestionados por las Diputaciones. Existía una "fiscalidad de estado" por encima de las jurisdicciones señoriales o particulares, como en otras monarquías occidentales. Pero en la corona de Aragón esta fiscalidad dependía estrechamente de los estamentos. Como se ha visto, éstos se sirvieron de tal circunstancia para condicionar en lo posible la vida política.

2.1.4. Dos claves de la historia política de los estados de la corona aragonesa

A) Monarquía y fuerzas políticas: ¿voluntarismo pactista o lógicas oligárquicas del poder?

Se suele identificar con la corona catalano-aragonesa de la Baja Edad Media el concepto de pactismo. Se ha empleado la expresión en las páginas precedentes. Con independencia del pactismo como doctrina política –válida en abstracto, sin localización territorial concreta–, en el sentido que ahora interesa el pactismo alude a un sistema de poder compartido entre el monarca y las fuerzas políticas, basado en acuerdos y compromisos a cuya fidelidad y respeto estaban obligadas las partes. Según esto, las partes, esto es, los estamentos organizados, condicionaron la vida política de forma destacada. Lo hicieron a través de la salvaguarda de privilegios jurídicos –fijados en 1283, luego confirmados en otras ocasiones– y mediante instituciones emblemáticas, como el Justicia de Aragón, las Cortes y las Diputaciones o Generalidades, instituciones que aseguraron respectivamente el ejercicio de cierta jurisdicción superior al margen del rey –en el caso del Justicia de Aragón–, la capacidad legislativa, el consentimiento impositivo y la gestión financiera y administrativa.

Este esquema de relación política se dio también en otras monarquías durante ciertos momentos, inclusive la castellana, pero en la corona catalano-aragonesa arraigó de forma destacada y marcó buena parte de la historia medieval. En ese sentido, régimen pactista viene a ser equivalente a régimen de fuerte control político estamental. Había conciencia en la época de esta manera de gobernar, y no faltaron proclamas de este tipo, que hay que tomar lógicamente como expresión de unos ideales de la época.

Una parte de la historiografía contemporánea también ha idealizado el pactismo, en especial en Cataluña. Deseosos de hallar en el pasado rasgos de la personalidad diferenciada de Cataluña y de buscar contrastes con Castilla –abusivamente identificada con España por ciertos literatos desde la generación del 98–, desde la década de 1920 hasta los sesenta autores como L. Domènec i Montaner, A. Rovira i Virgili, F. Soldevila o R. D'Abadal recrearon los mitos románticos de un pactismo ejemplar propio de la dinastía originaria de la corona, luego quebrado por el autoritarismo típicamente castellano de los Trastámara, en particular el gran enemigo de los catalanes, Juan II de Aragón. Si Domènec i Montaner habló de *"iniquitat de Casp"*, F. Soldevila difundió la idea *"claudicación"* ante los castellanos, concretado también en el compromiso de Caspe. Es cierto que la historiografía de la década de 1960, a partir de los trabajos de Vicens Vives, Vilar, Sobrequés, Martín Rodríguez, Batlle, entre otros, dio otra explicación desmitificadora, entendiendo las instituciones pactistas en clave económico-social. Vicens Vives, desentendiéndose del tópico de la "claudicación", propuso el paradigma de la decadencia económica del XV para explicar el fracaso político catalán. El rigor de sus trabajos y de los juristas profesionales, como Lalinde y otros, avalan la idea de las instituciones pactistas como una cierta forma medieval de compartir el poder, pero no tanto entre pueblo soberano y su rey, sino entre éste y unas fuerzas políticas que, más o menos como en otras partes, han tenido una cierta presencia política en sus respectivos reinos. Se ha ido cuestionando también la idea de que el pactismo se extinguió con el cambio de dinastía.

Por su parte, los historiadores actuales del reino de Aragón durante la Baja Edad Media –preferentemente desde los años setenta a noventa– han afinado aún más el significado de las instituciones pactistas. Gracias a los estudios de González Antón, Sesma, Sarasa y otros estudiosos, la supuesta utopía histórica de un consenso político ideal entre los reyes catalano-aragoneses y unos súbditos participativos es sustituida por interpretaciones más objetivas en las que no se oculta el sentido oligárquico y en cierto modo egoísta de las posiciones defendidas por los estamentos privilegiados. Los historiadores actuales del País Valenciano, por su parte, vienen también a corroborar el sentido social de las instituciones pactistas, aunque a partir sobre todo de estudios de carácter económico, fiscal o propiamente social, más que político-institucional.

De modo que hoy, dejando aparte el romanticismo nacionalista, parecen claras las implicaciones sociales y políticas del pactismo aragonés. La combinación de una vulnerabilidad monárquica, sobre todo de índole financiera, por una parte, y la instrumentalización oligárquica de Cortes y Diputaciones, por otra, explicaría muchas de las situaciones a las que se ha aludido en páginas precedentes. Hoy se ve que la obtención de privilegios por los estamentos catalanes y aragoneses en 1283 no fue sino resultado de una situación de debilidad regia. Del mismo modo, la explosión de las *Uniones* de 1347-1348 y las concesiones políticas hechas por Pedro el Ceremonioso –con el respaldo ya definitivo a las Diputaciones y el protagonismo fiscal de las Cortes– no fueron sino resultado del expansionismo mediterráneo y luego el pago por sufragar los gastos de la guerra con Castilla.

El pactismo en Cataluña se apoyaba en la alianza estructural entre la monarquía y el patriciado mercantil barcelonés para impulsar la expansión mediterránea. Otorgó poder al patriciado y éste tuvo la frecuente tentación de usar las instituciones pactistas para defender sus privilegios: de hecho, ya con Pedro IV y con Juan I hubo fuertes tensiones entre la oligarquía y los reyes, prueba de lo cual fue por ejemplo el encausamiento que hizo el *Consell* barcelonés a Juan I tras su muerte, que incluía el de personalidades tan significativas como Bernat Metge, víctima de la presión oligárquica. En el siglo XV el pactismo estaba normalizado en los territorios de la corona. Pero la impugnación del *statu quo* se daba sobre todo en Cataluña. En Barcelona los hombres de negocios precisamente estaban apostando en ese siglo –en el caso de los *mercaders;* los *honrats* ya tenía esa mentalidad– por una cierta aristocratización y unas opciones hacia los negocios especulativos y poco emprendedores, y fue entonces cuando plantearon proyectos más exigentes o radicalizados, pero no precisamente para defender el comercio –del que ya no dependían–, al tiempo que la gravedad de las luchas sociales –capas populares urbanas frente a patriciado; campesinos de remensa frente a nobleza feudal– empujaron a las oligarquías del Principado a tensionar las instituciones pactistas para reforzar sus propios privilegios. Por ello se sobrepasó el uso tasado, pacífico y normalizado de las instituciones pactistas y estallaron conflictos agudos. Ya con Alfonso el Magnánimo y su política mediterránea volvió a producirse de nuevo el chantaje de los estamentos hacia el monarca, pero en Cataluña el clima estuvo más enrarecido por el problema municipal barcelonés y por el sindicalismo remensa. El rey debía ceder poder si quería obtener dinero. Una concentración de poder real excesiva se enfrentaba automáticamente a las instituciones pactistas controladas por las oligarquías, las instituciones financieras o incluso las que reproducían a escala municipal la hegemonía oligárquica. De modo que los "éxitos" políticos pactistas de los catalanes frente al rey eran derrotas sociales de los campesinos y los menestrales, obviamente tan catalanes como sus oligarquías. La fortaleza de los *menudos* pareció en cambio identificarse con la fortaleza regia, por más que no sea posible atribuir a la monarquía una congruencia en sus proyectos de reformas sociales y urbanas más allá de las dependencias coyunturales a los recursos y las garantías prometidos por unos y otros.

En todo caso, si se busca una explicación esquemática, más que evoluciones compactas, toda la historia bajomedieval de la corona puede verse como una pugna en la que las oligarquías tendieron a controlar unas instituciones –Cortes, Diputación o *Generalitat,* los *consells* municipales– mientras que el poder regio desplegó por su parte otras instancias afectas: Gobernación General, *Maestre Racional y Baylía General, veguers* y *batlles* locales, preferentemente integrados en el XV en el Consejo Real de cada reino o estado, articulado a su vez en torno a la delegación que en cada estado tenía la Lugartenencia General. En esta polarización la diferencia es que las instituciones de contenido regio socialmente no tenían un carácter clasista concreto, sino que se dirigían a la obtención funcional de recursos, a la imposición de un orden judicialista reglado y en general a un proyecto estable de control administrativo y de centralización, por lo tanto más permeable potencialmente a que incluso fueran atendidas reclamaciones o posiciones de las capas bajas o medias rurales o urbanas.

Si desde el punto de vista del contenido social el pactismo es visto hoy día, al menos en el medievalismo universitario, muy relacionado con las exigencias de las oligarquías rurales y urbanas, desde el punto de vista de su significado dentro de las morfologías políticas las respuestas no son tan evidentes. Podríamos al efecto preguntarnos si las instituciones pactistas de la corona de Aragón representaban la recreación de una poliarquía de cariz feudal, donde el rey debía contar con la colaboración feudovasallática de origen altomedieval, en cuyo caso se hablaría de una recreación tardía de viejas fórmulas; o por el contrario, si esas instituciones representaban la modernidad de este recurrente estadio "estamental", intermedio entre el policentrismo feudal y el absolutismo moderno, estadio típicamente bajomedieval –de los siglos XIV y XV– que tanto gustaba hace décadas a los seguidores de esa taxonomía de las formas de estado medievales. ¿Era, pues, el pactismo políticamente vanguardista, o era un fósil "feudal"? Es posible que desde el XIII a finales del XV las instituciones pactistas recorrieran un itinerario sutil desde la monarquía "feudal" a la "estamental", desde esta óptica. Pero el estadio no se superó con facilidad entonces. Por lo que se podría destacar, en cualquier caso, que mientras en otras monarquías –Castilla, Portugal, Francia– hubo una rotunda extensión en los siglos XIV y XV de la autonomía funcional del poder estatal –frente a las facciones concretas organizadas– en clave de centralización, a costa de modelos de control directo del gobierno por parte de las fuerzas del reino, pero compatible con una estamentalización de notable integración en el estado, en la corona aragonesa, por el contrario, esta autonomización del poder político central por encima de los estamentos, que también se dio, encontró más dificultades, mayores resistencias que en otras partes, en términos relativos. Sus estamentos privilegiados, mediante una intervención más directa en instituciones controladas por ellos, privaron en cierta medida al poder regio de la corona –aunque sólo parcialmente– de la sofisticación y modernidad inherentes a unas monarquías centralizadas despegadas de la inmediatez política de las facciones concretas, pero sinérgicamente acopladas con los intereses de éstas, como ocurría comparativamente en Castilla o en Francia.

B) *La diversidad de territorios integrantes de la corona, ¿una confederación asimétrica?*

La distribución territorial de la soberanía fue peculiar, pero no extraordinaria, en la corona aragonesa. En el siglo XIV se habla ya de la *Corona Regia Aragonum* (Sesma, 1997: 363) y se incluyen los tres estados, dejando al margen el caso de Mallorca, no sólo mucho menos poblada sino desgajada como pequeño reino independiente a veces, o con un encaje especial otras, no homologable a los tres territorios por excelencia, y de hecho considerado como apéndice catalán cuando no fue independiente. Un rey, una corona, pero varios estados diferenciados. Aragón y Valencia tuvieron el rango de reinos. Su rey era el de toda la corona. El territorio catalán careció de la denominación de reino, que no tenía cuando se produjo la unión dinástica en el siglo XII, y de hecho la intitulación más emblemática de Cataluña, incluso en la Baja Edad Media, era la de "condes de Barcelona" que debían llevar los reyes junto a los otros títulos; denominación histórica pero inadecuada para englobar a toda Cataluña, como también lo era la de Principado, pues en rigor no lo hubo ni en el sentido convencional europeo ni en el sentido de institución del heredero. Aun así, con esta pequeña anomalía nominal, Cataluña funcionó *de facto* como uno más de los reinos de la corona, sin serlo. Su rey era el de toda la corona, al igual que en los otros estados.

Esta estructura permite por analogía considerar los territorios de la corona como una confederación de estados bajo una única monarquía. Pero es una analogía, porque tampoco era una confederación en sentido estricto. Podría pensarse que se trataba de una formación original en el contexto europeo, y a veces se encuentra esta interpretación en los libros de historia. La originalidad parece más bien relativa. La época era de diversidades acusadas. En efecto, no sólo las monarquías reinantes en un solo reino —como Francia, Castilla, Portugal, etc.— presentaban diferencias acusadas en su estructura territorial-estatal, sino que existieron en el período bajomedieval formaciones como los estados regionales italianos surgidos de la superación de las comunas singulares, que por otro lado siguieron constituyendo soberanías destacables, y también hay que hablar de las repúblicas marítimas, o de principados territoriales integrados relativamente en la monarquía —Francia— o bien principados plenamente soberanos articulados en conexión con un imperio universalista —Alemania—, o estados territoriales de la Iglesia, o uniones dinásticas que aglutinaron estados y vínculos enormemente heterogéneos —como el estado borgoñón del siglo XV—, etc. En este mosaico de singularidades históricas que fue la Edad Media, Aragón era una tesela más, no más extraordinaria o especial que otras.

En esta confederación de estados aragoneses hubo instituciones y relaciones políticas unitarias, que tampoco se deben olvidar: todo lo relativo al rey, la corona y el gobierno del centro constituyeron elementos unitarios por encima de los estados, a lo que hay que unir la existencia de Cortes generales y de una política exterior que en todos repercutía. En este sentido había una básica, aunque esquelética, orientación centrípeta. Una señera o *senyera* común simbolizaba ese principio de unidad, que no era sólo mera unión dinástica, aunque se apoyara en ella. E incluso algo a tener en cuenta, la homogeneidad o incluso simetría —de esta simetría ha hablado Sesma recientemente— de las instituciones de cada territorio: Cortes, Diputaciones, instituciones financieras, también similitudes en las instituciones locales... Cada estado tenía las suyas, pero formalmente —no en el contenido— se parecían muchísimo entre sí. A pesar de todo, el hecho de que las instituciones funcionaran por separado, que cada estado gestionara sus propios recursos, que se reafirmaran las aduanas entre los estados —consolidadas desde el reinado de El Ceremonioso— y que los acuerdos de los reyes tuviesen que hacerse con cada estamento en cada territorio, es decir, el pactismo en el plano territorial, condicionaron que las fuerzas centrífugas acabaran siendo más consistentes. Los estados no se unificaron, ni antes ni después del Compromiso de Caspe. Y al igual que ocurre con los idearios pseudohistóricos sobre el pactismo, la interpretación territorial acerca de Caspe ha sido precisamente el punto esencial de las ideologías historiográficas relativas a la corona. Fue célebre la contraposición de las posiciones de Menéndez Pidal y de Soldevila en los años sesenta: el primero vio la elección de Fernando Trastámara como la mejor solución posible, como ineludible eslabón en un "unitario destino hispánico" (Menéndez Pidal, 1964: CLXIV), dando una interpretación sorprendente de la idea de "autodeterminación" de los catalanes, ya que valorizaba su apuesta parlamentaria colectiva por ese destino sucesorio, seguramente jugando el ilustre historiador con un concepto al que por entonces se daba otro significado. Por el contrario, utilizando el cliché de la citada identificación entre la Castilla histórica y la España ontológica, y adjudicando a ésta el papel de compendio en negativo de los grandes valores cívicos catalanes, Ferrán Soldevila entreveía Caspe como el gran hiato en un destino brillantemente trazado por la vieja dinastía catalana, y contribuía a popularizar el mito de la decadencia política catalana del XV como intrínseco efecto de la instalación de los Trastámara. Esta contraposición historiográfica entre nacionalistas españoles y catalanes fue ya hace tiempo mostrada como poco operativa para comprender la historia de Cataluña y Castilla (Martín Rodríguez, 1983). Pero aún ha seguido formando parte de muchas visiones pseudohistóricas del pasado. Sólo recientemente se explica Caspe en sus coordenadas históricas concretas y se enfatizan también, si se quiere aludir a los aspectos geopolíticos del evento, argumentos como la desconfianza de los aragoneses y de los valencianos hacia la orientación excesivamente pro-catalana que se adivinaba en el candidato que a la postre resultó perdedor, Jaime de Urgel.

Es posible que durante la dinastía Trastámara valencianos y aragoneses hubieran optado más fácilmente por reforzar las atribuciones de una monarquía con la suficiente potencia centralizadora como para eliminar barreras entre estados. De haber sido así, la oposición de las oligarquías catalanas lo habría hecho inviable. Fue precisamente pretender involucrar esta oposición catalana frente a los reyes Trastámara, incluso el lógico victimismo de la derrota civil, con la evolución general del país el argumento con el que los historiadores nacionalistas consiguieron hallar una explicación política para la decadencia catalana del siglo XV y erigieron el mito de la opresión política. Se sabe hoy con certeza que, de haber existido, tal decadencia, en relación con Castilla, sí, pero también en relación con Valencia, se conectaría con causas de naturaleza económica y material, sin que se contemple el valor causal de la mixtificación política, ni la presunta discriminación en el Cuatrocientos del estado más poblado de la corona.

Aparte de las inercias históricas y de otras razones difíciles de concretar, una de las causas de que no convergieran los estados de la corona en un proyecto unitario fue la "asimetría" de la estructura social y material, o los intereses de los estamentos dominantes en cada estado, en contraste con la citada simetría formal y extrema de las instituciones. Así, en el reino de Aragón las instituciones pactistas –Diputación, Cortes, Justicia– eran dominadas por la nobleza. En Cataluña la nobleza señorial era importante, pero tenía un peso sin parangón la oligarquía mercantil barcelonesa de *honrats* y *mercaders*, que controló las instituciones públicas y el importante municipio condal. Por su parte, el reino valenciano carecía desde la conquista de elites plutocráticas y feudales tan consistentes como en los otros estados; y aunque la nobleza progresó a lo largo de los siglos XIV y XV, lo más destacado del reino fue el protagonismo urbano, pero muy especialmente, y cada vez más, de la gran capital metropolitana de Valencia. Estas disimilitudes sociales de los estamentos dominantes impidieron la convergencia hacia una estatalización unitaria y, al reflejarse en el espejo de las proyecciones territoriales, crearon imágenes de desconfianzas y recelos entre los territorios, que fueron ciertamente constantes. Desde que nobles aragoneses y catalanes discreparon en los modelos de la repoblación valenciana hasta la reticencia aragonesa a una política mediterránea del XV que veían como ajena y onerosa, por poner dos ejemplos, las desconfianzas primaron en la percepción que tenían unos estados de otros y, dentro de cada estado, de la política común.

Ante tal trasfondo social de las instituciones pactistas, que esencialmente no se modificó durante el período, y ante el bloqueo a un estado unitario, no es extraño que cada estado reforzara su personalidad con concepciones de carácter nacional. Esto es tradicionalmente admitido, y se ha mencionado, a propósito de Cataluña. El caso aragonés es, sin embargo, menos conocido, pero recientes estudios de Sesma lo han aclarado (Sesma, 1988). El autor pasa revista a algunos mecanismos que condujeron a una "nacionalización de los intereses propios". Entre ellos, lógicamente, los previsibles ligados al funcionamiento administrativo: la fijación de un espacio aduanero y fiscal propio para Aragón, o la importancia de la Diputación del General en los asuntos del reino... También parece natural la creación de símbolos propios que impulsaran un sentimiento colectivo, lo que debe valorarse en el examen de las ideas políticas de la época. Pero lo que quizá llama más la atención es la definición de la nacionalidad aragonesa en el plano político y administrativo, reforzándose la condición de *naturales* de ese espacio en confrontación con los extranjeros. Sesma ha subrayado que el peligro no venía tanto de la vecina Castilla sino de los catalanes, aun cuando la autoafirmación de la nacionalidad aragonesa se hiciera frente al exterior en general: en lo relativo a la nobleza, las Cortes de Zaragoza de 1367 hicieron declarar al Justicia *"que cavallería no fuesse dada sino a noble que sea natural del Regno de Aragón"*; en disposiciones promulgadas desde 1370 se decía que los funcionarios designados para ejercer cargos en el reino *"sint aragoneses et non alterius nationes"*; las Cortes de 1412 legislaban que *"las personas de los aragoneses e sus causas no puedan por crims o en otra manera seyer sacados fuera del dito regno"*; en las Cortes de Calatayud de 1461 se establecía una regulación decisiva en la que se declaraba "aragonés" a todo aquel nacido de padre aragonés, aunque estuviera fuera del territorio, y aragonés también a cualquiera que naciera en Aragón, aunque sus padres residentes en el reino no hubieran nacido en él. El rechazo explícito a los no aragoneses se producía en ocasiones: las Cortes aragonesas de 1367 exigieron que el noble Guillén Ramón de Moncada y el obispo de Lleida, presentes, abandonasen la reunión *"porque catalanes no devían ser en Cortes de Aragón"*, pese a que el rey les había convocado y pese a disponer de señoríos en territorio aragonés; las Cortes de Calatayud de 1461 establecieron que los catalanes no pudieran intervenir en asuntos del reino vecino, que era la respuesta en reciprocidad a una medida similar acordada por el rey con los catalanes, excluyendo a los aragoneses de la intervención en Cataluña (Sesma, 1988: 223-225). Es verdad que no siempre existió este clima de recelo, pero parece que tiene sentido sugerir que las diferenciaciones entre "estados" de la corona se convirtieron de algún modo también en diferenciaciones ideológicas entre "naciones", en el sentido medieval de la palabra.

2.1.5. Situación a comienzos del reinado de Fernando II

La unión personal entre los reyes de Castilla y Aragón no supuso la anulación de la personalidad de la corona más pequeña. Por el contrario, la unión se hizo más bien a la manera "aragonesa", o sea, manteniendo la identidad de cada estado dentro del conjunto. Así pues, no puede hablarse de un estado unitario bajo los Reyes Católicos, sino de una Monarquía Hispánica incipiente compuesta por varios estados, entre ellos los que antes formaban la corona aragonesa. Una "monarquía compuesta", como han denominado a estas estructuras de carácter "federal" algunos autores.

Bajo Fernando II el pactismo siguió vigente, sobre todo en Cataluña. La situación que heredó Fernando en 1479 no era fácil, sobre todo en el Principado. El conflicto municipal, sobre todo en Barcelona no se había cerrado. Corresponde a la época del Rey Católico la estabilización del municipio barcelonés, con el respaldo matizado a la oligarquía dominante, que aseguró la compatibilidad y armonía entre la hegemonía urbana de este sector y el intervencionismo regio relativo por largo tiempo, todo ello a través de lo que se ha dado en llamar *redreç*, o resurgimiento finisecular barcelonés.

Por otra parte, existía el conflicto con los señores de la tierra por la cuestión *remensa*. Ésta había provocado una situación de conflicto abierto durante la guerra civil de 1462-1472. En 1484-1485 estalló otra guerra *remensa* que no tuvo éxito. La intervención del rey en la Sentencia Arbitral de Guadalupe de abril de 1486 fue decisiva. Se concedió la emancipación a los campesinos, superándose así el radicalismo social, se acabaron los humillantes *malos usos* y las clases señorial y campesina, ésta ahora libre, pudieron desde entonces recomponer sus bases agrarias desde presupuestos nuevos: acceso campesino a la tierra y contratos enfitéuticos, por un lado, pero también, por otro, reforzamiento de la propiedad privilegiada y las jurisdicciones señoriales, que no salieron mal paradas.

Las instituciones políticas de la corona no sufrieron convulsiones tras el acceso al trono de Fernando II. El absentismo achacable a este rey, que prácticamente vivió en Castilla, no hizo sino acentuar la vieja costumbre de las notorias ausencias, típicas también de sus predecesores. Pero las instituciones siguieron funcionando. El Consejo Real de Aragón, como institución central, los secretarios reales y el tradicional sistema de lugartenencia general regulaban por arriba las relaciones del monarca con sus territorios históricos. Cada uno de estos tenía su Audiencia propia, concretamente desde 1493, desapareciendo en el reinado los vestigios de una única Audiencia Real para toda la corona. El tradicional pactismo financiero siguió vigente en la época, con una fiscalidad de cada reino controlada por cada Diputación o *Generalitat*, los mismos servicios votados en las Cortes particulares y el mismo engranaje burocrático de tiempos anteriores. En este aspecto hubo continuidad, incluso en el Principado de Cataluña, donde no se vulneraron los controles estamentales al poder regio. Habría quizá que destacar la generalización del sistema de insaculación, empleado desde 1493 para elegir no ya sólo los cargos municipales sino los cargos de la *Generalitat*, una medida que impedía el monopolio oligárquico de las instituciones, aunque no eliminaba su influencia.

2.2. Navarra

2.2.1. La monarquía navarra hacia 1300

Hacia 1300 Navarra aparecía como reino satélite en manos de los capetos franceses, reyes de Francia y de Navarra. Durante el siglo XIII la Casa de Champaña, con los Teobaldos, había dispuesto del trono. Pero a finales del siglo fueron sus detentadores los capetos directamente. En 1276 Francia ocupó militarmente Navarra. Desde que Felipe IV el Hermoso de Francia contrajera matrimonio con Juana, la reina de Navarra, en 1284, y desde su entronización como rey de Francia en 1285 (Felipe IV de Francia, I de Navarra), los destinos del pequeño reino peninsular se unieron dinásticamente a los del país vecino. Pero Felipe el Hermoso y los sucesores en el trono navarro, esto es, sus hijos Luis I "Hutín", Felipe II el Largo –ambos también reyes de Francia– y Carlos I el Calvo, mostraron un nulo interés por su pequeño reino, que algunos de ellos nunca llegaron siquiera a conocer. Sin embargo, una hija de Luis "Hutín", Juana, casada con el conde de Evreux, al ejercer los derechos sucesorios tras morir en 1328 Carlos el Calvo, se convirtió en reina de Navarra. Aunque de sangre capeta, Juana II, por su matrimonio con Felipe de Evreux, se considera el comienzo de otra etapa dinástica, la de los Evreux, que se ve como la superación de la época de reino satélite.

2.2.2. La singularidad dinástica de Navarra y su progresiva decantación peninsular

A) Los Evreux y su paulatina navarrización

Ni Juana II (1328-1349) ni su marido, Felipe (III de Navarra), pueden considerarse naturales del reino, pues siguieron muy ligados al país vecino. Aun así, el rey estableció pactos con Aragón y Castilla e incluso colaboró en la guerra contra los moros de Algeciras, donde precisamente moría en 1343. Desde entonces la reina viuda abandonó Navarra, desvinculándose aún más de los asuntos de este reino. Su sucesor Carlos II (1349-1387) estuvo también muy unido a los problemas franceses, desde su posición de personaje de primera fila en aquel reino, intrigante político y *par* de Francia. Todo ello precisamente en las convulsas décadas centrales del siglo XIV, época de guerra con Inglaterra, hambrunas y revueltas campesinas –Carlos II fue precisamente quien a sangre y fuego reprimió en junio de 1358 la *jacquerie*–, crisis institucionales y disputas palaciegas. Las arcas navarras quedaron exhaustas y el pequeño reino se vio implicado en la guerra de los Cien Años (Fernández de Larrea, 1992). El reino fue dirigido frecuentemente por gobernadores o lugartenientes. No obstante, Carlos II no renunció a implicarse en la delicada política castellana de los primeros Trastámara. No obtuvo grandes rendimientos, pero sí posibilitó que su sucesor, desde los tiempos de infante y gracias a su matrimonio con una hija de Enrique II, tomara conciencia desde el principio de la importancia que tenía la orientación peninsular del reino.

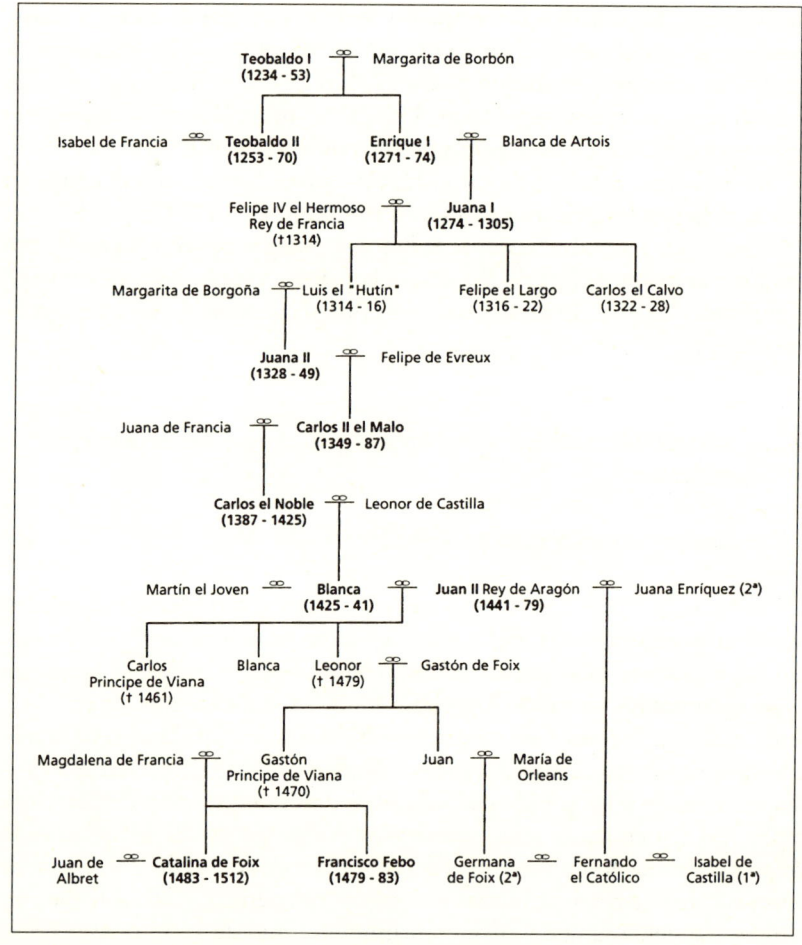

FIGURA 2.2. Reyes de Navarra en la Baja Edad Media.

En efecto, con Carlos III (1387-1425), en una época donde abundaron largos intervalos de paz, puede decirse que el reino navarro, sin olvidar los vínculos con Francia, basculó progresivamente hacia la Península. Su propio matrimonio con Leonor de Castilla, hija de Enrique II, sellaba esta vocación. Y en los tiempos finales de su reinado era culminada con el acuerdo matrimonial de 1419 de su hija Blanca con Juan, infante de Aragón, hermano del rey aragonés y futuro rey él mismo de esta corona y de la de Navarra. Con las capitulaciones matrimoniales Castilla, Aragón y Navarra quedaban entrelazadas familiarmente. La boda, celebrada en 1420 y de la que nació el pequeño Carlos el año siguiente, no propició, sin embargo, que estas tres coronas alcanzaran la concordia. De hecho, poco después unos y otros se vieron arrastrados en la vorágine de pugnas familiares y dinásticas protagonizadas por los Trastámara de Castilla y Aragón, pero sin duda los intentos de pacificación simbolizan el giro peninsular que Carlos III imprimió al reino navarro. Por otro lado en su reinado tuvo lugar un impulso institucional importante, hecho al margen del mimetismo hacia Francia que había caracterizado los reinados de las dinastías francesas precedentes.

B) Bajo los Trastámara

Por su matrimonio con Blanca, Juan, el segundogénito de Fernando de Antequera, se convertía en rey de Navarra por su mujer, al acceder ésta al trono en 1425. Hermano de Alfonso el Magnánimo y líder principal de las ligas nobiliarias contrarias a Juan II de Castilla, el que en este último reino era conocido precisamente como "Juan, rey de Navarra" se sirvió de su trono navarro para reafirmar su posición en Castilla y posteriormente en Aragón, donde llegaría a suceder a su hermano a su muerte. Varias guerras fronterizas con Castilla en contra de Álvaro de Luna muestran el empeño de Juan de Navarra por inmiscuir su pequeño reino en las disputas contra sus enemigos políticos castellanos. Y ello a pesar de que la reina propiamente dicha era su esposa, no él.

En efecto, para Navarra lo previsto en las capitulaciones matrimoniales de 1419 era que la reina doña Blanca, como se decía en la ceremonia de coronación real de la pareja, hecha solemnemente en 1429, fuera *"nuestra reina e señora natural"* y su marido Juan tan sólo rey consorte. De modo que podía suponerse, sin que hubiese una previsión rotunda al respecto, que a doña Blanca le podría suceder su hijo, nacido en 1421 y para el que Carlos III había fundado en 1423 precisamente el Principado de Viana. Pero para que esta circunstancia se produjera, y al morir antes doña Blanca (reina entre

1425-1441) que su marido, éste tendría que renunciar y dejar paso en el trono a su hijo Carlos, ya adulto además, flamante príncipe de Viana y que había mostrado dotes para la administración como lugarteniente de Navarra en viajes de su madre a Castilla. Sin embargo, en lugar de preparar su sucesión, Juan convirtió a su hijo Carlos en perenne heredero y lugarteniente activo, pues el padre se desentendió de los asuntos navarros. Durante casi una década Carlos dirigió el reino con la ayuda de sus consejeros, entre los que destacaron especialmente los Beaumont.

Una nueva boda de Juan de Navarra —en 1447— con Juana Enríquez, de un linaje castellano implicado en las pugnas contra Álvaro de Luna, hecha sin consultar a su hijo, la nula disposición a dar paso a la nueva sucesión navarra —como debía esperar el Príncipe—, la utilización de Navarra arbitrariamente como mero refugio y plataforma para inmiscuirse en las pugnas castellanas y aragonesas, entre otras múltiples desconsideraciones hacia su hijo, propiciaron la ruptura entre ambos hacia 1450. Juan de Navarra se negaba a dejar el trono y Carlos de Viana, para compensar los movimientos de su padre, coqueteaba en tierras guipuzcoanas y riojanas con nobles castellanos. Su padre se dedicó entonces a otorgar cargos y mercedes a los linajes contrarios a Beaumont, entre ellos miembros de los Ezpeleta, Alzate, Echauz, Garro o Lacarra (Ramírez Vaquero, 1990).

Desde 1451 estalló la guerra civil entre los partidarios de Juan y los de Carlos, príncipe de Viana, apoyado por los castellanos y por la parcialidad de los Beaumont. Alejados luego los castellanos del escenario principal, la guerra adquirió un claro perfil exclusivamente navarro y nobiliario, con partidarios de ambos bandos entre los linajes principales del reino. En 1456, tras varias vicisitudes y alternativas en el conflicto, Carlos, derrotado y desheredado, abandonaba Navarra. Desde el punto de vista dinástico la beneficiada sería Leonor, otra hija de don Juan y hermana de Carlos, casada con el conde de Foix, aunque aún estaba lejos de ocupar el trono dada la longevidad de su padre, que era además desde 1458 rey también de la corona aragonesa. Por otra parte, la tensión entre Juan de Aragón y su hijo Carlos de Viana continuaron. Tras buscar apoyos europeos durante años para su causa, Carlos volvía a escena en Cataluña en 1460, momento que su padre aprovechó para encarcelarle, concretamente en diciembre. La detención del Príncipe de Viana tuvo importantes repercusiones en Cataluña, al avivar la lucha que aquí tenía Juan II —era Juan II de Aragón— con sus adversarios catalanes. Éstos pudieron incluso utilizar a Carlos de Viana, desde que fue liberado en junio de 1461, para enfrentarse a su rey. La inesperada muerte del príncipe de Viana en septiembre de 1461 no impidió que se desencadenara la guerra civil catalana. Tampoco acabó con las disputas navarras entre beamonteses y agramonteses, facciones nobiliarias. Pero sí acabó bruscamente con el conflicto dinástico más agudo de Navarra, solventándose por el momento las tensiones. Y con más motivo todavía en 1464, cuando la muerte de la princesa Blanca, otra hermana de Carlos de Viana —que no había renunciado a sus derechos al trono—, dejaba totalmente expedito el futuro trono a quien su padre había designado, su hija Leonor y su marido Gastón, conde de Foix. A la espera de una sucesión que no llegaría —nuevamente por la longevidad del rey—, el matrimonio ejerció hasta 1469 la lugartenencia del reino, puesto que, como era su costumbre, el todavía rey Juan se ocupó con mayor atención de los asuntos aragoneses, y muy en especial durante la guerra civil catalana.

C) *Los últimos reyes navarros*

Juan II sobrevivió hasta enero de 1479, poco menos que su hija Leonor. Muertos ya su marido Gastón IV y su hijo homónimo, Gaston V, casado con Magdalena de Francia —que quedó como princesa de Viana, en quien recaía la sucesión—, Leonor apenas pudo reinar menos de un mes, pues murió en febrero de ese año. El trono navarro pasaba a su nieto y legítimo heredero, el menor Francisco Febo (1479-1483). Murió, sin embargo, prematuramente, por lo que el trono pasó a su hermana también menor, Catalina de Foix (1483-1512). Una vez más el trono navarro caía en manos de familias con intereses fuera del reino. La regencia recayó en Magdalena de Francia, reina madre navarra y hermana del rey Luis XI de Francia. La regente se decantó por sus intereses franceses. Al fijar la boda de Catalina con Jean de Albret los Foix enlazaban así con la importante familia francesa de los Albret, con intereses patrimoniales y territoriales en la Guyena, Perigord y Limousine, a lo que se unieron los territorios de los Foix: Bearne, Bigorre y Foix, entre otros. La basculación hacia Francia, tras la secular orientación peninsular, molestó a amplios sectores navarros, como los beamonteses, pero incluso a una parte de los agramonteses. En los años siguientes, las injerencias francesas en Navarra, los recelos de los nobles navarros hacia ellos y los fuertes lazos que muchos de ellos mantenían con Fernando II el Católico, rey de Aragón y consorte de Castilla, favorecieron un incremento de la influencia de éste en Navarra. Fueron estas circunstancias las que posibilitaron que unos años después, en 1512, aprovechando las guerras contra Luis XII de Francia, Fernando el Católico —que en segundas nupcias reclamaba también la herencia de la casa de Foix— derrotara en tierras navarras a los partidarios del rey francés, expulsara a los Albret, que aún poseían el trono navarro, y favoreciera así la inminente incorporación navarra a los estados peninsulares de Fernando el Católico.

2.2.3. El territorio y las instituciones de Navarra en la Baja Edad Media

La instalación de los Evreux había supuesto la ruptura de Navarra con Francia como su reino satélite. Muchas de las instituciones navarras bajomedievales se interpretan a veces como copia o adaptación de las francesas, dada esta circunstancia, cuando en realidad respondían a idénticos proyectos de centralización monárquica que se estaban dando en todas las monarquías de la época, la francesa entre ellas, pero de igual modo las demás.

Desde el punto de vista de la administración territorial, tras superar el anterior régimen de tenencias, el reino de Navarra estaba dividido en merindades, de forma semejante a la Castilla del norte del Duero con sus 19 *merindades*. En el caso navarro serían 5. A las cuatro merindades navarras de los siglos XIII-XIV –La Ribera, Sangüesa, Estella y Las Montañas, en la que Pamplona era capital– se unió en 1407 la de Olite, adscribiendo a esta ciudad –convertida además en corte– varios territorios contiguos de las *merindades* vecinas. En cambio, no llegó a constituir una *merindad* el territorio llamado de Ultrapuertos, en tierras hoy francesas, que aparecía organizado en múltiples castellanías y *bailías*, aparte de alguna *bonne ville*, como Saint Jean-Pied-de-Port. Fuera de este último territorio ultrapireinaico –que se perdió con el emperador Carlos V en sus guerras con Francia–, el territorio navarro peninsular de las cinco *merindades* –salvo en el extremo oeste de la de Estella, con la comarca de Laguardia, que pasó a Castilla en 1461–, permaneció estable durante siglos. En estas circunscripciones los *merinos* y sus agentes, *bayles* y *sozmerinos* –delegados del merino–, se encargaban de gestionar para la monarquía la recaudación fiscal, además de los asuntos administrativos y del mantenimiento del orden, ajustándose a circunscripciones menores de las *merindades*. Estas subunidades variaban: por un lado, los concejos urbanos y villas con autonomía –entre ellas las *"Buenas Ciudades"* o *"Buenas Villas"*, con representación en Cortes: Pamplona, Estella, Sangüesa, Laguardia, Olite desde 1407, Tudela desde 1390, Tafalla desde 1423, Los Arcos, Viana y algunas otras menores–; por otro lado, castillos regios con jurisdicción; y también circunscripciones de valle, en las montañas; pero incluso hubo *bayles* que se especializaron en recaudación de tributos de minorías de moros y judíos, como ocurría en Pamplona o Tudela.

La estructura de la corte regia se reforzó sobre todo desde Carlos II y Carlos III. Este último no sólo hizo construir desde 1399 un imponente palacio en Olite, muestra del lujo y esplendor cortesanos, sino que respaldó las reformas institucionales en la corte tendentes a racionalizar el funcionamiento del poder regio: desde Carlos II había un tribunal de corte con cuatro alcaldes, notarios y auxiliares, que funcionaban como tribunal superior de justicia. Funcionaba también un Consejo Real, que era el que tomaba las principales decisiones, y al que se incorporaban los principales dignatarios nobles y eclesiásticos. Éstos copaban, como en otras cortes, los oficios de canciller, tesorero, mariscal o condestable, reservados a nobles leales. La sucesión al trono quedaba estabilizada desde 1423 con la creación de la institución del heredero, llamada Principado de Viana.

Por otro lado, desde Carlos II, en 1365, existía la *Cámara de Comptos*, importante órgano financiero, que funcionaba como tesorería general del reino y que tenía entre sus prerrogativas capacidades de pesquisa y judiciales relacionadas con los problemas de recaudación.

Desde los primeros Evreux aparecen institucionalizadas las Cortes, en el mismo sentido que otras asambleas de *estados* o estamentos de otras partes. En Navarra se utilizaban también para pedir subsidios al reino. En el XV cada vez se dedicaron más a conceder servicios extraordinarios, pero también a servir de foro a reclamaciones sobre agravios de los reyes al reino. Éste estaba representado en las Cortes por sus tres *estados*: nobleza, clero y *buenas villas*, o principales ciudades de realengo. Una de las primeras actuaciones de las Cortes en el XIV fue la redacción en 1330 del *Amejoramiento del Fuero* que reelaboraba el Fuero Antiguo de la época de Teobaldo I, un conjunto de normas legales para todo el reino que consagraba una territorialización jurídica del mismo.

2.2.4. Relaciones de los reyes con la sociedad política

La pacificación de las tensiones urbanas, con el respaldo a los patriciados urbanos, y la integración de los nobles navarros en el proyecto monárquico parecen haber sido las directrices buscadas por los monarcas en los siglos XIV y XV.

Los conflictos entre los distintos burgos o barrios de Pamplona fueron una constante en el período. Desde el siglo XIII la Navarrería o antigua *civitas*, el viejo núcleo en torno a la catedral y los habitantes tradicionales, por un lado, y los barrios de San Cernín y de San Nicolás, burgos regidos por el Fuero de Jaca –el segundo de composición social más heterogénea, no sólo artesano-mercantil como el primero–, por otro, constituían tres entidades separadas, con instituciones propias, y eran fuente de constantes tensiones. Aunque desde el segundo cuarto del XIV se extendieron los privilegios de francos a los habitantes de la Ciudad de la Navarrería, la unificación de las tres comunidades no se produjo hasta 1423, cuando Carlos III otorgó el *Privilegio de la Unión*, que creó un concejo unitario regido por instituciones municipales comunes. La monarquía tuvo también protagonismo en las reformas municipales de otras ciudades del reino.

Con respecto a la nobleza, la monarquía se vio envuelta en sus enfrentamientos, aunque hay que entenderlos sobre todo en su propia lógica de ligas y facciones internobiliarias. Las tensiones fueron sobre todo agudas en el siglo XV, como ha estudiado E. Ramírez Vaquero. La pugna entre Carlos de Viana y su padre activó todo el sistema de alianzas, parentesco y pactos entre los linajes. Los bandos que se formaron recibieron los nombres de "beamonteses" y "agramonteses". Los Beaumont, emparentados con la casa de Evreux, fueron condes de Lerín y principales apoyos del príncipe de Viana. Los Agramont o Gramont fueron sus rivales, originarios de Ultrapuertos, pero en la facción llamada "agramontesa" en realidad dominaron otros linajes como los Peralta, los Ezpeleta, o los Garro, entre otros.

3

Ideas y representaciones políticas sobre el rey, la corona y el reino (el caso castellano)

3.1. El marco intelectual del pensamiento político bajomedieval

Las ideas políticas no conocían en la época fronteras estatales significativas. Su ámbito, que todavía era el de la Cristiandad europea, restaba opciones a la existencia de pensamiento propio en cada país. Existieron obviamente rasgos genuinos y en cierto modo también se estaba sustituyendo en la época bajomedieval ese ámbito de la Cristiandad por las especificidades "nacionales". Aun así, cabe ver las ideas políticas de cada país como parte de una intelectualidad europea común.

El pensamiento político en la Europa medieval había experimentado desde los siglos XII y XIII la aportación de los juristas, de esos canonistas y romanistas eclesiásticos que dieron un giro de racionalidad o simplemente redefinieron la filosofía política aristotélica. Resulta destacado que el derecho romano puesto de moda en ese renacimiento jurídico era de carácter imperial justinianeo, apto pues para avalar la fortificación doctrinal de los crecientes poderes monárquicos. La Escolástica y las nacientes universidades reforzaron un pensamiento político que, previamente adaptado, podía ser aplicado al servicio de municipios y monarquías. Pues bien, el influjo, aunque empezó en el siglo anterior, es sobre todo palpable en los siglos XIV y XV. En el caso castellano, por ejemplo, es conocido el estudio que Moxó hiciera de la promoción política de los letrados bajo Alfonso XI, y esto no era más que un simple indicador, creciente y ampliado bajo los Trastámara, de la inserción de los letrados en la corte, en las ciudades y en los cargos eclesiásticos. Se producía al tiempo una cierta laicización, de modo que la política y el derecho se fueron haciendo cada vez más autónomos de la religión a medida que avanzaba la Baja Edad Media, pese a que los eclesiásticos eran mayoritarios entre las mentes pensantes. Finalmente, en el siglo XV las aportaciones del humanismo y los debates a raíz del Cisma sobre el valor de los concilios impulsaron respectiva y simultáneamente debates de carácter ideológico: concepciones del ciudadano político superadoras de la noción del *homo christianus* y las polémicas entre los papistas o autoritarios y los conciliaristas o demócratas, por simplificar términos.

Las universidades y las instancias políticas iban recogiendo este espíritu renovado. Nuevos instrumentos de propagación de las ideas, o formatos adaptados a la didáctica aplicada, se difundieron en la época. Es el caso de los "espejos de príncipes", breviarios de instrucción de príncipes que, a partir del *Policraticus* de J. de Salisbury, de mediados del XII, se pusieron de moda en el XIII: "espejos" como los de J. de Gales, Gilbert de Tournai, Vicente de Beauvais y sobre todo Tomás de Aquino y Egidio Romano (†1316) –*De regimine principum*, c. 1280–, género luego continuado por otros. En el siglo XIV en el reino castellano Álvaro Pelayo (†1349) dedicaba a Alfonso XI su *Speculum Regum* y Juan García de Castrojeriz vertía el libro de Egidio Romano al castellano en su *Glosa castellana al Regimiento de Príncipes*, de 1345, que ayudó a la formación política de Pedro I.

Es obvio también que las grandes obras del pensamiento político medieval contribuyeron a los cambios en el pensamiento. Por ejemplo el *Defensor Pacis*, escrito en 1324 por Marsilio de Padua en el contexto de las tensiones italianas, releyendo a Aristóteles, había vindicado un concepto cercano a la soberanía popular, fuente de toda autoridad, que habría sido otorgada al príncipe para que la administrase, todo ello frente a la idea, que él rechazaba, de hierocracia pontificia. Era la idea de comunidad de individuos con personalidad jurídica, origen del poder, formando un estado de ciudadanos regido por las leyes de las que ellos mismos se dotaban. Éste era el ideal de Marsilio de Padua (†1343), que tuvo seguidores en los siglos XIV y XV. Desde este populismo participativo hasta el autoritarismo principesco de Maquiavelo (1469-1527) se sucedieron numerosas aportaciones intelectuales que no podrán aquí detallarse. Sí convendría, quizá, resaltar que en el período bajomedieval, más en concreto en los siglos XIII-XV, aunque con raíces anteriores, se consiguió la depuración doctrinal de muchas nociones y principios políticos que todavía en muchos programas docentes y en ciertas ciencias sociales y jurídicas se siguen atribuyendo al Renacimiento: separación entre Iglesia y Estado, soberanía estatal o corona, reino sometido a leyes, idea del bien común, absolutismo monárquico, idea de la soberanía popular y participación política de la comunidad, hacienda y fiscalidad monárquicas, representación de los estamentos en Cortes o parlamentos regidos por principios de poder compartido, justicia reglada, asociacionismo y corporativismo ciudadano, entre otros. Podría sin duda asegurarse que este período bajomedieval fue una época brillante en el pensamiento político europeo, como fácilmente se descubre en los clásicos estudios de conocidos historiadores como Lagarde, Ullmann, Guenée, Krynen, Black, Kantorowicz y otros muchos.

Sería prolijo discutir si hubo un sentido preponderante o un *leit motiv* en la evolución de las ideas de los siglos XIV y XV. En todo caso no habría sido unívoco ni lineal. Lo único cierto es que triunfó en el período la autonomía de lo político, como *logos* específico, que los teólogos puros dieron paso en el XII y XIII a los juristas y en los siglos XIV y XV, en otro paso más, a los filósofos y humanistas, a la hora de especular sobre la política. La pétrea cosmovisión teocéntrica acabó agrietándose. Pero los hallazgos doctrinales, esto es preciso decirlo, fueron muchas veces contrapuestos. En el caso concreto de la fundamentación política de las instituciones se perfilaron en el período tanto las ideas llamadas "democráticas" –o pactistas– como las "autoritarias", representadas la primera por el principio *"quod omnibus tangit, ab omnibus tractari et approbari debet"* y la segunda por su contrario *"quod principi placuit legis habet vigorem"*. Ahora bien, las autoridades políticas, temporales o eclesiásticas, que se dotaron de instrumentos de pensamiento de los que antes carecían, ¿simplemente adoptaban las ideas que les convenían?, ¿o existen otros factores aparte del mero impacto cívico de las obras de unos imprescindibles descubridores culturales, clérigos y juristas?

No parece difícil sugerir que la aplicación de ideas de carácter autoritario por los monarcas bajomedievales deba ser entendida en el contexto de las urgencias políticas de los reyes y que se compadecían con los avances en la creación de sistemas legales, institucionales, fiscales, etc., de signo centralizador, en concurrencia con las resistencias políticas de los estamentos y las debilidades estructurales de las monarquías. De modo que el *"quod principi placuit"*, que era un viejo principio –de Ulpiano, recogido en el *Digesto*, I, 4, 1– redescubierto en el XIII, sólo cobraba vida si las condiciones sociopolíticas lo permitían. La fuerza de las ideas de robustecimiento monárquico no era sólo pura especulación filosófica, sino que respondía a demandas políticas de la monarquía.

Pero lo mismo podría decirse de las ideas de carácter "democrático". Los debates de los siglos XIV-XV sobre los límites del poder regio, o el problema del conciliarismo en la época del Cisma y posterior, recogían estos nuevos principios. Desde el siglo XIII se había hecho una relectura de algunos axiomas jurídicos. La célebre fórmula *quod omnibus tangit*, que es el fundamento de Cortes y parlamentos, tenía su origen asimismo en el derecho romano dentro del ámbito del derecho privado, pero desde la Edad Media se aplicó a la vida política. La adaptación de muchos pensadores y juristas de los siglos XIV y XV a una defensa del principio de toma de decisiones compartidas en el Pontificado o en las monarquías, frente a los esquemas hierocráticos, nos sugieren, pues, una reflexión sobre la génesis y el potencial de estas ideas políticas y jurídicas consideradas avanzadas. A saber, que las culturas políticas que fueron cuajando no respondían meramente al artificio creador o redescubridor de unos pocos sabios que voluntariamente las implantaban, llámense *legistas*, canonistas, o más tarde "humanistas", por más que ellos ejercieran una función de sistematización, sino que la potencia de los nuevos principios sólo triunfaba cuando venía avalada por la robustez de las instituciones y poderes sociales que los fundamentaban: las ciudades, concejos o comunas, el más inmediato laboratorio de la participación de los diferentes grupos sociales, incluidos los vecinales; los cabildos de las órdenes religiosas; las cofradías, gremios y corporaciones; las Cortes; los concilios. En todas estas instituciones ya en el siglo XIII se acostumbraba a tomar decisiones por votación o respetando la voluntad de *"la mayor parte e la más sana"*. No se trata de evocar técnicamente lo que era lo que era una decisión tomada por mayorías aritméticas. El principio postulado era que un colectivo, y no una persona, tomaba una decisión. Los sesgos concretos de colegialidad y corporativismo que tuvo en la época medieval este principio no impiden ver la fuerza del mismo. En tales instituciones radicaba también la auténtica paternidad de unos principios políticos de naturaleza democrática o participativa. Como siempre, el pensamiento, aparte de expresar las corrientes culturales de su época, no parece poder explicarse sin tener en cuenta las relaciones sociales de poder.

3.2. Imágenes y ritos de la realeza

Ya al margen del pensamiento y la filosofía política propiamente dicha, el medievalismo de los últimos tiempos se ha venido preocupando del estudio de las manifestaciones simbólicas y las ideas acerca del poder real. Los clásicos estudios de Bloch sobre los reyes taumaturgos, de Kantorowicz sobre los *"dos cuerpos del rey"* a imagen de Cristo –un cuerpo privado o natural, otro político e impersonal– en los que se había fundamentado toda la teorización medieval sobre la inalienabilidad de la corona, los trabajos de Schramm sobre los aspectos simbólicos de la realeza, de Krynen sobre el ideal del príncipe, por citar sólo algunos referentes muy conocidos, hasta hace poco no habían preocupado a los medievalistas españoles. Aunque no se puede generalizar. El libro de B. Palacios sobre la coronación de los reyes de Aragón (Palacios, 1975), no deja de ser un estudio pionero de un tema hoy de moda. Aun así, la realeza castellana ha movido más estudios que la aragonesa. Aparte de este trabajo de Palacios sobre Aragón, existían, sobre todo centrados en el mundo castellano, los clásicos estudios de Maravall y de algunos historiadores del derecho, como Bermejo Cabrero, en cierto modo también pioneros en España (Maravall, 1973; Bermejo, 1986). Desde los años ochenta los fundamentos y las imágenes de la realeza, tras algunos estudios de T. F. Ruiz (Ruiz, 1984) sobre todo, constituyó una línea de trabajo constante de varios profesores, entre los que habría que destacar a J. M. Nieto Soria, o A. Rucquoi, pero la nómina de estudiosos de estas temáticas es importante, como puede comprobarse al contemplar la relación de colaboradores del libro último que precisamente Nieto Soria ha coordinado (Rucquoi Ed., 1987; 1988; Nieto Soria, 1988; 1993; Dir., 1999). Si ha habido una influencia destacable en esta línea de trabajo ha sido el énfasis puesto en algunos macroproyectos de investigación europeos, como el programa *Genèse de l'Etat Moderne*. Este programa, desarrollado desde 1985 hasta casi la actualidad, desde la interdisciplinariedad y la madurez de la historia de las mentalidades *annaliste*, ha dado un gran impulso a estos temas. La antropología, la sociología, la filosofía, la teología o el arte, con sus especializaciones, han aportado métodos y enfoques que han resultado interesantes. En nuestra historiografía, y en estos temas parece casi inevitable, se han seguido sobre todo los esquemas de la historiografía francesa, ya mucho antes preocupada por estas cuestiones llegadas después al medievalismo español: coronaciones de reyes, investiduras de armas, propaganda política, entradas reales, funerales, etc. En la combinación de mitos, arquetipos e ideas políticas no sólo se analizan los discursos racionales, sino que se viene destacando el carácter simbólico, en el sentido antropológico, no conceptual, de las imágenes de la realeza. Quizá los hallazgos más sobresalientes hoy día, para el caso hispánico, procedan de la filología y el arte. En todo caso, el campo de investigación parece amplio y prometedor. Tampoco se puede circunscribir a los últimos siglos medievales, por otro lado.

Las monarquías hispánicas de los siglos XIV y XV han sido receptoras ya de los principales principios políticos creados en los siglos anteriores. No hubo grandes novedades en esto. Las imágenes sobre el poder regio no son una excepción. Buena parte de los argumentos eran más o menos los mismos que los de otras partes. La imagen corporativa de la realeza, en la que el rey era explicado y representado como la cabeza de un "cuerpo" o reino, tenía ya una larga tradición en toda Europa. El *Speculum Regum* de Álvaro Pelayo recogía la idea del rey como razón o parte más elevada del cuerpo. En otras formulaciones el rey era la cabeza, el alma, el corazón... de un cuerpo en armonía. El rey *"es cabeça e coraçón e alma del pueblo e ellos son sus miembros"*, señalaban las Cortes de Olmedo de 1445 (Apéndice 1). La concepción corporativa no sólo se asociaba a la noción teológica de cuerpo místico, sino que pudo reducir el nivel de abstracción al materializarse en unas relaciones de poder estamentales –los "miembros" o "partes" del cuerpo eran las fuerzas del reino–, unas relaciones que eran típicas de la Baja Edad Media. Aun así, y a pesar de este potencial *aggiornamento* bajomedieval, la concepción corporativa se distinguía mal en el fondo de la concepción feudovasallática, a la que se superpuso seguramente. En esta concepción la fidelidad ligaba las relaciones de los vasallos con el rey o cabeza de la relación, también con una connotación teológica –Dios como "señor" feudal–, mientras que la relación entre cuerpo y miembros en la concepción corporativa se canalizaba en cambio en un discurso de armonía funcional. Por su parte, las imágenes de suprema *potestas* del rey tampoco ofrecen especiales singularidades en los reinos hispánicos de la época: la apelación a la *maiestas* de los reyes, las fórmulas de superioridad como *alteza, majestad*, etc., o la afirmación doctrinal de que *rex est imperator in regno suo*, eran, entre otras, imágenes corrientes ya en la época bajomedieval y suponían la reivindicación de la primacía de la realeza tanto frente a los poderes universales como frente a las fuerzas del reino.

Siendo bastante convencional, por tanto, el perfil doctrinal en muchos aspectos, como los citados, y ya por supuesto poco novedoso a la altura de 1300, lo que más ha llevado a la polémica entre historiadores ha sido ponderar la importancia en las monarquías hispánicas, más en concreto la castellana, de las imágenes de carácter sacro o religioso. Hay que tener en cuenta que el paradigma simbólico de las monarquías francesa o inglesa, basadas en sus reyes taumaturgos, con sus ceremonias de la consagración y unción regias realizadas por la Iglesia, junto a otras imágenes religiosas, ha pesado considerablemente en el horizonte de los modelos historiográficos. Nieto Soria, en su estudio de los fundamentos doctrinales de la monarquía (Nieto Soria, 1988), apostó por conceder una gran importancia a este tipo de imágenes en Castilla. Según este autor, la taumaturgia regia no se incluía expresamente entre los atributos regios castellanos, pero sí se expresaba a través del milagro real, incluida la capacidad regia de sanar endemoniados que, por ejemplo, Álvaro Pelayo atribuía a Sancho IV. Otros tratamientos como la unción –como algo regularizado– eran tácita aunque no formalmente admitidos en la monarquía castellana, ya que no existiría el rito de la unción, pero sí el carácter de reyes "ungidos de Dios", que aparece en las fuentes bajomedievales. Además resultaban fundamentales, según este historiador, conceptos sacros y religiosos: la idea tomista del origen divino del poder de la realeza, concretado en la fórmula "rey por la gracia de Dios"; la idea altomedieval o incluso anterior del monarca como *rex vicarius Dei*, con efectos indudables en la política, puesto que se esgrimía que resistir al rey, en tanto que representante de la divinidad en la Tierra, era resistir al mismo Dios (*Cortes*, 1445, III: 458); la idea de *rex christianissimus*, un valor ligado a la condición virtuosa pero también al papel del rey como cruzado –como *miles Dei*–, en el caso castellano aplicable al menos desde Fernando III; la noción también del "reino celeste" como arquetipo político del reino terrestre, noción desarrollada por la Cristiandad medieval y que por ejemplo Sánchez de Arévalo expresaba en la *Suma de la Política* aludiendo a que todo gobierno humano debía tomar ejemplo de la *"monarchia divina, la qual es perfectíssima, y está regida por un Dios, rey e príncipe potentísimo..."*. De ser correctas estas interpretaciones, la representación doctrinal de la realeza, la castellana concretamente, resultaría haber sido muy similar a la francesa o la inglesa. En ella habrían sido muy importantes también las imágenes de carácter sacro y religioso. Nieto Soria habría optado por la homologación esencial con el resto de Europa.

Han existido, sin embargo, otros puntos de vista que han resaltado justamente lo contrario, la originalidad de las imágenes regias castellanas frente a modelos foráneos. La ausencia del rito de la consagración y unción regia para los reyes castellanos –sí aparece algo más en Aragón– ya había llamado la atención de Sánchez-Albornoz. Es conocido al respecto que sólo de modo excepcional en un singular acto de coronación de Alfonso XI en 1332, realizado –inmediatamente tras una peculiar investidura como caballero efectuada en Compostela– en Las Huelgas de Burgos y descrito por la *Crónica de Alfonso XI* (*Crónicas*, LXVI, C: 235) aparecía la unción regia. Fue un hecho popular, que hasta narraba el *Poema de Alfonso Onceno* (ests. 391-395). Pero se habría tratado de un acto insólito que no formaba parte de las ceremonias habituales de los reyes castellanos, ya que fue una inédita autocoronación regia, quizá con un mensaje de desafío dirigido a la nobleza, aunque el significado sigue siendo oscuro (Linehan, 1987). Fuera de ese episodio, la unción y consagración regia en el momento de la coronación no formó parte de las ceremonias habituales de la realeza en los siglos XIV y XV. Se ha dicho (Ramos Vicent, 1983) que esta ausencia era una reclamación por parte de los reyes castellanos de la no-sumisión a la Iglesia. Otros autores han señalado que ni estos ritos ni el emblemático modelo de los reyes taumaturgos se dieron en Castilla porque aquí había otra tradición o cultura regia. Las tradiciones castellanas estarían más ligadas al liderazgo militar de los reyes, al compromiso con los nobles-guerreros mediante juramentos y actos de elevación al trono por ellos –o deposición simbólica del trono, como en la Farsa de Ávila (Apéndice 2)–, que remotamente enlazaban con los viejos ritos visigodos de elevación del rey sobre el escudo –aunque entre los visigodos coronación y unción también se dieron–, que se remozaron en la larga lucha contra los musulmanes, y que no necesitaban del respaldo eclesiástico para reafirmarse. Ritos e imágenes originales, de tono marcial, militar, un imaginario característico de reyes cuya continuidad dinástica –a diferencia de los capetos, por ejemplo– nadie impugnaba. Reyes castellanos, en definitiva, que no necesitaban de la *sacre* eclesiástica ni la taumaturgia para seducir a su pueblo, ni de panteones reales erigidos por dinastías sacralizadas por la Iglesia, para legitimarse. Reyes que gustaban más de símbolos como la espada desenvainada, la elevación del pendón, el sentido guerrero, secularizado y conquistador (Ruiz, 1984; Mackay 1985). A. Rucquoi concretamente ha ido más lejos en la explicación: los reyes castellanos no sólo no tenían por qué imitar los modelos de Francia o Inglaterra. En realidad, la realeza castellana, o ibérica en general, fue más innovadora y desarrolló antes que aquéllas los símbolos de identidad regia. No necesitaba recurrir ni al origen divino del poder ni a la magia, como los capetos. Las realezas ibéricas se ubicaban en la Europa del sur, la Europa mediterránea, que no era entonces periferia. Esta tradición del sur, de raíces tardoantiguas más urbanas, basada incluso en la Alta Edad Media en el derecho escrito, no necesitaba gestos, teatralización, representación de la magia y la taumaturgia. El poder regio en la Península ibérica arrancaba del derecho romano, de los visigodos, cuya herencia habían tomado los reyes astures pronto, se reforzó luego con el saber de los mozárabes, y no se sintió inferior a los poderes universales, porque no nació de la descomposición carolingia –salvo la Marca Hispánica. Y por supuesto, los reyes peninsulares vencieron a los infieles por las armas, fueron cruzados a conciencia en el propio suelo. De modo que en este ámbito cultural de la Europa mediterránea no necesitaron importar las tradiciones mágico-religiosas del norte, ni someterse a la jerarquía de *órdenes* funcionales creados por la Iglesia del norte. Tuvieron sus propios símbolos, su propia legitimidad, antes y con bases más sólidas que otras monarquías (Rucquoi, 1992: 58 y ss.)

La discrepancia de los historiadores sobre la idiosincrasia de las imágenes de la realeza es, pues, notoria. Realmente es fácil apreciar razones por ambas partes. Así, con respecto a los rasgos originales, es obvio que se avalan a sí mismos. Se podrá o no discutir si había una unción implícita e ideológica, o una cierta taumaturgia críptica en la realeza castellana, pero lo cierto es que el rito de la unción no se daba de modo regular y también es cierto que a los reyes castellanos no se les atribuía la curación de escrófulas. Por otra parte, no hay duda de las analogías doctrinales con otras monarquías, lo que avalaría la idea de homologación. Ahora bien, el hecho de que en las fuentes literarias, doctrinales, jurídicas y documentales aparezcan ideas y símbolos idénticos a los de otras monarquías debería quizá valorarse, pensamos, en el contexto de la unitariedad de una cultura sabia sin fronteras. En una Europa medieval culturalmente más integrada de lo que se cree, la Iglesia, auténtico 'campus global' de la época, como la hemos denominado en alguna ocasión, había ido perfilando una doctrina, unas ideas, un repertorio más o menos amplio de tópicos y de retórica filosófica. Era un bagaje al que poder recurrir y no es extraño que aparezca en las fuentes. Aristóteles, o su duende, se escurría por todos los rincones del saber medieval, pero cuando los autores medievales, en clave tomista, le citaban para hablar de los atributos del "príncipe", por ejemplo, ¿se referían a un rey en concreto, a un gobernante ideal en abstracto?, ¿dónde acababa el cliché y empezaba la descripción realista?

Junto a estas precauciones sobre la vigencia de las ideas religiosas de la realeza hay que tener en cuenta también el aspecto diacrónico. Parece al respecto que en la Baja Edad Media persistían ideas anteriores, pero en la época tuvo que notarse también, por mínimamente vivo que fuera el discurso político, cierta secularización de la sociedad. Quizá tenga que ver con ello la popularización de la imagen caballeresca de la realeza: en la retórica política se elogiaban los valores caballerescos y aristocráticos, el honor y la virtud; se representaba a los monarcas con armadura, en efigies ecuestres; lo expresa, por supuesto, la misma investidura de armas. No eran imágenes nuevas, pero la moda caballeresca bajomedieval les dio un nuevo impulso, o por lo menos estilizó la figura del rey como caballero. En este contexto, aunque no era un evento regular, cobran sentido las citadas investidura y autocoronación de Alfonso XI. Era el gesto del rey, en plenitud de su poder, que utilizaba sin otra intervención humana mediadora la estatua articulada de Santiago, que con su brazo móvil armado, y gracias a un ingenio mecánico que podía activarse manualmente, bajaba por sí sola para armarle caballero, como rito paralelo a la coronación y unción. Ésta fue la ceremonia de investidura de Compostela. Inmediatamente después, en Burgos, la coronación. Una corona que él mismo tomó en sus manos y puso sobre la cabeza. Los gestos del rey: superioridad mayestática en la autocoronación, desafiante autoinvestidura como señal de que no recibía su condición de nadie superior a él, al mismo tiempo sometimiento al ideal caballeresco. Una gestualidad integrada, correspondiente, podríamos decir, a una nueva época de soberanía regia y secularización política. Aunque los ritos, en su relativa aleatoriedad y simplicidad, no siempre respaldan el retocado discurso bajomedieval, es casi seguro que los reyes bajomedievales tuvieron como referente estos ideales caballerescos y también los de superioridad regia, entendida más como superioridad estatal que como superioridad feudal o como genérica preeminencia personal por delegación divina.

Quizá más que en el discurso textual los nuevos aires se notaron en ritos y ceremonias que enfatizaban el encumbramiento de los monarcas. La de Alfonso XI no fue el único caso de autocoronación. Juan I protagonizó un acto mimético de coronación el día de Santiago de 1379 en las Huelgas de Burgos, armándose caballero a sí mismo, utilizando otra semejante figura articulada de Santiago. "Luego él se coronó", dice la *Crónica de Juan I*. El rey procedió el mismo día a armar cien caballeros. Se celebraron luego grandes fiestas.

Hubo numerosísimos actos solemnes protagonizados en los siglos XIV y XV por los reyes. La realeza bajomedieval se afanaba en mostrar el mayor esplendor posible. La conjunción de los ritos de la corte, de las prácticas caballerescas —torneos y justas—, de la avidez propagandística y de la cultura del mecenazgo, aspectos típicos del período, dio como resultado la aparición de espectáculos enfáticos, brillantes, dirigidos no ya sólo a los nobles o los obispos sino a un pueblo entero y a una opinión pública emergentes: juras solemnes de príncipes herederos, entronizaciones y coronaciones, entradas reales, bodas reales fastuosas, exequias, recepción tras victorias militares, torneos, fiestas de la corte, recepción de embajadores, investiduras de armas... Todos estos eventos expandieron enormemente los recursos ceremoniales de la monarquía. Gracias a trabajos recientes, entre ellos los últimos de Nieto Soria y de otros autores (Ruiz, 1991; Andrés Díaz, 1984; Nieto, 1993; 1999; para Aragón, Sabaté, 1994), se conoce bien este tipo de ceremonias de la realeza. Nieto Soria ha contabilizado para Castilla hasta 126 ceremonias de este estilo desde Enrique II hasta Enrique IV, ambos incluidos, y otras 33 en la época de los Reyes Católicos. Es imposible dar cuenta de ellas, algunas de las cuales apenas son conocidas por escuetas noticias.

El caso de las fiestas organizadas por Juan II en Valladolid durante varios días de mayo de 1428, estudiado por T. F. Ruiz, puede servir de ejemplo de este tipo de ceremonias de la realeza. Se trata de unas celebraciones, narradas en la *Crónica del Halconero* y en la *Crónica de Juan II*, efectuadas en la villa del Esgueva en honor de la infanta Leonor a su paso hacia Portugal, donde contraería matrimonio. Éste era el pretexto, pero la corte castellana, dirigida por Juan II y el valido Álvaro de Luna, pretendía impresionar a los *infantes de Aragón*, hermanos de doña Leonor, los más poderosos personajes en Castilla y entonces rivales políticos. Las fiestas comenzaron con unas justas y festín ofrecido por Álvaro de Luna, donde participaron *"cuarenta y cinco caballeros de estado [...] vestidos de paños de oro y de seda, afforados en martas y en armiño"*. Tras una fastuosa cena ofrecida por Luna, vino el turno de sus rivales. El infante de Aragón don Enrique hizo construir por artistas italianos un soberbio castillo de madera y telas, adornado con banderas y estatuas, mientras se bailaban bajo este escenario efímero unas danzas con numerosos participantes. Los miembros del séquito del Infante, impecablemente vestidos con armaduras, representaron un desafío al castellano. El rey castellano, flanqueado por 24 caballeros, vestido de oro y plata y cubierto de armiño, contestó simbólicamente al desafío levantándose. Luego fue el turno del hermano del infante don Enrique, don Juan, rey de Navarra. Instaló una tienda en un prado rodeado por trece pajes vestidos con trajes blancos y grana. Era el escenario para otra gran justa que se alargó hasta la hora de cenar y en la que Juan II de Castilla participó personalmente. Tras la cena y el reposo, el turno volvió a la parte del rey castellano. El acontecimiento siguiente fue la fiesta preparada por Luna y el propio Juan II. El rey castellano apareció de blanco como Dios Padre, seguido de 12 caballeros vestidos como santos. Sus caballos iban engalanados con telas de grana y oro. Era, de nuevo, el escenario para otra gran justa en la que participaron numerosos caballeros y que acabó de nuevo con otra gran cena ritual. Todo en estas fiestas tenía un simbolismo, comenzando por los mismos colores: la plata y el oro, así como el manto blanco y negro de armiño, eran colores del brillo de la realeza; el rojo se asociaba a los combates caballerescos; el lujo de los ropajes pretendía también impresionar... Especialmente por parte de Álvaro de Luna y Juan II se produce incluso una apropiación de símbolos sagrados, sin duda aportados para exaltar la superioridad de su causa monárquica delante de sus adversarios políticos... En 1430 los infantes de Aragón serían vencidos en los campos de batalla. Quizá también habían sido derrotados simbólicamente en aquellas fiestas de mayo dos años antes.

3.3. Vertebración ideológica del estado monárquico

3.3.1. La noción de corona y soberanía real

Ideológicamente, el rey aparecía en la Baja Edad Media contrapuesto a "reino" en un binomio basado ya en la territorialidad. El *regnum* –toda Castilla– era un espacio, un territorio cuyos habitantes estaban unidos entre sí y a su rey por un vínculo de naturaleza, no de vasallaje. El poder del rey llegaba a todos sus "súbditos y naturales" independientemente de los lazos personales, verticales y vasalláticos que pudiera haber. Éste es el esquema básico de la monarquía bajomedieval. Aparte de su persona, ha de verse la figura del rey como vértice del reino. Y ésta es sencillamente la noción por antonomasia de *corona*, que viene a ser en su significado más característico sinónimo de estado monárquico. La corona era la institución monárquica misma. Una entidad política impersonal, independiente de la persona concreta del rey. La noción se había desarrollado desde el siglo XIII. Al constituir además una objetivación de la política, la corona tenía una continuidad esencial. La doble naturaleza del rey, que tan excelentemente explicara Kantorowicz, permite decir que el rey no moría nunca: moría su parte material, humana, el rey concreto y físico, pero la parte política, inmaterial, la institución, puede decirse que no moría nunca. De ahí la expresión "¡El Rey ha muerto. Viva el Rey!", que era popular en el siglo XIV y que significaba la continuidad política de la corona. Todas las monarquías se preocuparon de formalizar la sucesión del heredero. Así como la aragonesa lo hizo en 1351 –Ducado de Gerona, elevado a rango de príncipe de la corona en 1414–, la de Navarra en 1423 –Príncipe de Viana–, la institución castellana fue la del Principado de Asturias, en 1388.

A la corona estaba adscrito un patrimonio, el *realengo*. No era un patrimonio de la persona del rey, sino del monarca en su sentido político, por lo que la titularidad correspondía a la corona, que lo administraba en nombre del reino. Desde este punto de vista puede decirse que el realengo era patrimonio de la corona. No eran los dominios propios del rey o de su casa y estirpe. En la Baja Edad Media el realengo consistía en el territorio bajo jurisdicción regia. En siglos anteriores había ido perdiendo el originario carácter dominical y tampoco era ya –salvo excepciones puntuales– un patrimonio administrado directamente, sino organizado en concejos. Era, casi todo, un "realengo transferido" a los concejos, como solemos decir, aunque la monarquía tenía oficiales regios para administrarlo y supervisarlo: alcaides, corregidores, justicias y alcaldes mayores, etc., tal como los señores tuvieron en sus estados señoriales. A veces se confunde el *realengo* con los elementos imprescriptibles de la corona –en el léxico, "señorío real" puede significar ambas cosas–, pero es preciso distinguirlo. El realengo fue alienable; y pese a voluntaristas y retóricos compromisos reiterados de los reyes de no hacerlo, fue de hecho enajenado considerablemente, sobre todo en la época Trastámara.

Por este carácter patrimonial –patrimonial avanzado: era patrimonio de la corona, no de la persona del rey– y alienable, el realengo no podemos considerarlo como elemento esencial de la identidad de la corona en lo que a sus contenidos políticos se refiere. Más bien, vemos el realengo como una herencia histórica de las monarquías patrimoniales del pasado que pasó a las monarquías centralizadas bajomedievales; una noción remozada –era un patrimonio jurisdiccional sobre todo–, y de enorme valor en los canjes políticos entre rey y fuerzas del reino (*cfr. supra*, 1.5.2), pero herencia del pasado al fin y al cabo.

Hay en cambio otros dos elementos, o conjuntos de elementos, más definitorios de la corona como sinónimo de estado monárquico. Por un lado los atributos –o regalías, en sentido amplio– que resultaron inalienables o imprescriptibles del poder regio: la legislación del reino, la fiscalidad de estado, las otras *regalías* –moneda en especial–, la justicia central. La continuidad de la corona se verificaba por el funcionamiento quasi-automático de estos atributos exclusivos del poder regio. Por otro lado, la noción de *soberanía*. Sin ella tampoco se entiende la noción de corona. Se puede entender el concepto de soberanía en muchos sentidos, ciertamente, incluso en lenguaje de ciencia política actual como sinónimo de poder estatal no heterodeterminado. Pero, al margen del vocabulario científico contemporáneo, para definir el contenido bajomedieval de corona, en clave ideológica, *soberanía* vendría a ser la potestad política suprema ejercida por el monarca sobre sus súbditos. Es la idea de superioridad, pero no basada en la superioridad feudal o *"suzeranía"*, es decir, supremacía del rey sobre sus vasallos en una hipotética pirámide feudal, sino aquella otra basada en la relación binaria rey/reino, según la cual las potestades de éste estaban subordinadas, de modo que el rey acumulaba la *plenitudo potestatis* y tenía la "mayoría" o capacidad de no reconocer superior en lo temporal – *"rex superiorem no recognoscens"*; el rey, único soberano–, como señalaban algunos textos medievales. Las nociones de corona y soberanía regia habían cuajado en el siglo XIII y servían para reforzar doctrinalmente en los siglos XIV y XV la praxis política monárquica: la quiebra del equilibrio patrimonial regio mediante concesiones señoriales, la exclusividad del rey en el ejercicio de sus atributos propios, la intervención judicial del rey en los señoríos en casos límite – *"mayoría de justicia"*, se llamaba– y, finalmente, los intentos de afirmar un poder regio fuera de toda limitación. Claro que esto último no era tan universalmente admitido y fue objeto de debates y controversias en la época.

3.3.2. Los límites del poder monárquico y la propaganda política

Para los juristas y pensadores de los siglos XIV y XV no había ya gran problema teórico en admitir la superioridad de los reyes. Tampoco el principio de que en ellos recaía la *suma potestas*, la capacidad de ejercer de emperador en su reino, o la facultad de dictar leyes, de *condere legem*. Todo ello formaba parte de la idea de soberanía, como se acaba de indicar. El problema en la doctrina política no fue ése. Durante los últimos siglos medievales lo que se discutió no fue la preeminencia del rey, sino los límites de su poder.

Hay que confrontar aquí los dos principios expuestos al comienzo del capítulo, como dos concepciones en pugna durante el período bajomedieval. Sobre la corriente basada en la fórmula *quod omnibus tangit*... se ha dicho lo principal: era una corriente que defendía que el poder, aun de origen divino, había nacido de un pacto entre el rey y el reino, o de la comunidad directamente a través de la cual pasaba al rey, pero era por ello un poder compartido, con dos polos, rey y reino, en el que el rey tenía los límites de la ley y el pacto. Mejor que "democrática" esta concepción puede denominarse "contractual" o "pactista" y tuvo desde el XIV el respaldo filosófico de Marsilio de Padua o Guillermo de Ockam. En el otro lado la fórmula *quod principi placuit*..., que defendía que el origen divino del poder recaía inmediatamente en el rey, ejemplificaba la solución del autoritarismo regio. Había una fórmula semejante a ésta muy popular en Castilla, ya expuesta por Jiménez de Rada, *"quo volunt reges, vadunt leges"*, convertida en refrán castellano, "allá van leyes do quieren reyes" (Bermejo, 1986: 62). Sin embargo, podemos pensar que lo que realmente movió el debate tardomedieval y moderno no fue tanto la exposición de este axioma del derecho romano, sino su complemento maximalista: la noción de que el rey estaba desligado del cumplimiento de las leyes: *princeps legibus solutus est;* otra vieja máxima del *Digesto* convertible en las postrimerías medievales y sobre todo en los Tiempos Modernos en defensa de lo que se fue perfilando como "absolutismo regio". En ese sentido, puede asimilarse a la fórmula del *poderío real absoluto*, que se popularizó concretamente en Castilla pasado el primer tercio del siglo XV. También el viejo precepto justinianeo había sido reconvertido por la hierocracia pontificia plenomedieval en recurso para el ejercicio, *de proprio motu e sciencia cierta*, de una *potestas extraordinaria* o "absolutista", fuera de todo control, pasando luego del Papado al Emperador y de ahí, ya en la Baja Edad Media, a los argumentos doctrinales de las monarquías. Hay que decir que el absolutismo como régimen político no se dio en el período medieval. Muchos historiadores del derecho lo reservan sólo para la Edad Moderna, incluso no en sus comienzos, por lo que prefieren para la Baja Edad Media y primer Renacimiento expresiones como "monarquía preeminencial", "autoritaria", "limitada", etc. Sin embargo, la cuestión del absolutismo tardomedieval no debe plantearse sólo en términos de régimen político, ni siquiera en términos jurídicos estrictos, sino más bien en clave doctrinal, ideológica. El absolutismo, visto así, tiene que ver con el pensamiento político, como aspiración maximalista del poder regio a ejercerse sin límites: la capacidad no ya sólo de hacer leyes unilateralmente, sino de derogarlas arbitrariamente; de no atenerse a ellas, es decir, no estar sujeto al derecho positivo; de intervenir y modificar el funcionamiento de las potestades jurisdiccionales, y de administrar la gracia real.

Teorías pactistas y autoritarias –o ya, dentro de éstas, abiertamente absolutistas– fueron formuladas en los reinos hispánicos bajomedievales. La tesis que asocia las primeras a la corona de Aragón y las segundas a la de Castilla necesita ser radicalmente revisada. Sobre el pactismo y el autoritarismo desde el punto de vista político se han indicado ya algunas prevenciones en capítulos precedentes. En el aspecto puramente doctrinal, suelen argüirse las ideas del gerundense Eiximenis (†1409) como emblema del pactismo de los países catalano-aragoneses. No hay duda de que este autor es excelente ejemplo de tales ideas (Antelo, 1985; Abadal, 1972; Sobrequés, 1982). En el *Regiment de la cosa pública* y otras obras luego incorporadas a *Lo Crestià*, F. Eiximenis hizo un apasionado alegato de las instituciones pactistas observadas en la Cataluña y la Valencia de su época. Formaba parte de ello el elogio de los mercaderes, el estamento ciudadano y los letrados, sobre todo los mercaderes. Defensor también de la Iglesia romana, Eiximenis defendía el orden monárquico vigente en su país: partidario de una monarquía hereditaria, criticaba los reyes tiranos –defendía el tiranicidio– y hacía apología del pactismo, no sólo como origen del poder sino como reglas de juego. Así expone en el *Dotzè* del *Crestià*: *"jamés les comunitats no donaren la potestat absoluta a nengún sobre si mateixa sinó ab certes pactes e lleis..."*.

A concepciones de este tipo –por otra parte, opiniones de un "intelectual orgánico" de los medios oficiales y del ambiente social en que se movía– se suelen contraponer las de algún pensador castellano, como Sánchez de Arévalo, y al mismo tiempo la praxis política de esta corona, para contrastarlas con las del pactismo aragonés. La realidad fue otra, como se ha dicho a propósito de las relaciones de poder (*cfr.* 1.5.1), insistiendo además en el hecho de que la doctrina que esgrimieron las Comunidades –para muchos, el primero y más importante proyecto de monarquía contractual del continente hasta la Revolución francesa– se habría elaborado en el mundo concejil de las ciudades de la Meseta castellana durante el XV, y lógicamente se habría elaborado al calor de la vida política concejil. Pero incluso en el aspecto doctrinal hay que ver la Castilla política e intelectual del siglo XV como el escenario, o los escenarios, de un debate. Es en este terreno –y no en una contraposición entre Castilla y Aragón– donde debe situarse la pugna ideológica entre pactismo y absolutismo. La polémica tuvo en Castilla varios ámbitos: el debate intelectual, filosófico y universitario; el debate de los proyectos políticos o argumentos que defendieron monarquía y fuerzas del reino en la arena de su pugna endémica; y las expresiones literarias de la época. Veámos los tres registros.

Respecto a las formulaciones de filosofía política, el principal y casi único debate articulado sobre los límites del poder que se dio en la península en términos teóricos abstractos tuvo lugar entre intelectuales formados en su principal universidad de la época, la de Salamanca (Rucquoi, 1995; Orella, 1976). Se planteó en el siglo XV en el contexto de las discusiones sobre la primacía del Papa o del Concilio, debate de moda tras la resolución del Cisma, pero que, más allá de este pretexto, sirvió para que los intelectuales se decantaran por la defensa de las posiciones autoritarias o democráticas. La discusión sabia nunca bajó a defender expresamente intereses o valores de grupos sociales concretos, mercantiles, caballerescos o populares, ni banderías políticas, ni siquiera afrontó directamente el tema del alcance del poder monárquico concreto, sino que a partir de la dicotomía Papado/Concilio se desarrolló en torno a un dilema: unidad o diversidad. Un sólo poder en un solo polo –Papado, Príncipe–, o compartido colegiada o colectivamente –Concilio, estamentos e instituciones del reino–, en esto se centraba la discusión filosófica.

Entre los partidarios de que la autoridad no debía dividirse sino ser unitaria se encuentran algunos célebres pensadores que escribieron en pleno siglo XV, todos formados en Salamanca: Juan de Torquemada (†1468), teólogo, cardenal en Basilea y defensor acérrimo del poder omnímodo del Papado; el canonista Juan Alfonso de Mella († c. 1467); el civilista Juan de Carvajal (†1469), que fue cardenal por Eugenio IV y ocupó puestos en la curia pontificia; Fernando de Córdoba († c. 1480), otro miembro de la curia papal; y sobre todo Rodrigo Sánchez de Arévalo (1404-1470). Este último, jurista y diplomático formado en Salamanca, fue un destacado defensor de las tesis hierocráticas, pero por analogía también de la idea de que el poder del príncipe no debía dividirse. En la primera consideración del libro II de su *Suma de la Política* dice que *"toda comunidad es mejor e más perfectamente regida por un príncipe que por muchos"*, extendiéndose a continuación en cinco razones para demostrarlo: es mejor para la paz y la concordia; la virtud unida es mejor que la dividida; es más acorde con la naturaleza – *"ca como en el cuerpo natural veemos diversos miembros, pero todos reciben movimiento e influencia del coraçón como de príncipe e son por él regidos"*–; por analogía con la *"monarquía divina"* – *"la qual es perfectísima e ésta es regida por un Dios, rey e príncipe"*–; y finalmente por la experiencia de que las ciudades *"regidas por muchos no han paz, antes han continuas dissensiones e guerras"* (Sánchez de Arévalo, *Suma*: 89-90). De todos modos, la argumentación de Sánchez de Arévalo como tal tenía mucho de espeso *corpus* de citas de Aristóteles y otros sabios antiguos y poco o nada de pensamiento original, aunque, eso sí, la intencionalidad y posición política pro-monárquica del autor parecen claras.

Todas estas opiniones coincidían en la apuesta por la autoridad no compartida de la monarquía. Sorprende, sin embargo, que frente a estas posiciones la universidad salmantina formó a importantes detractores de la tesis monista, a teólogos o juristas que propugnaron la bondad de los sistemas de poder compartido: el canonista formado en Salamanca Juan González de Sevilla († 1440), defensor de las ideas conciliaristas; el profesor de teología en esa universidad Juan Alfonso de Segovia († 1458), conciliarista desde Basilea y defensor de las ideas democráticas, directamente al menos en el plano eclesiológico, pero extensibles a la vida política y municipal; Alonso Fernández de Madrigal, "El Tostado" († 1455), profesor de teología en Salamanca y luego obispo de Ávila, seguidor del *De regimine principum* de Egidio Romano, defensor en su *De Optima Politica* de la autonomía municipal y corporativa, del reparto del poder, lo que convierte a Alonso de Madrigal en un teórico del pactismo o contractualismo; Pedro Martínez de Osma († 1480), profesor salmantino discípulo de "El Tostado", contrario como él a las tesis hierocráticas; o Fernando de Roa († c. 1502), discípulo del anterior, maestro en Salamanca en artes y filosofía, conciliarista también y defensor de la teoría de la soberanía ciudadana, cuya *potestas* no habría sido transferida al príncipe, sino que conservaría la comunidad.

Se comprueba, pues, que las teorías sobre la autoridad fueron en Castilla cuestiones controvertidas en el terreno intelectual. Pero también lo fueron en la arena de las justificaciones políticas más cercanas a los avatares del momento. En esta segunda vertiente, pese a lo que a veces se ha dicho, en Castilla no hubo una línea unidireccional, sino una cuestión polémica igualmente. Se aprecia durante la época Trastámara un cierto vaivén ideológico. Se trata de un debate sobre el absolutismo, o sea los límites del poder del rey (De Dios, 1985; 1988b; Nieto, 1998), frente al poder compartido, un debate estrechamente conectado a las pugnas partidistas. Las primeras formulaciones sobre el absolutismo regio pueden detectarse en la época de Juan I. Enrique III utilizó la expresión en alguna ocasión. Pero parece que fue con Juan II cuando se expandió. Suele considerarse que fue una pragmática de febrero de 1427 –el contenido es lo de menos aquí– la que inauguraba no el origen pero sí la sistematización y normalización de las típicas cláusulas: *"de proprio motu, cierta sçiencia e poderío real absoluto"*, desde entonces más frecuentes. Era la forma de denominar las aspiraciones del poder monárquico a ejercerse sin controles o límites. Sin embargo, el argumento, lejos de ser un principio permanente, acumulado y lineal, fue cambiante, cíclico y elástico. Su uso fue político, pero hay que desechar una visión mecanicista –porque una facción o partido podía utilizar una misma fórmula política tanto en desventaja como tras resultar victorioso–, si bien no cabe dudar de la incidencia de las coyunturas y de las banderías políticas.

En los momentos en los que las ligas nobiliarias, primero dirigidas por los *infantes de Aragón*, y luego por otros nobles, tenían acorralado al partido de Álvaro de Luna, defensor del gobierno personalista en nombre de Juan II, o bien luego cuando las ligas contrarias a Enrique IV y sus validos aprovechaban las debilidades regias, se formulaban –por ejemplo en libelos propagandísticos– ideas que postulaban la limitación del poder real. Hubo muchas secuencias de ello en las *ligas* y *confederaciones* nobiliarias. El más claro ejemplo lo constituye la *Sentencia de Medina del Campo* de 1464-1465 (*Memorias de Enrique IV*, II: 355 y ss.), que suponía un amplio pliego de reproches de los nobles al autoritarismo regio, con su correspondiente propuesta de enmienda, justo en el momento más bajo del reinado de Enrique IV.

Algo semejante puede decirse en relación con las ciudades en coyunturas donde éstas pudieron imponer condiciones al rey. En 1447 Juan II, a petición de las ciudades, tuvo que revocar muchos perdones reales *"fechos de mi propio motu e çierta çiencia e poderío real absoluto"*. Y en las Cortes de Ocaña de 1469 (*Cortes*, III: 767-768) los procuradores de las ciudades impusieron al rey su sumisión a las leyes y la justicia, su subordinación a los intereses del reino y sus súbditos, de los que se decía que el rey *"es obligado por contrato callado a los tener y mantener en justiçia"*.

Por el contrario, cuando el entorno real necesitaba –y políticamente podía– reafirmarse, o combatía ideológicamente las ligas nobiliarias, o sobre todo en los momentos de triunfos regios frente a ellas, solía aparecer una defensa doctrinal del autoritarismo o absolutismo regio, no presentado como tal, sino como la mejor manera de acabar con el desorden revoltoso y egoísta de los nobles, poder gobernar para el bien común e imponer un orden jurisdiccional correcto. En las Cortes de 1442 de Valladolid, aunque sí reconoció algunos excesos, Juan II no se había retractado de disponer de su poderío real absoluto (Apéndice 1k). Era una petición de las ciudades, a la que –a diferencia de lo que ocurriría en 1447– no atendió. Una de las más célebres exhibiciones de la fórmula del *poderío real absoluto* se produjo en 1445 en las Cortes de Olmedo (*Cortes*, III: 483, 489). No es difícil relacionar el hecho con la reciente derrota militar de los infantes de Aragón. De igual modo, las *Memorias de Enrique IV* recogen la defensa a ultranza del absolutismo monárquico hecha también por Juan II en 1453: *"segund razón, nin derecho natural, nin divino, nin aún positivo, caso que del tal yo non fuere soluto, lo que soy, non sería obligado de le guardar nin observar juramento nin seguridad alguna"*. Su sucesor, Enrique IV, hizo uso frecuente de la expresión *poderío real absoluto*, pero por entonces es posible que la fórmula ya se hubiese incorporado a la cultura administrativa cancilleresca y que no fuese percibida como vulneración de los controles políticos. Prueba de ello es que la ratificación que los nobles obligaron a hacer a Enrique IV (Nieto Soria, 1998: 227) de la citada Sentencia de Medina –en un indudable programa político nobiliar– incluía paradójicamente la aceptación de sus condiciones por el rey, *"de mi propio motu e cierta ciencia e poderío real absoluto"*. Por entonces la fórmula, pensamos que previsiblemente ya estereotipada, venía a ser sinónimo de preeminencia real casi indiscutible.

El rastreo de las expresiones políticas, sin ir más lejos este *poderío real absoluto*, resulta a la postre algo decepcionante, por tanto, para extraer de su uso una lectura de la práctica política. No aclara las claves principales de los progresos del poder regio, de las relaciones de poder. Éstas se explican por otros factores. Ya se ha apuntado en otros capítulos. Las doctrinas, las teorías políticas acompañan, cómo no, los procesos políticos. Pero nos parecen ser más bien objeto de la historia de la cultura –incluida la cultura jurídica– que de las instituciones. El medievalista, ya al margen del estudio del poder, sí ha de resaltar sobre todo en ellas el valor propagandístico. Y en este caso concreto, además, sustituir la visión tópica de una Castilla autoritaria por la de una Castilla en la que intelectuales y fuerzas políticas debatían sobre los límites del poder, sobre su naturaleza y fundamentos. Obviamente a unos y otros, los pensadores y los políticos, cuando defendían ya fuera el autoritarismo, ya el contractualismo, les movían intereses muy concretos: algún puesto en la curia para algún cardenal papista; alguna concesión señorial para algún noble ligado y confederado; algún privilegio, en el caso de un regidor celoso de su cargo y participante en Cortes; algún agradecimiento por alguna cátedra universitaria... Les movían intereses, cómo no. Lo mismo que le ocurría a Eiximenis. Pero también unos y otros reflejaban concepciones del mundo, ideas que circulaban en su tiempo, representaciones mentales de la sociedad y sus gentes. Lo que aportó su carácter más genuino a tales ideas políticas fue su acusado sentido propagandístico, más explícito que en otros registros culturales.

Los propios registros literarios, *per se* menos contingentes y prosaicos que los anteriores, también se hicieron eco de la afilada arista propagandista del combate ideológico sobre todo entre nobleza y monarquía. De este tono fue el debate literario –y específicamente cronístico– entre los que resaltaron las excelencias de los reyes o bien las de los nobles, quienes por su parte no carecieron de argumentos de legitimación, como han señalado diversos historiadores (Deyermond, 1988; Rucquoi, 1991; Quintanilla Raso, 1999).

Ya en la época de Alfonso XI la visión del autor del *Poema de Alfonso XI*, donde se relataban las penurias que los poderosos hacían pasar a los humildes, contrastaba con el discurso aristocrático de don Juan Manuel. Éste defendía en su *Libro de los Estados* o en el *Libro del caballero y el escudero* la cara amable de la nobleza, el *Poema* prefería describir el envés.

Luego la guerra civil desató una conocida propaganda (Martín Rodríguez, 1990; Mitre, 1991; Rábade Obradó, 1995). Es bien sabido cómo los partidarios de Enrique II, así como el entorno de Pedro el Ceremonioso, difundieron una leyenda negra contra Pedro I, tildado de *"Cruel"* –sus partidarios prefirieron verlo como el *"Justiciero"*– y al que pudieron sus detractores achacarle la condición de ello, sobre todo tras su muerte. En las Cortes de Burgos de 1367 fue acusado de tirano. Tampoco era tan difícil difundir imágenes negativas de los enemigos dada la batería de argumentos disponibles que circulaban en la Edad Media sobre estas cuestiones. Hasta 61 maneras de ser un rey tirano había sistematizado el *Speculum Regum*. Pura especulación abstracta, sí, pero fácil recurso por ejemplo para que los enemigos de un rey adaptaran algunos de ellos a un caso concreto por pura conveniencia política. La propaganda era fácil entonces, pues no había forma de verificar la certeza o falsedad de una afirmación tendenciosa. Es por ello incluso sorprendente que el cronista López de Ayala, del bando trastamarista cuando escribió sus célebres *Crónicas*, parezca tan moderado al trazar el perfil de Pedro I, aunque su visión del monarca sea más bien negativa en comparación con la de sus sucesores. Claro que hay que tener en cuenta que escribió con cierta distancia y no interesaba enfatizar ya entonces las maldades de Pedro I, lo que explica la relativa ponderación. Pero lo que demuestra es la tendenciosidad de los cronistas reales, casi inevitable en tan áulico género literario como era el de la cronística.

Uno de los cronistas de Juan II, el converso Pablo de Santa María (†1435), obispo de Burgos, defensor monárquico, presentaba al rey como un mesías en sus *Siete edades del mundo*, una historia universal en verso. De sobra es conocida la apología que su hijo, el gran Alonso de Cartagena, también obispo de Burgos y una de las mentes más brillantes de su tiempo, hizo de la monarquía castellana en su *Anacephaleosis*. Alonso de Cartagena además fue autor en el Concilio de Basilea de 1434, en el que participó, del *Discurso sobre la preeminencia del rey de Castilla sobre el rey de Inglaterra*, conocido también como *Dircurso sobre la precedencia del rey Católico sobre el de Inglaterra*, a propósito de discusiones sobre prelación en el protocolo de intervenciones de las distintas delegaciones "nacionales". La obra era un erudito alegato patriótico, pero además ensalzaba filosóficamente el poder monárquico. Por otro lado, por entonces Álvaro de Luna fue presentado casi como un mártir en la *Crónica del Condestable*, o *Crónica de don Álvaro de Luna*, de su criado Gonzalo Chacón. La poesía de la época de Juan II, cuenta Deyermond, no escapó a las controversias y apología de los reyes. Juan de Mena dedicó su *Laberinto de Fortuna* en 1444 a Juan II, poco antes de la batalla de Olmedo. Un monárquico maniqueísmo se deslizaba sutilmente bajo el tono alegórico, histórico y poético, por otra parte muy brillante, de la obra. En el juego de significados y asociaciones de ideas empleado por Mena, la figura de Álvaro de Luna enlazaba con los valores positivos: la fama, la providencia divina, la heroicidad, la castidad y la realeza. Por el contrario, los enemigos del rey se asociaban, en campos semánticos bien contrapuestos, con el diablo, la lujuria, la guerra civil, el orgullo destructivo, la avaricia, las ambiciones de los hombres –los nobles– que la rueda de la Fortuna convertía en mudables y efímeros. Mena hacía así la propaganda poética que convenía a Juan II y su valido. Pero Álvaro de Luna tuvo también sus detractores. El *Bías contra Fortuna*, del marqués de Santillana, escrito en 1448, y sobre todo su *Doctrinal de Privados*, escrito poco después de la muerte de su enemigo Luna, eran un alegato *ad hominem* contra el privado, en un sentido contrario al de Mena.

Por otra parte, la controvertida figura de Enrique IV fue ensalzada por el cronista Enríquez del Castillo, para quien el buen rey quiso frenar la ambición de los grandes, mientras que para el isabelino Alonso de Palencia el rey se habría dejado llevar por su débil carácter y los vicios.

La época de los Reyes Católicos fue de recuperación de la propaganda monárquica (Carrasco Manchado, 1995). Aparte de la prosa histórica, sobre la que ya hace tiempo llamó la atención Tate (Tate, 1970), sirva de ejemplo el libro dado a conocer por P. Cátedra, *Consolatoria de Castilla*, escrito en verso por Juan Barba antes de 1488. Se elogiaba en la obra la monarquía, presentada desde una perspectiva providencialista. Esto ya no sorprendía en la época de Isabel, reina católica y popular. La célebre hipérbole sagrada que el poeta converso Antón de Montoro dedicara a la reina hacia 1474-1478, reconvirtiendo en expresión casi blasfema un antiguo villancico, muestra con claridad este giro hacia el discurso panegírico y la propaganda monárquica descarada que experimentó la creación literaria de la época: *"Alta reina soberana/ si fuérades antes vos / que la hija de Sant'Ana / de vos el Hijo de Dios / recibiera carne humana (...) / Y pues que por vos se gana / la vida y gloria de nos / si no pariera Sant'Ana / hasta ser nascida vos/ de vos el Hijo de Dios / rescibiera carne humana"* (Antón de Montoro, *Cancionero:* 220)

Aunque la propaganda pro-monárquica, no sólo literaria sino también icónica (Yarza, 1988; 1997), fue ganando la partida en términos de confrontación con otras ideas, hay que decir que se había ido haciendo compatible durante la Baja Edad Media con corrientes de ensalzamiento de los valores nobiliarios, no en un tono político antimonárquico directo, sino de realce en la memoria histórica y los valores morales fundamentales de este sector social. Cabe pensar que la mejor forma de propaganda nobiliaria era su propio estilo de vida –caza, fiestas, lujo...–, el envidiado ambiente familiar, la conciencia del linaje, sus emblemas heráldicos, las reverencias de los plebeyos, a veces incluso sus bibliotecas o mecenazgo (Beceiro-Córdoba, 1990; Quintanilla Raso, 1999), cuando no el propio poder que tenían en el estado (Quintanilla Raso, 1997a; Montero, García Vera, 1992). Por supuesto, estaba también la atribución de valores caballerescos a la nobleza (*cfr.* 7.3), pero además tanto la épica tardía como la cronística habían ensalzado los valores nobiliarios, el honor, el valor, la "largueza" o generosidad, el patriotismo, que solían hacer entroncar con las mejores tradiciones de la historia hispánica. La *Crónica rimada del Cid* o *Mocedades de Rodrigo,* texto muy popular del siglo XIV, reinventaba un pasado en el que Castilla habría conseguido su plena soberanía ante el Papa y emperador en tiempos del Cid, apareciendo éste –frente al rey pusilánime y los *altos omes del reyno–*, como líder de una parte de la nobleza que logró la independencia de Castilla-España. Era una leyenda que reivindicaba –trasladándola imaginariamente a tiempos del Cid– quizá la "nueva nobleza" de la época Trastámara, o por lo menos la responsabilidad de este grupo social en el destino del reino. Es una leyenda que incorporaron también cronistas de la época Trastámara como Juan Rodríguez de Cuenca, en el *Sumario de los Reyes de España,* de 1406, y otros como Pedro de Escavias y García de Salazar, éste ya en la época de los Reyes Católicos. Hubo otros mitos, de los que da cuenta A. Rucquoi en su estudio (Rucquoi, 1991), que igualmente recrearon un pasado histórico para elogiar el papel de la nobleza. Así, por ejemplo, una leyenda situada en la época astur, según la cual Alfonso el Casto habría ofrecido el trono a Carlomargo, pero hubo resistentes que se negaron a someterse a Francia y mantuvieron la independencia; en la Baja Edad Media estos resistentes, que en las noticias antiguas eran indiferenciados, se habían convertido ya en *"ricoshombres"*, o *"los grandes honbres de su reyno"*. Así lo interpretaban ya crónicas como las de Pedro de Escavias, *Repertorio de los Príncipes de España*, hacia 1475, y también aparecía en *Bienandanzas y Fortunas*, obra coetánea de Lope García de Salazar, que atribuía la resistencia a los caballeros leoneses. Y a finales del siglo la anónima *Breve Compendio de las Crónicas de España* hacía contrastar la traición del rey Alfonso el Casto con la heroicidad patriótica de *"los grandes de España"*, gracias a los que se habría salvado la unidad e independencia de Castilla-España. Otras crónicas bajomedievales elogiaron por su parte la defensa histórica hecha por los nobles de las 'auténticas' tradiciones patrias, como por ejemplo su oposición en el siglo XI a que Alfonso VI suprimiera el rito litúrgico hispánico y lo sustituyera —esto se veía como pérdida— por el romano o cluniacense: el autor de la *Atalaya de las Corónicas*, Alfonso Martínez de Toledo, en 1443 atribuía las únicas resistencias a tal cambio cultural a los grandes, lamentablemente no escuchados. En definitiva, se trataba de historias legendarias de propaganda nobiliaria, muy difundidas en el siglo XV. Se complementaban con otras expresiones contenidas en las memorias familiares y las leyendas genealógicas de las casas principales (*cfr.* 7.3.2).

3.3.3. Mitos e identificación pre-nacionales

Muchos de los elementos propagandísticos de la época, como en parte se ha apuntado más arriba, hacían referencia a identidades de carácter "nacional" o territorial. En efecto, es detectable un cierto auge de los idearios patrióticos, más acusados en la cronística que en otros géneros. Se trata de una defensa de ciertas identidades territoriales, reinos, monarquías, etc. Se dieron en todos los reinos hispánicos. Pero lo interesante es destacar que se desarrollaron en múltiples direcciones, incluidos el ámbito catalán o aragonés, que no se tratan aquí. A la apología de sus respectivos ámbitos específicos hay que añadir que la noción de "España" estuvo presente también en la corona de Aragón en el período medieval, como memoria de un pasado hispánico común, y no parece que fuera vista como incompatible con las identidades particulares de cada reino o territorio. Podría sin duda complementarse con bastantes más referencias el libro que escribiera en su momento Maravall sobre estas cuestiones, así como los trabajos de Tate (Maravall, 1954; Tate, 1970).

En el caso castellano, aparte de la identidad como tal monarquía particular, la evocación de la *Monarquía Hispana*, o recuperación de la idea de España, fue tomada con mayor fuerza desde la tradición de Alfonso X hasta la dinastía Trastámara. Tanto la *Crónica General* como la misma obra jurídica de El

Sabio recordaban la antigua unidad de España: *"en tiempo de los godos fue todo uno"*, como mencionaba elocuentemente el *Espéculo*. La memoria histórica de la unidad con los godos, luego perdida por la invasión musulmana, se había hecho compatible con las aceptadas, y no necesariamente inconfortables, divisiones medievales entre reinos. La realidad de tal división se asumía, pero en el ideario histórico latían las ideas legendarias de conquista y de recuperación algún día de la *Monarchia Totius Hispaniae*, el espacio unitario común. En los siglos XIV y XV esta idea estaba bastante viva. Los monarcas castellanos además, al abrigo de una memoria genealógica de la casa real bastante discutible, se consideraban ellos mismos herederos legítimos de la descendencia visigoda. Unido al mayor potencial objetivo de Castilla en el espacio peninsular, hizo pensar a muchos que había una cierta preeminencia de lo castellano sobre los restantes reinos peninsulares, al menos en aras a encabezar la recuperación de una legitimidad unitaria. Era una noción plenomedieval que se retomó en los últimos siglos medievales. Es posible que los Trastámara deliberadamente relanzaran esta idea, que no era nueva. Eso sí, no debe situarse nunca antes de los Reyes Católicos en el terreno de las pretensiones territoriales o políticas concretas, y aun entonces casi tampoco, sino sólo como una idea situada en el plano de las prelaciones postuladas por algunos en el imaginario histórico.

En efecto, en el siglo XV el orgullo de lo castellano, realidad tangible, y especialmente frente a otras monarquías foráneas –europeas, más que en relación con las monarquías hermanas–, se desplegó unido al recuerdo, aunque éste remoto, del esplendor de la antigua Hispania unida, tema recurrente desde Rada y su *Historia de los Godos*, presente también en la obra de Alfonso X. Este discurso se presentaba muy explícito al final del siglo XV. Pero ya antes, en la época de Juan II, el tema de los godos y la unidad fue cantado por poetas como Mena o loado por pensadores como Alonso de Cartagena. Aparte de su *Anacephaleosis*, quizá en su citado *Discurso sobre la preeminencia del rey de Castilla*, hacia 1434, se encuentre la más elaborada exposición de argumentos de su tiempo sobre esta reivindicación de la superioridad castellana e hispánica: la noción de que los reyes castellanos eran preeminentes sobre el resto, que no se sometieron a emperador alguno nunca, que España había sido un imperio con los godos, que la casa real de Castilla era más antigua y noble que otras, pues venía en línea ininterrumpida de los visigodos a Pelayo, de éstos a los reyes de Asturias, luego de León y Castilla, en línea hasta el mismo Juan II y Enrique IV. También se decía que parte de la grandeza de Castilla le venía de la diversidad de sus climas, recursos y sus gentes: *"ca los castellanos e los gallegos e los viscaínos diversas naciones son"*. Ésa era la visión defendida (Apéndice 7), la de una Castilla continente de diversidades reconocidas y dentro a su vez de un espacio hispánico de esplendoroso pasado y presumible destino común. El destino de una Castilla diversa y gloriosa dentro de una "España" asimismo gloriosa, como ponía también de manifiesto la obra de Sánchez de Arévalo, *Compendiosa Historia Hispaniae*, redactada hacia 1469, que enlazaba ya con la historiografía patriótica tan desarrollada en el reinado de los Reyes Católicos. Para sus panegiristas más conspicuos, los Reyes Católicos no eran ya sólo gobernantes ejemplares y cristianos virtuosos en grado sumo, en la típica propaganda pro-monárquica antes citada, sino además necesarios y mesiánicos restauradores de la herencia territorial de los godos. Así, Diego de Valera, en su *Doctrinal de Príncipes*, escrito al principio del reinado, profetizaba que Fernando el Católico reinaría sobre los reinos de Castilla y Aragón, pero también que *"avréis la monarchía de todas las Españas e reformaréis la silla inperial de la ínclita sangre de los Godos donde venís, que de tantos tienpos acá está esparsida e derramada"* (*Prosistas castellanos del siglo* XV: 173).

4

Los poderes locales y señoriales

En una sociedad feudal como la medieval, donde la soberanía se presentaba fragmentada, los señoríos y los poderes urbanos formaban parte del estado, concepto obviamente utilizado con valor instrumental y metodológico. No existía en la época una contraposición radical entre, por un lado, los poderes "estatales", públicos, políticos, encarnados en los órganos de la monarquía, o en las instituciones municipales, y por otra parte los poderes privados, agrarios, económicos, representados por los señoríos, o bien los linajes y las corporaciones ciudadanas. El estado era también su periferia, conceptualmente hablando. Unos y otros poderes eran estado, de igual modo que podemos subrayar que las relaciones de poder se encontraban tanto en los organismos burocratizados de la corte como en los micropoderes moleculares a pequeña escala, y que eran relaciones de poder tanto centralizadas como descentralizadas, tanto institucionalizadas como difusas, tanto formalizadas como invisibles. Tras haber examinado el poder monárquico en los capítulos anteriores, valga ahora un breve acercamiento a los poderes municipales y señoriales de los siglos XIV y XV.

4.1. Los poderes señoriales

4.1.1. El poder de la nobleza señorial castellana a partir de sus señoríos

A) Señorialización bajomedieval y reequilibrios territoriales

Durante la primera mitad del siglo XIV el poder que a la alta nobleza castellana le reportaban sus señoríos era limitado, aunque esto parezca sorprendente. Había amplísimas zonas en las que carecían de posesiones señoriales. Del Duero a Sierra Morena, zonas organizadas en concejos de *villa y tierra* realengos o bien en señoríos de Órdenes Militares, los nobles carecían casi de presencia señorial. Las repoblaciones de Andalucía de la segunda mitad del XIII habían aportado pequeñas concesiones territoriales a los nobles que participaron en las conquistas del Valle del Guadalquivir, pero sus posesiones eran poco relevantes. Tan sólo desde el Duero hacia el Cantábrico las posesiones señoriales mostraban la huella de una vieja feudalización de raíz altomedieval. En estas regiones norteñas el problema para la nobleza no era la falta de territorios señoriales, sin duda abundantes, sino su estructura. En efecto, buena parte de los señoríos eran *solariegos*, en los que los titulares tenían campesinos dependientes a partir del *solar* o propiedad señorial. Las *behetrías* también eran formas señoriales, muy arraigadas en el viejo *reino* de Castilla y vinculadas al dominio de la nobleza. En este caso puede considerarse un tipo señorial originariamente vinculado, *grosso modo*, a la baja nobleza o infanzonía en el que los campesinos tenían ciertos derechos de propiedad, mientras que los infanzones o hidalgos accedían a derechos señoriales en el lugar —se llamaban *diviseros* o *naturales*— de forma compartida. Pero hubo también *behetrías* de un solo señor. Por los datos del *Libro Becerro de las Behetrías*, un gran registro de 1352 que recogía las adscripciones y rentas de casi dos millares y medio de aldeas de 15 de las 19 *merindades* de la Merindad Mayor de Castilla, con todos los tipos de señorío, se sabe que *solariegos* y *behetrías,* junto con la modalidad de *abadengo* o señorío eclesiástico, constituían una parte importante de los señoríos castellanos septentrionales. Recientemente estudiado por Estepa, Álvarez Borge y otros, el *Libro Becerro*, haciendo una lectura retrospectiva, revela el protagonismo creciente de algunos linajes nobles, no sólo por sus señoríos *solariegos*, sino gracias a la penetración y concentración a partir de las *behetrías*, que a esas alturas experimentaban un proceso de asimilación al señorío laico. Linajes como los Lara, Haro, Manrique, Villalobos, Velasco, Sandoval, o Rojas —estos tres últimos de reciente despegue— habían alcanzado ya en la primera mitad del XIV un gran relieve gracias a la acumulación de *behetrías* castellanas, muchas veces a costa de infanzones de la zona, más débiles que ellos. Ahora bien, sus dominios eran dispersos, diminutos, fragmentados y de componentes heterogéneos. Las rentas estaban anquilosadas y eran exiguas: *yantares, infurciones, martiniegas*, etc. Escasos recursos para los nobles. La situación señorial del *reino* de León, peor conocida, se supone que compartía la misma situación de la de Castilla la Vieja.

Atrincherada en el tercio norte del reino, la nobleza se vio, pues, incluso desplazada de algunas áreas por la fundación regia de villas en la costa cantábrica, en el valle castellano del Ebro, en Tierra de Campos, en tierras gallegas y asturianas. Estudios recientes, como los de Reglero de la Fuente o Martínez

Sopena para Tierra de Campos revelan que hasta las dos terceras partes de la población y sobre todo la riqueza de esa comarca, comarca por cierto muy señorializada, residían a mediados del XIV en las *villas reales* y sus alfoces concejiles, pese a ocupar menos espacio que el de la geografía señorial.

Era evidente que las formas señoriales tradicionales no resistían la competencia del dinamismo ni de las modestas pueblas –*polas* en Asturias–, villas costeras o del interior de la cuenca del Duero, ni mucho menos la potencia creciente de ciudades como La Coruña, León, Burgos, Valladolid o Vitoria, encuadradas en un pujante realengo urbano contra el que nada podían hacer. En sus señoríos, numerosos, del tercio norte, los vasallos de los nobles apenas podían soportar la creciente fiscalidad regia, una incipiente fiscalidad "de estado". Los viejos señoríos nobiliarios no parecían suficientes para relanzar el potencial de esta clase, que sin embargo seguía siendo la más poderosa.

Desde mediados del XIV las confiscaciones de bienes de los rivales regios, como Juan el Tuerto o Alvar Núñez, permitieron a Alfonso XI y a Pedro I entregar extensiones importantes a destacados seguidores. Pero se trataba de fórmulas de infantazgo o similares, ya conocidas con anterioridad. Tales concesiones, que tanto Alfonso X como sus sucesores habían hecho a infantes, reinas y miembros de la familia real, no deben considerarse concesiones señoriales propiamente dichas, puesto que tenían casi un carácter de *"apanages"* o pseudo macro-tenencias territoriales reversibles y móviles en el círculo de parientes reales, o por lo menos no eran concebidas como enajenaciones definitivas del patrimonio real. En los reinados de Alfonso XI y Pedro I, aunque aumentaron levemente las concesiones a señores laicos en comparación con los reinados anteriores desde Alfonso el Sabio, no cambió sustancialmente la situación. Así Alfonso XI dotó bien a su amante Leonor de Guzmán y sus hijos. O Pedro I en relación con Juan Alfonso de Alburquerque.

Sólo desde Enrique II, sin embargo, hubo un cambio cuantitativo y cualitativo importante, lo primero por el incremento espectacular del número de concesiones señoriales y lo segundo por basarse esencialmente en concesiones jurisdiccionales sobre villas.

Durante la época Trastámara, en concreto entre 1369-1474, la corona de Castilla fue profundamente señorializada. Numerosos estudios sobre el proceso han constituido la preocupación de autores como Moxó, Valdeón, Quintanilla Raso, Franco Silva, Ladero, Mitre, Álvarez, Beceiro, Cabrera, Porras, Gerbet, Pardo, Pino, Ayerbe, Diago, Díaz de Durana, Montero Tejada, González Crespo, Martínez Sopena, Molenat, Rodríguez Llopis, Sánchez Saus, Moreno Núñez, Luis López, Lora, López Pita, Devís, etc. Las aportaciones de una numerosa historiografía sobre señoríos medievales han permitido ampliar enormemente el elenco de conocimientos (Quintanilla Raso, 1997a; Monsalvo, 1995).

El mecanismo de la concesión señorial quedó fijado tras el triunfo de Enrique II: en las frecuentes pugnas entre banderías nobiliarias el rey concedía señoríos a cambio de apoyos políticos. La posibilidad de hacerlo pensamos que descansó en dos factores: por un lado, el monarca disponía todavía en el XIV de una reserva territorial de realengo urbano —nacido de la expansión económica y las repoblaciones plenomedievales— todavía extensísima; por otro lado, la concentración de autoridad en la cúspide de la monarquía, típica de los tiempos, permitió quebrar el estatuto realengo de las villas y creó instrumentos —incluyendo las decisiones de carácter "absolutista" de los reyes— para reconvertir una larga historia de muchos núcleos desde *villas reales* y *concejos de villa y tierra* en *villas señoriales*, por no hablar del reforzamiento que desde el poder estatal se dio a las concesiones con la fórmula del *mayorazgo*, fórmula ya conocida antes pero impulsada desde Enrique II y que blindaba la potencia material de los linajes nobles, impidiendo la disgregación de los patrimonios.

El despegue de los nuevos señoríos no se produjo hasta después de la victoria de Enrique II. Sus primeras *mercedes* no consolidaron todavía la geografía señorial que sería característica del XV, ya que hubo bastantes cambios en las concesiones iniciales. Por otro lado, hubo grandes linajes que acapararon en un momento determinado extensiones señoriales notables, pero que fueron barridos: los epígonos Trastámara en la época de Enrique III; los infantes de Aragón, con importantísimos señoríos en toda la cuenca del Duero; Álvaro de Luna, con importantes señoríos en la zona del Tajo. Prescindiendo, pues, de las primeras concesiones, que no se consolidaron, y de estos citados esplendores efímeros, puede decirse que no fue hasta los reinados de Juan II y Enrique IV, coincidiendo además con la maduración del régimen del *mayorazgo*, cuando culminó un proceso de señorialización —que los Reyes Católicos mantuvieron— en el que hay que destacar desde el punto de vista socioespacial al menos tres grandes rasgos: *a)* la alta nobleza, una parte de ella "nueva" —sin raíces destacadas antes de los Trastámara— y otra remozada, consiguió hacerse con amplísimos señoríos, en los que solió arraigar para largo tiempo. En la segunda mitad del XV unos 15 grandes linajes, que fueron quienes alcanzaron la grandeza en el XVI, cada uno con varias ramas familiares y acumulación entre todos de cerca de un par de decenas de títulos nobiliarios —condes, marqueses o duques—, se habían hecho con los principales *estados señoriales*: los Acuña, Álvarez de Toledo, Cerda, Cueva, Enríquez, Estúñiga, Fernández de Córdoba, Guzmán, Manrique, Mendoza, Osorio, Pimentel, Ponce de León, Sandoval y Velasco. Esta alta nobleza desplegó sus *estados señoriales* sobre todo en torno a villas, con las circunscripciones rurales de éstas incluidas; esto, dadas las dimensiones de tales villas, sobre todo en el centro y sur de la corona, aportó a los titulares de estos señoríos el dominio de espacios supracomarcales e incluso subregionales; *b)* tan sólo las principales ciudades, y unas pocas villas, mantuvieron la condición realenga en el XV; *c)* se produjo paralelamente una "señorialización menor", consistente en concesiones de pequeñas aldeas y castillos, no villas históricas, de la que se beneficiaron no ya sólo los grandes linajes señoriales sino incluso capas medias y bajas de la nobleza y la caballería urbana.

a) En cuanto a los grandes linajes, crearon zonas de influencia a través de sus señoríos en todas las regiones. En Galicia fueron los más beneficiados entre los que carecían de raigambre gallega: los Enríquez-casa de Trastámara; los Sarmiento, éstos desde la villa y condado de Ribadavia y la villa de Ortigueira; o los Osorio de Lemos, éstos desde El Bierzo leonés y con un señorío sobre las villas gallegas de Monforte, Cedeira y Sarria, entre otras; o los Pimentel, que desde la castellano-leonesa Benavente se asentaron en las gallegas Allariz, Milmanda, zona de Valdeorras y áreas diversas orensanas; o incluso los Estúñiga que enlazaron con los Ulloa. Los que sí tenían tal raigambre gallega mantuvieron en general o ampliaron sus señoríos: los Andrade, con El Ferrol, Villalba y Puentedeume; los Ulloa, con dominios en numerosas comarcas del interior de Galicia; los Mariñas, los Moscoso, los Sotomayor, entre los linajes principales. Claro que el principal señorío gallego era la mitra compostelana. A los enclaves de esa llamada "Tierra de Santiago" se adscribían núcleos como Pontevedra, Noya o Padrón. Y hay que tener en cuenta la más emblemática ciudad episcopal, Compostela. Otro rosario de ciudades episcopales gallegas, como Lugo, Orense, Tuy y Mondoñedo acababa por dar a Galicia ese perfil eclesiástico que los señoríos nobles sobre villas y castillos rurales no lograron equiparar.

No ocurre lo mismo en los territorios de la actual región castellano-leonesa y sus regiones limítrofes. Aquí, los inexistentes señoríos eclesiásticos sobre ciudades –Palencia era excepcionalmente una ciudad de señorío episcopal–, o la perduración de las viejas formas de "abadengo", daban un perfil más bien rural a los dominios eclesiásticos del tercio norte. Y ahora tales señoríos eclesiásticos no añadieron villas –*villa y alfoz* concejil–, que era la principal novedad de la época Trastámara. Fueron en cambio los grandes linajes de la nobleza laica los beneficiarios en estas extensas regiones.

Con excepción de los Guevara, señores de Oñate, que desde allí tenían bajo control señorial una pequeña parte del sur de Guipúzcoa –y norte alavés– no hubo en las provincias vascas costeras señoríos de la alta nobleza. Aunque Parientes Mayores como los Abendaño y los Butrón fueron célebres por sus luchas banderizas en tierras vizcaínas, no pueden homologarse a la alta nobleza. Sí en cambio en el territorio alavés. Aquí en la época Trastámara proliferaron importantes *estados señoriales* de la nobleza territorial, que desde sus viejos solares –los Mendoza surgieron aquí– se fue haciendo con pequeñas villas: los Ayala en Arceniega, Salvatierra, Orozco o Llodio; los Rojas en Santa Cruz del Campezo; los Abendaño en la zona de Villarreal, los Sarmiento en Labastida, Salinas de Añana y otras áreas del sur de Álava, los Hurtado de Mendoza en algunos pequeños núcleos por doquier; los Manrique en Treviño.

Ya en la mitad norte de la actual región de Castilla y León, los Osorio-rama de Astorga desde el señorío de Villalobos lograron señorializar buena parte de la comarca de Astorga, incluida esta ciudad en 1465. La rama de los Osorio de Lemos, a partir de antiguos señoríos bercianos del siglo XIII, amplió la dominación en la comarca en el siglo XV y obtuvo Villafranca del Bierzo. Los Quiñones, desde el originario solar del valle leonés del Torío, fueron ampliando sus señoríos, consiguiendo ya en la época Trastámara las principales posesiones, concentradas al norte de la actual provincia leonesa y sur de Asturias –de la que fue Merino Mayor–: Somiedo, Laciana, Lillo, Condado de Luna, Barrios de Luna, Gordón, Ordás, Ribadesil, Laguna de Negrillos y otras posesiones en la zona del Órbigo. En la zona sur de la ciudad de León otros linajes señoriales controlaron las comarcas. Los Bazán tenían Palacios y La Bañeza mientras que los Acuña disponían de Valencia de don Juan. Más al sur los Pimentel dominaban la zona de Benavente desde el extenso señorío de esa villa, que se extendía hasta las comarcas montañosas de Sanabria y la Carballeda, incorporadas al señorío. Algo más al sur, en tierras también hoy zamoranas, una rama de los Enríquez dominaba Alba de Aliste. Un poco hacia el este, la rama principal de los Enríquez, familia de Almirantes de Castilla, dominaba sobre numerosas villas y lugares de Tierra de Campos, como Aguilar de Campos, Torrelobatón, Palenzuela o Medina de Rioseco. Al norte de Tierra de Campos la influencia de los Enríquez se sustituía por varias ramas familiares de los Manrique, que desde el viejo solar de Amusco llegaban hasta el Cantábrico en el flanco occidental del viejo *reino* de Castilla: Castañeda, Osorno, Paredes de Nava, Aguilar de Campóo, Nájera, aparte del citado Treviño. Los Manrique rivalizaban hacia el norte con los Vega y con los poderosos Mendoza-rama de Santillana, titulares del marquesado de Santillana, y hacia el flanco oriental del *reino* castellano con los Velasco. Estos últimos, desde sus modestos dominios en el XIII en el centro y norte de la actual provincia de Burgos, fueron beneficiados con villas en esta zona y en las limítrofes prácticamente en exclusiva: los condes de Haro fueron también titulares de Briviesca, Medina de Pomar, Frías, Herrera de Pisuerga, aparte de ser titulares de numerosísimos lugares sueltos y *behetrías* –no agrupados en *villas con alfoz*– en la Merindad de Silos y en la Merindad de Castilla la Vieja, de la que los Velasco fueron Merinos Mayores. Los Arellano fueron un linaje señorial implantado en tierras riojanas y del norte de Soria. Por su parte, los Sandoval tenían Lerma, Cea y algún núcleo menor.

En las subregiones de las riberas del Duero y su cuenca meridional, a pesar del fuerte peso de las ciudades realengas aquí, no faltaron tampoco los grandes *estados señoriales*, favorecidos por la extensión de las *tierras* concejiles. Los Álvarez de Toledo dominaron el este de la actual provincia salmantina y sur de la de Ávila, gracias a sus señoríos sobre Alba de Tormes, El Barco o Piedrahíta. En el sur de estas provincias competían con los Estúñiga, señores de Béjar y durante un tiempo de la cacereña Plasencia. El linaje de la Cueva, aunque tardíamente, ya con Enrique IV, dominaba extensos señoríos como los de Ledesma o Cuéllar. Hubo además en tierras segovianas desde la época de Enrique IV señoríos del marqués de Villena, como Ayllón, o de los Herrera, como Pedraza, tras haber desplazado de estas comarcas primero a los infantes de Aragón y después —en algún caso como Ayllón— a Álvaro de Luna. Precisamente en el reinado de Juan II Luna había llegado en su plenitud a poseer un nutrido grupo de villas en la zona segoviana y soriana, que luego se dispersaron tras su muerte: Ayllón, Riaza, Cuéllar, Sepúlveda, Castilnuevo, Fuentidueña, Osma, San Esteban de Gormaz, etc., villas luego concedidas a diversos titulares, manteniendo los herederos del condestable apenas una pequeña porción. En la actual provincia soriana fueron otros los linajes que se consolidaron: una rama de los Mendoza dominaba en Almazán y Monteagudo, los Tovar en Berlanga y Caracena y los Cerda en Medinaceli.

Las vastas extensiones de la Meseta Sur, que no se encontraban entre las más pobladas, fueron de las zonas más intensamente señorializadas. Destacaron los señoríos de las Órdenes Militares: Alcántara y Santiago, al norte y sur de Extremadura; señoríos de Calatrava, Santiago y San Juan, en la cuenca manchega. También el señorío de la Mitra toledana, que enseñoreó con los Trastámara villas como Talavera. A pesar del predominio de este tipo de señoríos, los laicos también se desplegaron sobre estos territorios. En la actual Extremadura destacaron los Estúñiga, Álvarez de Toledo-casa de Alba y Monroy al norte de la región, la casa de Alburquerque al oeste, con esta villa, los Portocarrero —con Medellín—, los Sotomayor, los Suárez de Figueroa-casa de Feria al sur de la región. Las tierras de la zona de Toledo fueron escenario también de la expansión señorial. Los Ayala toledanos —con el condado de Fuensalida—, los Álvarez de Toledo de Oropesa, el marqués de Villena y otros pequeños señoríos rivalizaban con la potente Mitra toledana en esta subregión. Las comarcas de los Montes de Toledo fueron más bien de pequeños señoríos, junto a la penetración ya más al sur de los Álvarez de Toledo-rama de Oropesa, Monroy, Portocarrero y Sotomayor. Álvaro de Luna había logrado acumular un importante patrimonio al norte de la actual provincia de Toledo y sur de Ávila, que se dispersó, como se ha indicado tras su muerte. Por la Transierra de la Cordillera Central y comarca alcarreña se expandieron algunas ramas de los Mendoza-casa del Infantado. Ya en tierras conquenses los Vázquez de Acuña —condes de Buendía—, a principios del XV flanqueaban con sus señoríos Cuenca por el oeste, mientras que la rama conquense de los Mendoza, los de Cañete, junto con los Mendoza del Infantado, llegaron en la segunda mitad del XV, en competencia con los Carrillo de Albornoz, a rodear la Tierra de Cuenca por el este y norte. Ya hacia tierras albaceteñas comenzaba la influencia de los Pacheco, con el marquesado de Villena, con Chinchilla y Almansa, con las villas conquenses de Alarcón y Belmonte y con otras villas del *reino* murciano que rivalizaban con la capital realenga de Murcia. En la zona murciana la influencia destacadísima del marquesado de Villena se contrarrestaba con la influencia de otros linajes de la zona, sobre todo los Fajardo, y de los señoríos de Orden Militar.

En Andalucía el progreso de la señorialización fue notable. Según datos de Collantes de Terán a fines del XIII tan sólo el 25% del territorio era señorío, pero además casi su totalidad lo era de órdenes Militares y eclesiásticos. En cambio a fines de la Edad Media la mitad de la Andalucía cristiana era señorío, con claro predominio ya —salvo en Jaén— del señorío laico. En el *reino* de Jaén, en efecto, como continuación de La Mancha, la presencia de Órdenes Militares fue muy alta, con casi un 30% del territorio del *reino*. En los otros dos *reinos* históricos andaluces la alta nobleza dominó claramente en el siglo XV. En el *reino* de Sevilla la principal casa fue la de los Guzmán, que desde Sanlúcar de Barrameda —con varios núcleos de la costa gaditana—, fue ampliando sus dominios: desde Enrique II, condado de Niebla, en la zona onubense, donde más tarde añadió Huelva, y desde mediados del XV el ducado de Medina-Sidonia. En la zona de Huelva con esta casa competían los Estúñiga, desde el importante señorío de Gibraleón, y los Portocarrero, con Moguer. Mientras tanto, en la zona gaditana la casa de Medina-Sidonia competía con los Ponce de León, condes de Arcos desde mediados del XV, y señores de Marchena, Rota y Chipiona. El Puerto de Santa María era de los Cerda-casa de Medinaceli. En el *reino* de Córdoba cuatro ramas de los Fernández de Córdoba dispusieron de importantes *estados señoriales* en la zona: Montemayor —Casa de Montemayor—; Aguilar y Priego —Casa de Aguilar—; Lucena —Casa de los Alcaides Donceles—; Cabra y Baena —Casa de Cabra—; por citar sólo las villas principales de cada una de estas ramas. Otro gran linaje del reino fue el de los Sotomayor, desde 1445 condes de Belalcázar.

Al final de la Edad Media la extensión de las tierras señorializadas podía llegar a la mitad del territorio castellano. La población bajo señorío tendría una proporción menor, quizá de un tercio del total, dada la mayor concen-

Los poderes locales y señoriales | 149

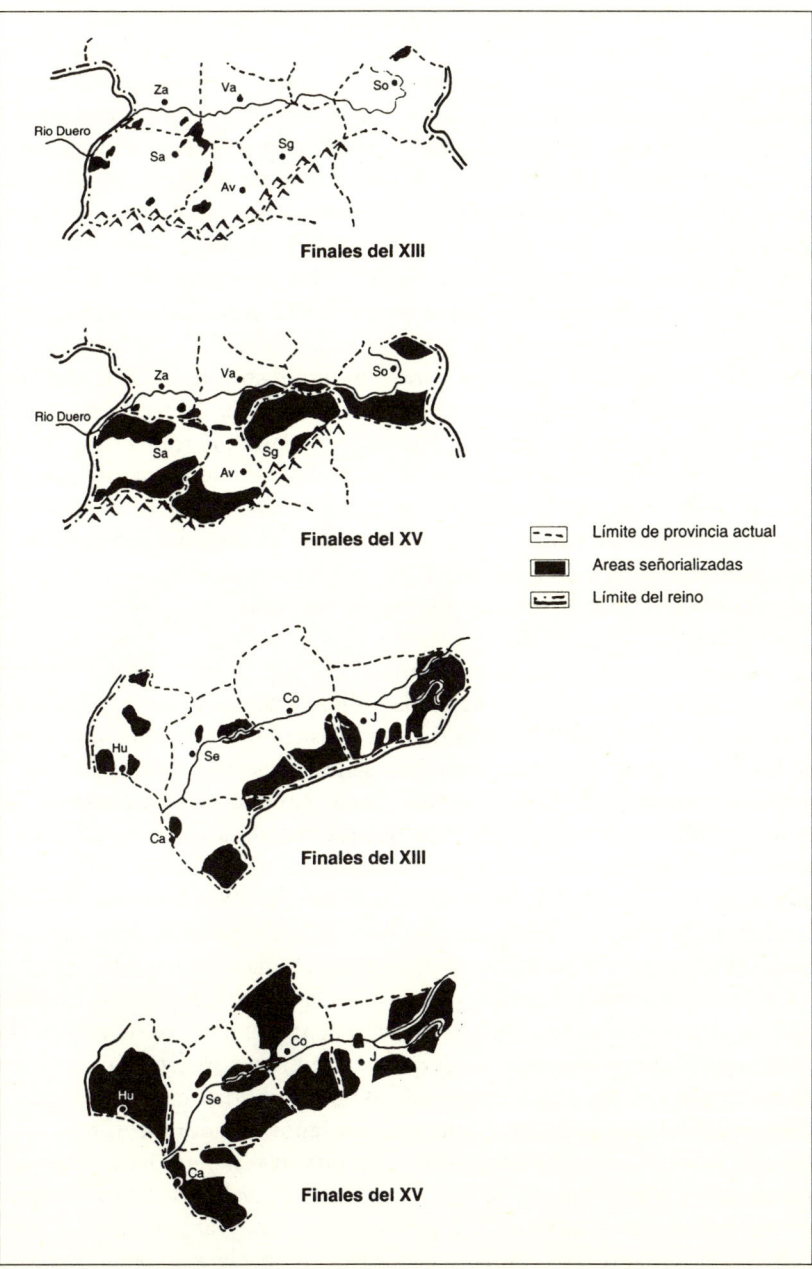

FIGURA 4.1. Señorialización en la región entre el Río Duero y la Cordillera Central y en la región del Guadalquivir.

tración de población en las grandes ciudades realengas. Lo normal fue que las villas, de tamaño medio o pequeño, con sus aldeas dependientes si las tenían, pasaran a señorío. Gran parte de los aproximadamente dos centenares de *sistemas concejiles* formados en los siglos XII-XIII en territorios realengos pasaron a señorío en los siglos XIV y XV, lo que representa varios miles de aldeas y lugares poblados en toda Castilla. Por supuesto, además de ello, fueron señorializadas muchas aldeas aisladas no integradas en una *Tierra* concejil, sobre todo en el tercio norte. En algunas regiones o subregiones la señorialización, bien por ser ya antigua o como resultado de las concesiones Trastámara, predominaba claramente sobre las jurisdicciones realengas, tanto en términos demográficos como superficiales: Galicia, mitad norte de la actual Castilla-León hasta sus bordes montañosos, Rioja, Extremadura actual, *reino* de Toledo. Zonas con mayor pervivencia del realengo –sobre todo en términos poblacionales– fueron, en cambio, la franja cantábrica, organizada en pequeñas o medianas villas costeras, la cuenca meridional del Duero, por la estela de grandes ciudades realengas, y la cuenca del Guadalquivir, por motivos similares. Pero incluso en estas dos últimas zonas, muy pobladas en la Baja Edad Media, el avance señorializador fue espectacular, como puede observarse en los mapas adjuntos.

b) Quedaron libres de la señorialización los principales núcleos urbanos, que aglutinaban, como se acaba de indicar, más población que los vasallos señoriales, pero también más riqueza, más energía cultural y más carga simbólica. Al norte quedaron fuera de la señorialización muchos núcleos de la franja cantábrica, de Galicia al País Vasco. Aunque no eran ciudades del primer nivel sí hubo ciudades importantes como La Coruña, Oviedo o Vitoria en estas regiones, además de núcleos como las Cuatro Villas de la costa cántabra –Santander, Laredo, Castro Urdiales y San Vicente–, Bilbao, San Sebastián y otras villas vascas menores. Hacia el valle del Ebro, ya más modestas, Logroño y Santo Domingo de la Calzada.

La actual región de Castilla y León tenía la mayor densidad de grandes ciudades de realengo, muy pobladas y frecuentes escenarios de la historia política de la época. Hubo villas que resistieron la señorialización en algún momento y quedaron como realengas –como Sepúlveda, Ágreda o Aranda–, hubo ciudades que padecieron una presión señorializadora, con resultado diverso, desde Ciudad Rodrigo, que se mantuvo realengo, hasta Astorga, que perdió la condición en 1465. Núcleos como Arévalo, Medina y Olmedo se mantuvieron en el realengo. Y además hay que destacar la nómina de ciudades de la actual región con voto en Cortes y consideradas prácticamente intransferibles: León, Burgos, Valladolid, Toro, Zamora, Salamanca, Ávila, Segovia y Soria.

En la hiperseñorializada submeseta sur las escasas pero principales ciudades mantuvieron la condición realenga: Madrid y Guadalajara, dos villas, pero con voto en Cortes; Trujillo, Cáceres, Badajoz, Toledo, Huete, Cuenca y la modesta Villa Real, futura Ciudad Real.

Al sur de Castilla hay que contabilizar núcleos andaluces como Jerez, Carmona, Écija, Antequera, Úbeda, Andújar o Baeza. Pero sobre todo las capitales de los reinos históricos, con voto en Cortes en el XV, esto es, las muy pobladas Sevilla, Córdoba y Jaén. La ciudad de Murcia era el bastión realengo en el *reino* homónimo, así como Lorca, mientras que Cartagena estuvo señorializada antes del reinado de Isabel I, que la incorporó a la Corona.

Esta red del realengo urbano fue tan consistente durante la época Trastámara que equilibró casi milagrosamente el juego de poderes de la monarquía castellana. Aportó ingresos considerables y pudo ofrecer solventes apoyos políticos a los monarcas. La consistencia superficial de sus *tierras* concejiles, su potente influjo material sobre un entorno rural desarrollado, así como la fuerza social y política de sus elites dirigentes, permitieron que en Castilla se produjese una evolución hacia el Estado Moderno en cierto modo equilibrada. Por un lado, lo suficientemente ventajosa para la alta nobleza, que obtuvo rentas estatales y señoríos abundantemente. Pero, por otro lado, con el suficiente contrapeso del realengo urbano como para que los monarcas no fuesen mero apéndice instrumental de los poderosos linajes nobiliarios y pudiesen, por el contrario, ejercitar una notable autonomía estatal y centralizadora de indudable impacto modernizador.

c) Respecto a lo que llamamos "*pequeños-señoríos*", presentaban una génesis y una estructura agraria y fisonomía muy interesantes. Pero desde el punto de vista de las formas de poder, que es el que interesa destacar en este libro, hay que decir que tales señoríos consistían también en un trasvase de atribuciones jurisdiccionales idéntico técnicamente al de los señoríos sobre villas con sus *tierras*. En las viejas zonas feudalizadas del norte ya eran conocidas secularmente las formas señoriales sobre aldeas y heredades dispersas. Los Trastámara extendieron la concesión de pequeños señoríos a regiones, como la cuenca meridional del Duero, donde antes sólo había villas o ciudades realengas y además hicieron partícipes de los mismos, hecho inédito, a miembros de la baja nobleza y de algunos caballeros urbanos, aunque sólo selectos miembros de las oligarquías urbanas. Cabe atribuir por ello a estos *pequeños-señoríos*, que salpicaron la geografía de los países castellanos, un importante papel en la cristalización de micropoderes comarcales en las escalas más pequeñas de las soberanías medievales en favor de las bajas noblezas, colmatándose de este modo un importante intersticio sociopolítico, a caballo entre las elites de los concejos y los *estados señoriales* de la alta nobleza territorial.

B) El poder señorial

Nos hemos referido tan sólo a los señoríos nobiliarios, no a los eclesiásticos, porque se trata de reflejar el poder político que tuvo la nobleza a través de sus señoríos, aparte de la influencia en la corte. En cualquier caso, el señorío que representa una novedad en la Baja Edad Media es netamente el nobiliar, no tanto el eclesiástico, más asociado a formas más antiguas de dominación.

El señorío de la época Trastámara tuvo un contenido político, más que económico o agrario. Los titulares eran "señores de vasallos" y no importa tanto si tenían o no tierras y bienes raíces, ya que la jurisdicción, concretada en gobierno, justicia y rentas, era el elemento esencial. Es lo que en definitiva se escondía en las homogéneas fórmulas de la concesión, donde el rey –que se reservaba algunas *regalías*, la fiscalidad de estado y la *"mayoría de justicia"*– transmitía a un señor *"la jurisdicción alta e baxa e mero e mixto imperio... e rentas, derechos, fortalezas, nombramientos de oficiales concejiles"*, etc.; es decir, formalmente se producía una subrogación de la autoridad real y se presentaban como delegaciones del único poder soberano, el del rey. Doctrinalmente era así, pero en términos de relaciones de poder hay que ver la constitución de señoríos como auténticas soberanías nacidas del poder político autónomo que tenían los nobles en aquella sociedad.

Ahora bien, al norte del Duero la nueva ola señorializadora se sobrepuso a un pasado que dejó sus huellas. En efecto, cuando los grandes linajes comenzaron a ser beneficiarios de concesiones de villas, ya con los Trastámara, tenían en sus viejos dominios, en sus solares y alrededores, rancios derechos dominicales, dispersos títulos de propiedad, atomizadas soberanías sobre castillos, aldeas o pagos. Pues bien, aunque las villas antes reales concedidas fueron desde entonces lo más valioso, las viejas posesiones –heredades, *villas-aldeas, divisas*, etc.– dejaron su impronta en estos *estados señoriales* del tercio norte: la mayor fragmentación de posesiones, la dispersión topográfica, la mayor promiscuidad agraria y la heterogeneidad de componentes son achacables aquí al pasado de la señorialización, aparte de que los alfoces concejiles de las villas concedidas nunca tuvieron en el norte las dimensiones y compactación del centro y sur. Al sur del Duero este pasado dominical nobiliario no existía, por lo que la modernidad de la concesión señorial puramente jurisdiccional sobre villas se manifestó con claridad. Hay que tener en cuenta que una villa con su *tierra* podía tener en el centro de Castilla una extensión de 300, 500, 1.000 kms^2 y fácilmente agrupar varias decenas de aldeas –cada una con su respectivo término– dentro de su *alfoz* o *tierra* concejil. Las villas al norte del Duero fueron más reducidas, con pocas decenas de kms^2 y normalmente con menos aldeas y de términos más pequeños.

Sin embargo, las concesiones trastamaristas fueron técnicamente iguales en unas y otras regiones. Con la concesión de varias villas y sus alfoces, que era lo habitual en este nivel de la nobleza, cada titular de uno de los *estados señoriales*, sobre todo si era un noble de primera fila, se hacía con el control de varios miles de kms^2 y varios miles de vasallos señoriales. Por todo ello en el siglo XV hubo una auténtica 'zonificación nobiliar' del territorio, que hemos destacado como novedad del periodo, en competencia con las áreas de influencia de las grandes ciudades de realengo (Guinot, Ed., 1997: 295, 334).

Ahora bien, quien piense que con estas concesiones se incorporaban a los señoríos nobiliarios contingentes de campesinado dependiente y que los titulares de estas concesiones se hacían con extensiones inmensas de propiedades, que es la imagen estereotipada aún vigente, desconoce absolutamente la naturaleza de estos señoríos bajomedievales. Nada de eso. Dentro de la amalgama jurisdiccional que era característica del feudalismo, el señorío era una escala de poder más que se incorporaba al territorio enajenado, básicamente un sistema concejil de villa ya organizado previamente, que antes era realengo. El señorío era, pues, un eslabón dentro de una cadena en cuya cima estaba la monarquía, que mantenía una cuota de poder imprescriptible –fiscalidad de estado, regalías, leyes del reino...–, pero más abajo se encontraba el mundo concejil previo, con todas las relaciones de poder preexistentes a la concesión. Este poder concejil era un 'poder intermedio', con cierta autoridad sustantiva sobre las comunidades urbanas o rurales, pero con limitaciones importantes en comparación con los señoríos convencionales. Pues bien, el poder señorial, este sí, un 'poder superior' sin duda –alta justicia, *mero e mixto* imperio, nombramiento de *alcaides, corregidores*, etc.– se situaba entre ambos, entre el sistema concejil de la villa y el poder monárquico central, en un complejo juego de interacciones y *feedbacks* políticos entre las tres instancias. Desde este punto de vista, en efecto, los señores tuvieron capacidades de tomar decisiones que afectaban a la vida económica, agraria y fiscal de sus villas y aldeas, como también la instancia concejil y regia en concurrencia con aquéllos. Pero esta capacidad de intervención de los señores en la toma de decisiones era una capacidad política, resultado del trasvase de poderes, y debe entenderse que era al margen de los derechos y de la estructura de propiedad existentes.

En efecto, los característicos señoríos nobiliarios sobre una villa y su *tierra* concedidos por los Trastámara no alteraron apenas el régimen de propiedad. El problema de la propiedad, si no queremos llamarla "privada" –no lo era en rigor– sí alodial, particular, vecinal, colectiva o privilegiada –caso este de dehesas, *cotos redondos*, etc.– debe distinguirse del tema de la jurisdicción. El señorío era sólo esto, jurisdicción, poder, y además exclusivo de ciertos sectores sociales. La propiedad pertenecía a vecinos individuales, a caballeros villanos, a iglesias, rentistas urbanos, etc., o colectividades vecinales, como ocurría en este caso con los bienes comunales. Todos ellos siguieron siendo los dueños de sus tierras, aun cuando pasaran a depender jurisdiccionalmente de un señor. Tan sólo cuando la señorialización no se centraba en una villa con su *tierra*, sino en un pequeño concejo aldeano, desgajado de aquélla, o nunca integrado, la posibilidad de alterar el estatuto agrario y material del lugar crecía. Aun así, en todos los casos debe hacerse un discernimiento técnico entre señorío y propiedad, aunque aquél fuera un factor que favoreciera la adquisición de ésta y aunque el dueño de la propiedad previa no señorial, de cierta importancia, pudiera a veces ver redondeada su potencia patrimonial con una concesión jurisdiccional (Iradiel, 1997: 88-89; Guinot, Ed., 1997: 288-293, 320-321). En definitiva, la clave de los señoríos era el poder, no la propiedad, por lo que hacer distinciones entre señoríos "territoriales" y "jurisdiccionales" no tiene sentido para la época bajomedieval. Hablar de señoríos jurisdiccionales en el período es una tautología. Todos lo eran. Bastaría con decir 'señorío'.

En tanto que poderes jurisdiccionales, los señoríos de la época se dotaron de instituciones que tenían un gran paralelismo con las del estado central, lo que ha inducido a algunos autores a hablar de "estados dentro del estado", quizá una idea mejor expresada en términos de soberanías fragmentadas como algo característico del estado en el feudalismo. Lo cierto es que la nobleza señorial desarrolló todo tipo de instituciones para administrar sus *estados señoriales*. Disponían de estructuras militares: contaban con sus *alcaides* al frente de las fortalezas de las villas o de castillos aislados que controlaban; con sus vasallos convertidos en soldados bajo sus órdenes. Contaban con aparatos hacendísticos: una red de recaudadores por todas las posesiones señoriales y tesoreros o contadores propios. Tenían agentes de intervención en las villas señorializadas: *corregidores*, sobre todo, aunque a veces se servían también de otros oficiales, como alféreces y otros oficios afines. Disponían también de agentes de la administración territorial y para el gobierno de los señoríos: los señores tenía una especie de corte, con algunos de estos cargos citados, secretarios, escribanos; tenían *alcaldes mayores* y *justicias mayores* para administrar sus señoríos; y a veces incluso un *Consejo*: se sabe que las principales casas, como las de Alba, Medina-Sidonia, Mendoza del Infantado, etc., disponían, al menos tardíamente, de este organismo, del que formaban parte *alcaides*, secretarios, etc. Calderón Ortega ha estudiado recientemente el Consejo de los duques de Alba a fines del XV y principios del XVI y parece que el órgano desarrollaba una gran actividad burocrática.

Observando este entramado, las afinidades con los órganos de la monarquía parecen destacables. Ahora bien, si en esta última la condensación de intereses, fruto de la autonomía del poder regio, regía las conexiones burocráticas y la orientación social de las medidas, los aparatos nobiliarios presentaban un carácter monolítico: estaban puestas al servicio exclusivo de los intereses de los señores; se regulaban por los principios y reglas de las casas nobles, como eran el parentesco, los acuerdos internos de los linajes en la distribución de roles, o el clientelismo de los allegados (Sánchez León, 1993) y criados-burócratas, que servían a sus señores; y carecían de los controles externos y la legalidad "garantista", que en cambio sí imperaba en los aparatos del estado central. Estas diferencias contribuyen, sin duda, a dar a los señoríos un perfil aparentemente "privado" y a la monarquía uno "público", pero en el fondo se trataba de formas de poder diferentes, con principios de organización diversos, aunque integrantes ambas de un sistema político global.

4.1.2. La situación en la Corona de Aragón

Según el *fogaje* de 1366, de los 470.000 habitantes de Cataluña –327.000 campesinos y el resto habitantes en núcleos de más de mil habitantes– la población catalana de realengo era notablemente inferior a la señorial: sólo 32.000 fuegos de un total de 94.000 pertenecían al llamado sector "real", dependían directamente del rey, aproximadamente un tercio de la población; frente a ellos, 57.000 eran hogares señoriales directos, de ellos 40.000 dependientes de nobles laicos y 27.000 de eclesiásticos; el resto pertenecía a otras categorías, en concreto 4.000 al sector "ciudadano" y 1.000 al "alodial" (Abadal, 1972: XVIII-XIX). Las grandes ciudades, como Barcelona, Girona, Perpiñán, Manresa, Puigcerdá, Cervera o Tortosa fueron realengas, pero núcleos como Tarragona –arzobispal– o Vic fueron señoriales o de dominio mixto. Las cifras no cambiaron esencialmente en el siglo XV. Según las Cortes de Zaragoza de 1364, las cifras para el reino de Aragón mantendrían proporciones similares: 12.000 hogares de realengo frente a 22.000 señoriales. Según algunas estimaciones, a principios del XV la población realenga era apenas de un 35% en el reino aragonés. El contraste se establecía entre el centro-norte aragonés, muy señorializado, frente a la zona de Daroca, Albarracín y Teruel, con menos presencia señorial. El realengo estaba más presente en los enclaves urbanos, como lo revela la nómina de ciudades y villas que solían representar el brazo real en las Cortes: Zaragoza, Huesca, Jaca, Barbastro, Ainsa, Ejea, etc., que representaban a concejos cabezas de la administración regia, aparte de las *Comunidades de Aldeas* de Daroca, Calatayud, Albarracín y Teruel, cuyos concejos –con numerosas aldeas dependientes– representaban el realengo en el sur del reino aragonés.

Con la singularidad precisamente de esa zona meridional aragonesa, hubo tanto en Cataluña como en Aragón una diferencia con Castilla, pues en esta última territorios señoriales y realengos estuvieron superficialmente más equilibrados y predominaba la población del realengo. Pero además en Aragón y Cataluña los señores disfrutaron de unas capacidades mayores que en la vecina corona. El carácter arcaico de la señorialización en el reino de Aragón y en Cataluña –en la Cataluña Vieja, en particular–, así como el pertinaz "pactismo", que obligó a los reyes a mantener rancios privilegios, explica que en estos dos estados perduraran durante toda la Edad Media viejos derechos, rentas y formas arcaicas de dominio señorial. Las inmunidades baroniales catalanas o aragonesas fueron mantenidas largo tiempo, incluso con severas restricciones a la acción de los *veguers* o *batlles* regios. Los señoríos de estos reinos, tan ligados secularmente a la propiedad de la tierra y a la dependencia personal campesina, no necesitaron experimentar un cambio cualitativo, como el que se dio en Castilla con la señorialización Trastámara, porque pudieron reproducir sus estructuras de poder rural a partir de sus propios patrones en el marco de las instituciones estatales aragonesas. La situación valenciana era diferente por su falta de pasado señorial y presenta quizá por ello algunas formas más avanzadas de señorío que las de los otros estados de la corona. Ante la necesidad de seleccionar, quizá convenga detenerse un poco más en este reino.

El reino de Valencia fue, en efecto, el territorio de señorialización más tardía. Pero también se produjo. Si a comienzos de la Baja Edad Media es posible que casi el 40% de las tierras fuera realengo, datos detallados de Guinot para finales del XV y principios del XVI (Guinot, 1992: 186) revelan que el realengo valenciano ocupaba superficialmente menos del 27% del reino, aunque la población realenga era de un 41,6%, dado el enorme peso de la capital. Aparte de ella, Alicante, Alcoy, Alzira, Castellón, Morella, Onteniente, Orihuela, Vilareal y Xátiva mantuvieron la condición realenga.

A principios del XIV aún predominaban en el reino valenciano señoríos de Órdenes Militares –sobre todo de Montesa– y formas arcaicas ligadas a los *repartimientos* tras las repoblaciones, en un país todavía entonces sin predominio señorial. Aparte de las concesiones de infantazgo, como la baronía de Xérica, tan sólo personas muy vinculadas al entorno real los obtuvieron, como los concedidos a principios del XIV al noble Roger de Lluria y al consejero de Jaime II Bernat de Sarria. Pero también pequeños señoríos locales (García Oliver, 1991) se formaron por doquier tras un siglo desde la conquista del país, aunque muy pocos de ellos permitieron el encumbramiento de sus modestos titulares, de origen aragonés o catalán. Tan sólo unos pocos de ellos se perpetuaron en algunas comarcas durante largo tiempo: los

Centelles, los Castellví, los Eslava o los Montagut, entre un centenar de pequeñas casas que tuvieron efímeros dominios en la Ribera del Júcar. Fueron de los pocos, aparte de los Vilaragut, que mantuvieron al menos durante un siglo su posición. La dispersión y escasa estabilidad habría sido también la regla en otras comarcas del reino. Por ejemplo en la comarca de la Huerta de Valencia el señorío de Catarroja, estudiado por Viciano, pasó por seis manos diferentes; ésta sería la tónica de otros señoríos de esta comarca o de las de Xátiva y Gandía (Furió, 1997: 125, 127).

Durante el siglo XV hubo intentos de recuperar para el patrimonio real villas enajenadas, con vacilaciones y cambios de jurisdicción entre realengo y señorío. Es el caso de Corbera, enajenada, luego recuperada en 1418 por el patrimonio real y al final en manos de los Vilaragut en 1465. Segorbe, Vall d'Uixó, Sierra de Eslida sufrieron también vaivenes de este tipo. Y Elda. Hay que destacar la presencia de algunos nobles de origen castellano vinculados a los Trastámara, como los Sandoval, que recibieron en 1431 Denia, Jávea y Ayora. Tras algunos cambios de titularidad, las dos primeras permanecieron en el patrimonio de este linaje unas décadas después. Hay que decir que ya en este período tardío, aunque todavía siguió predominando un espacio señorial muy fragmentado y disperso, el régimen señorial del País Valenciano introdujo otras formas, fue prescindiendo de las típicas concesiones dominicales y tendió ya en el XV a modalidades del tipo 'grandes *estados señoriales*', al modo castellano, que desplazaron a muchos pequeños señores tradicionales. Pero se trata de un proceso muy tardío. Los más conocidos de estos grandes señoríos –y por ello excepcionales en el País Valenciano– fueron los dominios del que fue a fines del XV ducado de Segorbe –con Segorbe, Vall d'Uixó, Paterna, Almonacid, entre otros núcleos–, los que la familia Borja aglutinó en la época de Fernando el Católico en torno al ducado de Gandía, o los señores de Villena sobre la zona alicantina y oriolense (Guinot, 1992; Furió, 1997: 114).

Como formas de poder, durante la Baja Edad Media habría que distinguir dentro de los señoríos valencianos entre los viejos, pequeños y dominicales señoríos, por un lado, y los derivados de la enajenación más tardía de villas del patrimonio real –Ayora, Corbera, Denia, Elda, Elche, Gandía, Novelda, Segorbe, Val d'Uixó, etc.–, por otro, que fueron los que acabaron predominando. Los primeros siguieron apegados a la propiedad y las rentas agrarias, mientras que en los segundos lo fundamental fue la jurisdicción y las rentas se basaban en transferencias de fiscalidad real, como la *peita* y el *terç-delme*, percibidos antes en el realengo y luego cobrados por los señores (Furió, 1997: 118).

Tales cambios en las formas señoriales conllevaron un cambio paralelo, aunque no automático, en los cuadros de poder nobiliarios: las viejas casas nobles –Montagut, Centelles, Montcada, Rocafull, Zapata, Maça de Liçana–, de raíces catalanas o aragonesas repobladoras, fueron complementadas en el XV con nuevos linajes, algunos foráneos –Sandoval, marqueses de Denia, o Cárdenas, marqueses de Elche– y otros naturales encumbrados, ligados al servicio a la corona, la gestión financiera o la administración pública en sus diversas escalas. Así, los Mercader, Rabasa, Martorell, Julià, Montull o los Borja, al final duques de Gandía, son sólo algunos de ellos. Este aspecto, en relación sobre todo con las Cortes, ha sido estudiado recientemente por C. López Rodríguez, Pastor Fluixá y por Pons Alós (Pastor Fluixá, 1993; Pons, 1996), quienes han buceado en la identidad de los nuevos dominadores del reino valenciano con los Trastámara. De los estratos nobiliarios del XV –de abajo arriba, *donceles, caballeros* y *barones-ricoshombres*– sólo el estrato superior de *nobles* o *ricoshombres* debe conectarse con la adquisición de señoríos importantes. Un puñado de títulos expresaba la realidad de los *estados señoriales* del reino en ese siglo: condado y luego ducado de Denia, ducado de Gandía, condado de Xérica, creados con anterioridad a los Trastámara, más los condados de Albaida, Almenara, Cocentaina y Oliva, el marquesado de Elche y el ducado de Segorbe. Representan el triunfo social y político de la alta nobleza en el reino de Valencia. Pero no agotaron todas las posibilidades.

Hay que tener en cuenta que había otros cauces de participación a través de las Cortes: el número de linajes, de todas las comarcas, convocados en el reino por el brazo militar fue elevándose. Por ejemplo en 1413 acudieron 40 linajes, de ellos diez nobles del estrato superior y 25 caballeros. En 1443 acudieron 41 de linajes *nobles* por 153 *cavallers* y 48 *donzels*. El alto número de nobles en las convocatorias para las Cortes –cerca de uno a tres centenares eran convocados a cada reunión de Cortes en el siglo XV– permite con lógica imaginar que predominaba la baja nobleza, equivalente a los caballeros villanos e hidalgos castellanos. Además, gran parte de ella era una nobleza urbana de los grandes centros urbanos, como Xátiva, Orihuela y, por supuesto, la ciudad de Valencia, donde se concentraba la mayor parte. Tenemos por tanto un perfil de pequeños poderes bajonobiliarios tanto urbanos como rurales muy extendidos por todo el reino. Eran el contrapunto a esa reducida alta nobleza titulada valenciana que se movía en las altas esferas de la monarquía.

4.2. Poderes urbanos

Las villas y ciudades siguieron siendo centros de poder importantes durante los siglos XIV y XV. Sus gobiernos municipales, pese a las injerencias externas, constituían para los habitantes el referente político más cercano y directo. Por supuesto, también a más pequeña escala, incluyendo la de las comunidades rurales o aldeanas, existieron formas de poder sustantivas, pero de escaso alcance y sobordinadas al poder más elevado de un municipio urbano o de un señor jurisdiccional, o a ambos, como ocurría en las aldeas integradas en la *tierra* concejil de una villa señorializada. También habría que tener en cuenta, pues, estos micropoderes aldeanos y otros de baja escala en las ciudades, de carácter asociativo o parroquial. Pero el énfasis podrá con más sentido ponerse en los municipios urbanos, que fueron uno de los pilares de la arquitectura política de la época.

El análisis del mundo político urbano presenta en este período el inconveniente de la acusada diversidad no ya sólo regional, sino local. Cada ciudad era un mundo, se dice con tópico pero real fundamento. Hemos pensado realizar el examen de estos poderes urbanos escogiendo sólo algunos sitios. Por un lado, los municipios urbanos catalanes, teniendo en cuenta que el Principado era el principal estado de la corona aragonesa y Barcelona una de sus tres ciudades capitales, pero además excelentemente conocida por los historiadores, aunque sin que puedan generalizarse sus situaciones a las de los restantes estados. Y por otro lado, dentro de la corona de Castilla, las ciudades de la actual región castellano-leonesa o valle del Duero. Opción esta última más difícil de justificar en el contexto de la corona de Castilla, puesto que no era un estado singularizado dentro de ella, pero que puede tener un mínimo fundamento si se parte de la exigencia de no dispersar en exceso la información y se tiene en cuenta que la cuenca del Duero era un territorio suficientemente poblado –con más población, por ejemplo, que la citada Cataluña– y plenamente significativo en el conjunto de toda la corona. Comenzaremos precisamente con los poderes urbanos de esta citada región de la corona castellana.

4.2.1. Los poderes concejiles castellanos: el ejemplo de los concejos de la cuenca del Duero

Los territorios bajo jurisdicción de las ciudades y villas de la cuenca del Duero configuraban una gran parte del conjunto de la región. Hay que tener en cuenta que no sólo se trataba del núcleo urbano en sí, sino de la *tierra* o ámbito jurisdiccional que dependía del concejo cabecero. Con escasas excepciones todas las ciudades – *"ciudades"*, a las que daba tal rango la condición de sedes episcopales– contaban con extensas *tierras* de centenares o miles de kms^2, pero también las *villas*: en menor medida los concejos de las *villas reales* al norte del Duero, de precarios alfoces concejiles y rodeadas de amplios señoríos no avillazgados laicos o eclesiásticos, pero sí sobre todo en los llamados concejos de *villa y tierra*, que contaban con decenas o incluso centenares de *lugares* o aldeas. Los concejos de ciudades o villas ejercieron un dominio sobre el alfoz concejil o *tierra* que se considera de carácter señorial (Bonachía, 1990). Se habla de señoríos urbanos o *señoríos concejiles*. Sin embargo, hay que ser cauto y no identificar estos señoríos con los señoríos convencionales, ya que en éstos se alcanzaba un tipo de inmunidad o jurisdicción superior que rara vez tuvieron las ciudades. Éstas las vemos más bien, tal como se ha indicado más arriba, como 'poderes intermedios' entre las jurisdicciones superiores y las comunidades vecinales y, de hecho, el 'sistema concejil' era susceptible de encuadrarse bien bajo el realengo, bien dentro de una jurisdicción señorial, como ocurrió en efecto masivamente en la época Trastámara. No obstante todavía hasta mediados del XIV el mundo concejil, tanto en la región del Duero como en toda la Corona, era prácticamente en su integridad de realengo.

Desde el punto de vista del régimen político, de 1270 hasta 1348 transcurriría una etapa en la que el régimen concejil reprodujo formalmente esquemas de gobierno ya conocidos. Sería una primera etapa dentro del ciclo histórico bajomedieval. Un segundo período o momento clave fue el de las reformas municipales de Alfonso XI y Pedro I, que dibujaron el régimen institucional esencial que perduró posteriormente. Finalmente, puede considerarse el período correspondiente a la época Trastámara, que introdujo algunas novedades importantes en los concejos. En todos los casos, y no sólo en la región citada, la importancia de la relación entre ciudades y monarquía fue destacadísima, correspondiendo a ésta un papel determinante en el despliegue de la legitimidad concejil, en la implantación de esquemas judiciales reglados o en la integración de las sociedades urbanas en los cuadros de poder generales, entre otros aspectos (*Concejos y ciudades*, 1990; Iradiel, 1992; Bonachía, 1998; Asenjo, 1995; 1999).

A) Hay que considerar que Alfonso X había fracasado en su intento de unificar los derechos municipales y de homologar las autoridades urbanas con el *Fuero Real*, que intentó implantar desde 1255. Por ejemplo, el Fuero Real establecía que hubiese *alcaldes del rey*, puestos por la monarquía, al frente de cada municipio. Desde 1270 hubo un rechazo a esta política en los concejos, celosos de su autonomía y privilegios. Por ello, la institución de los *alcaldes* regios y el intervencionismo buscado no cuajaron, la heterogeneidad foral se mantuvo hasta mediados del XIV y los concejos siguieron formalmente apegados a viejas instituciones cada vez menos representativas de la sociedad. Jueces y *alcaldes* forales constituían las autoridades principales. Los vecinos de las villas y ciudades disponían de la asamblea concejil o *concejo* abierto de vecinos. Pero se trataba de una institución en crisis.

En realidad, desde los privilegios que Alfonso X otorgara a los caballeros villanos, refrendados por sus sucesores, las ciudades y villas estaban dirigidas por este sector social, al que se reservaban los principales cargos concejiles, como *alcaldes* y justicias locales. Y no sólo en la región del Duero sino en las ciudades de toda la corona. Alfonso X había extendido tales privilegios no sólo a los dirigentes de Ávila, Salamanca, Segovia, Sepúlveda, Béjar, etc., donde había una tradición concejil y fronteriza de estos caballeros desde la repoblación, sino también a Valladolid, Burgos o León, convirtiéndose de este modo sus dirigentes, muchos de ellos procedentes del mundo de los negocios mercantiles o la propiedad inmobiliaria –como demostraran T. F. Ruiz, C. Estepa o A. Rucquoi para Burgos, León o Valladolid, respectivamente– en *"caballeros villanos"*, alejados del trabajo, exentos, con criados excusados, un estamento ennoblecido en suma y con valores propiamente caballerescos. Incluso estos caballeros desde la segunda mitad del siglo XIII crearon estructuras de linaje, documentadas en Valladolid, Ávila, Segovia, etc., y también cofradías estamentales de tipo aristocrático, como la famosa cofradía de los caballeros de Santiago de Burgos, fundada en 1338.

Frente a los caballeros, el *común* de pecheros de las villas y aldeas protagonizó conflictos, al sentirse excluido de las instituciones principales y discriminado fiscal y jurídicamente. Al igual que en otras regiones y ciudades –Córdoba, Úbeda o Jerez en los reinados de Fernando IV y Alfonso XI– en la región castellano-leonesa se documentan conflictos entre caballeros y *común*: en Zamora en la época de Fernando IV se enfrentaron caballeros a *homes buenos* pecheros; en Toro hubo conflictos entre caballeros y *concejo* de vecinos en la época de Sancho IV; en Ávila hacia 1330 hubo tensiones sociales, y después siguieron los antagonismos entre *caballeros y ruanos*, o gentes de la ciudad no privilegiadas; en Segovia al finalizar la minoridad de Alfonso XI, conflicto de los caballeros frente al *común* y las *"gentes de los pueblos"*; en Soria los hubo también hacia 1326 (Valdeón, 1975: 72-77). Muy célebre fue el conflicto habido en la villa del Esgueva entre 1320 y 1332 entre los caballeros urbanos, por un lado, y la *Voz del Pueblo*, o *"menestrales e otras gentes menudas de Valladolid"*, por otro. Se trata, sin duda, de conflictos que revelan situaciones de penuria urbana, pero que respondían también a la inadaptación de las expectativas de los grupos sociales a las instituciones vigentes, o más bien al contrario.

B) A mediados del XIV aparecieron sobre la arena concejil, bajo el impulso de la monarquía, unas reformas que modificaron sustancialmente las estructuras de poder locales. Obedecían tanto a la voluntad regia de pacificar la vida municipal como a la preocupación por insertar los concejos en los proyectos de fortalecimiento de la monarquía.

El Ordenamiento de Alcalá de 1348, como se indicó, suponía supeditar los regímenes forales a la legislación regia en los concejos. El Ordenamiento cancelaba la dispersión y diversidad jurídica de los municipios. Otra de las grandes novedades fue la instalación del *Regimiento*. Con algún ensayo anterior en Andalucía, para las ciudades de la cuenca del Duero, como en toda la corona de forma general, el *Regimiento* fue imponiéndose desde 1345, fecha de instauración en Burgos, Segovia y otros muchos núcleos, hasta 1350 o poco después, de modo que en los primeros años del reinado de Pedro I –Palencia, 1352– ya se había generalizado. Según este régimen, las asambleas o *concejos* generales de vecinos perderían sus atribuciones, de modo que en cada ciudad los *regidores* constituirían un reducido número de personas, normalmente vitalicios, en los que descansaría el gobierno ordinario de la villa o ciudad. El número de *regidores* variaba de unos núcleos a otros, pero en la segunda mitad del XIV podía oscilar desde los 14-16 de plantilla en ciudades como Zamora, Burgos, Segovia, Valladolid, Toro o Salamanca hasta los 6-8 de las villas más pequeñas, como Ledesma, Alba, Sepúlveda, pasando por los 12 de Ávila, Palencia o Ciudad Rodrigo. Eran nombrados por el titular jurisdiccional superior, osea, el rey en el realengo, aunque seleccionados entre grupos altos de las villas y ciudades. Y desde el punto de vista social solían pertenecer a las elites dominantes de los concejos, los caballeros, si bien en algunos casos, pocos, se incorporaron pecheros. El caso más destacado de éstos es el de Segovia, cinco de cuyos quince *regidores* de 1345 eran pecheros. Pero en general se trató de una institución dominada por los caballeros u oligarquías urbanas, que ya venían ejerciendo el poder en sus respectivas ciudades. Es por eso por lo que la instauración del *Regimiento* no se suele considerar como una ruptura brusca. Eso sí, se modificó sustancialmente la fisonomía del régimen, al implantarse un órgano cerrado y restringido que venía a cancelar las antiguas fórmulas abiertas, vecinales y participativas fraguadas en los siglos de la repoblación.

Las reuniones de los *regidores*, dos o tres veces por semana, se llamaban *"Regimiento"* o *Ayuntamiento*, si bien hay que decir que junto a ellos en el consistorio podían acudir los oficios de justicia.

Los oficios de justicia eran normalmente a mediados del XIV los *alcaldes* –rara vez llamados jueces, aunque lo eran–, auxiliados por *alguaciles*. Administraban la justicia en el nivel concejil. En algún caso se conservaban todavía en el XIV las denominaciones forales, como *"alcaldes y jurados",* tal como ocurría por ejemplo en Ledesma. En pleno siglo XIV, sobre todo tras la reforma del *Regimiento*, se estaba produciendo una pugna entre el modelo de *justicias forales* frente al de *justicias de fuera* o *de salario*. En el primer caso los *alcaldes*, normalmente en número par –dos o cuatro– eran designados por los habitantes del concejo de la villa o ciudad, según parroquias o en el mismo *Regimiento*, y los cargos, renovables anualmente, eran naturales de la villa o ciudad. En el segundo caso eran puestos por el titular jurisdiccional —el rey en el realengo— y el ocupante solía ser un solo alcalde de fuera de la localidad; a veces también su auxiliar, el *alguacil*, era de fuera. Los concejos lucharon para que sus oficiales de justicia fueran locales, escogidos en la villa o ciudad. Durante el siglo XIV en muchos casos lo consiguieron, aunque cada vez fue más difícil contener la progresión de la justicia externa.

De todos modos, la cuestión de cómo designar los *alcaldes* locales iba a perder protagonismo por causa de la otra gran reforma municipal —junto con la del *Regimiento*— de Alfonso XI: el envío de *"pesquisidores", "enmendadores", "corregidores"* a los concejos, práctica que se inició en los años cuarenta del siglo XIV. Se trataba por entonces de envíos esporádicos con una misión concreta encomendada. Ahora bien, desde los años noventa del siglo XIV y en los primeros del siguiente estos oficiales se institucionalizarán, pero poco a poco. El *corregidor* era el encargado del orden y de la justicia, convirtiendo los *alcaldes* locales en auxiliares suyos según se fue implantando, algo que no fue automático: todavía en el XV no siempre existía esta figura en los concejos. El *corregidor* fue desde el principio, desde sus orígenes bajo Alfonso XI hasta la época de los Reyes Católicos —cuando funcionaban ya con normalidad—, un oficio intervencionista. Reservado a miembros de la baja o media nobleza, era siempre puesto por el titular jurisdiccional y se convertía en la máxima autoridad del concejo, aunque el gobierno ordinario de éste recaía en sus *regidores*.

C) Los regímenes municipales de la época Trastámara consolidaron las dos reformas concejiles de Alfonso XI, el *Regimiento* y el *Corregimiento*. Ahora bien, durante esta dinastía, incluyendo también a Isabel I, en el mundo concejil sucedieron otros importantes cambios, que sucintamente se exponen a continuación.

Quizá uno de los más sustanciales, y se ha aludido a él más arriba, fue la honda señorialización acaecida desde el reinado de Enrique II hasta el de Enrique IV. Ocurrió en toda la corona. Si se sigue con el ejemplo de la región del Duero, o más exactamente de la actual comunidad castellano-leonesa, los datos son bien elocuentes, como puede comprobarse en el mapa correspondiente. En esta región se habían formado en los siglos XII y XIII cerca de un centenar de *'sistemas concejiles'* —un tipo de concejos con determinados requisitos referentes a su autonomía, territorio jurisdiccional y estatuto jurídico—, incluyendo las *ciudades* propiamente dichas, una decena aproximadamente en la región, más las *villas reales* y los *concejos de villa y tierra*. Estos sistemas concejiles permanecían todavía en la primera mitad del XIV bajo el realengo, en cuyas tierras se habían formado. Pues bien, un siglo después de iniciada la señorialización Trastámara la gran mayoría de los concejos habían caído bajo

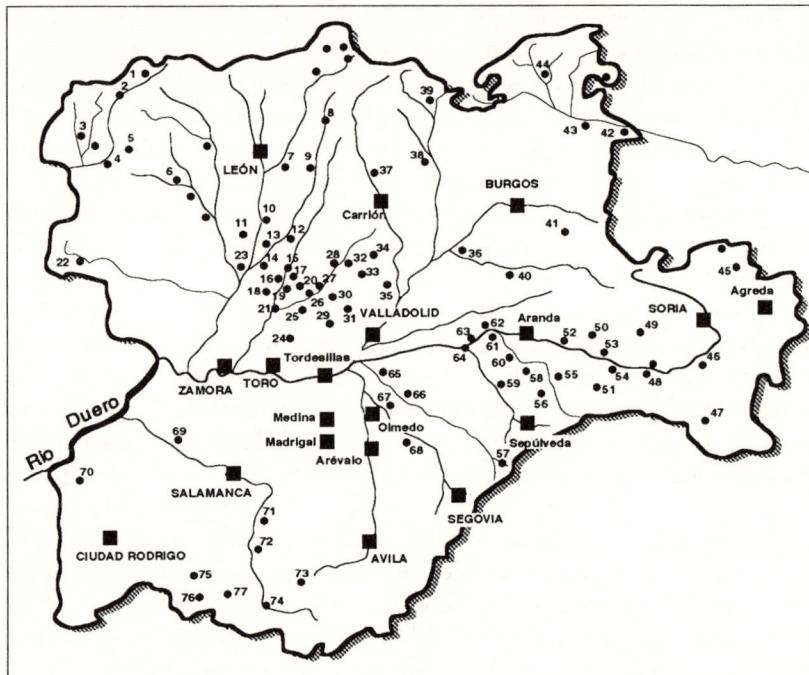

FIGURA 4.2. Concejos de realengo y señorío en Castilla y León tras el reinado de Enrique IV.

régimen señorial, tanto al norte como al sur del Duero y apenas un puñado de núcleos, las *ciudades* y apenas unas pocas villas, conservaban la condición realenga. Incluso una *ciudad*, con sede episcopal, como Astorga, cayó bajo señorío en 1465. En la mitad norte de la región, dada la exigüidad de las *tierras* o *alfoces* concejiles de los pocos concejos realengos que quedaron –Valladolid, León, Burgos– el realengo pareció esfumarse casi del todo. En la cuenca meridional de la región el realengo concejil resistió algo mejor, dada la extensión de las *tierras* de Ciudad Rodrigo, Salamanca, Zamora, Ávila, Segovia o Soria, y de algún concejo villano realengo que resistió, como Arévalo, Medina, Sepúlveda o Ágreda. Aun así, prácticamente la mitad del espacio de la zona sur del Duero había pasado a señorío, en una subregión donde el realengo había constituido siglos atrás casi la totalidad del territorio.

La señorialización de las villas afectó al mundo concejil, aunque se reprodujeron las mismas instituciones que existían en el realengo. Los *alcaldes* de fuera, o el *corregidor*, fueron en estos casos de designación señorial y no regia. Y los señores jurisdiccionales de las villas y sus *tierras* exigieron en ellas impuestos y *pedidos* que no existían en el realengo, aunque también es cierto que en ocasiones otorgaron ventajas fiscales para favorecer la instalación de moradores en sus señoríos. En general, la situación de presión exógena sobre los concejos se considera que empeoró con la señorialización, si bien el grado concreto debe valorarse caso por caso. Sobre todo en los grandes concejos de *villa y tierra*, otorgados a miembros de la alta nobleza, sus caballeros villanos y gobiernos locales no vieron cuestionada su hegemonía y reglas de funcionamiento interno con la señorialización. Los nobles beneficiarios consiguieron, gracias a la concesión de villas de que disfrutaron, grandes zonas de influencia, cercanía a las ciudades realengas principales, algunas rentas más y medios de extender sus redes de vasallos y allegados gracias a *regidurías* afectas y *corregimientos* de sus villas. Pero, más allá de esto, que no era poco, no tuvieron una acuciante y sistemática necesidad de intervenir y controlar completamente la vida concejil. Ésta es la tónica, aunque no faltaron, por supuesto, tensiones y revueltas antiseñoriales de algunas villas. Aunque la población de éstas hubiese preferido permanecer en el realengo, en términos generales, puede decirse que no hubo un clima habitual de enfrentamiento con sus nuevos titulares. Más bien puede decirse que la señorialización de los concejos fue un proceso pacífico y sin grandes convulsiones.

Desde el punto de vista interno de las instituciones concejiles, tanto en el realengo como en el señorío, afirmada la progresiva normalización de los *corregidores*, no hubo grandes alteraciones en los órganos políticos. A veces los *regidores* locales tuvieron, eso sí, que dejar algunos de sus escaños a los *regidores* foráneos, colocados en el consistorio por los titulares jurisdiccionales. Pero más importante que ello fue la tendencia, que tampoco conviene exagerar, hacia una patrimonialización de los cargos, sobre todo el de *regidor*, que sus titulares traspasaron a sus hijos o sobrinos a menudo.

De todos modos, la tendencia a la patrimonialización o 'privatización del poder' fue sólo uno de los principios políticos que movieron a los caballeros-*regidores* de las ciudades y villas. Otro de ellos fue una 'conciencia estamental elitista' destinada a frenar las aspiraciones de los pecheros. Y otro fue el peso que tenían las 'estructuras de parentesco y vasallaje', o sea, las organizaciones linajísticas. Respecto a éstas, sabemos que se desarrollaron desde mediados del XIV hasta finales del XV plataformas de mayor amplitud que los linajes caballerescos, aunque éstos constituyeron el núcleo de las mismas. Tales plataformas fueron los *linajes* suprafamiliares y los *bandos-linajes*. Aquéllos eran agrupaciones de varios linajes familiares que llevaban el apellido ilustre de la familia líder, o de antepasados epónimos. Los *linajes* se repartían los cargos municipales. Por ejemplo, en Arévalo lo hacían sus cinco *linajes* suprafamiliares institucionalizados, había doce en Soria y seis en Medina. En cuanto a los *bandos-linajes* se formaban cuando los linajes familiares de los caballeros locales llegaban a formar dos partidos o *bandos* rivales, que polarizaban el reparto de influencia. Era el caso de los Chaves frente a los Pacheco de Ciudad Rodrigo, los de San Benito frente a San Martín en Salamanca, los Dávila-casa de Las Navas frente a los Dávila-casa de Villatoro en Ávila, los Tovar y Reoyo en Valladolid. A veces esto daba lugar a luchas y tensiones, a *"ruidos"*, con algunas peleas y desafíos callejeros normalmente poco cruentos, donde se vieron implicados no sólo los caballeros integrantes de cada bando, sino sus criados, allegados, amigos, etc. La formación de *linajes* suprafamiliares y *bandos-linajes* de caballeros urbanos no siempre se produjo. Por ejemplo, en Burgos no se constatan. Pero sí puede decirse que era frecuente y, cuando la adscripción se dio, tales plataformas sirvieron para disciplinar los repartos de poder y de cargos de las oligarquías urbanas. De hecho, desde fines del XIV se institucionalizaron como instrumentos de reparto del poder en el ámbito municipal.

Con respecto a esto último, aunque normalmente había una armonía con los *regidores*, ya que éstos salían de los propios *linajes*, a veces hubo choques entre las disciplinas de los *linajes* y las apetencias patrimonializadoras de los *regidores* como tales, dispuestos a colocar parientes directos en cargos y acaparar prebendas a costa de las que se consideraban rotaciones y reglas de relevos controladas oficialmente por los *linajes*. Quizá esta necesidad de defender la propia estructura de los *linajes* incluso frente a las autoridades municipales, los *regidores* en particular, impulsó en el siglo XV la creación de instituciones linajísticas específicas, como por ejemplo la *Diputación de los Doce Linajes* sorianos o la *Junta de Nobles Linajes* segovianos. Las estructuras de linaje optaban así en algunas ciudades no sólo por ser vivero de los gobernantes locales, sino por ser un poder autónomo por sí mismas, controlar –si podían– a los *regidores*, disponer de *diputados* en el consistorio y ser un auténtico poder fáctico de carácter estamental en las ciudades.

Algo semejante, pero a otra escala, intentaron los miembros del otro gran sector estamentalizado, el *Común* de pecheros. Este sector social hasta hace poco en nuestro medievalismo apenas se tenía en cuenta y se consideraba que no tenía ninguna intervención política. Sin embargo, hoy sabemos que en la segunda mitad del XIV y a lo largo del XV los pecheros lograron crear fuertes organizaciones tanto en los núcleos urbanos de villas y ciudades como en sus *tierras*, en este caso sobre todo en la cuenca meridional del Duero, la región de los concejos de *villa y tierra*. A veces ocuparon algunos puestos en los *Regimientos*, como ocurrió en el XV en Palencia, Segovia, Cuéllar, Sepúlveda o Mombeltrán. No era lo habitual y además siempre estuvieron en minoría o fueron fagocitados por el elitismo exclusivista inherente a la institución. Más importantes fueron el reconocimiento de las asambleas, *concejos abiertos* –pero que ya no era la asamblea de todos los vecinos tradicional, sino sólo de *pecheros*, y sin poder ejecutivo– o los llamados *ayuntamientos* o *juntas de pecheros*, reuniones de pecheros bien de la villa o ciudad y sus distritos, bien de la *tierra* y sus pueblos, o bien asambleas generales de la *villa y tierra*, según los casos; y sobre todo hay que destacar la entrada progresiva en los consistorios, con voz aunque sin voto, de *sexmeros* y *procuradores pecheros*, o también *diputados de los pecheros*, en especial en aquellas reuniones en las que se trataban asuntos de directo interés para los contribuyentes, esto es, cuestiones fiscales, pero también otras sobre repartos de comunales, abastecimiento alimentario de villas y pueblos, etc. Los monarcas Trastámara, ante quienes los pecheros llevaron sus reivindicaciones, fueron decisivos en el reconocimiento y legalización de tales instituciones, que tuvieron una relativa proyección municipal. Los esquemas de participación pechera se hicieron extensivos también a las villas señorializadas, lógicamente teniendo en cuenta en estos casos la complejidad que suponía para los pecheros tener que negociar muchos asuntos no sólo con el consistorio local sino con los propios señores.

Las organizaciones pecheras, *sexmeros*, *procuradores*, *ayuntamientos*, etc., aunque no eran órganos de gobierno, suponían la posibilidad cuando menos de defenderse de los abusos de los caballeros y poderosos de los concejos. Y deben valorarse en esa justa medida, como corrección y contención de las tendencias a la monopolización que hubieran deseado los caballeros locales. Aunque sólo fuera por esto resultan de obligada atención. Pero, además, tales organizaciones nos resultan interesantes porque demuestran que se podía hacer política sin estar en el poder, política local de corte reivindicativo al menos, e incluso algo de gestión y control público. Y también interesan porque tales formas de participación de los pecheros hemos podido contraponerlas técnicamente a las estructuras verticales, elitistas y oligárquicas típicamente caballerescas, demostrando así no sólo que caballeros y pecheros tenían intereses contrapuestos, sino que se organizaron también de manera divergente desde el punto de vista morfológico (Monsalvo, 1989). Así, la toma de decisiones de abajo hacia arriba; la territorialidad de la representación por collaciones, barrios, villa, aldeas y sexmos; la revocabilidad en asamblea de los elegidos; la alta renovación de los mismos y sus mandatos representativos... En definitiva, ciertas prácticas políticas de corte democrático bien distintas de las que eran propias de los caballeros y principales de las villas y ciudades. Obviamente, los pecheros y sus representantes fueron objeto a veces de sobornos, presiones, coacciones y algunas corruptelas. Pero es preciso decir que las reuniones de pecheros podían y solían revocar o reelegir, controlar y fiscalizar, denunciar y negociar. De modo que las posibles disfuncionalidades de la praxis pechera, posibles corruptelas o manipulaciones, no eliminan la interesante aportación que supusieron en la historia de las formas medievales de participación política, sobre todo en una orientación "democrática".

Cabe decir finalmente sobre las formas de poder en el ámbito urbano que los gremios o corporaciones no tuvieron reconocimiento como instituciones municipales en las ciudades castellano-leonesas bajomedievales (Monsalvo, 1996). Ello no era debido, como se venía pensando, a la falta de organizaciones artesanales productivas o profesionales, ni mucho menos a una supuesta mentalidad antiindustrial de la población castellana. Más bien hoy lo vemos como un problema de adecuación de la acción colectiva e individual a las morfologías institucionales. Pensamos que la causa principal fue una temprana estamentalización en Castilla entre caballeros y pecheros, con una exigencia –para cualquiera que pretendiese ejercer poder en las ciudades– de comportarse como los primeros, es decir como caballeros, una exigencia nacida de los privilegios de Alfonso X. De manera que los empresarios de las corporaciones o aristocracia gremial de los sectores del cuero, textil, etc., o los empresarios comerciales, sectores que en algunas ciudades eran consistentes, se incorporaron a las organizaciones elitistas de perfil caballeresco. ¿Por qué? Porque eran las únicas reconocidas y funcionales en el diseño formal del régimen municipal; y desde ellas pudieron ejercer su influencia en *regidurías* y como miembros de los *linajes* patricios. Mientras que, por su parte, los trabajadores o *menestrales* no desarrollaron apenas plataformas de carácter gremial genuino, sectorial, sino que tuvieron la opción de integrarse en las organizaciones de los pecheros. Pudieron defenderse en este caso no como artesanos, pero sí en tanto no-privilegiados, como efectivamente lo eran. Es por ello que podemos hablar de una participación política de los integrantes de las corporaciones artesanales que puede resultar aparentemente opaca, pero que no por ello fue inexistente.

4.2.2. Los municipios catalanes

A) Diferencias fundamentales con los concejos de Castilla

Una de las diferencias del régimen político municipal de las ciudades catalanas con el mundo urbano concejil castellano nacía precisamente de la capitalidad que Barcelona tenía dentro del Principado, situación extensible también a Zaragoza y Valencia en sus respectivos reinos, e incluso, a su pequeña escala, la capital de Mallorca. Estas capitalidades de las cuatro ciudades principales de cada estado de la corona aragonesa no tenía parangón en Castilla. En el caso concreto de Cataluña, nunca se dudó de esta superioridad o macrocefalia barcelonesa, una ciudad que podía contar a fines del XIV con 40.000 habitantes. La ciudad condal no sólo atraía núcleos pequeños o parroquias cercanas, que aceptaron convertirse incluso en "calles" de la ciudad —el fenómeno del *carreratge*, que les aseguraba protección y privilegios de la urbe—, sino que Barcelona fue para todos los catalanes referencia política, *"cap y casal de Catalunya"*, o *"caput et columna totius Catalonia"*, como señalaba su rey Juan I. Las otras ciudades se dirigían a Barcelona como cabeza del Principado, y el *Consell de Cent* en 1391 lo corroboraba, por ejemplo, cuando afirmaba que *"Barcelona es caporal e cap de títol de Catalunya e per sa preheminència e precipuitat ha costumat entrametre de ço que és interés de qualseval ciutat o loc"* ("Barcelona es cabeza de Cataluña y por su preeminencia y celebridad ha acostumbrado entrometerse en lo que es del interés de cualquier ciudad o lugar"), lo que indicaba una especie de legitimidad para interferir en asuntos ajenos a la ciudad. Barcelona era, pues, más que una ciudad en el conjunto del Principado y, por extensión, en el conjunto de la Corona.

Hubo algunas diferencias institucionales de carácter formal entre los municipios de Castilla y Cataluña. Frente al modelo del *Regimiento* castellano, en los municipios catalanes bajomedievales aparece acentuada una distinción entre el poder ejecutivo —*cónsules, pahers, consellers* de los consejos o *consells* ejecutivos restringidos— y los órganos de carácter más amplio, como los *Consells* 'generales'. El grado de renovación de los integrantes de estos órganos era alto en el plano individual, si bien hubo una reproducción constante de los mismos grupos sociales. Otras diferencias institucionales llevan a resaltar la más temprana implantación en las ciudades catalanas de mecanismos como el de la insaculación, en pleno siglo XV, mientras que en Castilla fue más limitado su uso y apenas ensayado con los Reyes Católicos en algunas ciudades.

Otra diferencia general con el mundo concejil castellano, aunque no tan diáfana como la anterior, radica en que en las ciudades catalanas el formalismo estamental urbano aparece más explícito y desarrollado. La expresión concreta de esta circunstancia no es tanto la existencia de estamentos —todas las sociedades bajomedievales los desarrollaron— sino el reparto de poder formal —no equitativo, por supuesto— entre ellos y, sobre todo, el reconocimiento dentro de los escalones estamentales del mundo mercantil y gremial, con participación expresa de estos sectores en la vida municipal. Suele explicarse esta circunstancia a partir de argumentos *ex post facto* que vienen apelando a diferencias económicas, o de otro tipo, entre la industriosa Cataluña y la "caballeresca y rural" Castilla. Sin embargo, la diferencia de representación municipal de una y otra sociedad –ambas urbanizadas y con mercados e industrias avanzados– obedecía a diferencias morfológicas de los cauces de participación política: mientras en las ciudades catalanas se reconoció en la Baja Edad Media participación municipal al empresariado de las corporaciones e incluso –testimonialmente– a los menestrales, en las ciudades castellanas –en concreto en las de la Meseta– el potencial corporativo no pudo ser autónomo por las razones apuntadas antes (4.2.1).

Otra diferencia del municipalismo medieval catalán con respecto al castellano –donde en general predominó un modelo jurídico-político de lealtad institucional de las principales ciudades hacia la corona–, estriba en la constante presencia del pactismo en la vida local catalana, en especial en el caso barcelonés. Aunque hubo otras coyunturas, como tendencia no hay duda de la buena armonía –en general– de los dirigentes urbanos, en concreto de Barcelona, con las fuerzas más destacadas del Principado, incluso como si fueran su columna vertebral, mientras que cabe hablar por el contrario de más recelos hacia la autoridad real, que llevó a una ruptura abierta ya con los Trastámara y específicamente durante la guerra civil. Frente a las alianzas de conveniencia entre la realeza y las fuerzas populares urbanas y rurales de Cataluña, la lógica del pactismo oligárquico lideró desde Barcelona la guerra contra el monarca durante ese crítico momento de su historia.

Tales diferencias no deben impedir apreciar los rasgos comunes que, en unos y otros casos, compartían los poderes urbanos castellanos y catalanes: en ningún caso existió algo parecido al modelo de ciudad-estado, totalmente independiente, sino que los regímenes municipales –peninsulares– respondieron siempre a compromisos entre las fuerzas locales y los poderes superiores de sus titulares jurisdiccionales superiores; el intervencionismo regio en el mundo urbano tuvo gradaciones y coyunturas variables, pero fue siempre un factor a tener en cuenta, incluso un factor tendencialmente creciente, aunque nunca hasta el punto de anular las soberanías urbanas; fuera de las villas señorializadas, la alta nobleza en general se hallaba distanciada de las luchas cotidianas y excluida de las propias instituciones municipales, lo que no impedía su injerencia tanto en Castilla como en la corona de Aragón, bien a través del clientelismo urbano y las injerencias "bastardas" en los concejos urbanos, en el caso castellano, bien a través de las injerencias políticas de las instituciones pactistas, como las Cortes o la *Diputació del General*, en Cataluña y en los otros estados de la corona; otro rasgo común es que el poder urbano se extendía más allá del propio núcleo, hacia el campo circundante, que la ciudad llegó a dominar, y esta dominación tuvo generalmente una dimensión jurídica; otro rasgo es que en los dos sitios hubo tensiones entre el burocratismo uniformizador de la intervención externa y el elitismo oligárquico localista, tensiones típicas de la época; finalmente, desde el punto de vista de la composición social de los gobiernos urbanos, en todas partes predominó –salvo paréntesis momentáneos y con correcciones y contrapesos– el elemento patricio, esto es, la hegemonía de los grupos o estamentos más ricos y poderosos, aunque también en todos los medios urbanos los excluidos ensayaron medios de lucha novedosos y buscaron vías para mejorar su umbral de participación en la vida ciudadana.

B) *El caso de Barcelona*

Mientras el municipio castellano se había puesto en funcionamiento en fechas muy tempranas, no fue hasta mediados del XIII cuando puede considerarse instituido tanto en Cataluña como en los demás estados de la corona. El caso barcelonés había sido uno de los más prematuros. Iniciado en 1249, con la elección del primer *Consell*, había experimentado algunos cambios en 1257, 1265 y 1274. Por entonces tenía ya el perfil típico de la Baja Edad Media: existía como poder ejecutivo un reducido número, cinco concretamente, de *consellers*; un *Consell de Cent*, formado por un centenar de *prohombres* o *jurats* que elegían a aquéllos. Frente a ellos, el *veguer* o el *batlle*, aunque integrados en los cuadros de poder, eran en realidad los oficiales que representaban la autoridad del rey en la ciudad. Controlado el municipio desde el principio por la oligarquía de los *ciutadans honrats* fue objeto de la contestación popular en una célebre revuelta de 1285, dirigida por B. Oller, cuyo fracaso no hizo sino reafirmar la hegemonía municipal del patriciado. Así se encontraban las cosas al comienzo del siglo XIV.

Desde entonces se acentuaron algunas tendencias: una disminución del poder de los *veguers* y *batlles*, autoridades territoriales y regias que mantuvieron la representación jurisdiccional en nombre de la monarquía, pero que vieron disminuidas sus capacidades de intervención en la vida de la ciudad; por otro lado, se reforzó el sentido socialmente restringido del *Consell*. Respecto a esto último a principios del XIV el *Consell de Cent* contaba con predominio de los *ciutadans honrats*, que eran mayoría frente a otros sectores: por ejemplo había 64 *ciudadanos honrados* frente a 35 maestros gremiales –en representación de 15 oficios– en 1333, en un *Consell de Cent* de 105 miembros o *jurats*, un órgano amplio en el que también había una representación exigua de 3 juristas y 3 notarios. El *Consell* desde 1325 delegaba en otra institución, un consejo restringido de 25 *prohoms*, aunque el auténtico poder ejecutivo recayó durante todo el siglo XIV en otra instancia aún más restringida, el consejo de gobierno de 5 *consellers*, presididos por un *conseller en cap*. Los *ciudadanos honrados*, ya mayoritarios en el *Consell de Cent*, lo eran aún más en el consejo restringido de veinticinco y, por supuesto, aun más en el *consell* de los cinco, cuyo *conseller en cap* pertenecía siempre a esa categoría.

A la altura del reinado de Pedro el Ceremonioso se reconocían tres estamentos o *manos:* mayor, menor y mediana. La mano mayor o *mà major* era la de los *ciutadans honrats*, sector de ricos y propietarios, rentistas de diversas actividades –prestamistas, inversores en títulos de rentas urbanas como *censals* y *violaris*, es decir, rentas perpetuas o vitalicias respectivamente. La mano media o *mà mitjana* se correspondía con los *mercaders*, hombres de negocios que se ocupaban personalmente de ellos y que solían estar vinculados a las instituciones del Consulado del Mar. El *Consolat* de *Mar* era un tribunal mercantil con jurisdicción propia en esa materia, con jueces y cónsules específicos, con sede en la Lonja. Este tribunal estaba controlado por los mercaderes, pues desde las reformas de 1347 tenía dos *cónsules*, uno de ellos *honrat* y el otro *mercader*, y un juez, correspondiente a esta última categoría. La mano menor o *mà menor* estaba compuesta por lo que hoy llamaríamos profesiones liberales y miembros cualificados de los oficios –"artistas"– y por otras gentes menores de los gremios. Durante el reinado de Pedro el Ceremonioso hubo intentos de reformas. Se quiso suprimir el *conseller en cap* y equilibrar la composición del consejo de gobierno, ahora en número de 6 *consellers*: dos ciudadanos, dos mercaderes, dos artesanos. Pero las reformas no prosperaron, volviéndose al régimen anterior.

En 1388 se produjo un desdoblamiento en el estamento de la mano menor, que quedó subdividida ya para el futuro entre *artistas* –o profesiones liberales, como notarios, juristas, especieros, médicos– y *menestrales*, capas bajas de los gremios. No cabe duda de la insatisfacción de estos últimos sectores, precisamente por su marginación política, en cierto modo responsable de los disturbios sociales de 1391, muy agudos en Barcelona. A la explícita expresión de antisemitismo, innegable, hay que sumar como causa del descontento de las capas populares en ese momento la conciencia de que se hallaban excluidos del régimen municipal. Aunque con menor radicalidad, otros sectores intermedios de artistas y mercaderes podían también albergar un sentimiento semejante en relación con el poder oligárquico de los *ciudadanos honrados*.

Puede decirse que en el siglo XV los Trastámara heredaron irresuelto este problema de la apertura social del régimen municipal barcelonés, máxime cuando en las décadas centrales del siglo el problema del déficit democrático municipal se vino casi a confundir con las tensiones sociales del Principado. A principios de los cincuenta la monarquía, y en concreto el Gobernador

General Galcerán de Requesens, en lucha contra las oligarquías pactistas, pudo encontrarse con el apoyo de la recién creada *Busca*. La *Busca* –"viruta", "cosa insignificante"– era desde su creación en 1452 un partido urbano reformista que congregaba pequeños comerciantes y artesanos de los gremios. Quería representar a ocho de cada diez habitantes de la ciudad al aglutinar los tres estamentos inferiores: mercaderes, artistas y menestrales. Pero aunque era el *Sindicat dels Tres Estaments i Poble* de Barcelona, respondía preferentemente a las demandas del *poble minut*, de los menestrales básicamente, si bien sus dirigentes pertenecían a estratos algo más elevados. El apoyo brindado por el Gobernador Requesens a la *Busca* otorgó a este partido el gobierno de la ciudad en 1453. Los *buscaires* lograron imponer su política económica: proteccionismo comercial, con prohibición de importar paños de lujo, con estímulo a la fabricación propia; devaluación monetaria; control del gasto público; prohibición del acaparamiento de cargos. Su programa de reforma de la composición del *Consell* no logró consolidar su propuesta maximalista de 1453, cuando se redujo a 22 el número de *ciudadanos honrados*, pero sí logró pactar al año siguiente una composición que seguía favoreciendo la preponderancia de los otros tres estamentos. En efecto, según la reglamentación de 1454, tres de las cinco *consellerías* pertenecerían a las manos inferiores: un *conseller* por los menestrales, otro por los artistas y otro por los mercaderes, frente a 2 *consellers* que eran ciudadanos *honrats*. También había presencia destacada de los tres estamentos inferiores en el *Consell de Prohoms*; y de igual modo los 128 *jurats* del *Consell de Cent* se repartirían paritariamente: 32 *ciudadanos honrados* frente a 32 por cada uno de los tres estamentos restantes, que con sus 96 miembros controlarían así el *Consell de Cent;* e incluso lograron más apertura hacia la representación en Cortes, vislumbrándose una posible participación –nunca había ocurrido– de los menestrales en esta institución.

La democracia *buscaire*, sin embargo, duró poco. El partido oligárquico de la *Biga* –"viga"–, de ideas patricias y política antiproteccionista, compuesto por algunos destacados *mercaders* –otros apoyaban en cambio a la *Busca*– y por los *honrats*, desde 1460 comenzó a desmantelar las reformas aprovechando los conflictos y problemas que se dieron bajo el gobierno *buscaire* (1453-1462): divisiones internas entre *buscaires* moderados y radicales, favoritismos, boicot empresarial a la economía urbana, fuga de capitales. El patriciado de la *Biga* aprovechó estas fisuras, al tiempo que aseguró su cohesión interna. El patriciado barcelonés del XV estaba ya compuesto por una simbiosis entre las familias de *ciudadanos honrados* y destacados mercaderes que, aun habiendo salido de la *mà mitjana*, habían escalado posiciones, se habían mezclado con los *honrados* y compartían el mismo estilo de vida y tipo de negocios. De hecho, familias como los Junyent, los Llobera, los Rovira, los

Quintana, los Bellmunt, los Ferrera, los Ponsguem o los Gualbes tenían en el siglo XV miembros dedicados a todo tipo de actividades –cada vez menos el comercio y la banca y más las rentas especulativas y los cargos–, de modo que el patriciado integraba tanto a *honrats* como a *mercaders*, obsesionados éstos en el XV por vivir como aquéllos. La *Biga* representaba en todo caso las actitudes de estas oligarquías. Hacia 1461 la *Biga* barcelonesa, que entraba en guerra con la monarquía, se hacía con el apoyo decidido de las Cortes y la *Diputació del General*, o sea, las instituciones pactistas del Principado, reprimía a los *buscaires* –hubo ajusticiados de este partido– y se hacía con el control incluso del *Consell del Principat*, máximo órgano coordinador de la guerra contra el monarca. Hacia 1462 la *Biga* había vencido en la ciudad y restauraba las instituciones municipales en la línea tradicional, es decir, con predominio de los *honrados* en los órganos políticos urbanos. Poco después estos *ciudadanos honrados* disfrutarían incluso del rango de la caballería honorífica.

Así siguieron las cosas hasta que en época de Fernando II, en pleno *"Redreç"*, o resurgimiento, se restauró un cierto reequilibrio entre las fuerzas locales –aunque con preponderancia oligárquica–, ya con un sistema de garantías básicas, con la instauración al final del siglo de la insaculación –implantada en Barcelona en 1498– y con un marcado dirigismo regio en la ciudad, que entonces parecía ser el signo de los tiempos.

C) *Las otras ciudades del Principado*

Fuera de la Barcelona bajomedieval, el resto de las ciudades catalanas tuvieron evoluciones en cierto modo convergentes durante el período con la de la ciudad condal, pero sin el protagonismo que ésta tuvo en los destinos del propio país. Lo demuestran numerosas monografías y estudios desarrollados de muchas localidades (Batlle y Busqueta, 1988; 1996; Batlle, 1997).

Había un grupo de grandes ciudades reales: Perpiñán –la única ciudad catalana (sin contar Barcelona) que hacia 1400 superaba, y que casi doblaba, la cifra de 10.000 habitantes–, Girona, Tortosa, Lleida –de ella dijo el cronista R. Muntaner: *"aixi com Barcelona és cap de Catalunya en la marina e en la terra ferma Lleida"*– o, ya más modestas, Manresa –convertida oficialmente en ciudad en 1315–, Puigcerdá o Cervera, que eran núcleos del realengo, y que constituían los importantes enclaves urbanos. Había otras pocas ciudades como Tarragona o Vic, de dominio mixto, y finalmente las eclesiásticas plenamente, aunque las adscritas a esta condición solían ser más bien pequeñas, como la episcopal La Seu D'Urgell o la abacial San Joan de les Abadesses. Dejando al margen estas últimas, es decir, las de señorío eclesiástico, puede decirse que las ciudades catalanas, lo mismo que Barcelona, experimentaron durante el período de los siglos XIV y XV los mismos fenómenos de estamentalización, antagonismos sociales y crisis políticas en sus relaciones internas o con la monarquía.

La desproporción entre peso demográfico y político de los estamentos urbanos se manifiesta al comprobar, según datos ofrecidos por C. Batlle, que la *mà major* constituía apenas el 2 a 5% de las ciudades catalanas del siglo XIV, la *mà mitjana* entre el 10 y el 15% y la *mà menor* entre el 80 y el 85% (Sabaté, 1999: 137). La estamentalización urbana presentaba matices en unas u otras ciudades. La nobleza territorial estaba excluida. Pero para el resto de la sociedad la composición de las *manos* o estamentos muestra en sus variaciones la elasticidad y convencionalismo de tales encuadramientos. No obstante, siempre a partir de ellos salían los miembros tanto de los gobiernos municipales —*Consells* gubernativos de *paers*, *cónsules* o *consellers*—, así como de los *Consells Generals* o consejos amplios de *jurados* y *prohombres*, así como *consells* intermedios de 25-30 miembros. Para la distribución en *manos*, por ejemplo en Girona había desde 1376 un parámetro fiscal con tres *manos*: ciudadanos rentistas, profesiones liberales y artesanos, aunque al ser un criterio basado en la contribución fiscal podían hallarse personas de un mismo sector en varias manos, como de hecho ocurría con miembros del sector textil. En Perpiñán, según un privilegio regio de 1346, formaban parte de la *mano mayor* burgueses y mercaderes, aunque siempre que llevasen una vida pública honorable, mientras que la mano mediana comprendería comerciantes modestos, tenderos y profesiones liberales, y la tercera mano sería la de los oficios inferiores. Desde principios del XV el *Consell de prud'homs* de esta ciudad contaba con 60 miembros o jurados, veinte por cada mano. La estructura de Tarragona a fines del XIV se basaba también en tres *manos*, al estilo de los tres estamentos barceloneses, si bien ya en el reinado de Alfonso el Magnánimo se fijaron criterios cuantitativos: los *ciudadanos honrados* tendrían que superar los 30.000 sueldos, de 10.000 a 30.000 pertenecerían a los de la mano media —pero no los maestros gremiales, ésta era la peculiaridad— y de ahí hacia abajo, así como todos los de los oficios, incluidos los maestros, serían la *mano menor*. Más o menos en otras ciudades las tres *manos* se encuentran también, aunque en las ciudades más pequeñas —por ejemplo Vilafranca del Penedès—, y por supuesto en las pequeñas villas señoriales, los grupos se hallaban peor estructurados y no había grandes mercaderes y rentistas plutócratas entre sus elites.

Las luchas de los estamentos inferiores por obtener más participación no fueron, lógicamente, exclusivas de Barcelona. Así por ejemplo, en 1389 se originó y fracasó una revuelta de menestrales gerundenses con el objeto de conseguir representantes de los oficios artesanales en el consistorio. Y hacia

1390-1391 hubo intentos afines en otras ciudades del Principado. Con independencia de las revueltas, en Lleida en 1386 varios *paers*, entre los que se encontraban representantes de los oficios de la ciudad, entraron a formar parte del *Consell* general –reducido entonces a 50 miembros– y del consejo reducido –que tenía 22 jurados–, al tiempo que se introducían algunos métodos de designación por sorteo. Unos años antes, en 1382, las tres *manos* se habían repartido la composición del *Consell General*, compuesto por 45 *prohombres*, 15 por cada *mano*. Aunque era un consejo municipal reducido de 3 o 4 *paers* el que ejercía de hecho el gobierno cotidianamente en la ciudad ilerdense. Desde 1402 funcionaba en Perpiñán un reparto paritario entre las tres *manos* en el consejo de 60 prohombres, veinte por cada *mano*, mientras que de sus cinco cónsules –equivalentes a los *consellers* del consejo reducido– dos eran de los *ciudadanos honrados*, dos de los mercaderes y uno de la *mano* menor, según datos un poco posteriores. Estas tendencias a la participación estamental con ciertos equilibrios se aprecian incluso en las ciudades señoriales o de dominio mixto señorial-real, como Vic, que en 1391 obtenía casi paridad estamental: un *conseller* por cada *mano*; y un *consell* de *prohombres* compuesto por veinte jurados, siete de la *mano mayor*, siete de la mediana y seis correspondientes a los menestrales. A pesar de las reformas, durante el siglo XV hubo tensiones sociales en las principales ciudades catalanas y uno de los motivos fueron los enfrentamientos entre el patriciado y el pueblo menudo, que aspiraba a democratizar el régimen municipal: enfrentamientos y tensiones en Tarragona en 1443 o en Girona en 1453-1455, tensiones que también se constatan en villas señoriales.

Hay que subrayar precisamente el protagonismo regio en el régimen municipal durante todo el período. Aparte de refrendar, reformar, reprimir o estimular las aspiraciones pacíficas de los *menudos* o estamentos inferiores, según los casos, normalmente evitando enfrentamientos abiertos, los monarcas tuvieron, ya sobre todo en el XV, una estrategia pacificadora y estabilizadora, a la par que intervencionista. Una de las novedades fue la introducción del método de la insaculación. El método había sido ensayado ya antes en el reino valenciano, primero en Xátiva en 1427 –según J. A. Barrio– y ya hacia 1439-1440 en otras localidades valencianas y en Menorca, así como en 1442 en Zaragoza. Dentro de Cataluña fue ensayado en 1449 en Perpiñán por la reina María, con el objeto de pacificar las tensiones entre oligarquía y *menudos* por la elección de cargos. El método consistía en la elaboración de listas con una matrícula amplia de posibles candidatos, según cada estamento o *mano*, los nombres se colocaban en una bolsa o cesta y después se extraían de la bolsa al azar los candidatos, electores o compromisarios encargados luego de la elección de los cargos. Se sustituía así la técnica de la cooptación por un procedimiento en el que la suerte tenía mayor papel, aunque lógicamente la elaboración de la matrícula de los candidatos daba pie a posibles irregularidades. De todos modos, tampoco se suprimían con esta técnica las proporciones estamentales, que era donde radicaba el verdadero reparto de poder urbano. La insaculación, largamente conocida en Italia, fue impulsada en las ciudades de la corona de Aragón, y particularmente, en las ciudades de Cataluña ya en la segunda mitad del siglo XV: aparte de Perpiñán en 1449, en Vic en 1450, Girona en 1457 –con un antecedente en 1437–, Manresa parcialmente en 1458, Tortosa parcialmente en 1459, Olot en 1498, Lleida y Figueres en 1499, Balaguer en 1500 y perfeccionamiento del mecanismo en Manresa o Tortosa también por entonces. La introducción del mecanismo insaculatorio, que no impedía el dominio oligárquico ni el intervencionismo regio, pero sí atemperaba el faccionalismo y la corrupción abierta, tuvo gran arraigo y proporcionó estabilidad municipal durante mucho tiempo.

5

Nuevas condiciones y canales de expresión de los saberes y las culturas

5.1. Renovación de las condiciones materiales y sociales de la producción y difusión culturales

Nada hay tan amplio como la expresión "Cultura", en cuya definición no entraremos por su amplitud. Remitimos a Vovelle, Le Goff, Schmitt, Chartier, Delumeau y otros teóricos. La Cultura interesa como visión del mundo y como conjunto de conocimientos articulados. Afecta, pues, a los sistemas de pensamiento y a las "ideologías", como sistemas de representación de imágenes, ideas o mitos. Y afecta también a las "mentalidades", es decir, ese horizonte del inconsciente, de lo colectivo y de lo vital, tan relacionado con las sensibilidades y las actitudes. "Cultura y mentalidades" incluiría todo eso. Pero quizá haya que comenzar por un aspecto de la historia cultural también imprescindible, el que se preocupa de los ámbitos de producción y de transmisión de los mensajes orales, escritos, icónicos, etc. y de los ambientes sociales e institucionales que los canalizaron.

5.1.1. Precariedad de medios, cultura minoritaria y renovación de los instrumentos del saber

El libro, siempre manuscrito hasta la invención de la imprenta, era caro y escaso en la Edad Media. A pesar de todo, cabe anotar un cierto cambio material en los siglos XIV y XV. Libros escritos en soporte de papel, más económico y manejable, sucedieron a la era anterior de códices de pergamino, preponderantes hasta el siglo XIII. El pergamino simboliza una edad cultural basada en una sabiduría mucho más restringida, elitista e inaccesible. El papel permitió agilizar la transmisión de saberes, pero esto era posible sólo si la sociedad estaba acondicionada para ello. Y, de hecho, pese a los avances, el libro siguió siendo minoritario en la Baja Edad Media. Un libro grueso podía costar en la Castilla del siglo XV tanto como un caballo; un lujo. Su inasequibilidad apartaba a la mayoría de la población del ejercicio intelectual del saber. Sobre todo en lo que pueden considerarse saberes eruditos, dado que no existía ninguna institución cultural abierta a toda la sociedad. No había, es casi ocioso decirlo, bibliotecas públicas a las que poder acudir. Es cierto que en estos siglos, en especial en el XV, mejoraron las bibliotecas capitulares de la Iglesia, también que los monasterios seguían custodiando códices en gran número, y lo mismo algunos conventos; y que, como fenómeno notable de la época, en los palacios o castillos de algunos nobles comenzaron a coleccionarse un número importante de manuscritos –disponer de un centenar era ya una buena biblioteca particular–, con la novedad de incluir en ellos traducciones y libros recientes; y disponer de unas pocas decenas de libros era un logro para cualquier Estudio o Universidad de la época. Pero salvo en el caso de estos últimos, que sí eran usados aunque por un exiguo número de estudiantes, la existencia de algunos libros en los monasterios, en las catedrales o en las casas nobles de poco servía a la gente común. Por si no bastara la barrera cultural de acceso a los mismos, sin ir más lejos el latín en que estaban escritos todavía muchos de ellos, téngase en cuenta que casi nadie concebía que los manuscritos pudieran tener usuarios distintos de los propios dueños. El saber contenido en libros era, por definición, un saber restringido y cerrado.

La imprenta, que en su momento pudo contribuir enormemente a la difusión de obras y a crear fondos bibliográficos con mayor comodidad que antes, prácticamente no tiene impacto en el período medieval hasta el último cuarto del siglo XV. Suele considerarse que hasta 1472, con la impresión en Segovia del Sinodal de Aguilafuente, no comienza la andadura de la imprenta en Castilla. Se relacionaría con la presencia de impresores alemanes en tierras de Castilla y León (Val Valdivieso, 1994a: 145). El despegue de la imprenta fue importante y hoy se conocen cerca de 900 ediciones incunables españolas (Gómez Moreno, 1999: 338), aunque el mercado del libro impreso era mucho mayor, al acoger también las ediciones europeas, por lo que tendríamos que hablar de varios miles de incunables. Pero, claro, es sólo el último tramo del siglo XV el afectado.

Minoritario era también el medio que hoy se considera imprescindible en la adquisición del saber superior, el medio universitario. La Baja Edad Media asiste a la consolidación de estas instituciones de enseñanza, de reducida dimensión, pero que resultaron decisivas en la historia intelectual.

Hasta el siglo XIII los principales centros del saber habían sido las *escuelas monásticas*. La tradición benedictina había llevado a los monasterios los estudios gramaticales y teológicos. Los maestros de estas disciplinas en las *scholae* monásticas habían hecho de ellas el eje didáctico y espiritual que vertebraba la formación intelectual de los monjes. Aparte del aprendizaje de las enseñanzas del *magister* en gramática o teología, el conocimiento se adquiría en los abundantes códices de las bibliotecas de los monasterios. El *scriptorium*, parte destacada del cenobio, era el lugar donde se copiaban manuscritos y códices antiguos. Desde el siglo XIII este mundo de cultura cerrada, que no respiraba fuera de los muros del monasterio y que tendía a ser poco o nada innovadora, mostró su inadaptación a los tiempos y se vio rotundamente desplazado por los nuevos centros del saber. Esto no quiere decir que los monasterios abandonaran su actividad cultural. Piénsese en la actividad de escriptorios y bibliotecas de esta índole, algunos tan célebres como los de Poblet o Silos. Pero es indudable el declive general de estas formas de cultura y su desplazamiento por otros centros más dinámicos. Los propios monasterios fueron conscientes de ello, por lo que no faltaron monjes entre los universitarios medievales.

Ya antes del XIII habían cobrado fuerza las escuelas dependientes de los obispos y los cabildos catedralicios; a veces estaban adscritas también a colegiatas y arcedianatos. Suelen denominarse *"escuelas catedralicias"*, "capitulares" o simplemente *"escuelas urbanas"* (Santiago-Otero, 1996: 78 y ss.). En ellas se solían estudiar las disciplinas del *trivium* (gramática, retórica y lógica), que con el *quadrivium* (aritmética, geometría, astronomía y música) completaban las llamadas "siete artes liberales" o disciplinas académicas medievales anteriores a las materias propiamente universitarias. Las *escuelas urbanas* en Castilla cuajaron fundamentalmente en las ciudades de la meseta castellanoleonesa y mitad norte sobre todo –Santiago, Oviedo, León, Astorga, Sahagún, Zamora, Palencia, Salamanca, Valladolid, Belorado, Burgos, Burgo de Osma, Segovia, Sepúlveda, Ávila, Cuéllar–, aunque también brillaron en otros sitios –Alcalá, Sigüenza, Toledo, Cuenca, Códoba y Sevilla–. Los concejos urbanos y la corona misma, aparte de la propia Iglesia, financiaban estas escuelas. En los estados de la corona de Aragón, donde no solía existir financiación externa a la Iglesia, existieron las de Vic, Urgel, Girona, Lleida y Barcelona, entre las que ya existían antes del XIII, más las fundadas después, ya en los siglos XIII y XIV: aparte de las catalanas, las de Valencia, Alzira, Gandía, Sagunto, Sueca, Huesca, Jaca, Barbastro, Zaragoza, Tarazona, Daroca y Calatayud, entre otras. En territorio navarro, las de Tudela, Sangüesa, Olite, Estella y Pamplona.

El paso siguiente a las *escuelas urbanas*, que siguieron existiendo, se dio, desde los siglos XIII-XIV, con las *universidades*. Desaparecida la de Palencia, la Universidad de Salamanca, fundada en 1218, es la única reseñable en el siglo XIII. La universidad de la época, en la acepción actual, se llamaba *Studium*.

Aunque con precedentes del siglo XIII, la de Valladolid no funcionó verdaderamente hasta 1346, fecha de la bula papal que reconocía el *Studium* vallisoletano, respaldo pontificio que ya tenía Salamanca desde su bula de 1255 y que era requisito para ser una verdadera universidad de pleno derecho, es decir, poder otorgar la *licentia ubique docendi*, o título para poder enseñar en todas partes. Las fundaciones de Sevilla y Alcalá pueden considerarse fracasadas hasta fines de la Edad Media. En la corona de Aragón destaca la fundación del *Estudio* de Lleida hacia 1297 con bula de 1300, Huesca en 1354, Perpiñán en 1379, Girona en 1446, Barcelona, que tuvo un *Estudio General* desde 1450, Palma desde 1483 y Zaragoza ya en los albores de la Edad Moderna, aunque con presencia desde 1474. Valencia no fue reconocida como tal universidad hasta unos años después. Durante toda la Baja Edad Media las universidades hispánicas con títulos reconocidos eran pocas, apenas ocho *Studia Generalia* en la época de los Reyes Católicos.

Para Castilla, apenas Salamanca y Valladolid. Beltrán de Heredia, estudioso de la institución, ha dicho que durante el siglo XV, antes del último reinado medieval, tres cuartas partes de los que en la corona de Castilla cursaban estudios universitarios lo hacían en Salamanca (García García, 1989: 55), repartiéndose el resto entre Valladolid, Roma y Bolonia. Se supone que la universidad salmantina tenía cerca de 600 alumnos a finales del XIV y 3.000 como mucho a finales del siglo XV. Valladolid apenas contaba con 200 a principios del XV. Aunque estas cifras son hipotéticas y discutibles, sí dan idea de lo restringida que era entonces la universidad. El doctor Jerónimo Münzer en su *Viaje por España y Portugal*, de 1494, decía que "no existe en toda España un Estudio General más preclaro que el de Salamanca. Cuando yo lo visité me aseguraron que asistían a las clases unos cinco mil estudiantes entre todas las Facultades. La fecundidad del campo, que abarata los víveres en el mercado, es la causa de que los escolares afluyan en tan gran número, además de la bondad de los doctores que enseñan, que son muchos". El insigne humanista alemán exageraba sin duda, pero no en destacar el *Estudio* salmantino sobre los demás. En las Cortes de Toledo de 1480 los Reyes Católicos reconocían la preeminencia hispánica de las universidades de Salamanca y Valladolid, de sus títulos y grados, únicos con validez universal plena. Un fuerte despegue universitario, no sólo cuantitativo sino también por la mejora de la calidad, se producirá en el último cuarto del siglo XV y principios del siguiente. A los viejos centros punteros salmantino y vallisoletano se unirán otros, como Sigüenza, desde 1489, Sevilla pero ya a comienzos del siglo XVI y algún otro de muy brillante futuro, como Alcalá, éste desde 1499. Corresponde ya, sobre todo más allá del umbral de 1500, a otra etapa histórica posterior a la medieval. Aparte de las dos castellanas, aunque con menor influencia, las de Lleida y Coimbra –en Portugal– serían la únicas de primera línea de la península.

Las universidades hispánicas debieron su formación y consolidación a algunos empujes decisivos. Normalmente suele afirmarse que las de Castilla debieron mucho de su éxito primero al apoyo regio directo, en la fundación y dotación, y luego a la vinculación tanto con la monarquía como con Roma, por lo que eran más independientes de los municipios, mientras que en la Corona de Aragón el control municipal, financiero sin ir más lejos, fue más acusado. Este posible contraste no deja de ser una simplificación y, además, no implica que las universidades carecieran de personalidad jurídica y organizativa. Al contrario, desde sus orígenes las universidades evidenciaron los perfiles jurídicos e intelectuales de su autonomía.

En la composición social de los alumnos destacan los que procedían de familias de hidalgos, caballeros o elites urbanas. Una condición era muy frecuente entre los escolares, la de clérigos, que seguramente superaban en número a los laicos. Entre los clérigos destacaban los canónigos y el clero regular. Entre los profesores casi la totalidad eran también clérigos. Había clero secular y de órdenes. Entre estos últimos, los dominicos constituyeron durante un tiempo el grupo más compacto y significativo del profesorado, al menos en el XIV. De la composición se desprende la cercanía de valores que existía entre la Iglesia y la Universidad de la época.

En la estructura de autoridad de las universidades llama la atención el sentido participativo. Era una institución en la que se votaba frecuentemente y en la que las mayorías y colectividades evitaban el ejercicio del poder personal. Es seguro que los conceptos más afines a lo que entendemos por democracia nacieron en esta institución medieval, donde se hacía gala de ejercitar valores como el célebre principio romanista *quod omnibus tangit...* Aunque fuera elitista, la universidad era un entramado con un cierto sentido colectivo. El propio concepto de *"universitas"* está unido a la noción medieval de corporación, una organización donde *maestros* y *aprendices* —estos últimos venían a ser los estudiantes— formaban una especie de gremio.

La organización de la de Salamanca es ejemplo de ello. En esta universidad, la más importante y emblemática del medioevo hispánico, los estudiantes o "escolares", considerados como gentes distinguidas en un medio social de exigua textura académica, gozaron siempre de amplias prerrogativas políticas dentro de la corporación, incluso para ocupar los más altos puestos. Los estudiantes se agrupaban para elegir representantes por *"naciones"* o regiones de procedencia, que en el siglo XV —más tarde se diversificarán— eran: diócesis leonesas; diócesis gallegas; provincia eclesiástica de Burgos; provincia eclesiástica de Toledo. Desde 1386, en que se fundó el colegio mayor de Pan y Carbón, y 1401, con el embrión del que sería Colegio Mayor de San Bartolomé, algunos escolares pudieron ser acogidos en estas instituciones de beneficencia para realizar sus estudios. Ahora bien, sólo una mínima parte de los estudiantes se vinculó a ellas, lo que desmiente cierto tópico que asocia la universidad bajomedieval, y moderna, a la obligada pertenencia a alguno de estos colegios mayores.

La organización institucional de la universidad salmantina quedó fijada para mucho tiempo durante la fase medieval de "consolidación" (Fernández Álvarez, Robles, Rodríguez-San Pedro, 1989, I: 35-58) con las normativas dadas por Benedicto XIII en 1411 y luego con las Constituciones de Martín V de 1422. Siguiendo el modelo boloñés los rectores salmantinos, así como sus principales asesores, eran elegidos entre los estudiantes. Se prohibía que los rectores fueran naturales de Salamanca, norma preventiva que les aislaba de las banderías locales y la presión del entorno. Lo mismo regía para el vicerrector, que era su sustituto cuando debía ausentarse. El rector era asesorado por ocho *consiliarios*, que serían clérigos mayores de 25 años, también escolares. Formaban *claustro* con el rector. En el siglo XV de estos *consiliarios* cuatro eran de las diócesis del *reino* de León y cuatro del *reino* de Castilla –dos de la provincia eclesiástica de Toledo, dos de la de Burgos o de otras partes–, lo que indica la voluntad de la universidad salmantina de representar a toda la Corona, y en cierto modo lo hacía. Por ello Salamanca fue la capital intelectual de la corona de Castilla en la Baja Edad Media.

La normativa reconocía la autonomía y la participación escolar en la institución. Existían otros tipos de *claustros*, que sirvieron de contrapeso al *claustro* del rector y *consiliarios*. Un *claustro de catedráticos* era una reunión sólo de profesores titulares, a la que no podía asistir el rector, ya que era estudiante. En el *claustro de diputados*, presidido por el rector, había veinte miembros o *definidores*, según las constituciones de 1422: en él los profesores ordinarios –o catedráticos–, es decir titulares de cátedras pagadas, eran representados por diez miembros, mientras que otros diez representaban a licenciados, bachilleres o simples escolares. Había también otro *claustro* restringido donde el rector se reunía sólo con catedráticos y *consiliarios*. Mientras que en otra modalidad de reunión, el *claustro* plenario, presidido también por el rector y en el que estaban además *diputados*, catedráticos y *consiliarios*, regía un parecido principio de equilibrio entre profesores y escolares. Además de estas asambleas o *claustros* de docentes y discentes, existía el oficio de *maestrescuela* –equivalente al canciller de otras universidades–, representante eclesiástico y normalmente elegido por el cabildo. El *maestrescuela* tenía atribuciones judiciales sobre los miembros del *Estudio* y se encargaba también de la colación de los grados académicos, confiriendo la *licentia docendi* a los que alcanzaban el título. La Iglesia, en quien recaía inicialmente la designación, acabó perdiendo este oficio, que se acabó por designar en el propio medio universitario, aunque bajo control regio. No obstante, la Iglesia era y siguió siendo importante, porque algo tan sensible como la financiación dependía de las tercias reales diocesanas y estaba, pues, vinculada al diezmo eclesiástico. Como ha llegado a decir Rodríguez-San Pedro, el mejor conocedor actual de la histórica universidad salmantina, la solvencia de la institución venía a depender de factores como la cantidad y ritmos de las cosechas. Siguiendo con la nómina de cargos en la Baja Edad Media existía también un *primicerio* o coordinador del *claustro* de catedráticos, que lógicamente tenía que ser doctor o maestro. Los tesoreros, administradores o clavarios, uno o varios, llevaban la contabilidad económica. Por su parte, el *estacionario* o *stationarium* era el responsable de la "Librería", o sea, la biblioteca universitaria, y era quien suministraba los libros y cuadernos a los estudiantes, cuadernos o *peciae* en venta o alquilados. Las convocatorias para reuniones y *claustros*, así como la preparación de las pruebas para ser maestros corrían a cargo del bedel, que también tenía una función notarial al dar fe de muchas actuaciones jurídicas del *Estudio*.

Este organigrama descrito era el de Salamanca, pero en su espíritu es similar al de otras universidades. En el caso de la Universidad de Lleida, su *Libro de constituciones y estatutos* de su *Estudio*, que data de 1300, fue luego seguido por las otras universidades de la corona. En la de Lleida concretamente el rector y el canciller –equivalente al *maestrescuela*– eran las principales autoridades. Como en el caso de la de Salamanca, el modelo boloñés era el seguido. Bolonia representaba el esplendor de los estudios jurídicos y el gobierno de los estudiantes, frente al modelo de París, que representaba el gobierno de los profesores y la orientación teológica. Salamanca era la referencia principal del modelo boloñés en la Península.

En cuanto a las materias estudiadas (Aguadé, Ed., 1994), durante mucho tiempo París hizo valer un quasi-monopolio en materia teológica, por lo que el derecho predominaba claramente en los planes de estudio de las demás. Los estudios de filosofía natural o astrología pueden considerarse más bien marginales. La teología, refugiada hasta fines del XIV y principios del XV en las escuelas urbanas catedralicias o bien en los *studia* conventuales de dominicos y franciscanos, se incorporó entonces a los saberes universitarios. Ahora bien, desde el momento en que las universidades incorporaron los estudios teológicos, además de los de derecho, medicina, filosofía y artes, las antiguas *escuelas urbanas* o *"estudios"* particulares tendieron a circunscribirse al estudio de las artes liberales, *trivium* y *quadrivium*, tendiéndose a que los saberes considerados más importantes, sobre todo teológicos y jurídicos, se reservaran a las universidades. Un buen ejemplo es la Universidad de Salamanca. A fines del XIV había en ella ocho cátedras jurídicas –dos de Civil, dos de Decretos y cuatro de Decretales–, cuyo número aumentó ligeramente en el siglo siguiente. Por entonces había también dos cátedras de medicina, otras dos de arte, dos de lógica, dos de gramática –que incluía gramática y retórica– y una de música. Desde 1411 había una de astrología, aritmética y geometría. A ellas se unieron algunas de teología desde principios del XV, con la fundación de la facultad de teología por entonces, trasvasándose en buena medida el saber teológico conventual a la Universidad. En 1416 se habían dotado ya cinco cátedras de teología, con una facultad de teología que impartía tres de ellas en la propia universidad y las otras dos en los conventos de San Francisco y San Esteban de la ciudad. En este último centro residía ya antes una de las escuelas conventuales más importantes de la Península en la enseñanza de teología, con lo que el traspaso de saberes a la Universidad parecía asegurado. No hay que olvidar que los profesores universitarios solían ser miembros de las principales órdenes, en especial franciscanos y sobre todo dominicos. En la segunda mitad del XV la teología universitaria llegó a gozar de gran auge, aunque su esplendor máximo escapa al período medieval.

El aprendizaje universitario en todos los centros hispánicos conducía a la obtención de un grado académico, *bachiller*, *licenciado* o *doctor*, en unas escalas que recuerdan los grados o escalas de los gremios. El grado de bachiller se obtenía tras varios años de estudios, de tres a seis y tras haber impartido el aspirante algunas lecciones que le servían de examen de capacitación. La licenciatura se obtenía tras tres o cinco años más, según sitios y facultades. Al candidato a licenciado se le asignaban al azar, el día anterior del examen, dos temas sobre los que debería versar su exposición pública al día siguiente, ante el tribunal de maestros –profesores, que eran doctores– que atendían al examen durante un par de horas. Como en las actuales carreras universitarias, la *licentia ubique docendi* otorgaba a quien la obtenía la capacidad de enseñar con valor de título universal, reconocido por la Iglesia y los poderes temporales, que era lo que distinguía la *universidad* propiamente dicha, o *Studium Generale*, o *Estudio General*, de otros centros académicos, es decir *escuelas* urbanas o *studia* "particulares", dependientes de órdenes religiosas, cabildos u otras instancias, cuyos títulos carecieron de la validez general universitaria. En cuanto al grado de doctor o maestro, no requería especiales estudios tras la licenciatura, y de hecho se podía obtener muy poco tiempo después. Se requería para ello costear una ceremonia de investidura, con banquete incluido, y la impartición de una lección magistral tras la que se imponían las insignias doctorales –birrete, anillo y libro–. Venía a ser el equivalente a la realización de la "obra maestra" para obtener la maestría en el mundo gremial.

En las universidades la unidad docente era la cátedra. Ya hemos mencionado el escaso número a propósito de la principal universidad. Habría que distinguir entre las *cátedras*, que tenían sus correspondientes aulas dotadas con un profesor titular o maestro pagado –aunque aumentaron las *"cátedras cursatorias"* o menores, que eran clases de apoyo impartidas por licenciados o bachilleres–, y las *facultades*, que agrupaban varias cátedras, si bien sólo se puede hablar de auténticas facultades en aquellos saberes más sistematizados, como derecho, teología, medicina, artes y filosofía. La lengua académica era el latín. Las lecturas ordinarias o extraordinarias se realizaban en el aula correspondiente a cada cátedra. Las denominaciones de cátedras "de prima" o "de vísperas" lo eran por la hora litúrgica de impartición de las clases: *prima* a las nueve de la mañana; *vísperas*, a las tres de la tarde. Se enseñaba mediante *lectiones*, *repetitiones* y *disputationes*. Se hacían comentarios, se estudiaban las *glosas* o las recopilaciones de los autores conocidos y se organizaban debates académicos en forma de controversias razonadas. Se planteaba una *quaestio* sobre la que se discutía razonadamente –*disputatio*– y al final se procuraba llegar a una conclusión o *sententia*. El constante recurso a las "autoridades" –autores medievales desde la Patrística a la Escolástica, pero también Aristóteles, Platón...– permiten extraer la impresión de que se trasmitían conocimientos sin demasiada creatividad. Se trataba, sobra decirlo, de una universidad diseñada para enseñar y para dar títulos, no para lo que hoy se consideraría investigación, que no se tenía por uno de los objetivos de la institución universitaria de la época. Los pocos maestros o doctores que escribían solían componer *quodlibetos* o *glosas* escasamente originales. Tampoco imaginemos grandes bibliotecas. La biblioteca universitaria de Salamanca, que sería una de las mejores o la mejor, apenas contaba con 201 obras en 1471. Poco más que una buena biblioteca de algún noble de la época amigo de las letras. Eso sí, en la universidad los libros se leían y estudiaban profesionalmente. Además había también otros volúmenes disponibles en las instituciones catedralicias o conventuales, que podían ser utilizados por los eclesiásticos vinculados a estas instituciones. Como nota curiosa, se sabe que en la universidad salmantina los libros se apilaban en bancos paralelos, entre los que se podía transitar, y que estaban encadenados a estos mismos bancos, con la evidente intención de que no desaparecieran. Lógicamente, el acceso a los libros cambió con la imprenta. Pero dada la escasez todavía en el siglo XV –época de los incunables, o libros impresos hasta 1500– cabe concluir que el impacto cultural de la imprenta se produjo ya pasado el período medieval.

Las *escuelas urbanas* y sobre todo las *universidades*, fueron elementos importantes en la historia cultural medieval, pero socialmente se ha de insistir en que no eran en modo alguno, al igual que los libros, bienes y servicios a los que las gentes estuvieran habituadas. Se comprenden las dificultades de transmisión del saber en una sociedad prácticamente iletrada y sin instrucción pública elemental. Se entiende así la potencia de la oralidad y de la imagen en la cultura medieval, que luego se subrayará en este mismo capítulo.

No existía el equivalente a una escuela primaria o secundaria reglada y normalizada. Aun así, algunos niños tuvieron ocasión de tener una cierta enseñanza. Había cartillas o *tabulae* para aprender a leer y escribir. Existieron, aunque se han perdido, *"catones"* latinos o romances –llamados así en alusión a Catón– formados por máximas, anécdotas y recetas prácticas para párvulos y jóvenes. Las enseñanzas se memorizaban mecánicamente. Así ocurría en la universidad, donde se aprendían las sentencias de Pedro Lombardo o la anatomía de Galeno de memoria, y así ocurría también en niveles inferiores. A veces los jóvenes aprendían *exemplos* y proverbios en verso, por la facilidad mnemotécnica de éste. Como enseñantes, en todos los niveles, difícil es encontrar otros que no fueran eclesiásticos. En todo caso, los manuales de aprendizaje o libritos de divulgación eran la excepción en la enseñanza.

Claro es que las diferenciaciones sociales eran notorias. Aparte del clero, a cuyo nivel de formación se aludirá después, los nobles y los caballeros bajomedievales gustaban entonces de reconocerse ilustrados y hacían que sus hijos recibieran unos conocimientos notables. El interés de los comerciantes por manejar los conocimientos aritméticos y gramaticales es también conocido. El problema eran las capas populares urbanas y rurales. El campesinado era, con toda seguridad, el sector donde la cultura letrada llegaba con más dificultad o simplemente no llegaba. Quizá la causa no fuera sólo la carencia de medios –la parroquia y su cura podrían haber servido de cauce de culturización, y a veces lo fueron– sino también la ausencia de demanda de conocimientos ajenos a los aprendidos en el seno de la familia, el campo y la aldea. A pesar del peso del tradicionalismo analfabeto de los campesinos, no le faltarán, en concreto a la Iglesia, recursos de adoctrinamiento, como se verá.

En cuanto a la población de los medios urbanos, las facilidades serían algo mayores. Las familias que podían costear la enseñanza elemental de sus hijos pudieron contratar frailes o curas para enseñarles. Los niños aprendían a leer y escribir, en romance y en latín, y poco más. Habría que destacar, además, que algunas autoridades de villas y ciudades apoyaron siquiera la alfabetización voluntaria de sus conciudadanos. Sabemos por ejemplo que en 1470 el concejo de la villa de Benavente, que estudió S. Hernández, pagaba 3.000 maravedíes de salario anual a un recién creado *maestro de gramática*, un dominico encargado de enseñar a leer y escribir a los habitantes de la villa que quisieran. Ya antes de reglar esta función el concejo pagaba ciertas cantidades a escribanos para que enseñaran a escribir a algunos. Los *maestros de gramática* de las ciudades estaban ya en el siglo XV plenamente asentados y eran bien remunerados en concejos importantes, como por ejemplo el de Burgos, que no tenía universidad, pero que creó una cátedra municipal de gramática. La remuneración para el maestro que la impartiría era de 4.000 mrs. anuales y estaba destinada a los hijos de la gente de las capas altas de la ciudad. Por supuesto, oficios semejantes se dieron en otros muchos concejos del siglo XV, pero lo interesante es que se encuentran en núcleos medianos, no sólo en las grandes ciudades. Se conocen esfuerzos de este tipo en Madrid, Cuéllar, Paredes de Nava, Jaén, Alcalá de Henares, etc. Incluso en núcleos quasi-rurales. El concejo de Villalón de Campos, por ejemplo, en 1466 acordó pagar un maestro para el pueblo, *"porque es bien que los niños aprendan a leer e escrivir"*. A veces, como ocurría en Sevilla a fines del XV, la enseñanza para los niños se impartía en locales de propiedad privada; sin embargo en otros casos, como se ve, los concejos se preocuparon algo de la enseñanza primaria (Martín Cea, 1991; Sánchez Herrero y Pérez González, 1998; Beceiro, 1998: 870, 875). Sobre todo interesa destacar la preocupación municipal, sin precedentes, por la enseñanza básica en el último período medieval, síntoma del dinamismo urbano y de cierta responsabilidad de las autoridades seculares en un ámbito históricamente reservado a la Iglesia. Formaría parte de lo que Martín Cea ha llamado "política social" del concejo. Es ésta otra pista de una tendencia general del período bajomedieval hacia la secularización cultural, como se indicará a continuación, debiéndose subrayar en este caso el esfuerzo de las autoridades laicas por mejorar la instrucción y reducir el analfabetismo con sus propios medios.

5.1.2. Ampliación de los creadores, nuevos ambientes y nuevas demandas culturales

En efecto, en los siglos XIV y XV uno de los fenómenos más sobresalientes en la producción y difusión cultural fue la entrada en escena de nuevos protagonistas, nuevos actores en un escenario en el que antes sólo intervenían los miembros del clero.

La Iglesia perdió en los siglos XIV y XV el monopolio del pensamiento y la cultura. Ahora bien, los clérigos siguieron siendo el sector más preparado intelectualmente. Se apreciará fehacientemente en estas páginas al comprobar la condición de los principales autores y creadores de la época. Su superioridad no venía sólo dada porque abundasen entre ellos los que escribieron algún libro más o menos interesante. Venía de la mayor preparación académica que como grupo disfrutaron. Aunque no existía algo parecido a los Seminarios reglados de épocas posteriores, casi todos los clérigos tenían una formación mínima para ejercer su profesión, que incluía conocimientos en *trivium* y *quadrivium*, por básicos que fueran, que adiestraban al clérigo en el latín y que le familiarizaban con las principales cuestiones doctrinales o morales que constituían materia su oficio. Es cierto que el clero sencillo parroquial, tanto urbano como sobre todo rural, no destacaba precisamente por su esmerada formación, que podía olvidar la capa de estudios adquiridos, como habitualmente ocurría, y que además este problema fue una de las obsesiones de la jerarquía, deseosa de corregir estas carencias, como se verá en el capítulo siguiente. Pero esta disfunción no impide valorar al clero como un grupo colectivamente bien preparado en el contexto de la época. Tanto las escuelas catedralicias como los *Estudios* se acoplaron perfectamente a sus demandas. A. Rucquoi y Susana Guijarro han mostrado, entre otros, la importante presencia de títulos universitarios entre los clérigos urbanos de los siglos XIV y XV, en especial el clero conventual y capitular. En cuanto a éstos, por ejemplo en el cabildo de la catedral de Palencia, Guijarro ha destacado la presencia de 222 personajes en los siglos XIV y XV provistos de título universitario, 137 bachilleres, 35 licenciados y 50 doctores; casi todos corresponden al siglo XV. En Valladolid, después de 1425, el 22 por ciento del cabildo de la Colegiata tenía título universitario, según Rucquoi. Los datos sobre los miembros del capítulo de Burgos o de la catedral de Salamanca, obtenidos por Guijarro, muestran cifras altas también. En la de Salamanca se documentan 39 titulados del cabildo catedralicio en el XIV. Pero sobre todo destacan los datos del XV: nada menos que 259 títulos universitarios; sin duda, una mayoría, más del 90 por ciento de los miembros del cabildo, disponían de un título. En esta cifra se incluyen 154 bachilleres, 31 licenciados, 49 doctores y 25 "maestros", aunque éstos podían ser titulados tanto por la Universidad como por la propia escuela catedralicia (Rucquoi, 1993: 258; Guijarro, 1991: 450; 1990).

La cultura clerical, a pesar del retroceso, seguía vertebrando el saber de la época. Sin ella no se habrían trasmitido los saberes anteriores. Sin la renovación que se produjo en su seno no se habrían dado algunos cambios importantes de civilización. Pero la cultura de los ambientes clericales arrastraba algunos lastres. El que tendiera a envolver con la visión del mundo cristiana cualquier debate o idea nos sorprende hoy, pero era habitual en la época, y siguió siéndolo durante siglos. Quizá más reseñable sea la rigidez de los hábitos de pensar de los clérigos, aun en un contexto de tendencial pérdida del monopolio intelectual. La Iglesia siguió globalmente apegada a unos métodos que resaltaban el respeto a las "autoridades". Sobre este respeto, que rezumaba conservadurismo mental, se construía el saber. Quien haya visto algunos manuscritos de la época, por ejemplo de los que estudiaban los universitarios –con preponderancia de clérigos, por cierto–, habrá comprobado que en las obras de referencia, que un autor comentaba, el texto central, que se reproducía literalmente en el centro o parte destacada de la página, aparecía glosado por el comentarista en los márgenes del folio. Glosas, comentarios "marginales" –escritos al margen– sobre una Verdad esencial y "central", eso expresa la composición espacial de una página manuscrita de cariz académico. Hay que decir que no siempre era así y que el sistema de glosas era a veces apto para que por él transitara el dardo de la inteligencia crítica. El formato no hipotecaba necesariamente el contenido, lógicamente. Pero no cabe duda de la inercia de toda una tradición eclesiástica medieval en la que se concebía el conocimiento como un divino don, fundamentalmente inalterable, que la Iglesia custodiaba y administraba con férrea y ciega vigilancia.

Frailes preparados, canónigos, por supuesto dignidades... La Iglesia aparecía en primera línea cultural. Pero el fenómeno más sobresaliente en la creación y transmisión del saber de los dos últimos siglos medievales es que a la elite cultural se incorporan los laicos. Había buenas bibliotecas –para la época– en las instituciones eclesiásticas. Pero también se desarrollaron las bibliotecas particulares. Las de los eclesiásticos destacaban, sí. El obispo de Burgos, Luis de Acuña, en 1496 tenía 363 libros. Pero había otras. Por supuesto, de reyes, preocupados por la cultura. 100 libros dejó el Príncipe de Viana al morir en 1461; y 349 había dejado Martín el Humano, mientras que debió de tener cerca de 200 Juan II de Castilla. Otros particulares destacaron también: Arnau de Vilanova dejó a su muerte 230 libros. Además son destacables las bibliotecas nobiliarias, a las que ahora se aludirá. Los típicos juristas o letrados seguían procediendo del clero, aunque cada día se incorporaban más pequeña nobleza y capas hidalgas o caballerescas urbanas. El sentido práctico de su profesión jurídica les resta valor en la historia cultural fuera de ciertos campos y ciertos grandes nombres. Pero se preocupaban del saber. El notario catalán Miguel Abeyar en 1493 tenía 471 libros. Y se sabe que en la Valencia de principios del XVI hasta un 30 por ciento de los mercaderes tenía libros en casa. Lo mismo se ha demostrado para la Cataluña del XV (Batlle, 1981; Faulhaber, 1987; Aurell, Puigarnau, 1998).

Más importante aún es la incorporación de la alta nobleza a la vanguardia de la creación de ideas y a los circuitos culturales.

El mecenazgo sólido, el imaginativo uso de la lengua vernácula y un emergente orgullo cívico y caballeresco distinguen la entrada de los nobles en el mundo de la cultura, algo ya realmente imparable en el siglo XV. Los valores caballerescos y sus propuestas doctrinales serán analizados en el último capítulo. Baste ahora el simple enunciado de esa incorporación. Los Mendoza y sus parientes constituyen la familia más representativa de esa afición antes inédita de los nobles por la cultura y las letras. Baste recordar que Fernán Pérez de Guzmán era sobrino del cronista López de Ayala, pero también que el célebre autor de las *Generaciones y Semblanzas*, donde por cierto se puede comprobar este nuevo perfil de nobles ilustrados, está emparentado a su vez con el célebre Íñigo López de Mendoza, marqués de Santillana (1398-1458). Desde que Schiff descubriera hace casi un siglo que la biblioteca de este singular personaje era una joya que custodiaba lo mejor de los textos humanistas de su época y de los clásicos, en los que el marqués se pretendía empapar, se ha considerado que los Mendoza representan el fruto más logrado del nuevo interés de los nobles tardomedievales por la cultura. Hoy sabemos que otros grandes caballeros nobles se preocuparon por la cultura y formaron bibliotecas importantes, como los Pimentel, los Estúñiga, los Guzmán o más tarde los Álvarez de Toledo, ya en el umbral del Renacimiento (Beceiro, 1983; 1991; Beceiro, Franco Silva, 1985; Lawrance, 1984). Alfonso Pimentel (1440-1461), tercer conde de Benavente, tenía 126 libros en 1447. Pedro Fernández de Velasco (†1470), conde de Haro, tenía 79 en 1455. Alfonso Tenorio (†1430) tenía 24 a su muerte. Y Alvar Pérez de Guzmán tenía 31 en 1482. Son ejemplos significativos. Entre las obras de estas bibliotecas había tanto obras religiosas, como jurídicas o textos clásicos, con predominio casi siempre de libros en castellano: por ejemplo, en el caso del conde de Haro, 42 libros en castellano, 34 en latín y 3 en francés. Como señalaba Nader en un estudio sobre los Mendoza, existe toda una corriente del humanismo construida en el siglo XV, o aun antes, por el vigor intelectual de gentes como López de Ayala, Pérez de Guzmán, el propio Santillana o Juan Valera, todos ellos miembros de la nobleza. Lo mismo podría decirse de la biblioteca de Enrique de Villena o de Pedro de Luna. Pero no olvidemos que ya antes de que este humanismo castellano floreciera, en fechas tan prematuras como la primera mitad del siglo XIV, nada menos que una cumbre de las letras, don Juan Manuel, había hecho compatible la más alta responsabilidad nacida de su inmejorable genealogía y su oficio noble con el cultivo de la creación literaria y el pensamiento. Don Juan Manuel recogía el testigo de su tío el Rey Sabio y, al trasmitirlo a los nobles de generaciones siguientes, inauguraba una fisonomía de la aristocracia ya presente desde la Baja Edad Media en adelante: la de los nobles que eran a la vez escritores, pensadores y creadores de cultura.

No se puede hacer recaer esas novedades exclusivamente en las voluntades individuales de los nobles. Podría decirse que en los siglos XIV y XV la nobleza logró configurar un ambiente genuino y unos nuevos patrones culturales que antes no existían. Entendiendo siempre que se trata de logros interesantes cualitativamente, no que todos los nobles los siguieran; en todo caso, como mucho, que la generalidad de los mismos, no la totalidad, los admirara. Si en los siglos centrales de la Edad Media el patrón cultural nobiliario era el ambiente de los castillos feudales, el de unos caballeros sensibles pero ágrafos, el código del amor cortés y la lírica provenzal, en los últimos siglos medievales aparece el ambiente cultural de la nobleza ligado no a los castillos sino a los palacios urbanos, con un patrón de cultura cortesana y libresca, una nueva sensualidad más secularizada y un *ethos* colectivo que dibuja además una significativa presencia de creadores y, lo que resulta también significativo, de mecenas culturales entre los nobles. Esto último es importante para la imagen de la Baja Edad Media, sobre todo en su último siglo. En las casas nobles eran bien acogidas las gentes de letras, como es sabido. Por primera vez los nobles financiaban esculturas y pinturas. Pero además el mecenazgo aristocrático iba unido a un nuevo afán constructor de los nobles en las ciudades, que ha dejado su huella en el arte, muy especialmente en las ciudades del centro de Castilla. El afán por construir y financiar obras iba unido a la vanagloria y sentido de la ostentación, qué duda cabe. Alta nobleza y caballeros urbanos de primera línea no se distinguen en esto. Véase la impresión que dan estos palacios aristocráticos en los casos en que forman parte de un conjunto urbano con aire del XV: ocurre por ejemplo con los palacios de los Pacheco, los Águila, los Chaves, entre otros, en la monumental Ciudad Rodrigo. Otras ciudades, como Salamanca –Casa de las Conchas o palacio de los Maldonado, de María la Brava, de los Álvarez-Abarca, Torre del Aire, Torre del Clavero...–, Ávila –palacios de los Velada, Bracamonte, etc.–, Cáceres –Golfines– e incluso Segovia, con varios palacios nobiliarios, permiten aún hoy día, por la conservación razonable de los mismos, rastrear el esplendor de los viejos tiempos en armonía dentro del casco histórico de las ciudades-patrimonio. Por supuesto, también queda hoy la huella de estos palacios aisladamente considerados. El Burgos de la segunda mitad del XV tenía, junto a la catedral y el concejo, el otro epicentro en el palacio de los Velasco. Lo mismo ocurría con el palacio construido en la segunda mitad del siglo XIV por Pedro Suárez de Quiñones en León, del que se conserva la fachada. En este siglo y el siguiente la familia Quiñones era otro de los focos de poder en esta ciudad. Del palacio de los duques del Infantado de Guadalajara dijo el viajero Münzer en 1495, pocos años después de su construcción, que *"este palacio se ha construido más para ostentación que para utilidad"*.

Éste es el espíritu de la época, en que la producción artística se veía afectada por las demandas de los poderosos nobles, que se sumaban así a los tradicionales clientes, es decir, los reyes o la Iglesia. Incluso la nobleza parece invadir el espacio de esta última. J. Yarza le ha dedicado algunas páginas a esto y ha analizado algunos ejemplos. El condestable Álvaro de Luna consiguió, por ejemplo, que se le diera permiso para derribar varias capillas de la catedral de Toledo para construir la suya en lugar prominente de la cabecera. Los sepulcros de don Álvaro y su esposa en lugar visible de la catedral toledana muestran ese afán de notoriedad de los grandes, incluso más allá de la muerte. Los Velasco hicieron lo propio en la catedral de Burgos. Otras veces los grandes nobles se "conformaban" con hacer fundaciones y construir conventos para que les sirvieran de panteón familiar, como los Enríquez, familia de los Almirantes de Castilla, que ordenaban desde 1395 la construcción con este fin del convento de Santa Clara de Palencia (Yarza, 1988: 280).

El cuadro de nuevos ambientes y nuevos clientes se completa con el peso creciente de los municipios en la promoción cultural y artística. No fueron reyes ni instituciones eclesiásticas, ni tampoco nobles, quienes encargaron los edificios civiles quizá más representativos de la época. En los últimos siglos medievales los *consells* y *regimientos* aparecen profusamente en los documentos encargando y financiando obras múltiples para reparar las murallas, casas del Ayuntamiento o consejo, construyendo atarazanas, remodelando plazas, mercados, rúas, saneando las aguas residuales, empedrando calles... Toda una serie de acciones arquitectónicas y urbanísticas recientemente estudiadas de manera general por Montero Vallejo o por muchas monografías, de Arízaga, de Izquierdo Benito, de Sánchez Benito, etc., revelan el protagonismo edilicio de los municipios. La utilidad práctica de las obras se conjugaba, cómo no, con el afán de ostentación de las ciudades y sus más egregios ciudadanos. Resaltaríamos, con todo, dentro de las nuevas realizaciones de la arquitectura civil las construcciones comerciales de las capitales de la corona de Aragón, por lo que simbolizan como templos laicos del comercio y la vida cívica. Es el caso de la lonja de Barcelona, apoyada desde 1380 por Pedro el Ceremonioso, ya que la ciudad no tenía *"llotja convinent ni bona",* de la de Palma, acabada en 1451, y sobre todo de la lonja de Valencia, joya del gótico civil, empezada en 1481, unos años después de proyectarse, y terminada en pleno reinado de Fernando el Católico.

La entrada en escena de nuevos agentes culturales y la cristalización de ambientes específicos al margen de la Iglesia debía llevar necesariamente a potenciar el espíritu laico. Nacido éste, en la célebre expresión de Lagarde, algunos siglos antes, la Baja Edad Media supuso su culminación. Son muchos los indicadores de este nuevo espíritu que ha ido superando la anterior cosmovisión totalizadora de la Iglesia. Algunos se han comentado ya, como son los nuevos ideales políticos o la exaltación de la monarquía. Otros se irán viendo en estas páginas: la defensa de valores espirituales y morales creados al margen del clero, la cultura caballeresca, la crítica civil a los poderosos, el auge de las sensibilidades individuales, las creencias en torno a la muerte, entre otros. Suponen cierto éxito o avance, quizá no pueda hablarse de triunfo pleno, de la secularización y de cierto pluralismo cultural que vendría a caracterizar este período.

5.2. La interacción entre saberes de elite y culturas populares. La identidad cultural

5.2.1. Renovación del pensamiento intelectual sabio y erudito

Probablemente, entre las vías de expresión cultural más sobresalientes de estos siglos el medievalista opte por destacar aquellas escritas en lenguas vernáculas. Tanto la difusión popular del cristianismo, que se verá en el próximo capítulo, como la expresión literaria, a que se aludirá aquí más abajo, oteadas desde la actualidad, ofrecen el sello más importante en la configuración del perfil de las culturas hispánicas, o de las diferentes "naciones" literarias de la península. Sin embargo, los saberes considerados superiores entonces, es decir, los propios del quehacer intelectual del sabio oficial que discurría acerca del derecho, la filosofía, la organización de la Iglesia, las teorías de las artes o la teología, sobre todo la teología, formaban un conjunto de saberes que eran desconocidos para la mayoría de las gentes. Ese tipo de conocimientos seguía expresándose en latín y transitaba por pequeños círculos. Portadores de la cultura erudita, estos círculos permitían que los saberes antiguos conservados durante la Edad Media siguieran evolucionando

Durante el siglo XIV el ambiente intelectual peninsular se caracteriza aún por su conservadurismo, tanto de contenidos como metodológico. El cultivo de las artes liberales tradicionales recaía fundamentalmente en *"magistri"*, que eran miembros de las órdenes mendicantes, a menudo formados fuera: París era el lugar más prestigioso, aunque Oxford gozaba de prestigio entre los franciscanos y Bolonia era la capital de los estudios jurídicos. Estos "maestros" formados fuera enseñaban en escuelas conventuales o, cada vez más, en las nacientes universidades. Su especialidad eran los comentarios, casi siempre poco originales, sobre obras de autoridad reconocida, vistas siempre a través de versiones medievales. Así por ejemplo, la popularidad de Aristóteles en los círculos intelectuales, que en este siglo no disminuyó, no derivaba de una interpretación directa y técnica, sino de relecturas preescolásticas y escolásticas; y lo mismo habría que decir del resto de la tradición antigua y medieval. Se glosaban miméticamente las obras y se consideraba acabada la adquisición de un conocimiento cuando se conocía de memoria su enunciado y lo que las autoridades de la Iglesia habían dicho sobre ello.

Prácticamente todavía en el comienzo de su andadura, puede decirse que en el siglo XIV las universidades hispánicas aún no vertebraban el saber superior, notablemente el teológico, cuyo estudio se vedaba todavía en estas instituciones (Santiago-Otero, 1996). Los principales pensadores del siglo XIV no debieron, pues, su formación al mundo universitario hispánico y sí, sobre todo, aparte de una educación universitaria también, pero foránea, a la renovación de la escolástica que trajo consigo en el siglo anterior la irrupción de los mendicantes, cuyo vigor se mantuvo en el siglo XIV. Hubo centros que tuvieron cierta iniciativa destacada, aunque sólo fuera por el potencial de erudición que mantuvieron. Sería el caso del estudio conventual de San Esteban de Salamanca, sede filosófico-teológica de la orden dominicana hispánica. El estudio de la teología se cultivaba también en el convento barcelonés de Santa Catalina, mientras que otras instituciones mendicantes funcionaban también en Girona o Lleida. Es verdad que algunas de las mentes más brillantes de fines del XIII-principios del XIV tuvieron una educación inicial bastante ajena al encuadramiento formal mendicante y en buena medida eran autodidactas, como R. Llull (1232-1316) o Arnau de Vilanova (†1311), el primero destacado portador de saberes enciclopédicos y descubridor de nuevos métodos de pensar, exponer y articular los conocimientos científicos –sus célebres *artes*– y el segundo como reformador moral y como médico, aunque llegó a ser además un teólogo notable. Pero puede decirse que la condición de frailes destacaba entre los principales autores del siglo. El teólogo valenciano Juan de Monzón (c. 1340-1412), el célebre teólogo y también inquisidor Nicolás Eymeric (1320-1399) o el mismo Vicente Ferrer (1350-1419), personajes cuya obra merecerá atención más abajo, debieron su formación intelectual a su condición de dominicos. Franciscanos fueron el teólogo escotista Antonio Andrés (†1320) o el célebre Francesc Eiximenis (†1409), una de las figuras intelectuales de primer orden en su época. Y franciscano asimismo el gallego Álvaro Pelayo (†1349), autor éste de obras eclesiásticas y religiosas como el *De statu et planctu Ecclesiae*, o algún tratado contra la herejía, pero sobre todo conocido por su *Speculum Regum*, obra de pensamiento político terminada hacia 1344 y dedicada a Alfonso XI. Mientras que Guido Terreni de Perpiñán (1270-1342) y Francisco Bacón (†1372) debieron su preparación como teólogos a la orden carmelita. Y otro tanto podría decirse del teólogo y polemista Bernardo Oliver (†1348), perteneciente a la orden agustiniana. Fuera del encuadramiento mendicante florecieron también en el XIV otros intelectuales vinculados, cómo no, a la Iglesia, pero en este caso no ya sólo por su obra escrita o su magisterio, sino como hombres de poder, a raíz de su alto rango familiar y por carreras eclesiásticas de alta política pontificia. Sería el caso de Gil de Albornoz (1295-1367), capellán y cortesano con Alfonso XI, luego primado de las Españas, fundador en 1365-1367 del Colegio Español de San Clemente de Bolonia, cardenal romano y pacificador finalmente del mismo Estado Pontificio a través de sus *Constituciones Egidianas*, de 1357. Sería igualmente el caso de Pedro de Luna (1328-1423), autor de algunas obras teológicas y filosóficas pero sobre todo destacado hombre de estado en su época y Papa de Aviñón en 1394, en plena época del Cisma, fenómeno del que constituye el personaje protagonista entre los reinos hispánicos.

Durante el siglo XV el panorama intelectual puede considerarse más rico en el sentido de mayor producción de obras eruditas y también mayor especificidad y originalidad de los pensadores hispánicos. El factor principal sería la consolidación de las universidades (véase apartado 5.1.1), que fueron incorporando todos los conocimientos, incluida la teología, y que en general incrementaron su actividad y profesorado. Coincidiendo también con un esplendor de las lenguas vernáculas, en especial el castellano, cuyo empleo traspasó el umbral de la cultura académica universitaria para convertirse en lengua digna, cuando no preferida, de los más conspicuos sabios del momento. Y, de hecho, los grandes autores y sabios del XV escribieron tanto en latín como en lengua vernácula.

Con todo, hablar de la consolidación de "las universidades" del Cuatrocientos hispano no deja de ser una perdonable metonimia, dado que lo que realmente se consolidó fue el *Estudio General* salmantino, al que ningún otro podía compararse. Baste recordar algunos nombres vinculados a él, que fueron no sólo prolíficos escritores y famosos profesores, sino que en ellos reside la nómina más selecta de intelectuales de primera línea en la península, o en la Europa de entonces. Un potencial que se evidencia aún más notable si se contemplan, aparte de los propios profesores, algunos otros sabios que se formaron en esta universidad (Santiago-Otero, 1996; Rucquoi, 1995; Orella, 1976; Soto Rábanos, 1998).

El más prolífico fue Alonso Fernández de Madrigal, llamado "El Tostado" (1410-1455). Profesor de Salamanca, antes de ser obispo de Ávila un año antes de su muerte, acumuló los títulos de maestro en artes y teología y tuvo además otra titulación en derecho canónico. Los historiadores salmantinos del XVI le atribuyeron más de 60 obras, aunque hay que rebajar bastante esta apreciación, pues seguramente se computaron como distintos varios manuscritos idénticos. Por otro lado, algunas obras parecen apuntes de clase o *repetitiones*. Aun así, el volumen de lo que escribió fue prodigioso y la edición príncipe de sus obras, iniciada en 1507 y completada años después, abarcaba 16 volúmenes a doble folio, y aún permaneció mucha obra inédita. Casi todas sus obras estaban dedicadas a los comentarios escriturísticos y exegéticos, la teología y la filosofía moral, aunque sin descuidar otros campos como el pensamiento político, faceta en la que siguió las ideas de Aristóteles, Egidio Romano y las doctrinas eclesiásticas, como se aprecia en su obra *De Optima Politica*. También cultivó, en este caso en castellano, temas más humanísticos, en su *Breviloquio de Amor e Amiciçia*. Aunque su aportación es sobresaliente, quizá escribió tanto que tuvo poco tiempo para pensar. Juan Alfonso de Segovia (c. 1393-1458), que fue destacado testigo del Concilio de Basilea, donde defendió posiciones conciliaristas, fue también profesor de teología de Salamanca entre 1418 y 1433, y experto gramático. Se le conocen cerca de 30 obras. Rodrigo Sánchez de Arévalo (1404-1470) estudió también derecho en Salamanca, fue luego diplomático en Basilea en 1433-1439, donde defendió las posturas centralistas, estuvo en la curia y en esta ciudad desempeñó el cargo de guardián del castillo de Sant'Angelo; fue también obispo de Oviedo, Zamora, Calahorra y Palencia. Considerado buen conocedor e influido por el humanismo italiano, Sánchez de Arévalo dejó más de una veintena de obras, entre las que destacan su *Suma de la Política*, de hacia 1455-1456. En sus páginas sus reflexiones están bien argumentadas, pero el lector tiene a veces la impresión de hallarse ante un refrito de citas de sabios italianos o antiguos y poco más. Otro autor, el célebre jurista Juan Alfonso de Benavente (†1478) fue profesor en Salamanca de derecho canónico y artes. Otro intelectual, Pedro Martínez de Osma (c. 1420-1480) estuvo también vinculado a la Universidad de Salamanca y fue discípulo de "El Tostado". Maestro en artes, enseñó distintas materias en Salamanca, entre ellas teología, fue autor de 43 libros y es célebre porque en 1479 sus tesis tomistas sobre las indulgencias y teología de la confesión fueron consideradas heréticas. También su discípulo Fernando de Roa (c. 1448-1502) fue profesor de filosofía y teología en Salamanca. Lope de Barrientos (1382-1469), confesor de Juan II, canciller mayor con Enrique IV y obispo de Segovia, Ávila y Cuenca, fue profesor de la universidad salmantina y uno de los más eminentes expertos de su época en astrología y ciencias ocultas. En fin, otros célebres autores, conocidos por su actividad política o intelectual, aun sin haber destacado entre sus profesores, estuvieron también vinculados a Salamanca: Alonso de Cartagena (1386-1456), célebre obispo de Burgos y destacado intelectual del Cuatrocientos, como luego se apuntará, estudió en Salamanca teología y derecho y se doctoró allí. El cardenal y canonista Juan de Cervantes (1382-1453), así como el canonista y obispo de Cádiz Juan González de Sevilla (c. 1365-1440) también estudiaron en la citada universidad. Y lo mismo habría que decir del canonista y cardenal Juan Alfonso de Mella (1397-1467) y de Juan de Carvajal (1400-1469), jurista, miembro de la curia pontificia y cardenal, que fueron asimismo formados en Salamanca. Aquí estudió también Alfonso de la Torre, bachiller, autor de la *Visión Deleytable*, el primer gran tratado de filosofía moral escrito en castellano. Clemente Sánchez de Vercial, famoso recopilador de la principal colección de relatos de este tipo en castellano, con su *Libro de los Exemplos*, también estuvo en Salamanca. Alfonso Díaz de Montalvo (1405-1499), autor del célebre *Ordenamiento* que lleva su nombre, compilación de leyes de Castilla, se formó en derecho civil y canónico en esa universidad, aunque también en la de Lleida. Y Pedro González de Mendoza (1428-1495), que llegó a ser cardenal y arzobispo de Toledo, fue doctorado en derecho por Salamanca. De algunos de estos y otros pensadores se trata en el capítulo siguiente, a propósito de sus ideas religiosas, pues fue en el pensamiento religioso donde estaba centrada una de las prioridades de la actividad intelectual de la época.

Aparte de la universidad, hubo otras claves en el desarrollo del pensamiento del Cuatrocientos. Las recopilaciones jurídicas fueron uno de los campos más trabajados. A la actividad de personajes como los citados Juan Alfonso de Benavente o Montalvo, o bien López de Segovia, García de Villadiego, entre otros castellanos, juristas catalanes por su parte recopilaron el derecho del país. Es el caso de los juristas J. Callís, B. Pere, F. Basset y N. Sant Dionís, que en la primera mitad del siglo vertieron al catalán los *Usatges*, las *Commemoracions de Pere Albert* y otras disposiciones reales. Aparte de una obvia preocupación por el derecho en un siglo de fuerte centralización monárquica, la existencia de una actividad cultural apoyada en la corte, en especial en la de Juan II en Castilla –habría que destacar la de Alfonso V en Nápoles– dio también una cierta oficialidad al fenómeno de extraordinaria importancia ya citada: la incorporación de los nobles y caballeros al mundo de las letras y la especulación intelectual: Mena, Jorge Manrique, Marqués de Villena, Santillana, Valera, Pérez de Guzmán... Sobre todo su aportación ahondó en la significación del castellano en tanto lengua literaria, como se apuntará inmediatamente, pero es también destacable que gracias a obras salidas de plumas como las descritas, hubo campos del saber considerado elevado que recibieron un importante impulso. Así, la noción técnica de caballería, la ética universal, la retórica y la teoría poética, o los patrones de comportamiento humano extraídos del mundo clásico, entre otros objetos de la especulación racional, encontraron en el quehacer de estos caballeros-escritores un importante revulsivo.

5.2.2. Consolidación de las literaturas vernáculas

Uno de los fenómenos más sobresalientes del período bajomedieval fue la consolidación de las lenguas vernáculas como vehículos de la expresión culta. Por un lado, las lenguas peninsulares perdieron en estos siglos su condición ancilar con respecto al latín. Por otro lado, debe hablarse claramente de que la literatura se expresó ya en estos siglos en alguna de las lenguas vernáculas. El fenómeno resulta importante no sólo por el desplazamiento del protagonismo del latín en muchos campos, desde luego en los más creativos. También lo era porque con la quiebra de un lenguaje latino unitario, con la deconstrucción de los contenidos universalistas forjados por la Iglesia secularmente, se empezaron a desplegar las diversidades de saberes, la multiplicación de vías de expresarse, a poner en pie las bases de las culturas propias de cada país. Como además este cambio se fundió con la antes mencionada entrada como creadores y consumidores de cultura de capas urbanas, caballeros o nobles, y con una recepción mayor de la cultura popular, constreñida antes por la dirigista cultura clerical oficial, parece claro que la Baja Edad Media resultó, pues, decisiva en el nacimiento de auténticas culturas "nacionales", posteriores al unitario universo cultural de la Cristiandad europea medieval.

En el caso concreto de la consolidación literaria vernácula, el fenómeno en los siglos XIV y XV iba mucho más allá de la posibilidad de una digna, pero puramente funcional, conversión escrita de las múltiples lenguas habladas, que por cierto eran varias: gallego o portugués; diversas variantes o lenguas expresadas en el catalán del Principado, Valencia o Baleares; el vascuence o lenguas euskéricas; y por supuesto el gran tronco de lenguas del castellano en sus variantes diversas, incluido el leonés, el navarro o el aragonés. Pues bien, más allá de la posibilidad de poner por escrito los usos coloquiales hablados, se trataba de la utilización de estas lenguas como soportes reconocidos de alta cultura. Este fenómeno había comenzado en el siglo anterior, impulsado por las cortes regias de Alfonso X y Jaime I, pero fue desde el XIV cuando el éxito fue ya imparable e irreversible y además no necesitó ya del abrigo regio. En términos de éxito puede hablarse sin duda en lo que se refiere a las áreas catalano-parlantes genuinas de la Corona de Aragón, ya que un buen número de escritores catalanes o valencianos escogieron esta lengua materna para expresarse. En cambio, el gallego literario, tras un siglo XIII de esplendor –*vg.* las *Cantigas* de Alfonso X, joya literaria– y destacando también desde luego los *cancioneros* gallegos, se expandió quizá sin tantos avances, pero ha de tenerse en cuenta que la Baja Edad Media fue también una época esplendorosa para la literatura portuguesa. Desde la óptica de los reinos hispánicos, el castellano fue sin duda el que más prosperó, el que produjo el mayor número de obras y autores. Algo que no debe extrañar si se tienen en cuenta varios factores: el hecho de que el castellano fuera, aparte del latín, lengua muy utilizada por la Iglesia y los clérigos de las provincias eclesiásticas de "España" –que en términos eclesiásticos es un concepto válido– y por ello imprescindible soporte cultural; otra razón es el abrumador potencial humano de la Corona de Castilla en la península; el hecho de que el castellano fuera la lengua administrativa, política y legal para todos los territorios de esta corona, utilizado por sus reyes e instituciones monárquicas, sus nobles, los concejos de las villas o ciudades; el hecho de que fuera un vehículo habitual de la cultura oral tradicional; y finalmente el hecho de que era lengua conocida no sólo entre las comunidades lingüísticas en las que era la única utilizada –lo era posiblemente en el siglo XV para cerca de 4/5 partes de la población de los reinos hispánicos, por tanto excluido Portugal–, sino también en aquellas zonas donde podía coexistir con otras lenguas propias. Y ello incluso aunque en algunas zonas fuera el castellano minoritario como lengua hablada frente a otras, como ocurría en buena parte de la corona de Aragón; e igualmente en las áreas rurales del País Vasco y algunos valles navarros, zonas donde el castellano, aun siendo mucho menos usado que en los núcleos urbanos o villas de estas dos regiones –donde sí se empleaba–, era también lengua de referencia imprescindible y sobre todo medio de comunicación escrita prácticamente único, mientras que el vascuence no tuvo esa suerte y quedó como lengua hablada, adaptada a los modos de vida de campesinos y pastores. De modo que, dando también por supuesta la potencia y progresos del catalán como importantísima lengua literaria hispánica en Cataluña y Valencia, podría decirse que, bien como única lengua o bien en coexistencia con otras, según los casos, el castellano podía considerarse como vehículo de comunicación común para todos los habitantes de la corona de Castilla, del reino de Aragón e incluso con una cierta penetración en las regiones catalano-parlantes. Las gentes alfabetizadas de la época pudieron entenderse y expresarse en el castellano escrito, alcanzando el protagonismo de ser la lengua preferida en la península para la expresión literaria.

Pues bien, si se observa la producción literaria en castellano de los siglos bajomedievales se comprende la progresión simplemente en el plano cuantitativo. Sin computar obras que fueron escritas en esta lengua pero que carecen de algún mínimo valor literario —traducciones literales de obras en latín, compendios jurídicos o legales ordinarios, breviarios y obras religiosas de este tipo—, es decir, teniendo en cuenta tan sólo los escritos que tuvieron una mínima voluntad artística o creativa, o una calidad formal, buscada o no, o por lo menos un interés por su originalidad y su aportación estilística —por ejemplo, *Las Partidas* lo tienen, pero la legislación de las Cortes, no— o sea, lo que se entiende profesionalmente por "literatura", puede hacerse una valoración de esta progresión.

A partir de una catalogación que hace años hiciera Viña Liste de las obras literarias medievales "en lengua española" (Viña Liste, 1991) podemos comprobar el avance. Para el siglo XIII se pueden catalogar 92 obras literarias en castellano, entre las que sin duda destacan las numerosas y preciosas obras de Berceo y de Alfonso X, así como la épica. Pues bien, para el XIV se hablaría de 112. Las del siglo XV superan el millar. Es verdad que más de la mitad de esta ingente cantidad de obras del Cuatrocientos la encontramos referida a poetas de los *cancioneros* —aunque, eso sí, contabilizando como una sola obra las a veces numerosas composiciones de un mismo autor—, la mayor parte de fechas tardías del siglo, pero no dejan de ser obras catalogadas. Además, el hecho de que una gran parte de los autores del XV ya no procedan del clero ha de valorarse en el contexto de las transformaciones de la producción y difusión cultural a las que más arriba se ha aludido. También es cierto que se tienen mejores noticias del siglo XV que de los anteriores, aunque desde luego los textos desconocidos que puedan aparecer son más bien del XV que de siglos anteriores. Nada invalida, pues, la impresión de progreso cuantitativo de la literatura castellana. A medida que avanzaba la Baja Edad Media, podría decirse, cada vez había más personas y de extracción más dispar que escribían literatura en castellano, lo hacían sobre muchos más temas, con mayor amplitud de perspectivas y de acuerdo a géneros más variados.

Las obras literarias en lenguas vernáculas, y se mencionarán aquí concretamente las del castellano y catalán, suelen encuadrarse y catalogarse por géneros, subgéneros, movimientos literarios, etc., algo que excede los objetivos de este libro. Tan sólo parece oportuno apuntar aquí someramente un grueso esbozo de las principales o más significativas creaciones literarias, no ya por las calidades estéticas y de técnica literaria, sino por su aportación específica a los contenidos y formas culturales, sobre todo porque venían a superar, aunque se apoyasen en ella, una tradición latina anquilosada, anticuada y excesivamente clericalizada.

Podría a grandes rasgos hacerse una distinción, evidentemente subjetiva, en cuatro grandes troncos de géneros y subgéneros, pero vistos como cuatro grandes marcos generales del discurso literario, en todos y cada uno de los cuales la citada idea de progresión y consolidación literaria a lo largo de los siglos XIV y XV puede aplicarse, pero subrayando su aportación específica a la historia de la cultura: *a)* en primer lugar, la literatura de carácter didáctico, filosófico-doctrinal, moralizante y satírica; *b)* en segundo lugar, la literatura deliberadamente de ficción, literatura caballeresca, de aventuras, novela sentimental, así como la poesía lírica, alegórica y elegíaca, cauce de la expresión emocional, incluida o no en los *cancioneros*; *c)* en tercer lugar, la cronística, las narraciones épicas y biográficas; *d)* finalmente, por lo específico de su formato cultural, se podría diferenciar el teatro. Naturalmente, hay que ver esta clasificación como elástica e instrumental, además de poco precisa y casi nada filológica, ya que existen muchas conexiones entre unos y otros marcos y, por otro lado, las grandes obras participan a menudo de varios de ellos. Pero para una historia cultural bajomedieval, no una historia de la literatura, podría interesar esta tosca clasificación que proponemos, porque no se centra tanto en la técnica y las formas literarias –verso o prosa, valores estéticos, metáforas y perífrasis verbales, códigos textuales– sino en diferentes actitudes hacia la producción de los diversos discursos literarios. Así, en las obras del primer registro, aunque en algunos casos apareciese el genio artístico, el autor tendía a supeditar, que no siempre suprimir, su posible condición de creador imaginativo y brillante a la voluntad de expresar con rigor opiniones, mensajes e ideas, fueran éstas propias o ajenas, religiosas o profanas, subversivas o conformistas. El concepto clave de este marco discursivo es "Ideas". En el segundo grupo enunciado se pueden englobar las obras en las que el autor trataba sobre todo de expresar sentimientos o emociones, crear personajes o seducir al lector u oyente no tanto con un mensaje ideológico prioritario, aunque existiera, sino empleando abierta y deliberadamente el patrón de la ficción, con la licencia de la subjetividad y con la conciencia ya reconocida en la época de búsqueda de calidad formal de la obra. El concepto clave de este registro es 'Imaginación'. En el tercer caso se pretendía narrar hechos o biografías relevantes desde un prisma de objetividad formal; de manera que, aunque pudiera recurrirse al adorno literario, o se relatasen acontecimientos inexactos, falsos o distorsionados, se narraban como si fueran verídicos, o al menos dentro del patrón de la verosimilitud, obviando, disimulando o atemperando el registro explícito de la ficción y la fantasía. El concepto clave de este marco, por la preponderancia de este género dentro de él, es "Crónica". El último de ellos, el teatro, presenta una especificidad que hace superflua cualquier aclaración. El concepto clave de este marco es "Espectáculo", o simplemente "Teatro".

A) Ideas. En el primer grupo, el de la literatura de carácter más ideológico, esto es, la literatura didáctica, filosófico-doctrinal, moralizante, de *exempla* y satírica, se halla una producción muy alta en los siglos XIV-XV. El problema reside en que buena parte de estas obras carecían de los mínimos valores literarios. Un enorme conjunto –siempre con excepciones– de literatura eclesiástica, de sínodos y concilios, catecismos, sermonarios, penitenciales, literatura hagiográfica, salterios y breviarios, difusión de obras anteriores mediante una mera traslación mecánica del latín, entre otras posibilidades, poco aportaban a la literatura castellana o catalana, cuya consolidación es una de las características de la cultura bajomedieval, como indica este epígrafe. Aportaron, sí, vitalidad y dignidad conceptual a las lenguas vernáculas, que no es poco, pero no las enriquecieron estéticamente y apenas lo hicieron funcionalmente. Las obras de alta calidad literaria fueron la excepción. Lo mismo habría que decir de cierta tratadística jurídica o caballeresca, meramente repetitiva muchas veces, aunque en este último caso, y al ser menor el peso de la tradición latina medieval, pudo la mayor libertad de los autores contribuir a ofrecer obras más originales.

En la literatura en castellano dentro de este marco hubo durante el período algunas cimas literarias. Antes del ecuador del siglo XIV destacan extraordinariamente el singular *Libro de Buen Amor*, de Juan Ruiz, Arcipreste de Hita, escrito en el segundo cuarto del XIV, y las numerosas obras del infante don Juan Manuel, en especial sus *Libro del caballero y el escudero, Libro infinido (Consejos a su hijo don Fernando), Libro de las armas, Libro de los estados* y *Libro del Conde Lucanor*. De Juan Ruiz y de don Juan Manuel, por ser buenos ejemplos de ello, se mencionarán más tarde algunos aspectos relativos a cómo reconvirtieron algunas tradiciones culturales que llegaron hasta ellos. Don Juan Manuel († 1348) fue uno de los tratadistas más importantes, que se destaca por sus libros didácticos e instructivos, entre ellos su obra sobre la caballería.

En la época aparecen también otros libros de carácter técnico. Es célebre el *Libro de la Montería*, tratado de caza, que se atribuye a Alfonso XI.

Los "debates" iniciados a fines del XIII con la *Disputa entre Elena y María* o la *Disputa del Alma y el Cuerpo* siguieron cultivándose en el siglo XIV bajo las reglas del género. Obras como la *Revelación de un ermitaño*, o *Disputa del Cuerpo e del Ánima*, siguieron mostrando en la segunda mitad del Trescientos su eficacia para abordar grandes dilemas vitales, ejercitar la dialéctica y divulgar sistemas de valores.

La literatura moralista del XIV se suele presentar bajo el formato de los códigos expresivos de la clerecía culta, de la que tampoco se libra el citado libro de Juan Ruiz. El anónimo *Libro de la miseria del ome*, adaptación castellana del *De contemptu mundi* de Inocencio III, así como los *Proverbios Morales*, del judío Sem Tob de Carrión, son obras destacadas en esta línea. Pero sobre todo hay que resaltar el *Rimado de Palacio*, de Pedro López de Ayala (1332-1407), terminado probablemente en los últimos años de su vida, tras ocuparle varios tramos de la misma. El *Rimado* es un largo poema moral escrito por un noble importante, cronista de los Trastámara, pero dentro de las claves del discurso doctrinal y literario de la clerecía, incluyendo el predominio del ritmo de la *cuaderna vía*, un tipo de estrofa –tetrástico monorrimo de versos alejandrinos– que por entonces estaba en decadencia.

La producción de carácter moralizante y didáctico se multiplicó en el siglo XV. Por ejemplo, los "debates" literarios siguieron utilizándose como vehículo para exponer ideas bajo el ameno género de una supuesta controversia. El género se fue adaptando a las nuevas demandas poéticas. El humanista Juan de Mena, por ejemplo, adaptó a su poética el viejo debate doctrinal, y hacia 1456, final de su vida, se hallaba en la redacción elaborada y humanística de sus *Coplas de los siete pecados mortales*, o *Debate de la razón contra la voluntad*. El autor del *Laberinto de Fortuna* introducía en su controversia doctrinal los espesos temas del pecado, el destino y la voluntad de salvación, pero la finura del estilo de un poeta "profesional", diríamos, presentaba estos asuntos de forma bien distinta a como lo hacían, por ejemplo, los catecismos o confesionales salidos de la mano de gregarios clérigos diocesanos. Hacia 1448 el marqués de Santillana escribía su *Diálogo de Bías contra Fortuna*, donde el filósofo moral Bías defendía una innovadora concepción estoica frente a la incontrolable Fortuna.

Entre las obras de carácter didáctico y moral del siglo XV destaca también por su valor literario *El Corbacho*, escrito por Alfonso Martínez de Toledo, arcipreste de Talavera, hacia 1438. Como reza otro de los títulos con que más propiamente se conoce el libro, *Reprobación del amor mundano*, era éste el objeto del texto. Tiene por ello cierta relación aparente con el libro del otro arcipreste, del siglo anterior, pero en realidad se trata de obras bien diferentes, aunque una y otra coincidían someramente en el propósito oficial y compartían el marco general de discurso literario moralizante. Pero lo que era sutil ambigüedad moral en el libro del de Hita en el de Talavera se vuelve intolerancia tópica y recia doctrina eclesiástica. Eso sí, el libro de Martínez de Toledo tiene un gran valor literario, ya que contiene una hábil combinación de la técnica de las *artes praedicandi*, de la riqueza del habla cotidiana y del lenguaje popular, la alternancia de monólogos y diálogos e incluso una calidad narrativa propia de la novela moderna, como ha indicado López Estrada.

Alfonso Martínez de Toledo fue también autor, como otros no reseñables, de algunos libros de carácter hagiográfico y mariológico, pero de escaso mérito artístico. Por cierto, hay que decir que estos géneros tradicionales de la Iglesia, sobre todo el hagiográfico, se cultivaron también en el XV, pero no proporcionaron en general grandes mejoras a la literatura en castellano, salvo porque convirtieron las vidas de santos en materia narrativa más desarrollada que en las clásicas fuentes originarias *(Legenda Aurea, Gesta Romanorum...)* y donde acciones y personajes presentaban perfiles novelescos y, de hecho, más bien podrían incluirse en el apartado siguiente.

En cambio, la literatura espiritual, de fuerte carga ascética y religiosa, sí fue vivero destacado para la experimentación literaria del discurso religioso sensible. De esta literatura se habla en el capítulo siguiente.

Para completar las aportaciones literarias del XV, anteriores a los Reyes Católicos —en este reinado se multiplican las creaciones— podría destacarse una rica veta de "poesía de protesta", donde el objetivo era ofrecer un mensaje de denuncia, a menudo bajo un registro alegórico. Las anónimas *Coplas de la Panadera*, escritas en 1445, fecha de la batalla de Olmedo, se centraban en la crítica de la cobardía de los nobles. Las *Coplas de Mingo Revulgo*, escritas en 1464 y atribuidas al franciscano fray Íñigo de Mendoza, eran un duro alegato contra la nobleza y los poderosos. Y las anónimas *Coplas del Provincial*, escritas en la última década del reinado de Enrique IV, constituyen un destructivo retrato de la sociedad de la época, a modo de caricatura grotesca llena de alusiones procaces, blasfemas e insultantes, dentro de un desgarrado tono anticortesano, anticlerical, antinobiliar y antisemita.

Hay que destacar también que en el siglo XV continuó expandiéndose la tratadística: tratados de caballería, libros de cetrería y hasta otros más singulares, como el *Arte Cisoria*, de Enrique de Villena, que era una especie de tratado gastronómico o de manual del buen manipulador de alimentos, como diríamos hoy.

En cuando a la literatura en catalán contemplada en este gran marco literario de literatura de las 'Ideas', el período bajomedieval supuso también un despegue importante. Hay que decir que antes de 1300 R. Llull había dado al catalán el respaldo necesario como lengua apta para la difusión rigurosa de ideas, y con gran belleza además. Más adelante el catalán como lengua literaria y culta siguió su marcha ascendente. Importantes fueron las obras de Jaume March y su hermano, Pere March, padre de Ausiàs. Pere March, en su *L'arnés del cavaller*, se introduce mediante un poema narrativo en la tratadística caballeresca. Obras cumbres de finales del XIV son las contenidas en *Lo Crestiá*, del gerundense F. Eiximenis, que escribió entre 1381 y 1392, aunque no está completa –escribió y/o se conocen sólo cuatro de los volúmenes que había previsto–, esta especie de gran enciclopedia de la sociedad y la moralidad de su tiempo que pretendió hacer. *El Primer* del *Crestià* lo inició en Barcelona desde 1379 y recogía los fundamentos de la doctrina cristiana; *El Segón* es de 1382-1883, también de temática religiosa directa; El *Terç*, donde exponía su visión de la sociedad y los *estados*, se inició en Valencia en 1384; y en esta ciudad inició también hacia 1385-1386, o algo antes, su *Regiment de la cosa publica*, obra incorporada más tarde al *Dotzè*, el último de los libros conocidos de *Lo Crestià*, que recogía su pensamiento más político. Aparte de importantes obras de contenido ascético y espiritual, que se comentan en el capítulo siguiente, Eiximenis llevó la prosa en catalán a una gran altura en obras como el citado tratado de política *Regiment de la cosa publica*, el *Cercapou*, el *Libre de les dones*, escrito en 1392, entre otras. Otro autor de relieve en este marco de literatura con mensaje lo constituye Bernat Metge (1346-1413), autor en 1399 de *Lo Somni*, de gran valor estilístico por incorporar la moda italianizante a la literatura catalana, aunque la obra trata de la salvación, el pecado o los problemas eclesiásticos de su época, en pleno Cisma. En el siglo XV descuella el médico valenciano Jaume Roig (†1478), autor a mediados del siglo del *Spill* o *Espill*, el "Espejo", o *Libre de les dones*, obra moral en verso sobe la reprobación del amor mundano. Otros autores espirituales de los que se da cuenta en el capítulo siguiente, como A. Canals, A. Turmedá, F. de Mella o Isabel de Villena, fueron también importantes en el XV como impulsores del catalán como lengua literaria.

No falta tampoco la veta satírica en la literatura bajomedieval en catalán, como lo muestra la *Disputació d'en Buch ab son cavall*, sarcástica crítica de la vida religiosa, así como una narrativa popular contenida en cuentos anónimos, que a menudo daban cabida a la burla y la sátira.

B) *Imaginación*. En el marco literario de este registro, de ficción y sentimental, la Baja Edad Media supuso también un fuerte impulso para las lenguas romances. Por lo que respecta al castellano, desde el XIV se tienen noticias de cómo muchas obras europeas fueron vertidas a esta lengua. A título de ejemplo, una *Historia* o *Suma de Historia Troyana*, de la primera mitad del XIV, representa esta labor de adaptación. Podría decirse que la "materia" antigua —Troya, Tebas, Roma— así como la "materia" de Bretaña o artúrica, temáticas importadas generalmente de Francia, tanto en este siglo como en el Cuatrocientos, se fueron incorporado al mundo de la imaginación literaria, aunque como temas un tanto acartonados, entre ellos las guerras griegas, la destrucción de Troya, la vida de Edipo, la fundación de Roma. Y lo mismo pasaba con los Lanzarotes, Ginebras, Griales y Merlines del ciclo artúrico. Todos estos temas circularon en la época. A finales del XV una versión impresa en 1490 de la *Crónica Troyana* gozó, por ejemplo, de enorme difusión.

Mayor interés, por la originalidad, presentan las obras con contenidos autóctonos. Tras *La Gran Conquista de Ultramar*, de fines del XIII, el género autóctono despegaba con el *Libro del Caballero Zifar*, de principios del XIV, considerado el primer *roman* o novela de caballerías propiamente castellana. A lo largo de la centuria este género de los libros narrativos de caballerías se consolidó también. Es probable que a mediados del XIV circulara ya alguna versión primitiva del *Amadís de Gaula*. Muchos autores mencionaron la existencia de este texto hoy perdido, si bien la obra que ha pasado a la posteridad es la que, con ese título, rehiciera Garci Rodríguez de Montalvo en el reinado de los Reyes Católicos. La obra de Rodríguez de Montalvo resulta por otro lado excepcional, tanto en la reelaboración de materiales más antiguos como en los añadidos —el quinto libro o *Las sergas de Esplandián*—, que convirtieron poco después el *Amadís* en la más prestigiosa novela de caballerías.

A cierta distancia temática de este género de aventura caballeresca, pero potencialmente emparentada con él, la literatura de ficción en castellano produjo obras encuadradas en lo que suele llamarse la "novela sentimental" —"*roman sentimental*"—, centrada en la reflexión novelada sobre el amor. El *Siervo libre de amor*, de Juan Rodríguez del Padrón, escrito a mediados del XV, y la *Cárcel de amor*, de Diego de San Pedro, escrita hacia 1490, así como la anónima *Triste Deleytaçión*, representan excelentes ejemplos de este género. La de Diego de San Pedro en concreto es la mejor del género y resulta especialmente rica tanto en imágenes literarias, llenas de sutileza y sensibilidad, como en contenidos alegóricos, un registro que representa una fuerte corriente en la poesía del siglo, y no sólo en la poesía amorosa. Más inclasificable resulta la celebérrima *Comedia de Calisto y Melibea*, que vio su luz en 1499 y que se puede considerar la última novela medieval, pero novela más que teatro, pues pese a su apariencia dialogada —técnicamente emparenta con la llamada "comedia humanística", muy popular en Italia— no parece haber sido obra concebida para la representación teatral. Temáticamente la obra es muy compleja, pero el amor en todas sus dimensiones —amor cortés, parodia sexual, amor loco...— era sin duda uno de los ejes.

Tanto el amor como en general todos los temas posibles de un inmenso universo poético, pues el verso era el medio de expresarlo, es precisamente lo que aportaron los grandes poetas del siglo XV, auténtico siglo dorado en la poesía castellana. Los centenares de autores recopilados en cerca de medio centenar de *Cancioneros* conocidos así lo demuestran: *Cancionero de Baena, Cancionero de Estúñiga, Cancionero de Palacio, Cancionero General de Hernando del Castillo*... Los *cancioneros* eran antologías de textos poéticos, casi siempre recopilados ya a fines del siglo XV o principios del siguiente, pero que recogen obras y autores desde finales del XIV en adelante. Muestran la potencia de la poesía en castellano en esta época. Da la impresión de que la poética en castellano proporcionó, sobre todo en el siglo XV y desde las primeras décadas, una extraordinaria soltura expresiva, que se convirtió en moda, y que animó a muchos a convertirse en "poetas". Las razones son muchas, desde la propia maduración léxica y sintáctica del castellano como lengua literaria, enormemente rica ya a esas alturas, hasta otras influencias en cierto modo exógenas pero readaptadas a la demanda de estos numerosos creadores: la tradición —recogida en algunos *cancioneros* gallegos y portugueses de los siglos XIII y XIV— de las canciones líricas en gallegoportugués, en decadencia desde 1350, una tradición poética oportunamente castellanizada al mismo tiempo que los bardos se hicieron poetas, y que fue uno de los deliciosos aportes al castellano de la lengua hermana, no tanto en los temas como en la característica sonoridad, incluso musicalidad, que envolvía la poesía cancioneril; las *pastorelas*, venidas de más allá de los Pirineos, fueron otro componente; otra influencia vino del ámbito italiano, incluido el influjo de la poesía alegórica de Dante (†1321), y sobre todo de la focalización lírica del amor como motivo literario que habían impulsado hacia 1300 los *stilnovisti* toscanos y, ya más directamente, cabría hablar de la influencia directa de los sonetos de Petrarca (1304-1374); y también hay que reconocer como influjo la propia especulación sobre técnica poética, que se fundió con un gusto vanguardista por el cultivo de las humanidades, convertido ya en un campo de interés especialmente buscado por nobles y caballeros deseosos de darse a conocer como poetas. La nueva ciencia poética, o *gaya ciencia*, como gustaba considerarla por ejemplo al marqués de Santillana, fue desplazando en el Cuatrocientos a la poética de ritmo latino-medieval, de *cuaderna vía* y ritmo de clerecía, pero también superó a la propia poesía folclórica, aunque incorporando elementos de ambas, sobre todo de esta tradición popular, de las canciones que se cantaban en los pueblos y en las fiestas, de las historias que se contaban. Los temas de los *cancioneros* iban desde el amor —no ya sólo el cliché del amor cortés, sino el propio ardor del amor físico buscado— hasta los retratos personales, la muerte, la vida virtuosa, los lances poéticos, entre otros.

Aunque los autores del género lírico y cancioneril fueron muy numerosos a finales del XV, quizá las grandes cumbres literarias sean los poetas que escribieron en la plenitud del siglo. Íñigo López de Mendoza, marqués de Santillana (1398-1458), es probablemente el más emblemático e innovador. Obsesionado por la perfección formal de sus poemas, impulsó los versos de *arte mayor* —con 12 sílabas divisibles en 2 hemistiquios–, no sólo considerado superior a la poesía de clerecía, ya caduca, sino también al popular octosílabo típicamente castellano, el propio de las coplas de *arte menor* y de los *romances,* poética que también cultivó el autor. El marqués fue autor de numerosas piezas de contenido lírico, alegórico y panegírico, desde las *Serranillas* hasta los *Sonetos fechos al itálico modo,* pasando por sus misceláneos *Decires,* la *Comedieta de Ponça,* las *Coplas al rey don Alfonso de Portugal,* etc. Fue también escritor doctrinario —la citada *Bías contra Fortuna*—, autor sarítico político —su *Doctrinal de privados,* contra Álvaro de Luna— e incluso crítico literario *avant la lettre —Proemio e carta al condestable don Pedro de Portugal*—. Juan de Mena (1411-1456) cultivó también muchos géneros, como el anterior, pero destaca por su poesía dispersa y por su *Laberinto de Fortuna.* Jorge Manrique (1440-1479) escribió notabilísima poesía lírica, recogida en sus *coplas amorosas,* pero es sobre todo conocido por su obra maestra de contenido elegíaco, las *Coplas a la muerte de su padre,* obra consolatoria, cristiana y estoica, que en sí misma deja entrever toda la cosmovisión de una época entera.

Si la poesía del movimiento cancioneril fue el logro más sobresaliente, para la literatura en castellano del Cuatrocientos no puede olvidarse tampoco el *Romancero.* Se discute el momento del nacimiento, obviamente oscuro por su condición folclórica, aunque quizá con su fase aédica en el XIII. Se discute también su origen: para la escuela de Menéndez Pidal derivaría de la poesía épica de los siglos XII y XIII, tras sufrir un proceso de fragmentación este género, mientras que para otros el origen estaría en las canciones líricas, populares o no. Lo cierto es que fue en el siglo XV cuando consiguió tal popularidad que probablemente los *romances* eran conocidos y recitados por amplias capas sociales. Incluso está constatada la penetración de estas composiciones en castellano en la Cataluña del XV, así como en Galicia y Portugal. Intrínsecamente anónimos, los *romances* castellanos se caracterizaban por una forma métrica concreta, el octosílabo, y una rima, flexible aunque frecuentemente asonante en los pares, apoyada en la combinación binaria de versos y con un recurso a los diálogos que daban sensación de presente. Todo ello resultó enormemente eficaz y, con seguridad, hizo estos *romances* aptos para ser cantados e incluso musicalizados. Sus temas variaban: los personajes épicos, con el arquetipo cidiano, y con figuras como el rey don Rodrigo, los Infantes de Lara, etc., han transitado de la *gesta* heroica del XII a los *romances heroicos* del XV, popularizándose en el trayecto y en cierto modo humanizándose sus héroes con un barniz de romántico y novedoso psicologismo; las historias líricas de penas y amores de la tradición baladística europea en los *romances amorosos*; pasando, por supuesto, por personajes y acontecimientos célebres de la época medieval, reyes, hombres de estado, etc., en lo que se denominan *romances "noticieros"*. Pero quizá los más emblemáticos fueron los *romances fronterizos*. En ellos, sin animadversión a unos enemigos que ya apenas lo eran, se contaban historias de encuentros y desencuentros personales, de amor o caballerescos, en ese mundo de convivencia tan peculiar que era la frontera inestable con los moros, a menudo también personajes ellos mismos, hombres o mujeres, de estos *romances*. No se podría entender quizá la seducción de estos personajes de la frontera, los moros, en el imaginario popular si no fuera porque con su evocación se significaba el eco nostálgico de una civilización diferenciada abocada a la extinción en la península.

La literatura que consideramos guiada por el patrón de la imaginación tuvo también para la lengua catalana una expansión considerable en la Baja Edad Media. La prosa caballeresca y de aventuras en catalán fue menos fantástica y más verosímil que la castellana y enlazaba más directamente con la tradición provenzal del amor cortés, el mundo de las justas y los torneos, pero en tonos bastante realistas, un mundo tan bien descrito en las amenas páginas de los libros de Martín de Riquer. De mediados del XV es la novela anónima *Curial y Güelfa*, ambientada en la Italia de fines del XIII, donde se narran las relaciones corteses entre el joven caballero pobre Curial y la princesa de Monferrato, la señora Güelfa. La obra más célebre es *Tirant lo Blanc*, escrita por el caballero valenciano Joanot Martorell (c. 1413-1468), retrato de las ilusiones de un héroe impetuoso inmerso en una vida excitante de justas, viajes, anhelos eróticos y aventuras de diverso tipo.

Como rasgo de este tipo de literatura en los países de habla catalana hay que decir que existía una profunda tradición trovadoresca, de raíz provenzal. Hasta los siglos XIII-XIV esta escuela se fue catalanizando, convirtiéndose en catalano-provenzal. En ella la disputa ingeniosa o *tensó* trovadoresca utilizaba el artificio literario del diálogo o "torneo" verbal entre poetas trovadorescos y representaba la conciencia de la propia obra poética, un homenaje a la *gaya ciencia*. Berenguer d'Anoia escribió a comienzos del XIV un tratado retórico, *Mirall de trobar*, que ejemplifica bien la preocupación por la reflexión poética. Esta literatura trovadoresca era tan popular que hasta Juan I de Aragón organizó una fiesta poética en 1393 en Barcelona, un evento dentro de una moda de juegos florales y concursos poéticos que a los catalanes les gusta entender como parte de su cultura medieval. La canciones trovadorescas siguieron cultivándose y formando parte del acervo popular, recitadas y cantadas por poetas viajeros y siendo diversión común en fiestas y celebraciones. De ello da cuenta por ejemplo *Las rasós de trobar*, de Vidal de Besalú.

Como es obvio, cuando esta casi autóctona cultura catalano-provenzal se enriqueció con la influencia petrarquista italiana, la lengua literaria experimentó un gran salto adelante. Jordi de Sant Jordi (†1425), que escribió en las primeras décadas del XV, es un puente entre el provenzalismo cortés medieval y el *dolce stil nuovo* a la manera italiana. El gran autor del Cuatrocientos fue Ausias March (1397-1459), poeta radicado en Valencia, universal lírico de estética muy moderna y llena de matices. Para muchos es el fundador de la poesía catalana propiamente dicha, no sólo eco del italianismo, sino creador de una sensibilidad autónoma, humanista pero no estilista hueco, poeta amoroso, sino también virtuoso de las emociones trascendentes del alma y *"ome de asaz elevado spíritu"*, como decía su admirador el marqués de Santillana. Fue superador directo de la vieja poesía trovadoresca. *"Llexant a part l'estil dels trobadors"*, dice un célebre verso suyo, y refleja bien la propuesta literaria de este gran poeta de la lengua catalana.

C) *Crónica.* Este tipo de literatura que narraba biografías y hechos históricos tuvo en los siglos XIV y XV el período más esplendoroso de su historia, tanto en catalán como en castellano. Aunque siguieron escribiéndose *Compendios* de Historia General a la vieja usanza, o traduciéndose obras latinas que narraban la historia del mundo, o la Historia "de España" alfonsí, continuada por la *Crónica de Veinte Reyes* o la llamada *Segunda Crónica General,* de 1344, y luego otras refundiciones, fueron mucho más innovadoras las crónicas sobre reinos y hechos concretos. Según especialistas como Gómez Redondo hubo a lo largo del XIV un cierto desplazamiento desde el modelo de la *"Crónica General"* o *"Estoria"* hacia la *crónica real,* típica ya del período bajomedieval. Lo que se sacrificaba ahora era la vieja concepción de la historia como movimiento guiado por los designios divinos, con flecos de épica, de memoria colectiva pero remota, de contenidos ejemplarizantes, legendarios o fantásticos e incluso de "espejos de príncipes". Esto vendría a ser el discurso historiográfico del pasado. Pero estos códigos de la historiografía de raíz latina medieval —así como la misma concepción de la *Estoria* alfonsina en romance— se hundieron a mediados del XIV y con ellos llegó también el declive de la vieja *Historia* de tono más eclesiástico y religioso. Este cambio hacia una nueva historiografía, que suele fecharse hacia el reinado de Alfonso XI y su ciclo cronístico, supuso la recuperación del concepto olvidado de *"anales",* o narración secuenciada de hechos "ciertos y constatados", distribuidos año tras año. Pero también fue previo un nuevo concepto de la acción humana cargada de responsabilidad individual. Durante la Baja Edad Media las mejores crónicas llevaron al primer plano los hechos políticos, las acciones de los reyes y nobles principales, todo ello de forma más realista, más verosímil —aunque no estaban exentas, por supuesto, de tendenciosidad— y con mayor labilidad narrativa. Es significativo que esta nueva cronística, "más moderna" diríamos, menos universalista y teológica, más narrativa y política, coincida con un incremento de los atributos de las lenguas romances como lenguas literarias capaces de expresar sin complejos cualquier aspecto importante.

En castellano cabe hablar en la época medieval de un declive general de la otrora pujante tradición épica, pasando sus héroes a ser materia de *romances* y leyendas. Tan sólo las *Mocedades de Rodrigo*, de mediados del XIV, libro concebido para ser cantado y próximo ya al registro del *Romancero*, recuerda el viejo esplendor, pero no es fácil inscribirlo en el marco del discurso de la 'crónica' o la 'biografía' propiamente dichas, sino quizá más bien en el apartado anterior. Era épica tardía, un discurso literario en declive en un período marcado por las citadas innovaciones de la cronística. Pero el discurso épico estaba ya bastante desnaturalizado y el Cid no era ya entonces héroe épico, sino más bien caballeresco. Lo remoto de los hechos narrados hace que estos textos presenten aquéllos de forma muy distorsionada e imaginativa, pese a que se presenten como verídicos. Algo así ocurre con un texto de la época de los Reyes Católicos, la *Consolatoria de Castilla*, de Juan Barba, ya citada, un poema laudatorio de los reyes, de intención política, pero que presenta un cierto colorido de tonos propios de la épica tardía.

Ya en el terreno propiamente cronístico, del siglo XIV es el *Poema de Alfonso XI*, probablemente escrito por el secretario real, el leonés Rodrigo Yáñez, hacia 1348. Se trata de una crónica rimada, laudatoria hacia el rey castellano. Aunque contenía reflexiones de orden cortesano, el poema se centraba en las alabanzas personales y las victorias militares –sobre todo el Salado y Algeciras–, convirtiendo al rey en un héroe bélico, además de buen gobernante. La *Crónica* oficial del reinado de Alfonso XI, ya sin ningún cariz parenético, constituye también una defensa de la figura de este rey. Su autor, se supone que Fernán Sánchez de Valladolid, canciller y del consejo regio, la habría terminado en 1344, y previamente habría redactado la *Crónica de tres reyes*, o sea las crónicas correspondientes a los reinados de Alfonso X, Sancho IV y Fernando IV. Otra obra, la llamada *Gran Crónica de Alfonso XI* sería, en cambio, posterior, de la época de Enrique II, retomando, eso sí, los materiales tanto del *Poema* de Yáñez como de la *Crónica* de Sánchez de Valladolid, pero con el objeto de construir una secuencia interesada de continuidad entre los propósitos implícitos del primer Trastámara y el legado de Alfonso XI.

Para los reinados siguientes la cronística castellana cuenta con las *Crónicas* de los reinados de Pedro I, de Enrique II, de Juan I y de Enrique III, del canciller Pedro López de Ayala (1332-1407). Redactadas con cierta distancia temporal respecto de los reinados cronificados, en especial las primeras crónicas, no es fácil encontrar partidismos directos. Aunque el canciller se había pasado al bando enriquista, no por ello la crónica del monarca anterior, la *Crónica de Pedro I*, resulta un burdo panfleto. Escrita o más bien revisada más de veinte años después de los hechos narrados, la legitimidad de los Trastámara estaba ya sólidamente establecida, por lo que el antipetrismo se presentaba moderado, sutil y alejado de la demagógica propaganda trastamarista de los primeros tiempos de la dinastía, entre otras cosas porque interesaba ya por entonces cerrar la herida político-dinástica de la guerra civil.

En el siglo XV, con posterioridad a las de Ayala, hay más obras de carácter historiográfico, sobre todo en la corona de Castilla, hasta el punto de que podría hablarse, igual que en poesía, de una verdadera edad de oro en este género en castellano. Son importantes las crónicas navarras de fines del XIV y del XV: la *Crónica* de García de Euguí, de fines del XIV, la de García López de Roncesvalles, de la época del reinado de Carlos III, cuyo tesorero era este autor, y la célebre *Crónica de los reyes de Navarra*, del príncipe Carlos de Viana, escrita hacia 1453-1455. O alguna de las crónicas aragonesas, como la *Crónica de san Juan de la Peña*, escrita en aragonés entre 1369-1372. Fueron los personajes y el ámbito castellano, sin embargo, los más tratados por esta historiografía en castellano.

En la historiografía para la Castilla del XV hay que señalar que, junto al mantenimiento de la *"Historia"* de corte antiguo –llamada *Crónica General*– y del esplendor de la *crónica real*, analística, que siguió siendo la característica y fundamental, se fueron singularizando en el siglo XV otros subgéneros. Entre ellos, la llamada *crónica particular* y la calificada como *crónica caballeresca*, aunque los efectos de las influencias recíprocas entre géneros y subgéneros eran obviamente tan frecuentes como imposibles de explicar aquí.

Las crónicas de carácter general sobre "Historia de España", desde los godos o tiempos remotos, en la línea de Alfonso X, siguieron reelaborándose. A la reanudación de la *Tercera Crónica General*, hacia 1390, le siguieron otras versiones de la obra iniciada por Alfonso X, entre ellas una de 1404 y otras que culminaron en la llamada *Cuarta Crónica General*, hacia 1460, si bien ya muy influenciada por la cronística del Cuatrocientos. Pero además hubo en el XV otros cultivadores de la *crónica general:* la *Crónica del rey don Rodrigo con la destrucción de España*, llamada *Crónica Sarracina*, atribuida a Pedro del Corral y escrita hacia 1430; la *Atalaya de las corónicas* escrita por el Arcipreste de Talavera a mediados del XV; el *Repertorio de los Príncipes de España*, de Pedro de Escavias, que la escribió en el tercer cuarto del siglo XV; *Las Bienandanzas e Fortunas*, libro escrito poco después por Lope García de Salazar y que, aparte de hazañas y fechorías –cercanas al autor– realizadas por los hidalgos vascos, incluía también elementos de la antigua *Historia* de corte legendario y generalista; o el *Compendio Historial*, o *Compilación de las crónicas e estorias de España*, escrito en el último cuarto del siglo por Diego Rodríguez de Almela, autor por otra parte de más recopilaciones de este tipo de historia.

En cuanto a las *crónicas reales* de ese siglo XV, que relataban hechos más cercanos y concretos, en el entorno de los reyes se escribieron durante el siglo las características crónicas oficiales, precisamente a cargo de escritores con talento pagados por la propia realeza, por lo que podría hablarse de 'cronistas de corte' que narraban año a año los principales acontecimientos y la biografía casi diaria del rey. En la *Crónica de Juan II* participaron autores como Alvar García de Santa María –hasta 1434–, Juan de Mena o Fernán Pérez de Guzmán. La *Crónica de Enrique IV* oficial es la escrita por su capellán Diego Enríquez del Castillo. Pero sobre este reinado hubo otras obras cronísticas interesantes. Alfonso de Palencia (1423-1492) escribió una *Crónica de Enrique IV*, basada en otra obra suya, *Décadas*, concebida en latín. Se conoce también una *Crónica anónima de Enrique IV*, tomada de la de Alfonso de Palencia, y algunas otras versiones. Ya en pleno reinado de Isabel I Diego de Valera, maestresala y del Consejo Real, escribió su *Memorial de diversas hazañas*, que es otra crónica de Enrique IV. Este mismo autor lo fue también de una *Crónica de los Reyes Católicos*. Sobre este último reinado se conocen varias obras, entre las que destacan las crónicas de Fernando del Pulgar, *Crónica de los Reyes Católicos*, y la posterior de Andrés Bernáldez, que escapa ya al período estudiado.

En cuanto a las crónicas *"particulares"* del XV, en las que se narraban las acciones de grandes personajes o simplemente biografías de nobles, o incluso autobiografías, en algunos casos pueden considerarse prácticamente secuencias cronísticas de reinados, aunque ya los materiales prescinden de estar organizados por años. Por ejemplo, al margen de la crónica oficial del reinado, en relación con el de Juan II, aunque escritas con posterioridad, cabe destacar la *Crónica del Halconero de Juan II*, de Juan Carrillo de Huete, y la *Crónica de don Álvaro de Luna*, que suele atribuirse a Gonzalo Chacón. Otra *crónica particular* es la llamada *Fechos del condestable Miguel Lucas de Iranzo*, escrita en los años sesenta y setenta, de autoría todavía no identificada apodícticamente. La *Historia de la casa de Estúñiga*, de 1473 y atribuida a Diego de Valera, es también otra crónica particular, en conexión con una de las modas aristocráticas de la época: la exhibición de la memoria histórica por parte de los grandes linajes nobiliarios.

A medio camino ya entre la *crónica particular* y la literatura caballeresca de ficción o sentimental se escribieron en el XV relatos de contenido biográfico, verosímiles, pero que prescindían del rigor y la formalidad cronísticos y hacían concesiones a las aventuras de pura imaginación y elogio caballeresco. Los libros de viajes entran prácticamente en esta categoría. Entre ellos, las *Andanças e viajes de Pero Tafur por diversas partes del mundo avidos*, libro autobiográfico escrito hacia 1454. La obra de Gutierre Díez de Games, *El Victorial* o *Crónica de don Pero Niño, conde de Buelna*, escrita a mediados del siglo, es el mejor exponente de este producto híbrido. O *El Seguro de Tordesillas*, escrito por Pedro Fernández de Velasco, conde de Haro, que relata las tensiones de Juan II y Álvaro de Luna con sus enemigos acaecidas unos años antes de la batalla de Olmedo de 1445. O incluso también *El Libro del Passo Honroso de Suero de Quiñones*, escrito por Pedro Rodríguez de Lena hacia 1434, donde se da cuenta del desafío o "paso honroso" caballeresco que este caballero leonés llevó a cabo ese año en el Órbigo por lances de fama y amor.

Quizá el afán de separar el relato de ficción –del tipo de los citados o bien las fantasías legendarias pseudohistóricas de la *crónica general* o *historia*– de lo que era propiamente reflejo de la vida real de los grandes personajes favoreció que, aparte de las ya citadas *crónicas reales*, se escribieran biografías, o más bien semblanzas realistas de personajes destacados. Quizá habría que enfatizar que Leonor López de Córdoba, con el valor añadido además de ser una mujer, haya dejado unas *Memorias* personales, antes de 1412, en las que narraba la historia de su familia, derrotada junto con otros aristócratas en la guerra entre Pedro I y Enrique II, motivo del declive familiar, ya que el padre de Leonor fue decapitado por orden de Enrique II tras Montiel. Pero sobre todo el afán biográfico no-caballeresco se reflejó en obras más tardías, semblanzas de los nobles de la época, de sus defectos, sus ilusiones y su mundo. Se trata de las *Generaciones y Semblanzas*, de Fernán Pérez de Guzmán, que retrata, hacia 1450-1455, 35 biografías de hombres ilustres. Y de los *Claros Varones de Castilla*, de 1485, con 24 personajes, escrita por Fernando del Pulgar no sólo para contrarrestar la moda de las exageraciones de los relatos caballerescos, sino como acuse de recibo de la penetración en Castilla del género biográfico clásico de corte romano-humanista.

La cronística en lengua catalana también tuvo en los siglos XIV y XV un ciclo de auge. A la elaboración durante el XIII de la *Crónica de Jaime I, o Llibre dels Feits*, sobre este reinado conquistador, siguieron las crónicas que Bernat Desclot dedicó a Pedro III y sus antecesores, la *Crónica del Rey En Pere*, que se puede considerar más próxima a la *crónica general* o *historia* general que a la *crónica real*. La *Crónica* que redactó Ramón Muntaner en 1325 es otro de los hitos de la cronística catalana, con una preocupación especial por las conquistas de la corona en el Mediterráneo. Más tarde Pedro el Ceremonioso dirigió un *Compendi Historial*, compendio histórico al viejo estilo generalista. Al reinado también corresponde la *Crónica*, que sería la verdadera *crónica real* del reinado, escrita prácticamente al dictado del propio monarca. En el siglo XV ni la *crónica real* ni la *crónica particular* tuvieron tanto relieve como ocurría con sus homólogas en castellano. Pero siguió cultivándose la cronística tradicional, donde se elogiaba el viejo orden a partir del ensalzamiento de la nobleza y sobre todo de los logros de la antigua dinastía o *casal de Barcelona*, frente a la dinastía Trastámara, percibida como filoremensa. Éste es el planteamiento ideológico que Pere Tomic expuso en 1438 en sus *Històries e conquestes dels reis d'Aragó e comtes de Barcelona*. Más tarde, hacia 1478 el *Recort historial de algunas antiquitats de Catalunya, Espanya y Franza*, de Gabriel Turell, era de este tipo, mientras que por entonces Joan Margarit preconizaba una cronística de corte italianizante, humanista y admiradora de la Roma antigua.

D) Espectáculo. Finalmente, el teatro en lengua romance reelaboró en la Baja Edad Media diversas tradiciones hasta convertirse en un espectáculo integral: la tradición de los espectáculos cómicos callejeros, con sus celebraciones espontáneas de origen campesino, en relación con las fiestas de recolección, el carnaval, etc.; la tradición de los bardos o juglares, populares narradores errantes de historias sobre arquetipos ejemplares —caballero enamorado, monje glotón...—, sobre ingeniosas situaciones *de escarnio*, o bien de contenido picaresco; y sobre todo la tradición del drama litúrgico, un conjunto de temas que se representaban, con canto y música a menudo, en festividades señaladas: Epifanía, Cuaresma y Pasión, sobre todo. Las lenguas romances habrían sucedido a las breves representaciones latinas de estos temas, llamadas *tropos*, textos musicalizados. Esta dimensión de teatro religioso no se perdió durante siglos. Hay que decir, sin embargo, que otros muchos espectáculos de la época tuvieron también algo de teatral: los torneos, las fiestas de coronación, los juicios públicos... Pero el teatro, *sensu stricto*, fue teatro religioso esencialmente. Ahora bien, no sólo litúrgico: las célebres *Danzas de la muerte*, cuyas versiones en catalán y en castellano parecen ya fijadas a fines del XIV y principios del XV respectivamente, obedecen a esta escenificación en público del *memento mori* y del *de contemptu mundi*, que obsesionaron a las gentes de la época.

El teatro bajomedieval careció de recinto específico. Utilizó el que era propio de sus respectivas tradiciones seminales: las calles y plazas; la corte y el castillo; y el atrio o las naves de la iglesia.

Se han conservado más testimonios del teatro de Cataluña o Valencia que del resto de los territorios, como han señalado Lázaro Carreter, Gómez Moreno, Álvarez Pellitero y otros estudiosos. Existen por ejemplo varias versiones en catalán de *La Passió de Christ*, del XIV, o una *Visitació al sepulcre*, de este siglo, representada en Vic. En la comarca de Prades se conserva una *Representació de l'Assumpció de Madona Sancta María*, de principios del XV, un tema también muy extendido por la región valenciana en el XV. Es posible que a este siglo y ámbito geográfico se remonte el famosísimo *Misteri d'Elx*, todavía hoy representado aunque con texto y escenografía de la época barroca. Deben añadirse las mencionadas danzas macabras, posiblemente muy populares en algunas aldeas de la Cataluña bajomedieval.

Para Castilla se tienen noticias de algún *Auto de los Pastores* y de algún otro *Auto de la Pasión* para el siglo XV. Pero además los especialistas sitúan en tiempos bastante anteriores, en el XIII cuando menos, el *Auto de los Reyes Magos* en lengua romance. Es posible que hubiera una pujante tradición teatral entre los siglos XIII y XV, pero pésimamente conservada. De no ser así no se entendería bien cómo algunos escritores de finales del XV han podido retomar para la dramaturgia escrita y de autor unos temas tan evolucionados, algo sólo achacable al arraigo popular del teatro religioso. Es el caso de Gómez Manrique, con sus *Coplas fechas para Semana Santa* o su *Representación del nacimiento de nuestro señor*. Y es sobre todo el caso de Juan del Enzina, inscrito ya en el Prerrenacimiento y excelente autor de numerosas *Églogas* de carácter religioso-pastoril. Es posible, pues, que este florecimiento teatral sea consecuencia de un hondo cultivo entre el pueblo. Por otro lado, hay testimonios de índole etnográfica que avalarían esta idea. Se trata, sin embargo, de una cuestión controvertida. Según algunos, al siglo XV al menos se remontan probablemente algunos de los poemas trasmitidos por tradición oral y que están en la base de las *pastoradas*, aún hoy frecuentes en localidades de la provincia leonesa, aunque los textos conocidos fueran ya reelaborados con posterioridad a la Edad Media. Con un precedente medieval que parece difícil de negar, aunque no en la literalidad de los textos, las *pastoradas* deben su nombre al tema del Nacimiento u Oficio de Pastores, ciclo típico de teatro popular sacro representado por Navidad o en Epifanía. Frente a trabajos anteriores de López Santos, Trapero y otro eruditos, López Morales ha desmentido que las églogas de autores dramáticos como Juan del Encina o Lucas Fernández se inspiraran en esta tradición, como a veces se había sugerido. En realidad, no es necesario afirmar una filiación tan directa, pues es bien conocida la existencia de la tradición latina tanto de los autos de la Pasión como la del *Officium Pastorum*, lo que explica que codificaciones teatrales reelaboradas de forma escrita con posterioridad no hayan hecho sino adaptar unos géneros seguramente muy arraigados. Es más, los textos dramáticos de Encina o Lucas Fernández, como se ve en el trabajo de López Morales, tenían un tono cortesano y una elaboración literaria carente del todo de la simplicidad y trivialización doctrinal propias de la *pastorada*. La *pastorada* leonesa refleja, sin duda, la sencillez y rusticidad del teatro popular medieval, mientras que los textos más intelectuales de los escritores especializados de fines del XV y del siguiente nos presentan la característica reelaboración sabia del tema tradicional.

Quizá haya quien vea en los contrastes entre el teatro culto de Encina u otros autores y el teatro popular navideño un indicador de los contrastes entre Medievo y Renacimiento. Pero más bien pensamos que debe verse no tanto como pugna de dos etapas, sino de dos niveles de cultura, como otro episodio más de esa interacción, naturalmente activa durante la Edad Media tanto o más que en otras épocas, entre la cultura elitista y la cultura popular.

5.2.3. Corrientes de cultura popular y su incorporación al legado intelectual

La llamada "cultura popular" o "tradicional", creada y consumida entre la gente iletrada, difundida oralmente y con contenidos diferentes a los de la cultura llamada "sabia", presenta un *tempo* histórico de larga duración, difícilmente acotable para un período concreto como el de los siglos XIV y XV. Conocida indirectamente a través de su entrada en las referencias escritas, es posiblemente esto último lo que precisamente más identifica el período bajomedieval. Podríamos, en efecto, considerar éste como la época en que la cultura tradicional, que tenía –y siguió teniendo, como bien saben los etnógrafos– una historia propia al margen de los cauces oficiales o académicos, se incorporó al acervo de las culturas vernáculas y se condensó en corrientes ideológicas o formales específicas, corrientes que los estudiosos han identificado como "populares" o "folclóricas", presentes en el arte, la literatura, etc. Y que fueron significativas desde los siglos XIV y XV, no antes. Por eso, la típica contraposición entre cultura popular y sabia, que suele hacerse, debe matizarse, pues más allá de la distinción analítica, la ósmosis intercultural parece caracterizar mejor la zona de contacto entre ellas. En cuanto a los contenidos específicos, tema controvertido, los especialistas Bajtin, Manselli, Burke, Mullet, Schmitt, N. Davis, Ginzburg, entre otros, han venido hablando de unos rasgos semejantes: oralidad, protagonismo de lo emocional frente a lo racional, de lo intuitivo frente a lo lógico, gusto por lo grotesco –"fiestas de locos", carnavales– y por la inversión transgresora de valores, comicidad, protesta, ausencia de referencias culturalistas, predominio de lo concreto, sentido práctico, tradicionalismo –fiestas, ritos de paso...–, rasgos que no se describirán expresamente aquí, entre otras cosas porque no son exclusivos del período bajomedieval. Interesa en concreto tan sólo marcar la importancia de este período histórico en la interacción entre cultura popular y cultura de elite.

Tal interacción pudo producirse de forma especialmente marcada en la Baja Edad Media por el progreso en esta época de la citada laicización de la producción cultural, por la incorporación de sensibilidades ajenas a lo eclesiástico, paradójicamente también por la necesidad de recomponer por parte de la Iglesia mensajes de adoctrinamiento inteligibles, además de actualizados, y finalmente por el abandono de los clichés abstracto-doctrinarios propios de la cultura medieval latina, aspecto que se solapa con el fenómeno importantísimo, que se acaba de mencionar, de que las lenguas del pueblo empezaban a ser también ya entonces lenguas cultas y maduras, ineludible requisito de la citada ósmosis cultural.

Naturalmente, la incorporación de lo popular a los cauces cultos implicaba ciertos condicionamientos. La pureza y espontaneidad de la cultura popular se pierde al incorporarse a lo escrito, que es como la conocemos. No es sólo un aspecto formal. El pensamiento analógico típico de los campesinos iletrados, o la creencia en prodigios irracionales y en lo maravilloso-ilógico, o simplemente en un nivel más sensorial la musicalidad de las composiciones pensadas para la transmisión oral, entre otros elementos, no podían quedar inalterados al trasvasarse a la cultura de elite. Existieron, sí, algunos componentes que no se perdieron, aunque los conocemos precisamente en su readaptación a los cauces que nos han dejado. Por ejemplo, el prestigio de los *juglares*, que cantaban y componían coplas desde tiempos medievales antiguos, se fue perdiendo a lo largo de la Baja Edad Media (Gómez Moreno, 1994: 838, 853). La copla popular anónima fue quedando circunscrita a pésimos intérpretes marginados que vagabundeaban por los pueblos, malganándose la vida con sus escasas dotes artísticas. Mientras que sobre todo ya en el XV sobresalía la figura de los *trovadores*, contrapuesta sólo ahora –antes se identificaban– a la de los *juglares*. Mientras la actividad de éstos era puesta bajo sospecha por la Iglesia, quedando el 'juglar' como sinónimo de hombre pecaminoso, desarraigado, mendaz o pordiosero, los *nuevos trovadores* –continuadores bajomedievales de los *trovadores* occitanos del XII– eran idealizados en las casas nobles, creaban poesía propia y su arte exquisito de cantautores sabía enriquecerse con las modas de su tiempo, sobre todo en el Cuatrocientos, o sea, las fantasías caballerescas, la nueva mentalidad urbana, las aventuras librescas, los versos cultos –eran llamados *"poetas"*– y en suma un tono cortesano, refinado y crepuscular, bien diferente del modesto juglar callejero, ya degradado en aquel siglo.

Ciertamente, a la poesía popular "juglaresca", creada en siglos plenomedievales, había correspondido el mérito de aunar la voz, la letra y la música, algo típico del quehacer cultural del pueblo. En efecto, los estudiosos de las literaturas medievales, desde que en los años cincuenta de este siglo descubrieran la poesía oral, han venido resaltando cada vez más la importancia de la voz, de modo que hoy se subraya esa *teatralidad* inherente a la literatura medieval, una teatralidad nacida de la voz y la cultura oral, *vocalidad* diría Zumthor, previa o concomitante a la actividad de los copistas, al lenguaje escrito, aquel que, fortuita o deliberadamente, convertía en textos para ser leídos, memorizados o reinventados, los contenidos de toda una civilización oral de letras, voces y melodías. Así es como ha pasado a la recepción culta este saber popular. Pero, en el tránsito, los intérpretes anónimos, mediadores culturales, se quedaron en el camino, devorados por una aculturación exigente, tomando su relevo los autores ilustrados y bien formados intelectualmente, a menudo buenos e imaginativos escritores y finos poetas. Ésta es la historia de los impresionantes *cancioneros* castellanos, como se indicó en el apartado anterior. En las recitaciones y recopilaciones escritas de esta vasta arquitectura literaria, culta y popular a la vez, se conjugaron varias modalidades: los *dezires*, que eran versos recitados; las *canciones*, que tenían música; y los *dezires líricos*, que aunaban ambos ingredientes. Se han llegado a identificar cerca de ochocientos nombres de poetas de *cancionero* castellano –los *"trovadores"* castellanos– y más de ocho mil composiciones, hasta la fecha, entre fines del XIV y principios del XVI, y sólo es una parte de un extensísimo *corpus*, pues se supone que materiales tan efímeros como coplas para recitar y cantar se han conservado muy mal (Gómez Moreno, 1994: 839; Dutton, 1990). Brilla, al parecer, la potencia de los *cancioneros* castellanos bajomedievales, pero hay que valorar también, porque era fuente de esta última, la poesía galaico portuguesa, aunque ya en declive en el siglo XV, y la escrita en catalán, donde brillaron autores como Jordi de Sant Jordi o Ausias March.

Algo semejante a lo acaecido con los *cancioneros* ocurrió con el teatro, como se ha señalado antes. Y lo mismo con todo un conjunto de saberes tradicionales, donde también se incorporaron desde el lenguaje popular al de la cultura escrita. Toda corriente paremiológica, contenida en obras de pensamiento y de ficción, por ejemplo, no hacía sino poner por escrito la sabiduría popular de los refranes y proverbios nacidos en el pueblo o reinterpretados por él.

Otro bucle diferente de la interacción entre la cultura popular y la de elite lo constituye el mundo de los relatos breves, concebidos para ser narrados oralmente mediante prosa o verso. En este caso se trata de narraciones sencillas, a veces inventadas por la gente, pero muy a menudo creaciones deliberadas aunque ajustadas al registro de la comprensión popular. Los estudiosos de esta literatura popular pueden hacer distinciones técnicas entre el *cuento*, las *fábulas*, las *leyendas* y los *exempla*, pero no pueden soslayar la común intemporalidad y ausencia de localización concreta de estas narraciones, ni evitar comprobar que el conocimiento de los mismos está filtrado por el soporte escrito, intrínsecamente alterador, ni que las distinciones entre unos tipos y otros de relatos breves tienden a diluirse ante una incontenible promiscuidad de géneros, algo por otra parte característico de la percepción popular, asistemática e híbrida. Quizá los especialistas se han concentrado en el período bajomedieval en seguir la pista de los *exempla* y los *cuentos*, por la fuerte presencia que se aprecia en muchas obras literarias de los siglos XIII al XV de estas modalidades. El *exemplum* ha sido definido hace años por Bremond y Le Goff en la "Typologie des sources du Moyen Age" como un relato breve, supuestamente verídico, destinado a insertarse en un discurso determinado –generalmente un sermón– con el fin de ofrecer una determinada lección moral. En definitiva, podríamos decir que era una narración breve con moraleja. Se trataba de creaciones con fondo popular, pero surgidas muchas veces en los círculos eclesiásticos y, aunque se ajustaban a los códigos expresivos populares, deben contemplarse más bien como una inteligente faceta de propaganda moral, de difusión doctrinal y de catequización eclesiástica. El *cuento*, por su parte, sí tiene raíces folclóricas directas, a partir de fondos de origen griego, árabe-oriental, germánico o específicamente medieval, que circularon por la Europa de aquellos siglos. En el caso del fondo latino-medieval cabe hablar de una adaptación: obras como la *Disciplina Clericalis*, de Pedro Alfonso de Huesca, del XII, o por supuesto las obras europeas del XIII, el *Speculum Historiale*, de Beauvais, el *Speculum laicorum* y otros *repertoria* de cuentos, *Summae* para predicadores, así también colecciones de *Miracula*, compilaciones todas ellas muy conocidas en los siglos XIII y XIV, fueron muy divulgadas. Sus *motifs*, que forman un *corpus* bien conocido por los trabajos de Aarne, Thompson y otros estudiosos, acabaron formando parte de las literaturas romances. Los especialistas en esta materia para la península, como M.ª J. Lacarra, Marsan, C. Hernández, etc., han determinado tanto estos fondos medievales como los antiguos y orientales, así como los temas del cuento medieval hispánico, que vienen a ser los mismos que en otras partes: milagros, fábulas, animales que actúan como personas, ingeniosos engaños de 'tontos-listos', cuentos de ladrones, de astutos lugareños, de castigos ejemplares a los aprovechados o a los mezquinos, etc. Naturalmente, los contenidos variaban en función del tono más o menos lúdico, didáctico-moral o satírico, o una combinación de todo ello, en función también del auditorio o receptores a quien se dirigía, que podía ser cualquier clase de público. Eran, sobra decirlo, cuentos para ser escuchados, más que para ser leídos. Los cuentos incorporaban además *exempla* y, por supuesto, materia de aventuras y fantasías salidas de la imaginación de creadores culturales que se convertían en acervo popular luego.

Para el cuento y el *exemplum* el período 1250-1350 –desde entonces sería ya algo más rutinario– nos parece que resultó clave. Y no sólo por la proliferación de estos géneros, sino porque éste sería, podríamos decir, el siglo fundamental en la aculturación, cuando verdaderamente se fusionaron las tendencias populares con la creatividad de los autores ilustrados que deliberadamente las incorporaron a sus obras. Existen recopilaciones importantes de cuentos en el XIII –*Calila e Dimna*, *Sendebar*, entre otros–, y podrían también valorarse en esta línea obras como el *Libre de les besties* de Ramón Llull. Existen también recopilaciones de cuentos y *exempla* en castellano en los siglos XIV y XV, más o menos impersonales: el *Libro de los enxemplos*, o *Libro de los exemplos por A. B. C.*, de Sánchez de Vercial (1360-1426), que contiene cerca de 400 cuentos; el *Libro de los gatos*, versión castellana de una obra anterior inglesa, las *Fabulae* de Odo de Cheriton; o el *Espéculo de legos*, del XV, que contiene casi 600 cuentos inspirados en el *Speculum laicorum* del XIII. Otras obras no específicas contienen también cuentos y otras modalidades de relato popular: C. Hernández ha contabilizado 28 cuentos y 173 refranes contenidos en el *Libro del Caballero Zifar*. Y lo mismo habría que decir de la literatura doctrinal: por ejemplo en *El Corbacho*, de 1438, en el que el arcipreste de Talavera introduce 19 cuentos.

Sin embargo, como mejor podemos apreciar la interacción entre la cultura de elite y la popular es retrotrayéndonos precisamente a ese período crítico de encuentro estructural –que suponemos anterior al 1350– y comprobando cómo dos autores de primera línea de la primera mitad del XIV, considerados hitos en la historia cultural, manejaron ya con una soltura hasta entonces desconocida estos materiales diversos. Es decir, recurrieron al fondo cuentístico y popular, supieron armonizarlo con los saberes y las formas que constituían el legado intelectual de elite –cultura aristocrática-nobiliar o cultura clerical– y sobre todo reelaboraron unos y otros materiales con la singularidad de su talento intransferible. Se trata de dos autores paradigmáticos de estas transformaciones, don Juan Manuel y el Arcipreste de Hita.

Don Juan Manuel (†1348), en la dedicatoria-prólogo al arzobispo de Toledo de su *Libro del caballero et del escudero,* dice que como remedio contra el insomnio compuso el libro, *"et non lo fiz por que yo cuydo que sopiese conponer ninguna obra muy sotil nin de gran recabdo, mas fiz lo que en vna manera que llaman en esta tierra 'fabliella' [...] envíovoslo por que alguna vez, quando non pudierdes dormir, que vos lean assý commo vos dirían vna fabliella"* (Juan Manuel, *Obras Completas,* I: 40). El texto constituye una auténtica evidencia del carácter oral de la transmisión literaria que hoy tendemos a ver sólo como obra en forma de libro – *"que vos lean..."* – y da cuenta de la existencia de la narración espontánea, la *fabliella*, que aparece en otras obras del infante (*Conde Lucanor, exemplo* 36º) y que simplemente era algo semejante al cuento, el relato breve tradicional, ingenioso y sin pretensiones, como también muestran otras fuentes de la época. *El libro del caballero et del escudero* no es, sin embargo, una obra de este carácter, es más bien un libro racional y doctrinario. También lo es el *Libro de los estados,* si bien aquí se remite a una tradición cuentística universal, como es el patrón narrativo del Barlaam y Josafat. Es, sin embargo, en *El Conde Lucanor* donde mejor se muestra la incorporación de lo popular al discurso intelectual. La primera y más importante parte de *El Conde Lucanor* incluye 51 cuentos o *exemplos* –en este caso las dos palabras equivalen– mientras que en las otras cuatro partes se citan dos centenares de proverbios. Se trata de historias moralizantes conducidas por dos personajes literarios: el noble Conde Lucanor y su supuesto consejero Patronio, que es quien va relatando los cuentos. Se va repitiendo secuencialmente un ágil mecanismo de preguntas que llevan a respuestas, que a su vez se ejemplifican con cuentos y moralejas, y que culminan con enlaces terminales que cierran el círculo, en el marco general de la obra, en la que por cierto interviene el receptor último —ya no de ficción— de la figura del propio autor del libro, don Juan Manuel. En cuanto al origen de los 51 cuentos o *exemplos* las tradiciones son variadas, desde *Barlaam y Josafat*, *Calila y Dimna* y una vigorosísima tradición cuentísitica árabe-oriental (*exemplos* 1, 5, 7, 13, 19, 22, 24, 29, 32, 35, 41, 47, 48, 49, 50) hasta los temas antiguos de Plinio o Esopo filtrados por las fuentes medievales (*exemplos* 2, 6, 14, 23), pasando precisamente por las recopilaciones medievales del tipo *Summa Praedicantium*, *Gesta Romanorum*, *Speculum laicorum*, etc. (*exemplos* 4, 8, 9, 11, 18, 36, 45, 49, 51) y, por supuesto, incorporando también elementos de la cronística, sobre todo hispánica, rescatando personajes de la historia castellana o de los héroes de las guerras con los moros (*exemplos* 15, 16, 27, 28, 30, 37, 44).

En el prólogo general, donde se justifica su afán literario, el infante se disculpa por haber escogido la lengua romance, *"et por ende fizo todos los sus libros en romançe, et esto es señal çierto que los fizo para los legos et de non muy grand saber commo lo él es"*, una prueba no sólo de falsa modestia, sino de que era de buen tono todavía reconocer cierto atrevimiento al abordar cuestiones importantes —morales y de sabiduría— fuera del vehículo de la cultura latina, pero también convencimiento firme de que era la única vía para llegar a *"las gentes que non fuessen muy letrados nin muy sabidores"* (*Conde Lucanor*, 47), propósito didáctico que se ve también en el prólogo inmediato de *El Conde Lucanor*, propiamente dicho (*ibid.*, 50). Piénsese que sería impensable que un siglo después, por ejemplo, alguien se disculpase por emplear el castellano para expresar cualquier idea grave o solemne —aunque los humanistas italianos quisieron sin éxito imponer la lengua latina como lengua culta preferente—, pero todavía hacia 1335, cuando se redacta esta obra de don Juan Manuel, parecía de rigor advertir de esta circunstancia. El supuesto complejo mostrado por el empleo de la lengua romance no sólo iría desapareciendo con el tiempo. Ya en el mismo libro de don Juan Manuel estaba siendo de hecho sorteado. A la primera parte, y más importante, de los *exemplos*, donde prima el lenguaje directo y espontáneo, se acompañan otras cuatro breves partes al final en las que, también en romance, don Juan Manuel ofrece un distanciamiento intelectual con el registro empleado en la primera parte. En esos otros pasajes entra en otras profundidades, justifica la sencillez de su primera parte por su didactismo y demuestra estar en condiciones de saber expresarse *"mas oscuro"*, con un lenguaje más erudito y doctrinal, *"más sotil"*, y así tiende a hacerlo en estas últimas partes (*El Conde Lucanor*, 277-278). Este desdoblamiento omnisciente de la autoría nos parece de excepcional interés porque muestra una tesitura especial, en pleno siglo XIV, en que la cultura sabia latina se acopla nerviosamente, y se compara, con el lenguaje de la gente. En el combate, o el encontronazo, pese a las superfluas disculpas de don Juan Manuel, este último, el lenguaje de la gente, no fue precisamente engullido por aquél. Pero a todo ello se une la figura del autor moderno, que se identifica —a don Juan Mauel le gusta hablar orgullosamente de él y de su familia y se autocita a veces en sus obras—, juega con diversos niveles o registros culturales a su voluntad —nivel más culto/ nivel más popular; doctrina elevada/ cuentos sencillos...— y expresa una preocupación, diríamos teórica, por las opciones estéticas y estilísticas escogidas. El talento o la creatividad personal se une así exquisitamente a esta fusión que se estaba dando entre el legado intelectual sabio y la incorporación de la cultura popular.

Esta misma combinación es más frecuentemente reconocida en el *Libro de Buen Amor*, escrito por el Arcipreste de Hita también por aquellos años, quizá antes de 1340. El libro muestra un punto de vista muy original del autor, de una lucidez extraordinaria para la época. Pero, a efectos de lo que aquí interesa, constituye un aluvión de tradiciones culturales, a modo de corrientes de agua que se fueran entremezclando o circularan subterráneas en un mar genésico donde todas tendrían su sitio y cuya superficie harían variar una y otra vez, según los puntos de vista. La tradición clerical es indudable, ya que el arcipreste conocía bien los mensajes y la doctrina, tanto que pueden rastrearse en la obra profundos pensamientos de Padres de la Iglesia y de teólogos medievales, o fuentes bíblicas, así como las referencias de los sabios antiguos —Aristóteles, Platón, etc.—, quizá éstos conocidos indirectamente. El empleo por el autor de tales registros culturales es muy evidente. No sólo fluye en el libro de modo natural: sólo en el ejemplo del pleito entre la zorra y el lobo, apenas unas pocas de las 1.728 estrofas de la obra, el estudioso y editor Gybbon ha encontrado 50 términos técnicos extraídos del derecho romano o canónico. Además, el autor se permite burlarse de cara a un público entendido —otros clérigos seguramente, para los que escribió su libro en verso que era propio del *mester de clerecía*— de algo como las horas canónicas —en el pasaje de la *parodia de las horas canónicas*—, en unas claves tan sutiles que permite jugar con el latín para ofrecer escondidos mensajes eróticos. Pero de las fuentes del *Libro* forma parte también la tradición clásica ovidiana, para evocar la doctrina antigua sobre el amor. Y asimismo afloran el saber de los poemas latinos medievales, de tono goliardesco o simplemente *romans* franceses relativamente secularizados, chascarrillos de clérigos picantes, pero también materiales más sobrios sacados de los sermonarios, la poesía didáctico-narrativa o incluso el género cortés de los trovadores o el bucólico de las *pastorelas*. De modo que el autor no es sólo un clérigo culto y algo escéptico, sino que maneja con destreza la retórica y las artes liberales, pero también las *artes poeticae*, las *artes predi-*

candi, o *la catequética*. Y por supuesto, era magnífico conocedor de toda la tradición popular, desde la cuentística de Esopo y los moralistas medievales hasta la distorsión irónica de la canción pastoril provenzal, pues introduce varias canciones de *serranas*, enormemente alejadas deliberadamente del refinamiento culto y algo amanerado del género. De manera que la tradición popular resulta también ser una de las más potentes en el libro: 10 canciones populares, 32 cuentos y cerca de 300 refranes. Otra prueba más de esa interacción entre lo culto y lo popular de que se ha querido dar cuenta en estas páginas.

5.2.4. La identidad cultural del período, ¿casticismo o universalismo?, ¿humanismo hispánico?

Cultura clerical *versus* cultura secular; literatura latina *versus* literaturas vernáculas; temas clásicos *versus* temas cristianos o autóctonos; cultura erudita o sabia *versus* cultura popular o tradicional. La Baja Edad Media cultural transcurre, como se ha indicado, entre estos juegos de contraposiciones, con una clara progresión tendencial a la acentuación de los términos finales de cada tándem. Pero aún queda algún que otro interrogante para acabar de caracterizar el período. ¿Fue la cultura hispánica de los siglos XIV y XV esencialmente una pieza o expresión "regional" más dentro de una cultura europea global y unitaria? O, por el contrario, ¿hay que subrayar los rasgos propios y originales?

El interrogante parece algo artificial y una clara respuesta, en caso de poder sostenerse, encajaría quizá más bien en una trasnochada filosofía de la historia hispánica que en una historia cultural rigurosa. Las últimas generaciones de historiadores suelen en general acercar la historia de España a la europea, a sus corrientes y movimientos, pero todavía no queda tan lejos el trauma de haber tenido que interpretar la historia medieval hispánica bajo la mirada académica y social de un régimen político tan singular como la imagen del pasado que quiso toscamente ofrecer. Por ello antaño se acentuaban quizás las singularidades del pasado y del presente, tanto entre los que las detestaban como entre quienes las disfrutaban. Pero ni siquiera había consensos sobre sus raíces. Baste recordar que una de las escasas polémicas de los años cincuenta y sesenta sobre la metafísica del modo de ser español y su raíz histórica, la que se dio desde fuera entre A. Castro y Sánchez Albornoz, remitía respectivamente bien a la simbiosis medieval entre cristianos, moros y judíos, bien a la esencia de raíz prerromana del español perenne, de modo que una y otra tradición resultaban singularistas, se anclaban culturalmente o en la especificidad de las Tres Culturas medievales, como era el caso de A. Castro, o en el universal de la España cristiana tradicional, como sostenía Sánchez-Albornoz.

Hoy día, en cambio, la tendencia o el movimiento del péndulo es hacia la homologación, de modo que medievalistas murcianos, valencianos o madrileños se afanan por hallar en nuestra Edad Media lo mismo que los parisinos han hallado, por supuesto antes, en otros contextos... Está pendiente aún un debate sobre las señas de identidad cultural de la España medieval, por lo que parece casi mejor dejar abierta la respuesta.

Ciertamente, si se atiende a las manifestaciones del pensamiento, la literatura o el arte bajomedievales, incluso desde la perspectiva de la producción social de las mismas, parece indudable poder rastrear las mismas secuencias históricas y los mismos problemas habidos en otras partes: Escolástica tardía, Humanismo, Gótico... Servirían como referencias para describir, a partir de sus enunciados, su plasmación en los reinos hispánicos de la época. Desde este punto de vista, la historia cultural peninsular formaría parte de una cultura europea en cierto modo afín, al igual que comparte tendencias en ideas y formas políticas, religiosidad, etc. Probablemente, esta sintonía con la cultura europea es lo fundamental. Sin embargo, hay que subrayar las improntas específicas, especialmente las más marcadas. De ellas, podríamos apuntar tres.

Una fue, todavía, la frontera. Sin entrar en detalles, es obvio que toda la Edad Media hispánica estuvo marcada por el singular contacto con los musulmanes del Sur o, para ser más exactos, por el original proceso de su desalojo peninsular. Las formas de poder y organización social fueron bastante originales durante siglos por este motivo. Durante el período bajomedieval el impacto de la frontera habría languidecido, sobre todo con el detenimiento de las grandes campañas militares del XIII. Existieron en los siglos XIV y XV, ya sin grandes apuros para los cristianos, largos períodos de paz, sobre todo entre 1350 y 1406, pero también en otros, y no puede afirmarse que los musulmanes fueran vistos siempre y sistemáticamente como "el enemigo en el espejo" –expresión de Barkai– o bajo simplistas estereotipos. Es más, desde Alfonso XI hasta los Reyes Católicos la idea de cruzada, que tan potente fuera en el XIII, permaneció casi aletargada. Y cuando ya con Isabel y Fernando se retomaba con éxito la guerra contra los musulmanes pensamos que ya no era bajo la concepción de una convencional cruzada medieval, sino como avanzadilla del principio moderno de *cuius regio, eius religio*. De modo que, durante la Baja Edad Media, la relativa cercanía de los moros de Granada, el fenómeno de los tornadizos y la consistencia del mudejarismo habían atemperado la tendencia general a la exoticidad del musulmán, que ya se fue haciendo imparable en el XV pero que estuvo matizada sobre todo en Castilla por la relativa cercanía a los moros, que no existía en otras latitudes. Los *romances fronterizos* y una cultura material muy determinada –azulejos, cerámica, técnicas y materiales de construcción mudéjares– evidencian la incorporación a los reinos cristianos de elementos de Al-Andalus. Pero ¿hasta dónde llega su peso en la cultura bajomedieval, fuera del reino granadino? La impresión que se tiene, fuera de las zonas limítrofes a la frontera, es que fue escaso y hasta marginal en el conjunto de los territorios, configurados esencialmente como región de una Europa de civilización totalmente cristiana. Pero el elemento mudéjar debe ser reseñado como componente del casticismo hispánico, cuando menos, y quizá podría propiciar un debate, especialmente interesante en Andalucía, sobre las señas de identidad cultural.

La segunda impronta singular, que apenas se apunta aquí, es el peso del elemento converso en la cultura sabia del siglo XV, aunque no tanto en la de raíz popular, acendradamente cristianovieja. Aparte de que la existencia de conversos condicionó el clima intelectual general, buen número de escritores y pensadores del XV, en especial en Castilla, fueron conversos o descendientes de conversos, con una larga nómina que va desde los Santa María de Burgos en la primera mitad del siglo –con Pablo de Santa María y Alonso de Cartagena–, o desde Juan de Mena, fray Íñigo de Mendoza, Diego de San Pedro, o Juan de Lucena, hasta buena parte de los poetas de los *cancioneros*, a finales del siglo, como Álvarez Gato, Rodrigo Cota o Antón de Montoro. La preparación académica, las carreras eclesiásticas, las complicidades invisibles, explican la alta presencia de los conversos en el mundo de las letras y el pensamiento. Lo que habría que sopesar es el impacto, y en concreto, el viejo tema del sentimiento converso de la vida, del desgarro existencial, no ya sólo de ese "vivir amargo" del que habló A. Castro, sino también de la peculiar mezcla de pesimismo, sentido crítico y espíritu de renovación, no exento tampoco de fuertes dosis de humor satírico y de escepticismo nihilista, en definitiva, de una sensibilidad especial que los conversos aportaron a la cultura hispánica y al propio cristianismo intelectual.

Una última especificidad debe ser reseñada entre las improntas auténticamente hispánicas: la originalidad de su *"humanismo"*, entendido genérica y ahora apriorísticamente como movimiento de renovación tardomedieval, que comenzó en la segunda mitad del siglo XIV en Italia, con Petrarca como máximo exponente (Petrarca, †1374; Boccaccio, †1375), y que se dejó sentir sobre todo en el siguiente. De hecho, la palabra "humanista" data de fines del XV. Hoy el propio concepto es revisado. El mundo clásico no había sido desconocido en los siglos medievales anteriores, sino constantemente aludido. Como último movimiento medieval, el humanismo no es visto hoy como un torrente de modernidad frente a una arcaizante cultura anterior, sino como colofón de una trayectoria en constante renovación y crítica. Tampoco se pueden considerar hoy como valores rescatados por el "humanismo" el descubrimiento del hombre como centro del mundo y no sólo como cristiano, o cierto sentido laico de la vida, ya que en plena Edad Media, y bajo categorías aristotélico-tomistas, se había avanzado en esta dirección y las condiciones sociales de los siglos bajomedievales empujaban a la incorporación de nuevos sectores y mentes más abiertas al mundo cultural. Por otra parte, no necesariamente han de interpretarse en clave humanista aspectos típicos de las mentalidades bajomedievales, como la preocupación por la formación ilustrada, la erudición cortesana y los modales caballerescos, presentes en todas partes y ligados a cambios de valores en las sociedades de la época.

Lo que sí supuso el *humanismo* fue una renovación en las formas estéticas, sobre todo en la lengua escrita, con la incorporación de cultismos y latinismos a las lenguas vernáculas, o el uso distinguido del mismo latín, con mejores artificios sintácticos, con un tratamiento semántico más inspirado en la Antigüedad, con una adjetivación exuberante, con el estudio de los clásicos y sus formas gramaticales, con la incorporación de técnicas poéticas más ambiciosas –verso endecasílabo italiano, de que gustaban Mena o Santillana, por ejemplo–, con el gusto por la bibliofilia erudita, con el auge universitario de los *studia humanitatis*, esto es, el gusto por la profundización en las artes liberales, la filología clásica, la filosofía y las letras en general. Como tal movimiento, tuvo en Italia su cuna y sus principales logros desde fines del XIV.

Pues bien, bajo este punto de comparación se ha solido achacar al humanismo hispánico un carácter inmaduro, imperfecto y muy minoritario. R. Tate, especialista en crónicas bajomedievales, desconfiaba del posible humanismo de López de Ayala, y hasta bien entrado el siglo XV en Castilla, años veinte o treinta, decía que no se apreciaban las huellas del movimiento –Cartagena, Mena, Valera, Santillana– y, aun así, estaba bastante alejado del patrón italiano, según argumentaba también Di Camillo (Tate, 1970; Di Camillo, 1976). En tierras catalanas, como indicaran Riquer o Batllori, la influencia italiana se habría dejado sentir antes, hacia 1380-1400, y se señala que estuvo presente en autores como Bernat Metge (†1413) Su obra *Lo Somni*, de 1399, estaba inspirada en Petrarca y era expresión literaria y filosófica del espíritu humanista. Aun así, no deja de ser excepcional, y toda la crítica valora por ejemplo a un autor como Eiximenis (†1409), el gran autor de esa época, como hombre de pensamiento cristiano más tradicional, de estilo medieval más antiguo y ajeno a los nuevos valores (Riquer, 1980). Luego durante el XV la cronística de la Corona de Aragón, desde el reinado de Alfonso el Magnánimo, dejó sentir la influencia italiana. La obras de Joan Margarit, de finales del siglo XV, muestran la admiración por la Roma antigua y el orgullo por los logros catalanes en el Mediterráneo (Tate, 1970: 130-131).

En cuanto al más controvertido humanismo castellano, es cierto que un autor como López de Ayala, como indicó Tate, rezuma ideas tradicionales de doctrina cristiana y de los viejos "espejos de príncipes". Pero, según un estudio de Mitre, tampoco difería mucho su idea de renovación moral de la de Petrarca y la *devotio moderna*, también tradujo obras clásicas, mejoró el estilo de los cronistas anteriores y se preocupó sobremanera del hombre y de lo humano. Desde ese punto de vista, López de Ayala sí habría sido un humanista (Mitre, 1996: 64). Por otra parte, si se pretende afinar más en la cronología del humanismo en la perspectiva europea, hay que decir que no fue hasta entrado el siglo XV cuando puede hablarse en la misma Italia del "humanismo cívico", la defensa de la vida activa, de la libertad humana y la acción política cortesana, con nuevas generaciones de intelectuales: Salutati (†1406) y sobre todo Leonardo Bruni (†1444) y Lorenzo Valla (†1457), entre otros. Ésta era ya la generación del humanismo pleno, pero se corresponde con la época que vio alumbrar los principados, los Medici, la edad dorada de la vida patricia italiana. Pero cuando ese clima está triunfando en Italia, en Castilla, en pleno reinado de Juan II, ya están apareciendo humanistas solventes. Que no puedan encuadrarse sometidos al cautiverio de un concepto difusionista, el del humanismo italianizante, es más que nada un problema de prejuicios de los historiadores. Ya en 1417 Enrique de Villena (†1434) en sus *Doze trabajos de Hércules* evocaba la cultura antigua desde el género alegórico y mitológico. Él mismo encarnaba el ideal humanista: noble, ilustrado, traductor –de Dante, Virgilio...–, tratadista. Pero seguramente fue Alonso de Santa María o de Cartagena quien marcó la pauta: conocedor de la cultura antigua, pero también de la judeocristiana, encarna la gran altura del humanismo español, según el propio Di Camillo (1976: 130-133). Planteaba con rigor la simbiosis entre el saber escolástico y el humanista, el dilema entre vida activa y contemplativa, la contradicción entre ética y política. Sabio, traductor –de la obra de Cicerón, de Séneca, de Boccaccio...–, tratadista, no se obsesionaba tanto por los problemas gramaticales o estilísticos como por los políticos o morales. Se aprecia no sólo en su *Defensorium*, sino en su *Doctrinal de los caballeros*, o en su célebre discurso sobre la *Preeminencia del rey de Castilla*. En esto era poco o nada 'italiano'. Pero su aportación a la tolerancia espiritual y al relativismo cultural crítico es puntera. Cartagena no se identificaba con el pasado romano. Al fin y al cabo, la península había sido en la Antigüedad invadida por Roma, y la Hispania prerromana, de honda idiosincrasia, había recuperado su aliento en la época goda –en Italia era a la inversa: los godos destruyeron Roma– y sobre todo ya en la monarquía castellana. Cartagena es emblema del humanismo godo y cristiano, autóctono o hispánico, frente al italianizante de corte cívico y filológico.

Algo semejante ocurre con otros grandes humanistas del siglo, a los que Cartagena influyó. Son los grandes nombres identificados con el humanismo literario de la segunda mitad del siglo: Íñigo López de Mendoza (†1458),

Juan de Mena (†1456), Fernán Pérez de Guzmán (†1460), Diego de Valera (†1488). Quizá el primero de ellos, el marqués de Santillana, obsesionado por ganarse una fama como poeta, a la moda, como lo revelan sus *Sonetos fechos al itálico modo* y su célebre *Proemio*, era el menos preocupado por las cuestiones morales, aunque sí por sofisticados dilemas de ética caballeresca como la contraposición entre la vida activa y contemplativa. Aun así, y a pesar de su bajo conocimiento del latín, su papel de mecenas y su voluntad personal le convierten en un humanista destacado. Pero también, soslayadas sus vanidosas ambiciones líricas, el marqués representa igualmente un humanismo patriótico y cristiano. Lo mismo hay que decir de los otros: Mena, Diego de Valera y Pérez de Guzmán, admiradores de la Roma antigua, pero panegiristas sobre todo de la monarquía hispánica y su pasado. En el *Doctrinal de Príncipes*, escrito hacia 1474, Diego de Valera elogiaba la afición de los reyes hispánicos —y citaba expresamente a Juan II y Alfonso el Magnánimo— por los *studia humanitatis*. De ellos dice que *"se dieron a la moral, philosophia e lengua latina e arte oratoria e poesía e ni por eso los abtos bélicos dexaron de exercer".* Valores plenamente humanistas, pero en una tesitura ya, podríamos decir, premaquiavélica, de propaganda descarada del monarquismo con la que Valera buscaba ganarse el favor de Fernando el Católico. Es la tónica de otro humanista, Alfonso de Palencia (†1492) —como antes Mena—, secretario de cartas latinas de Enrique IV, cronista proisabelino y, cómo no, humanista patriótico. Lo mismo se podría decir de Rodrigo Sánchez de Arévalo (†1470), conocedor directo de la cultura italiana, pensador escasamente original, pero ferviente defensor de la memoria íbera y goda de los hispanos frente al decadentismo encarnado por la vieja Roma, que por supuesto sí era respetada como referente cultural.

No acababa de triunfar el patrón italianizante en el siglo. Quizá un tono más cercano al de los debates transalpinos, en concreto el debate sobre el epicureísmo —si era o no su ética compatible con el cristianismo— es el que se contiene en la obra de Juan de Lucena *Tratado* o *Libro de vita beata*, escrito en 1463, un tratado filosófico sobre la felicidad. Ahora bien, el componente converso del autor dotaba a Juan de Lucena de una sensibilidad espiritual específica, relativista, escéptica y preerasmista, con un trasfondo más moral que esteticista, lo que distanciaba la obra del frío debate culturalista italiano.

El canon "italiano" del humanismo, pero *sui generis*, podría decirse, no se consuma verdaderamente hasta que el profesor de Salamanca Antonio de Nebrija publica en 1492 la primera *Gramática Castellana*. Era el triunfo del humanismo lingüístico, pero emancipado del italianismo latino y defensor de un patriotismo filológico castellano. Inauguraba quizá una etapa nueva, que volvía compatible la erudición metodológica en el estudio racional y clasicista de la lengua con la conciencia política de la monarquía hispánica restaurada y triunfante. De Roma la cultura, y de los godos la memoria histórica, todo ello al servicio de una nueva construcción estatal monárquica con una lengua propia, el castellano, perfectamente elevada, reglada y definida. Nebrija era la síntesis y la cima del nuevo humanismo que se puede considerar ya renacentista. Pero la brillantez y modernidad del empeño filológico-político no debe impedir ver que, detrás de esta síntesis, estaban esos otros notables humanistas castellanos –Cartagena, Mena, Valera...–, cristianos, éticos y políticos, que habían brillado con luz propia a lo largo del siglo XV.

6

Religión, sensibilidades espirituales y vulgarización del ideario católico

Antes de entrar en materia conviene mínimamente referirse a la estructura externa de la Iglesia peninsular. Hay que decir que desde el punto de vista de la Iglesia existía una unidad de todo el territorio hispánico como una "nación" eclesiástica. Estaba dividida en diócesis, o circunscripciones episcopales, que se agrupaban en grandes provincias. La península Ibérica se hallaba estructurada hacia mediados del XIII en cuatro grandes provincias metropolitanas, que venían a corresponderse con los cuatro grandes reinos: la de Braga (reino de Portugal), aunque en el siglo XIII tenía como sufragáneas suyas algunas gallegas como Mondoñedo, Lugo, Orense y Tuy, además de Astorga, la que Santiago (reino de León), la de Toledo (reino de Castilla) y la de Tarragona (reino catalano-aragonés). A ellas se había unido en el XIII la provincia eclesiástica de Sevilla, restaurándose la antigua Bética.

La situación a lo largo del XIV, en que las circunscripciones presentan ya una configuración enormemente duradera, experimentó, según D. Mansilla, algunos cambios y reajustes, que pueden verse en el mapa correspondiente. En comparación con el siglo XIII, hubo algunos obispados que desaparecieron, como Ribadeo, Santo Domingo –quedó unido a Calahorra– o Medina Sidonia, del mismo modo que siglos atrás habían desaparecido otros nacidos en la Alta Edad Media, las antiguas sedes de Valpuesta, Oca, Muñó en la zona de Burgos, Armentia o Nájera en la zona vasco-navarra-riojana, o Jaca, Barbastro, Roda y Besalú e la zona catalano-aragonesa. En ese sentido, en el siglo XIV siguió el proceso de reducción de sedes episcopales, sobre todo al norte de la península, iniciado siglos atrás. Pero lo más importante fue el reajuste en las provincias eclesiásticas. En la parte occidental, la disputa secular entre Braga, que todavía hasta el XIV incluía algunas hispánicas, y Santiago, que incluía

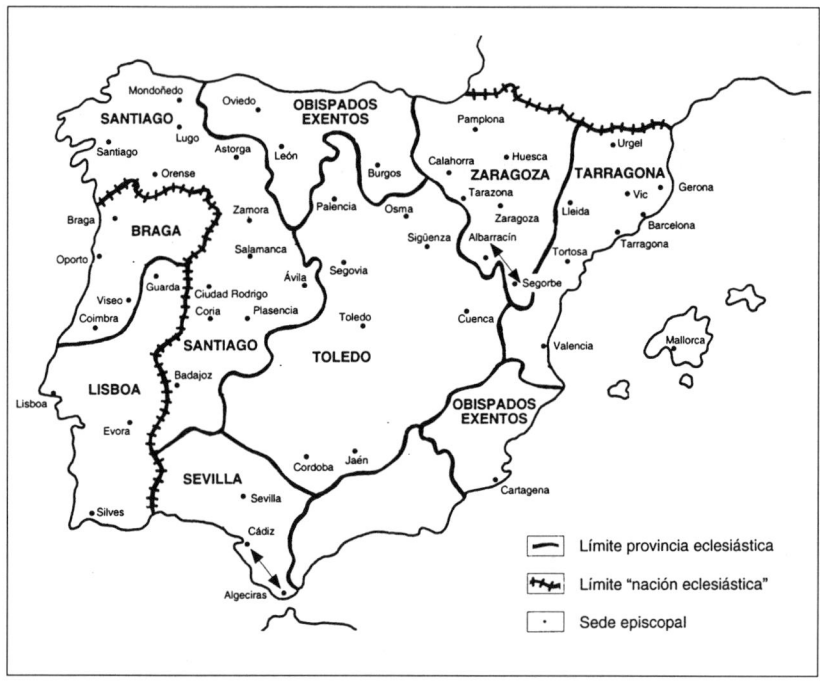

FIGURA 6.1. Circunscripciones eclesiásticas hacia 1400 (según D. Mansilla).

algunas del sur de Portugal, se resolvió con el Cisma de Occidente. Castilla y Portugal siguieron partidos distintos y sus iglesias se resintieron. Se creó la metrópoli de Lisboa, con lo que Santiago perdió al suroeste todas las diócesis portuguesas, pero en cambio en 1394 recuperó como sufragáneas, a costa de Braga, las diócesis gallegas, es decir, Mondoñedo, Orense, Tuy y Lugo, y la de Astorga, quedando así definitivamente establecida la delimitación metropolitana en consonancia con la división de reinos. El otro gran reajuste metropolitano se produjo con la creación en 1318 de la provincia de Zaragoza. La iniciativa parece que fue del rey Jaime II de Aragón (Mansilla, 1982: 658). Tuvo que resistir dos fuertes presiones: por un lado, la oposición del rey navarro y del obispado de Pamplona, que veía así truncada la expectativa de ser sede exenta o incluso depender de una provincia francesa —dada por entonces la identidad de los monarcas navarros con los de París—; por otro lado, la obvia oposición de la sede de Tarragona, que alegaba su tradición histórica como la más antigua metrópoli de España. Pero la provincia de Zaragoza, alentada por el rey aragonés, salió adelante. Zaragoza quedó como la metrópoli de las diócesis sufragáneas de Calahorra-La Calzada, Huesca, Pamplona, Tarazona y

Albarracín-Segorbe, quedando la provincia tarraconense limitada a las diócesis catalanas y a la de Valencia. Las demás diócesis peninsulares siguieron adscritas a las provincias correspondientes, como se aprecia en el mapa.

6.1. Crisis eclesiásticas y prácticas religiosas. Reforma, tradición e innovación

6.1.1. Deterioro de la institución eclesiástica

El siglo XIV fue un siglo de crisis también para la Iglesia. La de los reinos hispánicos no pudo quedar al margen de las dificultades generales. Las penurias materiales constituían el ordinario telón de fondo de muchas tensiones durante el siglo XIV. Es conocido el hundimiento económico de muchas instituciones eclesiásticas. La crisis fue especialmente dura con los grandes monasterios benedictinos de la mitad norte de Castilla, anquilosados en viejas formas de explotación rural y fácil presa de la avidez nobiliaria. Las cuentas del monasterio de San Pedro de Cardeña en este siglo, hace tiempo conocidas, son buena muestra de ello. Lo mismo pasaba en Silos o San Millán, en otro tiempo garantía de solidez agraria y material. El problema de las encomiendas de la nobleza sobre monasterios, hasta que se intentó solucionar en la época de Juan I con la supresión de las mismas, disminuía las rentas monásticas. Quienes se aprovechaban eran algunos linajes aristocráticos, a su vez envueltos en problemas de liquidez, se hacían pagar cara la protección a los monasterios hasta acabar quedándose con las rentas, cuando no con las mismas tierras. Buena parte de la fortuna de los Velasco en el XIV tenía este origen. La Iglesia secular se veía afectada también, un fenómeno de mayor transcendencia porque afectaba a la generalidad del clero que estaba más en contacto con los fieles. Hay que tener en cuenta la caída demográfica, la disminución de diezmos y rentas agrarias, así como los desórdenes y abusos que los intereses eclesiásticos padecían. No debía ser excepcional la situación del cabildo salmantino, que elevó varias quejas al rey entre 1331 y 1336 alegando que vecinos y el propio concejo usurpaban sus bienes y hasta jurisdicción. Al año siguiente exigía firmeza en los pagos de sus renteros y austeridad en el reparto de beneficios. Estos problemas los padecían todos los cabildos. Un bien trabado sistema de beneficios eclesiásticos, donde clérigos y beneficiados sin vocación alguna se habían acostumbrado a vivir de las rentas de la Iglesia, se resquebrajó con la crisis. En el último eslabón, las iglesias parroquiales rurales y urbanas, se hallaban arruinadas, sin dotaciones suficientes y con sus ingresos esquilmados. En este contexto se desató desde el XIV una obsesión avariciosa de los clérigos por obtener beneficios y cargos eclesiásticos que no podían atender. Las mismas fuentes eclesiásticas dejan ver los peligros de nepotismo y simonía que anidaban en el seno de la Iglesia, desde unos obispos escasamente preocupados por las cuestiones espirituales hasta un bajo clero sin apenas ingresos, con escasa o nula vocación y sin preparación. Por los textos sinodales conocemos también el grave problema de la inmoralidad del clero de la época.

Precisamente la reforma de costumbres del clero, enunciada en el XIII, se convirtió en una de las obsesiones de la Iglesia en el siglo siguiente, hasta el punto de que una de las constantes de las reuniones de sínodos y cabildos fue la redacción, y redundante proclamación, de constituciones sobre "vida y honestidad de los clérigos". Sánchez Herrero se dedicó hace años a analizar exhaustivamente los estatutos sinodales y las actas de los concilios y sínodos medievales, de León primero y luego de Toledo. Desde la década de los ochenta A. García García y otros historiadores han venido editando el *Synodicon Hispanum*, varios volúmenes en curso: de las diócesis de Galicia; de Portugal; de Astorga, León y Oviedo; de Ciudad Rodrigo, Salamanca y Zamora; de Extremadura; de Segovia y Ávila; de Burgos y Palencia, hasta el momento. En ellos se da a conocer un tipo de fuente, el de las colecciones canónicas, sobre todo para los siglos XIV y XV, imprescindible en el estudio del clero y la práctica religiosa medieval, a pesar de que se trata de una fuente que suele contener disposiciones estándar y sin localización real, al ser muchas veces aplicación de la normativa conciliar genérica. A pesar de ello, su utilidad es innegable. Una de las preocupaciones de esta normativa era la instrucción en la fe, como también, sobre todo en el siglo XIV, una aguda defensa de las llamadas *libertates eclesiasticae*, o sea, las inmunidades, derechos y estatutos de la Iglesia y el clero de cara a las instituciones públicas. Pero sobre todo gracias a estas fuentes conocemos el interés eclesiástico por el nivel de la piedad de los laicos y muy especialmente el afán por mejorar la preparación teológica y espiritual de los sacerdotes, una prioridad en la Iglesia desde el concilio ecuménico general de Letrán IV. Esta importante reunión de 1215 había venido a sustituir el anterior enfoque de los concilios y asambleas eclesiásticas –hasta entonces meramente disciplinarios, informativos y obsesionados por el patrimonio y la jurisdicción eclesiásticos– por otro nuevo estilo de plena ofensiva pastoral. Para la Iglesia hispánica la renovación y la subsiguiente reforma se apuntó ya en el concilio general hispánico –o "nacional", o "legatino", llamado así por ser convocado por legados del Papa– de Valladolid de 1228, pero no se concretó hasta otro concilio legatino de Valladolid de 1322. Los concilios de rango inferior, esto es, los "provinciales" –de una provincia eclesiástica– y los sínodos diocesanos fueron adoptando en sus respectivas escalas las nuevas reglas.

El contacto más directo de cada fiel con la Iglesia tenía lugar en el nivel parroquial con el cura correspondiente. Los concilios y sínodos se preocuparon de elevar el prestigio de esta estratégica pieza. Hay que tener en cuenta que durante la Baja Edad Media la dispersión física de los curas en las parroquias se traducía a menudo en su débil formación intelectual y en un relajamiento ético que escandalizaba a la jerarquía (Sánchez Herrero, 1976: 79 y ss.; Arranz, 1999). Los problemas más graves se derivaban de que muchos no cumplían con las obligaciones clericales: falta de piedad sacerdotal, incumplimiento del celibato, poca preparación, inmoralidad y vida ligera.

En efecto, los sínodos denunciaban que algunos curas no celebraban apenas misas —solía estar establecido canónicamente un mínimo de cuatro misas al año—, o bien demasiadas, a veces varias diarias, en este caso con clara intencionalidad simoníaca. Había también cierta picaresca entre los "clérigos casados", una categoría entonces reconocida de clérigos de simple tonsura. No se trataba de presbíteros, claro, pero sí gozaban por derecho de ciertas inmunidades y libertades clericales. Esto hizo que pululara muchos interesados en utilizar su simple tonsura para aprovecharse de esas categorías bajas de la Iglesia, sin vocación alguna, y obtener beneficios eclesiásticos, que se les volvían así accesibles. Por eso, las disposiciones sinodales intentaron exigirles ciertas pautas de corrección en el vestido, honestidad de sus esposas y participación en fiestas, procesiones y coros.

El celibato clerical, exigido a obispos, presbíteros y diáconos, fue otra de las obsesiones sinodales, debido precisamente a que no se cumplía. La barraganía clerical era una institución socialmente tolerada. Muy significativa al respecto es la difusión hacia 1300, dentro del género de moda de los debates literarios, de la llamada *Disputa de Elena y María*, o *Disputa entre el clérigo y el caballero*. El texto parece que se remonta a 1280 y consiste en una discusión en verso entre dos mujeres, Elena, amante de un caballero o *"infanzón"*, y María, amante de un eclesiástico o *"abadón"*, uno y otro de mediana condición dentro de su estamento. Cada una de las mujeres da sus razones acerca de las ventajas de sus emparejamientos respectivos, entre las que destacan la mención a la poca hacienda del caballero y la vida acomodaticia, confortable y venal del clérigo. Con independencia de algunas comparaciones más personales que estamentales –*"que más val un beso de infançón que cinco de abadón"*– y del indudable sentido satírico y crítico del debate, lo cierto es que refleja una cierta aceptación popular de las compañeras de los eclesiásticos. El mismo Arcipreste de Hita relata algunos casos de encuentros sexuales de clérigos con mujeres. El *"Corbacho"*, del Arcipreste de Talavera, escrito en el reinado de Juan II, es otra muestra literaria de esta costumbre. Pero era algo real. Alonso Carrillo, arzobispo de Toledo y uno de los principales personajes en la época de Enrique IV e Isabel, tuvo al menos un par de hijos conocidos. Su sucesor Mendoza lo mismo. Si esto ocurría en la principal diócesis de la península, qué no estaría tolerado en las demás y entre los anónimos curas. Era por ello una costumbre que los sínodos y concilios querían corregir. Erradicar la práctica hubiese sido imposible, pero la Iglesia bajomedieval sí se propuso al menos sustituir la arraigada condescendencia social hacia la *barraganía* clerical, vista como lamentable pero inevitable costumbre, por una decidida condena formal del *concubinato*, visto ya como abierto y grave atentado contra la castidad perpetrado por los clérigos. Al final de la Edad Media se solía prohibir ya que los curas vivieran con *"mugeres sospechosas"*. También existía una prevención acerca de otros desarrollos clericales. En el sínodo de la Iglesia de la provincia eclesiástica de Toledo de 1480, celebrado en Alcalá, se prohibía que los curas visitasen monjas. Precisamente, en relación con éstas, las disposiciones apenas se dan y no parece haber existido ningún temor oficial serio sobre sus conductas. Eso sí, se les exigía comportarse con seriedad y vivir sobriamente, lo que quizá es indicio de alguna relajación menor en estas materias. Así por ejemplo, en el sínodo que el obispo Juan Cabeza de Vaca hizo para la diócesis de Burgos de 1411 se prohibía a las monjas del obispado que alborotasen en los oficios y coro: *"defendemos que ninguna monja no fable ni burle en el coro"*; al mismo tiempo, se les obligaba a vestir honestamente: *"ordenamos que ninguna monja no traya tocas de seda, ni vestidos con seda ni açafranados, ni bolsas de seda ni doradas"* (Synodicon Hispanum, 7: 117). En cualquier caso, nada equiparable al severo control a que eran sometidas las conductas de los clérigos varones. Respecto a los resultados de estas medidas emprendidas con firmeza desde el XIV, cabe dudar de su eficacia, como lo demuestran las reiteradas visitas pastorales a las diócesis, que revelan muy a menudo la sistemática inmoralidad del clero.

En cuanto a la falta de preparación intelectual, no afectaba al alto clero, bien formado, ni al regular, pero sí se acusaba el desinterés del clero bajo secular y de los beneficiados capitulares. De éstos decía el sínodo burgalés de 1411 que carecían de instrucción religiosa elemental *"e, lo que peor es, por negligençia e remisión no curan de lo saber"* (Synodicon Hispanum, 7: 71). Pero ocurría lo mismo con los curas. El sínodo de la diócesis segoviana celebrado en Cuéllar en 1325 empezaba diciendo: *"Onde porque veemos grand simpliçidat en la mayor parte de los clérigos de nuestro obispado, que non entienden así commo deven los artículos de la fe nin los sacramentos nin los mandamientos, ante trayéndolos por los labios cada día non entienden qué dizen nin saben qué es"* (Martín Rodríguez, Linage, 1987, Ap. Doc., p. 169). Casi con seguridad porque no entendían las palabras latinas, la lengua de la liturgia y de los libros de doctrina católica, pero también por débil formación cultural. Era una situación que se puede sin duda generalizar. La Iglesia se mostró decidida a acabar con la ignorancia, sobre todo si se trataba de clérigos ordenados. Siguiendo las directrices del concilio legatino de Valladolid de 1322, el concilio provincial de Toledo de 1339 exigía ciertos conocimientos al que fuera cura. En su segunda disposición decía *quod nullus clericus ad sacros ordines promoveantur nisi saltem litteraliter sciat loqui*, o sea que para tomar las órdenes sagradas, ser sacerdote, debía conocer los escritos literalmente, saber leer y escribir correctamente (Sánchez Herrero, 1976, Ap. Doc., p. 202). Precisamente el arzobispo toledano Pedro Tenorio fue uno de los que más se preocuparon de la formación del clero. Y en el concilio provincial de la archidiócesis toledana celebrado en Aranda en 1473 se precisaba en su tercer capítulo *quod non promoveantur ad sacros ordines non scientes loqui latinaliter*, es decir, que no podían tomar las órdenes sacerdotales los que no supieran latín (Sánchez Herrero, 1976, Ap. Doc., p. 285). No era, naturalmente, un problema sólo castellano. La elevación del nivel de conocimientos del clero fue también, por ejemplo, una de las prioridades del cardenal catalán Margarit a mediados del siglo XV con proyección general.

A la inmoralidad e ignorancia se unía cierta propensión destemplada a la vida mundana de muchos curas. En este sentido cabe destacar las reiteradas prohibiciones sinodales a los curas de participar en juegos de azar, dados o tablas. O incluso en fiestas grotescas, del tipo de las "fiestas de locos", tal como se regula por ejemplo en el concilio de Aranda de 1473 y sínodo de Alcalá de 1480, dentro del arzobispado de Toledo.

Toda la literatura sinodal bajomedieval, y la documentación histórica conocida, dejan por tanto entrever que la Iglesia hispánica y sus agentes directos formaban una estable y sólida organización, potente y capaz de defenderse jurídica y políticamente. Pero al mismo tiempo viciada por dentro, carcomida por curas ignorantes, inmorales, simoníacos y mundanos, por jerarquías intrigantes y por un tono evangélico prácticamente nulo. En una época de crisis y progreso secular del espíritu laico, el desprestigio de la institución estaba servido. Ocurría además que la Iglesia, en toda Europa, fue dilapidando a lo largo del XIV la valoración, el poder político y la autoridad integral que había conseguido en el siglo anterior.

En efecto, desde el traslado de la Santa Sede a Aviñón en 1309, tras las irresolubles rivalidades entre el Papa romano y una poderosa Iglesia francesa, primero galicanista y luego secesionista, el desprestigio de una Iglesia politizada, intrigante y corrupta había ido en aumento. Los intentos de retorno de los Papas a Roma, que culminó en 1377, no trajeron la estabilidad. El fenómeno más sobresaliente —estudiado por autores como Suárez Fernández, Álvarez Palenzuela y otros— fue el gran Cisma desde 1378. En esta fecha un sector de cardenales escogieron a Urbano VI, Papa de Roma, mientras que otro sector, dirigido por los franceses, se decantó por Clemente VII, que se instaló en Aviñón. En esta sede fue sucedido en 1394 por Benedicto XIII, el aragonés Pedro de Luna. Incapaces de llegar a un acuerdo, escindido así el Papado, el Cisma duró 39 años; en medio, una elección en el concilio de Pisa de 1409 de un tercer papa, el breve Alejandro (†1410) cuyo sucesor, Juan XXIII, convocó el concilio general de Constanza (1414-1417). Este concilio acabó resolviendo el problema con la elección única de Martín V, elegido por vía conciliar. Sobre las mesas de discusión, el debate entre los conciliaristas, que preconizaban la superioridad de las decisiones del Concilio sobre las del Papa, y los papistas, que defendían lo contrario. Sin embargo, a pesar de la recuperación de la unidad y la sede romana desde 1417, las pugnas doctrinales, así como los intentos polémicos de designaciones papales, se alargaron bajo Eugenio IV hasta los concilios generales de Basilea, 1431-1434, aunque se reanudó más tarde, y Ferrara, 1438-1445. La tendencia oficial se dibujaba. Del conciliarismo moderado de Constanza se había ido pasando a posturas aun más permisivas hacia la autoridad papal hasta la imposición cada vez más fuerte de un anticonciliarismo, aunque las disputas duraron todo el siglo, arropadas por las discusiones humanistas. En general, en la segunda mitad del XV los tiempos estuvieron más calmados y el prestigio papal fue en aumento, al tiempo que se estrecharon las relaciones exteriores con todos los estados de la época.

Precisamente las tomas de posición en torno al Cisma marcaron los compromisos de los eclesiásticos más relevantes de la península, primero apoyando a alguno de los dos bandos, luego apostando por el papismo o conciliarismo como teorías políticas. En cuanto a lo primero, el partido aviñonés era el preferido por los principales eclesiásticos, tanto en Castilla como en Aragón. Por los reyes también, los Trastámara castellanos, aliados de Francia, y también los aragoneses, vencidas algunas neutralidades iniciales, y comprometidos ya desde la época de Benedicto XIII. Claro que entre intelectuales y eclesiásticos hubo divisiones. Apostaron por el partido aviñonés personajes de primera fila como el inquisidor Nicolás Eymeric y Vicente Ferrer, pero no así el dominico Juan de Monzón, que se decantó por el partido romano. En cuanto a las controversias sobre la constitución y funcionamiento interno de la Iglesia, se detecta un predominio de las corrientes papistas entre los aragoneses: aparte de los citados Eymeric, que compuso *De potestate papae* en 1383 por encargo papal, y el propio Ferrer, defensores de la autoridad papal, otros como Juan de Palomar, aunque más tolerante con el concilio, y el catalán Juan de Casanova (1387-1436), cardenal y legado en Basilea, impulsaron también las teorías papistas. En Castilla tuvieron más cobertura las tesis conciliaristas, sobre todo entre quienes pasaron por la Universidad de Salamanca, o enseñaron en ella. Esta universidad fue el foco de la discusión, pero casi siempre en fechas ya avanzadas del XV, ya con el telón de fondo de las opiniones sobre la monarquía y con la mixtificación del debate al integrar otra típica discusión del humanismo político sobre la primacía del papado o del emperador. En todo caso, Alonso de Cartagena, Alfonso Fernández de Madrigal "El Tostado", Juan Alfonso de Segovia, Juan González de Sevilla, Pedro Martínez de Osma o Fernando de Roa, entre otros, fueron en general conciliaristas, básicamente defensores del diálogo político y de la técnica democrática. Por el contrario Juan de Torquemada, Juan Alfonso de Mella, Juan de Carvajal y sobre todo Rodrigo Sánchez de Arévalo se decantaron por las tesis hierocráticas o papistas. El último quiso mostrar la supremacía del papado sobre el poder imperial, por un lado, y del Papa sobre los cardenales y el concilio, por otro, tal como se expresa en su obra de 1467 *De libera et irrefragabile auctoritate romani pontificis*.

A esas alturas del siglo –donde además se estaban asumiendo desafíos importantes, como la evangelización de Canarias, por ejemplo– la gran crisis bajomedieval de la Iglesia parece haber sido superada, al menos como institución. Otra cuestión sería el comportamiento del clero. Y las cuestiones que preocupaban eran ya otras. Ahora bien, el gran ciclo de decadencia pasado había hecho mella en la Iglesia. Al terminar la Edad Media la institución difería bastante de la que existía hacia 1300. Al final del período la Iglesia había recuperado parte de su prestigio y sobre todo la unidad y autoridad, e incluso se crearon instituciones que garantizaban coactivamente estos principios, como indicaremos. Pero al mismo tiempo se habían retocado las estructuras y puesto en marcha nuevas formas de expresión de la vocación religiosa. Es decir, la Iglesia no sólo había superado una crisis, como se ha indicado, también había sido moldeada por una decidida política de reformas.

6.1.2. Intentos de reforma

En efecto, la otra cara de este gran ciclo histórico de crisis eclesiástica bajomedieval lo constituye la paralela y casi constante voluntad reformista. Fue un fenómeno de todo el Occidente y se hizo por todo lo alto en estrategias muy pensadas. En primer lugar, se dio en el período una profunda actividad de los concilios ecuménicos, con hitos detacados: Vienne en 1311, que quiso disciplinar la Iglesia y sus servidores; Constanza desde 1414, nada menos que con el epicentro del Cisma como argumento; Basilea desde 1431 y Ferrara en el 1438, con las tensiones sobre el conciliarismo. Baste decir que de la iniciativa de Vienne, que reforzó la línea emprendida en Letrán IV, nacía el impulso del concilio legatino de Valladolid de 1322. De él y sus secuelas partieron todas las iniciativas de sínodos y concilios provinciales que antes se han mencionado, tan importantes en los intentos de moralización *"de vida et honestitate clericorum"*, fuera cual fuera el resultado. En segundo lugar, grandes figuras del Papado en este período no hicieron sino intentar reformar la institución, en el sentido que fuera, pero reforzándola: entre ellos, Juan XXII

(1316-1334) y su apuesta por moderar el franciscanismo radical; Benedicto XIII, por su papel en el Cisma; Martín V (1417-1431), como exponente de la unidad recuperada tras el Cisma; Eugenio IV (1431-1447), responsable de la recuperación de la autoridad del Papa; al final del Cuatrocientos, Sixto IV (1471-1484), aquiescente responsable de la instalación de la Inquisición hispánica. En tercer lugar, el período constituye en toda Europa la edad de oro de las predicaciones de masas, con figuras como Capistrano, Feltre, Savonarola, Vicente Ferrer o Alonso de Espina. Todos lanzaron a la sociedad mensajes en alta voz y con tanto eco que ésta no podía eludir. Pero más allá de los oradores famosos, nunca como hasta entonces la ofensiva predicadora obsesionó tanto a los frailes de a pie en los rincones de cualquier anónimo convento mendicante del Occidente cristiano.

En definitiva, concilios, papas, predicadores, entre otros, intentaron trasformar la situación de deterioro. Las soluciones diferían, pero todos querían cambios. Algunos creyeron que en el autoritarismo jerárquico, en la restauración de la disciplina rigurosa sobre el clero, en el adoctrinamiento compulsivo de los fieles y en el estrangulamiento de la libertad de pensar estaban las recetas de la solución. Otros preconizaron, por el contrario, aflojar el control eclesiástico, estimular la religiosidad más personal, recuperar pautas de vida más sobrias y desarrollar la musculatura evangélica de las organizaciones religiosas. Entre estas dos posturas extremas hubo desde luego claroscuros. En cualquier caso, ambas tenían en común, más allá de su incompatibilidad intrínseca, la búsqueda del cambio. Podría decirse que el conformismo tenía poca cuerda en una Iglesia bajomedieval insatisfecha con la situación.

La Iglesia de los reinos hispánicos estuvo implicada también en las reformas. Hay que reconocer que hubo impulsos reformadores en Navarra y Aragón. Cómo no recordar las actuaciones de Vicente Ferrer y sus flagelantes. Pero fue Castilla la que introdujo las reformas con más claridad y contundencia. Toda la actividad aludida antes de sínodos y concilios provinciales constituía el eje de la reforma del clero secular, el destinatario principal de los mismos. Se ha mencionado esta problemática en el epígrafe anterior, pues conocemos los defectos y deterioro de las conductas de los clérigos, allí aludidas, sobre todo por los intentos institucionales de corregirlos. Sin embargo, hay que decir que una reacción de la Iglesia firme y acompasada tardó en llegar. Y la monarquía tuvo mucha influencia en ella. No faltaron reuniones extraordinarias de obispos bajo la iniciativa regia, así como la intervención abierta de los monarcas o de las Cortes. De lo primero es ejemplo la reunión de Palencia de 1388 y de lo segundo las Cortes de Soria de 1380, Segovia de 1383, Briviesca de 1387 y de Guadalajara de 1390. Sus medidas consistían en establecer graves penas, como la excomunión, para los clérigos que no cumplieran con sus obligaciones y moralidad, muy en especial el concubinato, en la misma línea sancionadora de la citada literatura sinodal. Pero estas medidas tendían también a proteger los intereses de la institución. Había desde mediados del siglo XIV preocupación por asegurar el cobro de los diezmos e impedir las intromisiones ajenas en la jurisdicción eclesiástica. En Guadalajara en 1390 se potenciaba el control de los obispos sobre los bienes eclesiásticos de las diócesis y se acababa con las encomiendas laicas, una lucha ya emprendida desde 1380, con la liberación de los monasterios de tales encomiendas. Todo iba en la misma dirección: asegurar estabilidad a la Iglesia, incluyendo la material, y exigir de la misma la honestidad de sus miembros. Para la corona de Castilla hay unas décadas, correspondientes a los reinados de Enrique II y sobre todo de Juan I, que fueron decisivas en las reformas. Además del impulso regio hubo por entonces personajes importantes también en el reformismo eclesiástico: el obispo de Oviedo, Gutierre Gómez de Toledo (durante 1377-1389), el arzobispo de Toledo, Pedro Tenorio (durante 1377-1399), el confesor real Fernando de Illescas. Más o menos por esos años tenía lugar una intensificación, que se acaba de apuntar, de las medidas de control sobre el clero secular. Pero más importante, si cabe, fue el impulso dado a la reforma de las órdenes religiosas. *Observancia* y nuevas órdenes son las palabras clave.

Para la vieja orden de monjes benedictinos se postulaba la recuperación del espíritu de la primitiva regla, considerado ya un espíritu perdido o desvanecido en el *modus vivendi* de los monasterios convencionales. La fundación, a iniciativa de Juan I, de San Benito de Valladolid en 1390, fue la primera piedra. Quiso ser el comienzo de una congregación monástica de benedictinos *observantes*. El éxito fue lento al principio, pues mediado el siglo XV apenas unos pocos monasterios de la orden, menos de una decena, se habían adherido a la reforma, si bien algunos de gran raigambre, como el de Oña, que lo hizo en 1455, prestigiaban esta *observancia*. El prestigio, no obstante, residía en otro lado, en la fama de ser el monasterio considerado más austero de toda Castilla (Fernández Conde, 1994: 500). Acompasado, cómo no, con su ascético sentido de la espiritualidad. El éxito de los benedictinos *observantes* fue creciendo con el tiempo. A finales del siglo el prior de San Benito de Valladolid, García Jiménez de Cisneros (1456-1510), llevó un grupo de *observantes* vallisoletanos al monasterio de Montserrat, iniciándose la reforma en este emblemático monasterio catalán.

La reforma de otras órdenes monásticas tuvo resultados diversos. El Císter, por ejemplo, se incorporó tarde, con la creación en 1425 de una congregación reformada castellana. Debe considerarse, en cambio, nueva fundación en el contexto de Castilla la de la cartuja de Santa María del Paular, llevada a cabo por Juan I en 1390. En Cataluña había penetrado algo antes. Con esa fundación de 1390 la orden de San Bruno, caracterizada por el rigor, entraba en Castilla. En 1442 se erigía en Burgos la Cartuja de Miraflores, al tiempo que la provincia cartuja castellana se hacía independiente de la catalana. La fundación que más éxito tuvo fue totalmente nueva. Se trata de la Orden de San Jerónimo. San Jerónimo, anacoreta del siglo IV, había sido recuperado como modelo de vida eremítica por varias congregaciones italianas del siglo XIV. Desde ellas se difundió un estilo de vida retirada. Parece que pequeños grupos de eremitas italianos, portugueses y castellanos se asentaron en algunos puntos de la península. Se les llamaba *"beatos"* y no tenían pretensiones de subversión ideológica, al modo de *beguinos* o *begardos*, sino de abandono del mundo. En 1373 Pedro Fernández Pecha y Fernando Yáñez Figueroa, gracias a su influencia en la corte castellana, consiguieron que fueran reconocidos estos grupos como Orden. Desde entonces se llamarían *"hermanos o eremitas de San Jerónimo"*, utilizarían funcionalmente la regla de san Agustín, los ritos y ceremonias del Santo Sepulcro de Florencia y sobre todo llevarían una vida de obediencia, silencio y austeridad.

Aunque luego la orden de los jerónimos fue evolucionando al perder su primitivo aislamiento y primigenio eremitismo, o más bien cenobitismo riguroso, sin duda mantuvo en buena medida durante la Baja Edad Media su sentido de religiosidad emotiva, personal e intimista, lo que debió otorgar pronto un gran prestigio espiritual a sus miembros. Al primer monasterio de San Bartolomé de Lupiana de 1373, en las cercanías de Guadalajara, siguieron los de Santa María de Sisla, del año siguiente, San Jerónimo de Guisando, de 1375 y algunos más por aquellos años. En 1389 Juan I apoyaba decididamente la orden con la dotación del monasterio de Santa María de Guadalupe, que pasó a ser el principal centro. Unas décadas más tarde su prior Juan Serrano, como antes hiciera Fernández Pecha, se convirtió en figura importante en la definición de la espiritualidad jerónima, tan característica de aquellos tiempos. Por otra parte la orden siguió progresando y aportando importantes autores espirituales, como Lope de Olmedo (†1433) y Alonso de Oropesa (†1468). Como orden, también se había ido robusteciendo desde su fundación. En las primeras décadas del siglo XV había una veintena de centros. A la orden se incorporaron además algunos beaterios femeninos, sobre todo en el XV, como es el caso del monasterio de San Pablo de Toledo. Otra dimensión interesante de la orden en el siglo XV fue su estrecho contacto con toda la problemática de los conversos, de los que llegó a ser una orden-refugio en ese siglo. Pero además el potencial de los jerónimos les permitió hacerse cargo de la reforma de otras órdenes monásticas, como la de los premonstratenses, cuya reforma asumieron los jerónimos. Y lo mismo hicieron con algunas abadías regulares singulares, como San Isidoro de León o Nuestra Señora de Párraces, o bien con casas de la Orden de Santiago, como Uclés y San Marcos de León (Fernández Conde, 1982: 458-

459). La Orden de San Jerónimo, quizá más que los benedictinos *observantes* o la reforma de cartujos y cistercienses, representa los mayores logros de la reforma del clero regular y uno de los pilares en los cambios de la espiritualidad de la época.

¿Y los frailes mendicantes?, ¿se vieron afectados por las reformas? En cuanto al franciscanismo, hay que decir que el potencial de la orden oficial, ya incluso antes del Trescientos, se mantuvo y la mayor parte de sus miembros siguieron constituyendo una importante orden de vida conventual convencional. Sin embargo también surgieron en su seno frailes críticos, que se decantaron por reformar las estructuras internas. Pero, mientras en Aragón la orden se vio muy afectada por tendencias heterodoxas, en Castilla se dio más bien una rigurosa reforma franciscana de corte observante. Pedro de Villacreces consiguió en 1395 autorización papal para llevar una vida eremítica al modo de los jerónimos. El hermano de este reformador era obispo burgalés y fue en esta diócesis, en el eremitorio de Santa María de Salceda y en el convento de Aguilera, donde comenzaría este movimiento reformador franciscano. Destacaron pronto por su vida de austeridad y rigor. Ayunaban, iban descalzos, vivían aislados. Su vida, más bien de inspiración "monacal", se alejaba sin duda del compromiso pastoral con los fieles típico de los franciscanos, pero sin embargo estos franciscanos *observantes* siguieron bajo la autoridad administrativa del General de la Orden y de sus autoridades, permanecieron como frailes y no dieron el paso de romper con la orden de San Francisco para integrarse en los jerónimos, por ejemplo, o fundar una orden autónoma, que hubiesen sido alternativas lógicas. Entre los principales impulsores de esta reforma observante franciscana, aparte del fundador Villacreces, destacaron Pedro de Santoyo, López de Salazar y Salinas y Pedro Regalado.

Por su parte, como era de esperar, entre los dominicos, menos propensos a la autocrítica, una eventual reforma en el interior de la poderosa orden no podría tener el mismo carácter que entre los franciscanos. Aun así, una tibia reforma dominica sí se produjo a lo largo del XV. Los primeros focos se dieron desde 1423 en Córdoba y algo más tarde los hubo en Burgos y Murcia. A mediados del siglo el cardenal Juan de Torquemada, tío del célebre inquisidor, la impuso en su convento de Valladolid y esto fue clave para el éxito en toda la corona. A diferencia de la *observancia* franciscana, la dominicana se generalizó entre sus conventos antes de que terminara el siglo. Entre los dominicos la reforma no suponía aislamiento y sacrificios vivenciales. Sí suponía recuperar una religiosidad más sencilla y evangélica, aunque sin descuidar el característico interés de la orden de predicadores por el conocimiento especulativo en materia filosófica y teológica, en todo caso buscando ahora una recuperación vigorizante de la pureza del saber cristiano, entendido de forma más directa, frente a una sofisticación tardoescolástica que algunos consideraban demasiado artificiosa, soberbia y alejada del espíritu de los fundadores.

Todas las reformas eclesiásticas a que se ha hecho mención fueron reconocidas y potenciadas durante el siglo XV y se reforzaron en el último tramo del siglo. La citada política de mejora de la formación moral y cultural de los clérigos, ansiada por los sínodos y concilios, o por los reyes desde los primeros Trastámara castellanos, se acentuó con los Reyes Católicos. Todas las órdenes reformadas y *observantes* cobraron impulso en este reinado. Incluso acabaron de impulsar la reforma allí donde estaba incompleta, como entre los cistercienses y agustinos, o donde aún había alguna reticencia, como ocurrió con el poderoso convento dominico de San Esteban de Salamanca, que no se adhirió a la reforma hasta 1486. En general, durante el último reinado medieval la Iglesia presenta un perfil bien distinto al de un siglo atrás: las reformas habían salido adelante y mostrado muchas de ellas –los jerónimos era el mejor ejemplo– su eficacia como expresiones de religiosidad renovada; institucionalmente, se observa en la Iglesia, así como en las relaciones de ésta con la monarquía, un fuerte sentido centrípeto; y desde 1478-1480 el orden espiritual estaba además férreamente implantado con la recién creada Inquisición. No es extraño que la política regia acerca de las minorías religiosas, culminada en 1492, se viera como remate final de una larga aventura de reformas en la Iglesia, unidad en la fe y consolidación de la monarquía católica.

6.1.3. Creencias y práctica religiosa de los laicos

Es muy difícil saber con exactitud cuáles eran las creencias de los fieles, en concreto en el caso de los cristianos, que constituían la mayoría confesional abrumadora, y a la que se refieren estas páginas. Fuera de las especulaciones teológicas de los intelectuales más significativos, que se verán en el próximo apartado, la religiosidad de los creyentes sencillos se detecta en algunas prácticas, algo en cierto modo tangible. Pero las creencias profundas son más difíciles de conocer, incluso abusando de la premisa de que la religiosidad tiene una dimensión colectiva y no es sólo algo esencialmente personal. Los fieles "de a pie" no escriben sobre su fe en la Edad Media. La mayor parte no podría técnicamente haberlo hecho. Prohibidos preceptivamente los predicadores ajenos al clero, reducida a raquítica presencia en la espiritualidad católica peninsular la expresión religiosa autónoma por parte de comunidades independientes de creyentes –salvo beaterios bien controlados–, a los laicos se les hacía difícil expresar directamente sus creencias. La principal razón es que la Iglesia no lo permitía: *"prohibimos a los legos cualquier discusión acerca de la fe católica"*, establecía con valor general para la Iglesia hispánica el concilio de Tortosa de 1429 (Fernández Conde, 1994: 884), y ésta era sin duda la tradición católica de la Iglesia medieval. La Iglesia apuntalaba el monopolio sobre las creencias ofreciendo a la sociedad una doctrina fija y elaborada previamente, que además revela otro de los problemas del catolicismo popular: el desconocimiento de los pilares de la fe. Al menos habría que interpretar así el fuerte despliegue de instrumentos de catequización y adoctrinamiento, a que luego se aludirá —predicaciones organizadas, *catecismos*...–, las alusiones a que los fieles no conocían los fundamentos de la fe y, sobre todo, la ultrarredundante reiteración del mensaje doctrinario en cuestión. Pero, ¿qué doctrina era ésa? Consistía en exigir al creyente unos conocimientos mínimos, se supone que con una praxis congruente, acerca de la religión católica. Siempre era lo mismo y los concilios y sínodos, *catecismos*, literatura moral, literatura homilética y hasta tratadística teológica lo corroboran. Según el género se desarrollaba más o menos, pero siempre era la misma doctrina. Arrancaba de una básica contraposición entre el Bien, querido por Dios, y el Mal, identificado con el Diablo y sus múltiples aliados. Eran habituales los juegos de contraposiciones binarias: 7 pecados capitales/7 virtudes contrarias o antídotos de ellas, obras espirituales/obras corporales, natural/sobrenatural, contraposiciones varias de diseño típico escolástico, aristotélico-tomista. Por supuesto, la condición del cristiano debía partir de la creencia en lo sobrenatural, con un paraíso, un infierno y un purgatorio identificables. La meta del creyente era la salvación. A esa realidad futura había de encaminarse la vida del cristiano, concebida como tránsito al Más Allá. La realidad de la Iglesia y su función debía ser también conocida. Pero esto no es más que una parte de lo exigido al fiel. Como puede comprobarse en cualquier *catecismo* de la época (Apéndice, 4) al fiel se le exigía conocer y practicar —o evitar en el caso de los pecados— unas cuantas materias: los Catorce o Doce artículos de la fe —según versiones—, que constituyen el Credo del cristiano; el Decálogo o Diez Mandamientos; los Siete Sacramentos; las Tres Virtudes teologales —fe, esperanza y caridad— y Cuatro Virtudes cardinales —prudencia, justicia, fortaleza, templanza—; los Siete Pecados Capitales; las Siete Virtudes contrarias a los pecados capitales; las Catorce Obras de Misericordia, siete espirituales y siete corporales. Esta doctrina se explicitaba siempre. A veces los textos de la doctrina imprescindible contenían elementos complementarios a los básicos anteriores: como los Siete dones del Espíritu Santo —sabiduría, entendimiento, consejo, fortaleza, ciencia, piedad, temor de Dios—, que refuerzan las virtudes y que trasmite el Espíritu Santo al bautizado; las Ocho beatitudes o bienaventuranzas; o algunas precisiones sobre los pecados, en concreto clasificándolos como veniales —leves e involuntaros— o bien mortales —voluntad de pecar y gravedad—, y distinguiendo en estos últimos entre los pecados criminales —perseguidos civil y canónicamente: sodomía, homicidio, sacrilegio, adulterio, perjurio, usura, simonía...– y los ya citados siete capitales, ciertamente los más populares; o recomendaciones sobre las oraciones –Credo, Padrenuestro y Avemaría eran las de obligado conocimiento– o celebraciones de los creyentes.

La uniformidad y reiteración de la doctrina exigida al creyente sugiere que pueda hablarse de un sistema preceptivo de creencias rígido, simplista y mecanicista, hoy diríamos dogmático, de corte numérico, esquemático y mnemotécnico. Es evidente que podía coexistir con un ejercicio reflexivo y elástico de la religiosidad, como así hicieron algunos pensadores cristianos bajomedievales: el sacramento de la penitencia, por ejemplo, podía, cómo no, dar juego a una sofisticada disgresión moral sobre la responsabilidad humana; o la creencia en la salvación y el Más Allá estimular una profunda introspección espiritual sobre el determinismo, la fortuna o la muerte; o el dogma de la Trinidad favorecer una densa especulación filosófica de cariz ontológico. La doctrina católica no podía, evidentemente, ahogar la actividad de la mente ni los sentimientos. Ahora bien, tal como la Iglesia presentaba su mensaje para los simples fieles, un mensaje cerrado, la impresión que se obtiene es que ese rígido sistema preceptivo de creencias era sobre todo un sistema de control ideológico. Se imponía una predeterminada noción del mundo y las leyes naturales: la creación *ex nihilo* de todo lo visible y lo invisible por Dios, incluido el mismo hombre; una escatología fantástica presentada como real hábitat futuro no sólo de las almas sino también como corpóreo destino de la materia humana, al menos así se presentaba en las –escasamente platónicas– descripciones soteriológicas ofrecidas a los fieles; unos sobrenaturales poderes taumatúrgicos y milagrosos de la divinidad y de los santos, seres éstos dotados de la capacidad de curar a un enfermo o detener un pedrisco.

La Iglesia medieval sabía utilizar las categorías de pensamiento popular propias de la época, por ejemplo la creencia en prodigios y el desconocimiento de las leyes del mundo físico, para dar verosimilitud al fantasmagórico imaginario católico. La sagacidad y oficio de los pensadores cristianos permitía encontrar símiles oportunos, comprensibles explicaciones que despejaran incertidumbres o errores doctrinales, fruto éstos últimos de aplicar una pragmática óptica popular a los obtusos conceptos de la metafísica católica. El anónimo autor que escribió un tratado antijudío a principios del XIV, editado por Millás Vallicrosa, se esforzaba en despejar el escepticismo sobre la virginidad de María, aun habiendo engendrado a Jesús, utilizando un oportuno símil, que también repitió en 1460 Alonso de Espina: el rayo de sol que atraviesa el vidrio o material traslúcido de una ventana sin romperlo, así fue la encarnación de Jesús. Un viejo tema, que obsesionara ya en su día a Ildefonso de Toledo, y un práctico recurso de los teólogos para hacerse entender. Célebres son las metáforas y explicaciones de Vicente Ferrer para acercar su mensaje a los creyentes. En uno de sus sermones convencía a los oyentes de la transitoriedad de la vida, comparándola con la niebla de la mañana, que se disipa con el calor del día, léase una posible enfermedad que acaba con aquélla. El mismo predicador, en un sermón salmantino de 1412 (Cátedra, 1994: 321) prevenía frente a una equivocada interpretación popular de la Trinidad: *"más guarda non contemples que tres personas sean tres dioses o tres señores o tres enperadores, nin contemples que sea uno e tiene tres cabeças, como fazen muchos neçios"*.

Pero la Iglesia no se conformaba con moldear la cosmovisión de los cristianos con un sistema imaginario de creencias más o menos adaptadas a la cándida gnoseología popular. Además de las ideas, condicionaba también la ética personal o colectiva y las pautas de conducta. Un breve *Confesional* de El Tostado, de mediados del XV, recogía minuciosamente la gravedad tasada del pecado femenino según circunstancias: *"es de parar mientes que la muger que es soltera más peca quando duerme con algún desposado o casado que non quando duerme con algún soltero. E más quando con algún pariente que sea soltero. E más peca quando duerme con algunt clérigo o ordenado, que non con casado. E más quando duerme con frayre o con monje, que non con clérigo; e más con moro o jodío que con éstos"*. Éste era el ánimo controlador de la Iglesia oficial, que podría corroborarse a través de innumerables ejemplos. A través de su preceptiva y blindada doctrina sobre los pecados, los mandamientos, los sacramentos, etc., y la capacidad de hacer en exclusiva una exégesis escriturística y teológica, justificatoria y a su medida, en homilías y sermones, breviarios o *catecismos*, la Iglesia, en régimen de pretendido monopolio ideológico y a través de la injerencia en la sociedad por la *cura animarum* de sus ministros, pudo condicionar cualquier aspecto de la vida. Un préstamo de dinero era materia de la Iglesia, pues no había otra Economía Política o ética económica que la de la Teología Católica. Y materia eclesiástica era también el ejercicio del noviazgo, el matrimonio y el amor, o la educación de los hijos, o el entierro de un ser querido, o el modo de comportarse en las fiestas, o la asistencia a los necesitados. Una auténtica legión de tonsurados guardianes de la fe y la moralidad pública se desplegaba vigilante en cada parroquia. Por ejemplo, en el sínodo que hizo el obispo Cabeza de Vaca en 1411, que no hacía sino recoger las directrices del concilio legatino de 1322, se advertía a los curas para que ejercieran de espías de las conductas ajenas: *"a los curas e clérigos de todo nuestro obispado que sepan si hay en sus pueblos los tales casados que tienen barraganas, o algunos que son casados en parentesco de cuñadez o afijamiento, e nos lo enbien dezir, porque nos procedamos contra ellos e los mandemos denunciar públicamente por excomulgados"* (*Synodicon Hispanum*, 7: 143). En ese mismo sínodo –era una disposición frecuente– se reprimía la exhibición pública del dolor por la muerte de un ser querido: *"reprobamos el malo e aborrescido uso que quando alguno muere los homes e las mugeres van por los varrios e por las plaças aullan-*

do, e dando bozes espantables en las yglesias e otros lugares, tañiendo bozinas e faziendo aullar los perros, e rascando las caras e mesando las crines e los cabellos de las cabeças..." (*Synodicon Hispanum*, 7: 108). La cuestión no es que fuera o no legítimo regular los comportamientos en los funerales. La cuestión es que se daba por hecho que fuera la Iglesia y no el concejo quien impusiera tales recatos callejeros a sus vecinos. La tentación de una intervención totalitaria de los eclesiásticos en las vidas de los creyentes podía ser cotidianamente acariciada. Otra cosa, no obstante, sería su efectividad.

Por lo pronto, no faltan indicios que podrían constituir contrapuntos a las posiciones oficiales de la Iglesia. La persistencia de creencias poco ortodoxas entre los fieles, un presumible escepticismo religioso más extendido de lo que podría parecer y una praxis católica externa o de mera apariencia, aparte de poco entusiasta, serían los indicios de esos puntos contrapuestos por la religiosidad de los laicos al dirigismo doctrinal de la Iglesia.

Creencias extrañas y esotéricas debían permanecer todavía arraigadas entre los campesinos. De hecho, algunos sínodos y colecciones canónicas, o incluso libros de confesión, alertan contra las supersticiones, sortilegios, hechicerías y adivinaciones. El sínodo leonés de 1318 establecía: *"damos por descomulgados a todos los sortoleros e sortoleras e adevinos e adevinas, e a todos aquellos e aquellas que a ellos fueren. E esto que sea publicado cada domingo a cada fiesta de curar. E otrosí, damos por descomulgados todos los agoreros"* (*Synodicon Hispanum*, 3: 290). No sólo lo hacen los sínodos asturianos, leoneses o galaicoportugueses, zonas donde convencionalmente se presume un mayor arraigo de las supersticiones, sino que era algo general. La lucha contra la hechicería y las prácticas mágicas y adivinatorias aparecen también, por ejemplo, en algún sínodo salmantino, como uno de 1396, o en el de Burgos de 1411, o el de 1412 de Palencia, cuya constitución *cum sortilegorum* hacía explícitas algunas prácticas: *"los sorteros, encantadores e adevinos e que fazen cercos en agua o en fuego o en ayre o en tierra o en yervas o en caracteres o palabras o nonbres non conosçidos, o en otras qualesquier cosas fazen qualesquier malefiçios por los quales a las vezes con ayuda del diablo, que así se esfuerza en engannar los omes..."* (*Synodicon Hispanum*, 7: 146, 414-415). Ahora bien, este tipo de constituciones eran un tanto estereotipadas y prescriptivas, lo que no quiere decir que no fueran reales las prácticas de curanderismo, las creencias supersticiosas, las *fetilleries diabolicals* —como decían en Valencia—, la astrología, etc. (Narbona, 1998). En realidad, desde el concilio de Valladolid de 1322, que seguía por otra parte disposiciones de los concilios ecuménicos, la lucha contra la hechicería era un capítulo exigido a todas las iglesias europeas, por lo que se incluía en las disposiciones nacionales, provinciales y diocesanas, aunque sin que ello sea índice preciso de la popularidad de estas prácticas en unos y otros sitios. Es más, en comparación con otras épocas medievales, la de los dos últimos siglos no parece hacerse caracterizado especialmente por un florecimiento llamativo de prácticas populares ligadas a la superstición y la hechicería.

Es además sabido que la magia, la astrología, la quiromancia y las artes de adivinación, como prácticas y saberes esotéricos, eran apreciadas en la época entre círculos cultivados y universitarios, como saben muy bien los estudiosos de Enrique de Villena o Lope de Barrientos. No en vano la llamada "Cueva de Salamanca" debía su celebridad, ya en el siglo XV, a la suposición de que en este curioso y recóndito rincón de la ciudad, descrito por ejemplo por Jerónimo Münzer como "cueva subterrénea", tales artes y ciencias ocultas se enseñaban en secreto a iniciados. Y los asuntos de la magia y la adivinación eran un frecuente tema literario en *exempla* y en las narraciones de milagros u otras. La Iglesia lógicamente prevenía contra ritos diabólicos y supersticiones, sobre todo si podía detectar tras ellos prácticas religiosas arraigadas y cotidianas. Ésta era la doctrina tradicional, acervo de la cultura clerical medieval. Pero no parece que existiera una verdadera obsesión, persecución, ni tampoco que los países que formaban los reinos hispánicos fueran especialmente propensos a este tipo de creencias y prácticas. Sencillamente, la mentalidad de la época, sobre todo del vulgo, favorecía que se diera crédito a prodigios, apariciones y fenómenos paranormales, pero no ya como expresiones de creencias extrañas o diabólicas, sino simplemente como productos de una metafísica popular por otra parte en perfecta armonía con las fantasías sobrenaturales católicas, no menos efectistas. Las propias poblaciones podían desconfiar o no de los prodigios propios del discurso religioso oficial, pero también sacar provecho del mismo. En su *Confesional*, "El Tostado", el célebre y prolífico obispo abulense, como ha indicado M. Ambrosio Sánchez (Sánchez Sánchez, 1998), ya advertía que existía una especie de picaresca en el mercado de imágenes, supuestamente aparecidas a pastorcillos o en ciertos parajes: *"ca puesto que algunas ymájines por velación de Dios fuesen falladas en algunas peñas o en fonduras detrás o en coraçones de árboles –en lo qual ay muchas mentiras e pocas verdades–, más fue lo más dello introduzido por sacar dineros de donde estavan. Enpero, dado que fuesse ansí verdat, aquella ymagen non es de más virtut que la otra, ca de mano de onbres es fecha, que non de ángeles, nin cayó del çielo".* ¿Ciega idolatría popular?; ¿o perspicaz y rentable uso campesino del imaginario católico oficial?

Esta significativa conducta da la pista de otro de los contrapuntos al afán controlador de la Iglesia en materia religiosa: escepticismo y aculturación heterodoxa de los mensajes católicos. Se puede suponer que no sólo no se entendían las sofisticaciones teológicas por parte de la gente, sino que se interpretaban abiertamente mal. El propio contenido catequético insistente, ya aludido, por su burdo esquematismo y prosaica ambición en cuanto a su posible alcance social, revela hasta qué punto la Iglesia se enfrentaba sobre todo con un problema de incomprensión de su doctrina. Seguramente incluso la realidad iba más lejos. Aparte de movimientos de corte herético, que se comentan más abajo (apartado 6.3.2), debieron existir amplias bolsas sociales donde el escepticismo religioso era la alternativa a la falta de elasticidad personal que nacía de la religión oficial. No se trata sólo de grupos singulares, como los conversos. También era de arraigo más general. Cierto anticlericalismo cotidiano, un regocijo en las burlas sardónicas hacia las solemnidades religiosas, la exhibición de una jocosa moralidad alternativa, entre otros signos, son indicios que aparecen en cualquier expresión donde se detecten ecos de la cultura popular, desde el mismo *Libro de Buen Amor* a la poesía de protesta, la poesía de *cancionero*, etc. Es algo conocido, en lo que no se ahondará aquí. Pero es que además las primeras, como diríamos hoy, "encuestas sobre comportamientos" hechas con rigor –¡hasta qué punto!–, es decir, las pesquisas inquisitoriales desde finales del siglo XV, lo corroboran. Es verdad que se preocupaban de identificar judaizantes. Pero interesan también porque en las respuestas de la gente interrogada –no en los procesos, sino en las pesquisas donde los testigos contaban lo que habían oído a lo largo de su vida– se deslizaban algunas claves importantes. Así descubrimos hace años, por ejemplo, en una pesquisa del obispado de Osma, que muchas de las opiniones de las gentes de la zona correspondientes a la segunda mitad del siglo poco tenían que ver con la ortodoxia. Es verdad que muchos testigos y acusados de este "Montaillou soriano" eran conversos. Pero nos interesaron sobre todo las opiniones de la gente al margen del típico criptojudaísmo, fueran o no exjudíos quienes las emitieron; de hecho aparecen recogidas algunas opiniones de campesinos y gentes de la zona que no lo eran y que comentaban aspectos sobre la religión, de los que el registro inquisitorial tomaba nota, pese a que no eran el objeto directo de su pesquisa, esto es, la detección de criptojudíos. Pues bien, menudean referencias a dudas sobre la validez de los dogmas de la Iglesia, o abierto escepticismo, no ya de raíz conversa – *"en este mundo todo es nacer y morir..."*– sino sencillamente incredulidad sobre las especies eucarísticas, la virginidad de María, la divinidad de Cristo, la creencia en el Paraíso, dudas también sobre el valor del bautismo, la confesión y otros sacramentos, cuando no descaradas groserías –*"Moças, vedes aquí el santo"*, había dicho uno del pueblo de Sotillo, del obispado de Osma, un joven que al mismo tiempo *"alcó las faldas e mostró sus vergüenzas"*–, burlas o blasfemias sobre curas y misas, actitudes todas ellas típicas de una cultura popular, que pensamos entonces era, aparte de la clave criptojudía obvia, el registro cultural más interesante de la pesquisa en cuestión (Monsalvo, 1984). Y probablemente revela una atmósfera de cierto escepticismo religioso nada extraño en la época (Edwards, 1988).

Ciertamente, la práctica religiosa de la época parece compadecerse con esa impresión de que sobre todo se asistía a ritos, procesiones, misas, etc., con cierta negligencia y escaso entusiasmo, sin que hubiese calado sistemáticamente no ya un sistema religioso de piedad interior sino ni siquiera una observancia garantizada de las obligaciones mínimas. Se reiteraba que se pagara el diezmo, que al fin y al cabo era *"señal del señorío de Dios"*. Pero este curioso señorío universal imprescriptible no parecía conmover a los reacios contribuyentes (*Synodicon Hispanum*, 4: 325), que procuraban evadir el pago en lo posible, conscientes quizá del sentido tan improbablemente pío que tenía tal exacción extraeconómica. Los sínodos y concilios insistían además en que se practicara la comunión y confesión anual en tiempo de Pascua, prescrita desde el cuarto lateranense y que no parecía cumplirse. Exigían a los curas que movilizasen a las gentes de sus parroquias rurales para ir a confirmarse a la ciudad, ya que los obispos no podían visitar todas las parroquias; da la impresión de que las multas que se imponían a los curas –por ejemplo en el sínodo de Alcalá de 1480– si no organizaban estas excursiones sacramentales a la capital tenían la función de impedir la relajación que sin duda se daba en esta obligación. Parece por la literatura sinodal y los *confesionales* que la única práctica sacramental que tenía cierto éxito era la de bautismos y matrimonios, que en el fondo eran costumbres familiares y sociales, o ritos de paso, y de ahí su éxito. Las prácticas funerarias se celebraban también con gran estrépito externo y precisamente con tan poco espíritu de recato cristiano que mereció la reprimenda de la Iglesia. Así, tal como se decía en el sínodo burgalés de 1411: *"Comoquier que por afeción de piedad e acatamiento de la humanidad se pueden llorar los muertos, pero el llanto e el duelo desordenado e clamoso es defendido, porque paresce que los que fazen llantos por los finados que desesperan de la resurreción de lo que es por venir. Onde reprovamos el malo e aborrescido uso..."*, estableciendo a continuación la antes mencionada prohibición pública del dolor familiar (*Synodicon Hispanum*, 7: 108). Tales apelaciones a la moderación de los comportamientos de los fieles, muy comunes en todas las disposiciones diocesanas, se daban también en relación con otros aspectos. Precisamente otro testimonio del mismo sínodo burgalés informa de esas costumbres cotidianas de la gente, proporcionando una imagen de *joie de vivre* y antisolemnidad religiosa bien distinta de la imagen oficial del fervoroso y disciplinado creyente que a la Iglesia le hubiese gustado conseguir: en el sínodo, donde también se prohibía que se celebrasen comidas de *cofradías "nin comer ni fazer aguisar de comer en las dichas yglesias"*, se informaba de que algunas visitas hechas en el obispado habían revelado que las vigilias nocturnas eran fuente de pecado más que de devoción: *"nos fue fecha relación de cómo, quando venían algunas fiestas del año, muchas personas, así varones como mugeres, yvan de noche a las yglesias e hermitas de la vocación de los santos, e, donde havían de estar devotos e en oración en las dichas yglesias e hermitas, dezían muchas trufas e burlas e fazían otras muchas cosas feas, de las quales se siguen muchos adulterios e fornicios e otros muchos pecados feos e malos"* (Synodicon Hispanum, 7: 131-132). La Iglesia no podía erradicar, naturalmente, todas las pasiones humanas, aunque lo intentara.

La Iglesia sí supo encauzar, en cambio, con bastante éxito las prácticas religiosas voluntarias y las devociones consuetudinarias de los fieles: cofradías, rosarios, festividades, romerías y procesiones. El calendario de fiestas era fijado también por la Iglesia. En la Baja Edad Media a las fiestas dominicales se sumó cerca de medio centenar de otras fiestas de guardar, más o menos las mismas en todas las diócesis, fiestas repartidas por todo el año. Lo que, unido a celebraciones locales, familiares y de vecindad, hacía muy abultado el número de días, siempre más de cien al año, dedicados a alguna celebración festiva. Era ésta una dimensión comunitaria y participativa de la religiosidad laica de la época que no se puede pasar por alto. La dinámica venía de atrás. En el período bajomedieval simplemente hubo una consolidación de estas prácticas y una pequeña remodelación del santoral. O más bien, cierto estancamiento de los viejos santos y la moda de otros nuevos o, sobre todo, el culto a la Virgen, que despegó con fuerza en esta época. En estos siglos, por ejemplo, fueron frecuentes las apariciones de vírgenes a niños, que dieron lugar a cultos, romerías y fundaciones. Una de las más célebres fue la leyenda de la aparición de la Virgen junto al río Guadalupe hacia 1329, seguida de la aparición de la imagen, más tarde el santuario, luego el milagro, después el culto... Secuencias así se sucedieron en el período en muchos lugares.

También se consolidaron las cofradías y las instituciones de caridad, así como las hermandades piadosas y otras de prácticas afines, con sus típicas procesiones devocionales populares y celebraciones festivas, de sobra conocidas por otra parte, ya que en buena medida –aunque relanzadas y casi refundadas por la piedad barroca posterior– han perdurado hasta nuestros días.

6.2. Trasvase de la cultura clerical y catequización popular

Habría fallado la Iglesia en su misión de adoctrinamiento social si no hubiese generado, al mismo tiempo que valores y saberes, los adecuados canales de transmisión de los mismos. Además de establecer unos mínimos contenidos a memorizar por los fieles, las condiciones de precariedad en la instrucción de los mismos llevaron a la Iglesia a recurrir a los métodos que entonces eran eficaces. Esto suponía que la vía prioritaria de conocimiento y difusión cultural era la oral. Algunas formas de transmisión cultural, que hoy han quedado obsoletas, eran en la Edad media muy frecuentadas. La lectura en voz alta de un libro escrito, o la recitación de un texto aprendido ante un auditorio, eran frecuentes y requerían únicamente la condición –hoy sabemos que no es nada obvia– de que el público supiera escuchar. La eficacia de los sermones se basaba en ello. Parece evidente que los principales contenidos teológicos, devotos y morales de que se sirvió la Iglesia recurrían a esta vía. En efecto, además de las campañas de predicación organizadas, hay que considerar que el propio escenario de la misa, con su género homilético, la lectura pública de textos espirituales –guiada por frailes o curas parroquiales–, las lecturas en el refectorio de los monasterios, por no hablar hasta de las mismas lecciones impartidas en las *scholae* de conventos o cabildos, con lecturas en voz alta de diferentes obras, prueban que el clero estaba dispuesto a recurrir al canal de la oralidad para transmitir sus mensajes genuinos entre sus integrantes y como medio de adoctrinar a los fieles.

6.2.1. Difusión de la cultura católica: libros didácticos, catequéticos y confesionales

La vulgarización o difusión de la doctrina y la moral católicas tuvo, es verdad, muchas otras vías: la misma liturgia era un vehículo de difusión; el teatro religioso; la iconografía de portadas, bajorrelieves y capiteles de piedra de las iglesias, las sillerías de coro, en este caso para adoctrinamiento de los más conspicuos miembros de la Iglesia. Es lógico entender que todos los medios posibles de difusión visual u oral lógicamente eran importantísimos para unos fieles en su mayor parte analfabetos y dispuestos a dejarse seducir por la belleza de una talla gótica, la vehemencia de un sermón o la espectacularidad de una representación teatral sacra. La literatura catequética y la predicación merecen, sin embargo, una atención algo mayor.

Desde que Letrán IV se propuso incorporar la predicación a las tareas pastorales habituales de la Iglesia y por otra parte se difundió un concepto de teología sacramental penitencial basado en la personalización de la culpa y el castigo, que implicaba la intencionalidad del pecador y la elasticidad punitiva del confesor, fue necesario adiestrar a los responsables de estas tareas. Aparte, claro está, la citada ofensiva eclesiástica para el fomento de la formación doctrinal del clero iba en esa misma dirección. Todo ello llevó desde el siglo XIII a la proliferación de diversos instrumentos para todos estos fines: colecciones de *Sermones* y *Exempla*, muchos de los cuales incluían *exempla*, "buenos ejemplos" y *similitudines* –a modo de parábolas, fábulas o *semejanzas* sencillas para hacer entender una lección moral–, incorporados al discurso del sermón, tanto el extraordinario como el homilético habitual, para ayuda de los predicadores; los *Libros de confesión*, o manuales para que los clérigos pudiesen ponderar la gravedad de los pecados y "acertar" en la penitencia exigida al pecador; las *Instrucciones* o *Catecismos*, que eran breves resúmenes de doctrina católica para que los clérigos instruyesen a los fieles en las verdades elementales del cristianismo. Toda esta literatura de carácter divulgativo, didáctico y de adoctrinamiento se expandió desde la segunda mitad del siglo XIII y sobre todo en el siglo XIV. Por su carácter, y a pesar de estar dirigidos a clérigos, estos libros emplearon cada vez más las lenguas romances, bien mediante traducciones del latín, adaptaciones o bien elaboraciones ya en las lenguas vulgares.

Los *catecismos* fueron enormemente populares desde el siglo XIV. Sus contenidos eran prácticamente los mismos y se corresponden con la doctrina preceptiva, ese *minimum* de doctrina exigida a los laicos, antes aludido: artículos de la fe o Credo, mandamientos, sacramentos, etc. En ocasiones venían introducidos por previas consideraciones escuetas sobre Historia de la Salvación, con la secuencia de Creación del Hombre, Pecado Original y Redención. El estilo era siempre conciso y con clara vocación mnemotécnica, aunque, como dice el *Libro sinodal* salmantino de 1410 (*Synodicon Hispanum*, 4: 182, 187, 75, 80, c. 3 y 5), refiriéndose a los artículos de la fe, *"non es neçesario que* [los feligreses] *los sepan así abiertamente declarar commo pertenesçe a los clérigos, mas abasta asaz que los sepan rudamente, así como fazen".*

Parece que en el territorio hispánico la promoción de los *catecismos* partió del cardenal Guillermo de Godin, enviado por Juan XXII, que en 1320 promovió la celebración del concilio de Valladolid de 1322 y la elaboración de *catecismos* breves, que sirvieran a los clérigos para instruir a los fieles. Desde entonces comienzan las noticias sobre estos tratadúnculos, casi siempre elaborados para las diócesis según directrices sinodales y bajo supervisión de los correspondientes obispos. El ámbito diocesano parecía ser el más adecuado, dado que en los curas y clérigos de la diócesis recaía la responsabilidad de la catequesis: *"porque los arciprestes e vicarios e los otros curas de la Yglesia, por el ofiçio que tienen, son tenidos de informar a sus parrochianos las cosas que son de Dios [...] que todos los arciprestes, vicarios e curas e cada uno dellos reciban e lleven en latín o en romance, qual más quisieren, los artículos de la fee e los mandamientos de la ley e los sacramentos de la santa Yglesia e los siete pecados principales, que son llamados mortales, e las siete virtudes e las siete obras de misericordia espirituales...",* según se dice en el sínodo burgalés de Juan de Villacreces, obispo entre 1394-1406 (*Synodicon Hispanum*, 7: 45). Desde la exposición de tablas de doctrina en la entrada de las iglesias hasta las predicaciones que debían hacer, como parte de la *cura animarum*, en ausencia todavía de una catequesis infantil normalizada, el mensaje debía llegar a los fieles, pero para ello los clérigos debían tener la doctrina a difundir totalmente clara, por lo que, para reforzarla o refrescarla, se compusieron los *catecismos* o breves *tratados* esquemáticos de doctrina cristiana.

Historiadores como Sánchez Herrero, con carácter general o más específicamente para Toledo y León, Fernández Conde, de igual modo y concretamente para el caso asturiano, Martín Rodríguez para Segovia, Lomax para Toledo, Perarnau para los catalanes, García Fernández para Navarra, entre otros, han dado a conocer algunos de ellos. La producción de estos textos catequéticos debió de ser numerosa en los reinos hispánicos. Según Sánchez Herrero (1986) sólo en el marco estricto de los sínodos se tiene noticia de 23 tratados de este tipo para el XIV –17 castellanos, 5 catalanes, 1 de Pamplona– y 28 en el XV –24 castellanos, 1 de Pamplona y 3 catalano aragoneses–, conjunto al que habría que unir otro buen número de textos no sinodales: 7 tratados breves y 5 amplios en el XIV, más otros 7 breves y 4 amplios en el XV, todo ello sin computar referencias en obras literarias ni confesionales. Todos los *catecismos* venían a ser prácticamente iguales, aunque quizá puedan destacarse algunos.

Un primer tratado catequético del siglo XIV fue el redactado en el sínodo leonés de 1303. La *Instructio* del arzobispo de Toledo, Juan de Aragón, de 1323, podría considerarse otro texto de este tipo. Este mismo personaje, tras abandonar la sede toledana en 1328, compuso un *Tractatus brevis de articulis fidei, sacramentis ecclesie, preceptis decalogui...*, catecismo en latín que podría haber inspirado el llamado *Catecismo de Albornoz*. Este último texto en castellano, de 1340, habría sido compuesto por el cardenal Albornoz y, según D. Lomax, se habría inspirado en el breve tratado de Juan de Aragón, aunque más bien parece remitirse a algún otro modelo de texto catequético, pues el contenido era realmente el mismo en todos estos *catecismos*. Sin embargo, el primer tratado amplio conocido, posterior al concilio legatino de 1322, escrito en lengua romance, es el que Pedro, obispo de Segovia, redactó en el sínodo diocesano de Cuéllar 1325, dado a conocer por Martín Rodríguez y Linage (Martín, Linage, 1987). Con sus casi 60 hojas, se trataba de uno de los más extensos y detallados, en contraste con el de Albornoz, por ejemplo. A partir de mediados del siglo XIV aumentan las noticias: por ejemplo, de hacia 1354 es el *catecismo* que mandó hacer el obispo de Pamplona Arnalt de Barbazán, para esa diócesis; pocos años después se redactaría el llamado *Catecismo de Barcelona*; otro salido del sínodo de Urgel de 1364; de 1369-71 es el *catecismo* redactado por Pedro Gómez Barroso, arzobispo de Sevilla; por su parte don Gutierre de Toledo, obispo ovetense entre 1377 y 1389 configuró el suyo en estos años; en el sínodo salmantino de 1396 se facilitó también un *quaderno* con los artículos de la fe, los sacramentos y los mandamientos; de fines del XIV data el *Catecismo de Villacreces*, que Juan de Villacreces hizo aprobar para la instrucción en la diócesis burgalesa.

Los *"catecismos"* siguieron redactándose en el siglo siguiente. Su elaboración siguió siendo totalmente rutinaria y dogmática, sin aportación original alguna. Por otro lado, si bien los primeros *catecismos* podrían ser considerados también pioneros del género, debe considerarse como subgénero específico el de los *tratados* doctrinales no exclusivamente catequéticos, es decir, obras sobre la doctrina católica pero más extensas y reflexivas, aunque generalmente de poca hondura teológica. El formato del tratado teológico latino, de origen patrístico y escolástico, siguió formando parte de la instrucción intelectual de los clérigos cultivados. En este sentido, estas obras escapan al carácter divulgativo y catequético y en sus mejores expresiones deben formar parte más bien del pensamiento teológico –dogmático y moral– y la literatura espiritual *(cfr. infra)*. Aun así, en la Baja Edad Media se redactaron algunas obras o tratados a medio camino entre estas elaboraciones de rigurosa teología y el esquematismo propio del típico *catecismo* sinodal. Hay que reconocer que la voluntad didáctica no exoneraba a las obras "de alta catequesis" de una mínima carga intelectual. Aparte de los tratados latinos del siglo XIII, como por ejemplo los compuestos por Pedro y por Andrés de Albalat, o Raimundo de Siscar, los escritos en lenguas romances resultaban más interesantes. El *Setenario* alfonsino había inaugurado la especulación sacramental en romance (Fernández Conde, 1994: 458). En la Baja Edad Media destacaron otras obras de este tipo –de alta catequesis–, como el tratado sacramental compuesto por el arcediano de Valderas, Clemente Sánchez de Vercial (†1426), célebre autor del *Libro de los Exemplos por abc*. El *Sacramental* en romance de Vercial era un voluminoso tratado teológico destinado a reforzar el conocimiento de la doctrina por parte de los curas, en especial en lo relativo a los sacramentos, tema al que dedicaba dos –de 188 y 193 capítulos, la segunda y tercera partes respectivamente– de las tres partes de la obra. Asimismo habría que valorar las obras en catalán del mallorquín –autor profético y luego apóstata del cristianismo– fray Anselm Turmeda, el *Llibre de bons amonestaments*, de 1398, o de F. Eiximenis, con sus *Cercapou* y la *Vida de Jesuchrist*, de hacia 1397, o la *Vita Christi* de Isabel de Villena, a fines del XV, aunque ya en estos casos más bien insertos dentro de la literatura espiritual. Y lo mismo habría que decir acerca de obras de divulgación doctrinal pero en verso, como las castellanas de fray Íñigo de Mendoza, que escribe su *Coplas de Vita Christi*, hacia 1482, o Fray Juan de Padilla, "El Cartujano", autor a fines del siglo XV de un *Retablo de la vida de Cristo* en verso.

Aparte de *catecismos* y tratados, otro género de trasvase doctrinal católico que se desarrolló en la Baja Edad Media fue el de los *Libros de confesión*, en estrecha conexión, como se ha dicho antes, con la nueva filosofía de la penitencia. En un recuento que hizo en 1985 Sánchez Herrero se conocían 3 del siglo XIV –otros 3 hubo en el siglo anterior– y 28 en el XV. Como en otros géneros de este tipo, las lenguas vernáculas, aunque sin erradicar el latín, entraron ya con fuerza en estos manuales de confesión destinados preferentemente a clérigos, aunque también a los penitentes mismos. El contenido de estos *"Confesionales"* o *confesionarios* coincidía en buena medida con el de los *catecismos* –Historia de la Salvación, artículos de la fe, mandamientos y sacramentos–, pero específicamente desarrollaban más extensamente los temas relacionados con la manera de hacer una buena confesión –para el pecador– e imponer la más acertada penitencia –para el confesor–: examen minucioso de los pecados, no sólo la enumeración de los capitales sino la gravedad de cada uno, según las circunstancias; situación personal del pecador o, a veces, incluso según la profesión y actividad, pues unas u otras eran vistas como más proclives a tales o cuales pecados; reflexiones sobre vicios y virtudes, poco tratadas en los *catecismos*; reflexiones sobre los sentidos corporales –al fin y al cabo, vías de pecar– y sobre las potencias del alma en general –las de los cinco sentidos y las cinco espirituales e intelectuales–, temática relacionada con las tentaciones del mundo y los remedios contra el pecado; disquisiciones sobre la metodología de la confesión, con referencia a los casos de pecados reservados a la alta jurisdicción eclesiástica, o concretando las partes del sacramento –contrición, confesión propiamente dicha, absolución y perdón, penitencia– y con numerosos consejos prácticos para el confesor, incluyendo precisiones prolijas sobre casuística, como por ejemplo los 55 casos de excomunión mayor *"en que pueden los omes caer por fecho"*, como dice el *confesional* de Martín Pérez, que revela hasta qué grado de detalle llegaban estos *confesionales*. Toda esta temática, como puede suponerse, a pesar de su formalismo funcional, no deja de ser representativa de la mentalidad de la época, al revelar las ideas vigentes sobre el comportamiento individual, las posiciones morales oficiales, el tratamiento de las emociones, los prejuicios sociales y profesionales, etc. Es por eso que los *confesionales*, más que los *catecismos*, constituyen una vía de acercamiento a las actitudes religiosas y mentales de la época. Entre los conocidos, total o parcialmente, podrían destacarse algunos.

Aparte de los latinos –excepcionalmente alguno heterodoxo, como el *Tractatus de Confessione*, de Pedro Martínez de Osma, prohibido y quemado en 1479–, destacaron los escritos en lengua romance. Uno de los más relevantes, parcialmente estudiado por García García, J. Hernando y otros investigadores, es el *Libro de las confesiones*, escrito en castellano por el canónigo salmantino Martín Pérez entre 1312 y 1317. Se trata de un largo tratado –de más de cien hojas en cualquiera de las versiones manuscritas conocidas– dividido en tres partes: *"en la primera fabla de los pecados comunales a todos los estados; en la segunda fabla de los pecados en que pueden caer especialmente algunas personas de algunos estados señalados; en la terçera fabla de los sacramentos"*, partes de 184, 178 y 102 capítulos respectivamente. Otro *confesional*, quizá algunas décadas posterior, es el anónimo *Arte de confessió*, escrito en catalán. Andrés Díaz de Escobar escribió también libros de confesión. Sánchez de Vercial es autor hacia 1423 de un *Tratado de la confesión*. También escribieron tratados de este tipo Juan Martínez de Almazán, Lope Fernández de Minaya, Alfonso de Cartagena o Felipe Malla. De poco antes de su muerte, acaecida en 1455, data también el citado *Confesional* y la *Breve forma de confesión*, de Alonso Fernández de Madrigal, "El Tostado", texto de tono muy convencional y apegado a la vieja noción de pecados tasados, de la que no se acaban de desprender del todo los autores de este tipo de obras. En cambio, es muy sugestivo un *Tratado de vicios y virtudes*, de Fernán Pérez de Guzmán (c. 1376-1460), un *confesional* muy *sui generis*, en verso, donde poesía y moral se fusionan bajo el género cancioneril.

6.2.2. La predicación bajomedieval. Sermones y predicadores

La Iglesia había anhelado siempre que su palabra lograse erradicar la ignorancia religiosa, librar a las gentes no ilustradas de creencias extrañas y heterodoxas. Ya desde el período altomedieval la Iglesia venía recomendando predicar en lenguas comprensibles para la gente, *in rustica lingua*, o lenguas vernáculas, lo cual, en una época en que éstas carecían aún de expresión escrita, revela sin duda una decidida voluntad de utilizar para las predicaciones un registro bien distinto del teológico y latino propio de la religión culta. Este deseo de llegar a la gente sencilla acompañó siempre las predicaciones de la Iglesia, pese a que la práctica pastoral ordinaria carecía del vigor suficiente para romper con el anquilosado *corpus* de sermones latinos, basados en la exégesis bíblica, en las autoridades patrísticas y en la erudición teológica, con los mismos temas y códigos complejos de fría intelectualidad, que predominaron durante siglos. Durante la Baja Edad Media se fueron, sin embargo, perfeccionando los métodos y las órdenes mendicantes lograron evangelizar eficazmente con técnicas de persuasión masiva. Podría decirse que en los tres últimos siglos medievales el concepto de la predicación, concretando ya el siempre invocado espíritu inicial de sencillez e inteligibilidad por la mayoría analfabeta, fue cambiando, de modo que los viejos sermones fueron sustituidos por otros más audaces y escritos en lenguas romances. Aunque el sermón latino siguió constituyendo una vía de aprendizaje y adiestramiento profesional de los clérigos cultos, el sermón popular vernáculo fue imponiéndose paulatinamente en el adoctrinamiento de laicos. Y con él todo un conjunto de nuevos códigos culturales, desde la relectura en clave narrativa de las Escrituras, ahora presentadas como aleccionadoras y entretenidas colecciones de historias morales, hasta la incorporación del acervo universal de *exempla* y cuentos populares.

Ahora bien, el gancho popular que derivaba del dominio de la oratoria, la retórica y la dialéctica o lógica por parte de los predicadores, sobre todo frailes mendicantes, acarreaba riesgos: era la más eficaz arma de adoctrinamiento posible, pero también era potencialmente peligrosa, ya que podía convertirse en vía de impugnación del egoísmo, el formalismo y la carencia de espíritu evangélico de la Iglesia oficial. No es extraño que en el sínodo burgalés de 1427 su obispo Pablo de Santa María llegara a prohibir que se hiciesen predicaciones contra las autoridades de la Iglesia, estableciendo que no dijeran *"cosa porque se retraygan los fieles christianos de pagar las décimas enteramente"* y que no disuadieran a las gentes de ir a misa. Se establecía que se informase previamente al cura correspondiente del sermón que se iba a predicar, para que él diera la aprobación (*Synodicon Hispanum*, 7: 168). Ésta era la paradoja de los sermones bajomedievales: demandados y alentados por la jerarquía eclesiástica, fueron también motivo de sospecha y vigilancia por ella. Predominó claramente, sin embargo, el sermón oficial y ortodoxo, siendo raro el subversivo (Sánchez Sánchez, 1998: 86-87).

En el universo de la predicación bajomedieval hay que contemplar no sólo los predicadores-oradores, sino también los recopiladores de sermonarios y homilías. Quizá fueron los dominicos los más destacados: Juan de Monzón (†1412), Sancho Porta (†1429), Raimundo Folch (†1444), Jaume Just (†1459), Rafael García (†1469), por citar sólo los destacados escritores catalano-aragoneses, que catalogara en su día L. Robles, aunque fueron célebres también notables predicadores dominicos castellanos como Juan López de Salamanca. Y por supuesto, la figura de Vicente Ferrer, que merece un lugar especial. Fuera de los dominicos, son conocidos sermonarios de miembros de otras órdenes: el franciscano Bartolomé Catany (†1462), el agustino B. Oliver (†1348), el carmelita Juan de Clavero (†1340), el cartujo B. Ferrer (†1417), el jerónimo Lope de Olmedo (†1433). Y del mismo modo miembros del clero secular, como el que fuera arzobispo de Toledo, Juan de Aragón, así como Pedro Marín (†1425), Felipe de Malla (†1431) o Antonio Bou (†1461). Es sabido que los sermonarios y las recopilaciones homiléticas, aparte de instrumento de divulgación doctrinal, influyeron en la propia literatura vernácula sabia, en pleno siglo XV, como ya demostraron en su tiempo F. Rico y A. Deyermond y lo prueban obras como *El Corbacho* de A. Martínez de Talavera (Fernández Conde, 1994: 868-872; Rico, 1977; Deyermond, 1979: 80; Cátedra, 1994). De modo que hubo también una repercusión estilística y literaria de los sermones, al modo de la literatura ascética y moralizante. No obstante, pese a estas interesantes derivaciones, el sermón presentaba su más genuina potencia en el púlpito y la exaltación de masas.

A ello contribuían tanto los temas como la técnica empleada. De los primeros cabe destacar que apelaban a las creencias y temores más arraigados en la gente. La temática de la muerte, con las "cuatro postrimerías" o cuatro *novissima* –Muerte, Juicio, Infierno y Gloria–, y los temas consolatorios, estaban entre los más populares, ya fuera desde el ángulo de la excitación escatológica de carácter negativo o apocalíptico, ya fuera desde el litúrgico formalismo de los más apacibles sermones de difuntos. Por supuesto, aparecían también los temas de controlada crítica de vicios y pecados, así como la apuesta moralizante más explícita: condena de la usura, los pecados capitales, valor del ayuno y la penitencia, entre otros. En general, salvo en el caso de los grandes genios de la predicación como V. Ferrer, que supo acercarlos a la vida de la gente, estos temas eran tratados de forma espesa desde el ángulo de los estereotipos y la deslocalización ambiental concreta, con lo que fácilmente corrían el riesgo de ser percibidos como la típica retahíla de argumentos tópicos y con una eficacia proporcional a la candidez de los oyentes.

En cuanto a la técnica, a principios del XIV se había depurado entre los mendicantes el formato de la predicación. En el XIII se habían popularizado las *Artes praedicandi*. Hacia 1313 R. Llull redactaba su *Ars brevis praedicationis*. Y en 1384 Eiximenis redactaba su *Ars praedicandi populo*, otro tratado sobre el "arte" de la predicación. Las *artes praedicandi* enseñaban técnicas de exponer los razonamientos manteniendo la atención del auditorio, entablar disputas, defender argumentos con ingenio y habilidad. Eran la pedagogía de la seducción por el discurso bien trabajado. De todas las variantes, la del sermón de masas, que en ocasiones reunía miles de personas y que se integraba en campañas organizadas y publicitadas, es quizá la más llamativa. También la más exigente, porque requería la conjunción de todos los recursos oratorios posibles y de unas puestas en escena espectaculares. Todo preparado para conmover.

De todos los predicadores medievales parece haber un consenso hoy día entre los historiadores sobre la figura de Vicente Ferrer como el más interesante entre ellos. De Vicente Ferrer, famoso en su tiempo, decisiva figura en los avatares de su época, se resalta hoy día el contexto social y cultural en que se desenvolvió, particularmente la Valencia de su tiempo, entre los siglos XIV y XV (*Sant Vicent Ferrer*, 1997). Inició sus predicaciones en 1399, pero ya con un perfil itinerante muy marcado y por ello su actividad se extendió por ámbitos mucho más amplios, de la corona catalano-aragonesa pero también de la castellana, en la que desarrolló una intensa campaña entre 1411-1412. Los sermones de esos años en castellano, editados y estudiados por P. Cátedra (1984; 1994), completan el panorama de los célebres *sermons* valencianos, ya estudiados y publicados hace tiempo. La temática no difiere básicamente, pero hay que decir que unos y otros no nos han sido legados directamente sino a través de las transcripciones o *reportationes* de los clérigos estenógrafos que seguían al santo, y cuyas versiones son totalmente fiables.

El impacto de Vicente Ferrer se iniciaba con la propia puesta en escena. Solía viajar acompañado de grupos de flagelantes, que no pasaban desapercibidos. Según una fuente de la época, sus sermones *"eren de tanta gràcia que totes generacions de gents l'entenien; e continuament lo seguien més de trescentes persones entre homes e dones, on havia molts preveres e homes agraduats e de sciencia"* (López Estrada, 1994: 341). Dotado de cierto carisma y un proverbial don de lenguas, tuvo gran eco allá donde estuvo. La estructura de sus sermones era muy dinámica, con seguimiento de las *artes praedicandi* y un talento innato para el género. Vicente Ferrer enganchaba al auditorio con una frase bíblica o parábola oportuna. Luego iba desmenuzando el tema en varios apartados, con vaivenes razonados entre la doctrina, los buenos ejemplos, la vida de Cristo y alegorías pertinentes. Al final, sacaba una conclusión o aplicación práctica moralizante. Todo el sermón era como un hilo que permitía entrelazar los distintos componentes, citas y ejemplos, y no en vano él mismo entendía alegóricamente la predicación como una "red" de pescadores con hilos y nudos entrelazados entre sí.

En cuanto a los temas, Ferrer es conocido como "Ángel del Apocalipsis" y se suele subrayar la insistencia en los temas del Anticristo y el Juicio Final. Pero parece que no era una obsesión y, de hecho, del medio millar de sermones valencianos apenas un 6 por ciento abordaron esta faceta escatológica (Llop, 1995: 28). Destacaron más, sin duda, las críticas al pecado, los sermones *ad status* o *estados del mundo*, la polémica antijudía y cualquier tema que pudiera orientarse a la extracción de una lección moral. Por ejemplo, el tono de la predicación antijudía, normalmente materia proclive a la exaltación, fue en el santo valenciano más bien moderado. Parece que la predicación vicentina se orientó más hacia el didactismo que hacia la movilización agresiva.

Los recursos didácticos empleados por Vicente Ferrer han sido resaltados, además, como uno de los mejores hallazgos expresivos. Sus sermones formarían así parte de toda una larga tradición medieval de carácter narrativo y moralizante. Así, en los sermones en castellano editados por P. Cátedra, numerosos *exempla* –o *exempla* y *similitudines*, estos últimos breves símiles didácticos– fueron incluidos (Cátedra, 1994: 195 y ss.). Pueden contabilizarse 47 *exempla* y 89 *similitudes* o *semejanzas*. Se aprecia claramente el entronque de estas narraciones vicentinas con toda la tradición europea de *specula, miracula* y *exempla* –Beauvais, Vitry, *Gesta Romanorum, Leyenda Dorada*...– así como con las tradiciones hispánicas del *Barlaam e Josafat* en adelante, incluyendo también la inserción de relatos de milagros sagrados, otra de las tradiciones de la literatura didáctica y moralizante (Cátedra, 1993; García Martínez, 1993).

El gran mérito de Ferrer fue, en ese sentido, y sobre todo gracias a las interpretaciones alegóricas de los textos sagrados, hacer atractivos los mensajes que quería trasmitir. Hace años J.-L. Martín analizaba cómo, a partir del comentario de una simple parábola evangélica, el santo procuraba captar la atención de los oyentes y conmover sus conciencias. Por ejemplo, tómese el texto de la parábola (Lucas, 14, 16-24; Mateo, 22, 2-14) de los invitados a una cena que rehusaron asistir a ella, por lo que ocuparon su lugar los pobres, para los que no estaba destinado inicialmente el banquete. Para explicar esta parábola, el dominico valenciano trataba de asociar el final de la cena con el paraíso final o fin de los tiempos, el anfitrión con Jesucristo, el mal almuerzo previo con los sacrificios de la vida, los mensajeros y convocantes a la cena con los heraldos que anuncian el final y con los signos o pruebas que Dios ponía para probar a los hombres –enfermedad, vejez...–. Al final, los soberbios, los avaros y los lujuriosos daban excusas para no acudir, lo que equivalía a que no se salvarían, ocupando su puesto en la mesa los pobres, débiles y desheredados, a los que se hacía ir al banquete. El santo en sus explicaciones utilizaba símiles y metáforas comprensibles: por ejemplo, los soberbios eran como un bosque, donde con tanto árbol no podía haber fruto porque no había orden; la avaricia la representaba por cinco pares de bueyes, símbolo de los cinco sentidos que desviaban la atención del hombre –mirar las riquezas, oír conversaciones mundanas, oler perfumes, comer y beber en vez de ayunar, tocar el dinero–; al descalificar la lujuria, la mujer era comparada al cebo para los peces, pero al final el hombre, el que se creía pescador, era él mismo "pescado" por el demonio; los ricos eran comparados con halcones ahítos, que no acudían a la llamada y respondían con ira, mientras los halcones hambrientos acudían con humildad a la llamada del dueño –como la mesa de la parábola– y al final de salvaban. Éstas y otras imágenes afines eran el vehículo del adoctrinamiento vicentino, firmemente apoyado por un lenguaje sencillo y por bien escogidas referencias a la vida diaria de las gentes (Martín Rodríguez, 1981).

V. Ferrer se movió en la encrucijada entre los siglos XIV y XV. Posiblemente se producía por entonces, como ha sugerido Cátedra, una cierta transformación del sermón, que habría arrancado de la segunda mitad del XIV (Cátedra, 1994b). La vieja retórica escolástica se estaba sustituyendo por mensajes más afectivos, más dramáticos, envueltos incluso en un lenguaje militarizado –"torres", "fortalezas de la fe"–, normalmente más agresivos y abocados a la predicación de masas. Aunque particularmente Ferrer, al margen de la temática apocalíptica, no lo era, este tipo de predicadores exaltados se fue imponiendo desde la segunda mitad del XIV y ya en el XV. Bernardino de Siena, Juan de Capistrano, Girolamo Savonarola fueron notables ejemplos de predicadores europeos de este tipo. En la península, más que los sermones antiheréticos convencionales –Eymeric–, el sermón político o la sátira social *ad status*, que también existieron, fue la predicación antijudía la que contribuyó a perfilar la figura del predicador más duro y agresivo, apoyado en la invectiva y en los llamamientos a la violencia.

Y ello precisamente porque en el substrato antisemita popular hallaban los predicadores el refrendo para hacer la crítica protocolaria de los valores egoístas –la usura, el lucro...–, para la defensa de las creencias elementales del cristianismo –defensa de la ley evangélica, conceptos cristológicos y eclesiológicos básicos– y para el ejercicio de la unitariedad comunitaria basada en la demonización de la alteridad, todo ello de gran carga aglutinante y movilizadora, pero sin el riesgo de desestabilización subversiva. Por eso grandes predicadores adquirieron fama precisamente gracias a sus sermones antijudíos y en muchos casos como padres intelectuales de revueltas antisemitas. El franciscano Pedro de Ollogoyen pudo haber sido responsable desde sus predicaciones en Estella del *pogrom* de 1328 en el reino navarro. Y el arcediano sevillano Ferrán Martínez pasa por ser, desde sus incendiarias prédicas en la ciudad, el instigador del estallido del célebre *pogrom* de 1391. El caso de V. Ferrer es algo diferente, pues protagonizó importantísimas campañas antijudías en Aragón y Castilla, pero rechazaba los métodos violentos con firmeza. Durante el siglo XV la actividad antisemita más dura fue impulsada por predicadores como el bachiller Marquillos, defensor de la revuelta anticonversa toledana de 1449, o por el franciscano Alonso de Espina, infatigable predicador antisemita por tierras y ciudades del valle del Duero a mediados del siglo XV. Fue él quien hacia 1454, cuando le habían encargado predicar 22 sermones en Valladolid, difundió los bulos sobre crímenes rituales cometidos por judíos en la zona. Alonso de Espina se veía a sí mismo como un luchador *in extremis*: *"predicator evangelicus debet esse animo leo, quia non debet adversitate terreri, cogitans que est missus sicut agnus inter lupos"*, como un león que no debe aterrorizarse ante la adversidad pues ha sido enviado como un cordero entre los lobos. Y así concebía la lucha antisemita, como un acto de guerra, *de bello iudaeorum*, y sus tratados y sus sermones como misiones en defensa de la Fortaleza asediada de la Fe (Monsalvo, 1999). Unas décadas más tarde otro predicador antijudío, Juan de Santo Domingo, centró su actividad en Zamora, durante la década de los ochenta, y hacia 1491 se presumía que iba a haber *"escándalos e alborotos"* en la ciudad. Por entonces en Segovia el dominico Fray Antonio de la Peña movilizaba las masas contra los judíos mediante el empleo de recursos emocionales cargados de incitación a la violencia, como lo atestiguan documentos de la época: *"E llorando en el pedricatorio e comoviendo e provocando en las gentes synples a llorar con él e fasiendo otros abtos e cosas e grandes escándalos por donde toda la çibdad diz questá muy escandalizada e alborotada e que la cosa a llegado en tata confusión que a cabsa de los dichos sermones e pidricaçiones diz que algunas personas an dicho públicamente que den a las canpanas e vayan a robar la judería de la dicha çibdad"* (Suárez, *Documentos*, 1964: 251).

6.3. De la Escolástica al Humanismo. Apología y contestación de una teología académica y domesticada

6.3.1. Corrientes de pensamiento religioso

Durante el siglo XIII la Escolástica, en el período de su mayor esplendor, había construido un patrón de pensamiento teológico que parecía inexpugnable. El eje era el tomismo, la convicción de armonía entre razón y fe, es decir, la fundamentación filosófica de la teología, con la posibilidad de establecer una metafísica razonada a partir de las fuentes escriturísticas y el magisterio de la doctrina de la Iglesia, desde los Padres al propio Tomás de Aquino (†1274), quien había llevado a la más alta cima, en su *Summa Teologiae*, la síntesis entre el pensamiento aristotélico, la tradición católica y la metodología escolástica. El tomismo contraponía la materia a la forma, el cuerpo al alma, la existencia a la esencia, el mundo creado al mundo transcendente, siempre con una clara hegemonía de lo segundo en cada caso. Pero además proponía el acceso racional, puesto que, a partir de la convicción de que el ser individual, sensible, podía comprender la fe, y no tanto acceder por iluminación, el tomismo primaba el entendimiento sobre la voluntad. Esta metafísica tomista se presentaba entonces no sólo como justificación de los dogmas de la Iglesia, su genuino recinto cultural, sino como referencia explicativa globalizante de la moral individual y colectiva, de los regímenes políticos, de la filosofía natural, de la ética económica y de la teoría del conocimiento. Es evidente que todos estos campos se presentaban como meros apéndices de la Teología, presentada como omnicomprensiva ciencia que acaudillaba todos los saberes, inexorablemente ancilares. Y es por ello que el perfil del correcto creyente responsable de sus actos, las teorías políticas hierocráticas, la metafísica como explicación del mundo material, las doctrinas económicas del precio justo en los negocios o del interés de los préstamos, o el intelectualismo racionalista y gnoseológico, que fueron doctrinas imperantes de la plenitud del medioevo, se apoyaban en esta construcción teórica tomista. El siglo XIII había constituido el cenit de la misma.

Son bien conocidos, por otra parte, los debates y discusiones dialécticas entre distintos autores escolásticos, hasta el punto de convertirse tales pugnas filosóficas en la piedra angular del conocimiento escolástico, a partir de una *disputatio* iniciada con la referencia inicial de algún autor considerado como "autoridad". Ahora bien, todas estas discusiones y ejercicios dialécticos, cuando no artificiales aproximaciones sobre conceptos indemostrables, carecían de capacidad para impugnar las bases de pensamiento. No afectaban a la cosmovisión escolástica fundamental, al núcleo duro del pensamiento, que era la teología tomista en su esencia. Todavía en la segunda mitad del siglo XIII el edificio tomista seguía gozando de pleno apoyo. No es que no hubiera tímidas alternativas. De hecho las corrientes aristotélicas de los averroístas latinos, o la desconfianza franciscana de Duns Escoto (†1308) hacia el extremado racionalismo tomista insinuaban otras visiones del mundo, pero nada parecía resquebrajar el imperio de la teología racional basada en la metafísica y los métodos discursivos de la escolástica. El escotismo era una expresión de la crisis de la escolástica, ya que desde el agustinismo filosófico contraponía el voluntarismo al intelectualismo tomista y la intuición al conocimiento abstracto. Pero, aun así, no se derribaban los pilares de la Escolástica.

Sin embargo, desde el siglo XIV todo el sistema escolástico vio acentuada su crisis. Prosperaba el mencionado escotismo, también el agutinismo empírico de Rogerio Bacon (†1292), precursor de Ockham, o el mismo agustinismo filosófico y simbólico de un pensador tan personal como el mallorquín Llull (1232-1316). También se impugnaba el tomismo desde las ideas del maestro Eckhart (†1327). Su misticismo intuitivo, arraigado en los círculos devotos alemanes, recurría a la especulación, pero ya no basada en los conceptos abstractos y racionales de la escolástica, sino de la experiencia mística, dotando al misticismo de un valor gnoseológico y no sólo como mera dimensión contemplativa y complementaria de la razón teológica, como tenía (San Buenaventura) para la Escolástica clásica y su patrón filosófico.

Pero sobre todo fueron cayendo las bases doctrinales imperantes cuando comenzó a cuestionarse el poder de la Iglesia, en concreto del Papado como autoridad indiscutida, y cuando se propugnó el deslinde entre razón y fe. Sin olvidar la aportación contraria al poder papal de algún autor como Marsilio de Padua, que con su *Defensor Pacis*, escrito hacia 1324, reivindicaba el protagonismo de la comunidad como fuente y legitimidad del poder, quizá el autor más decisivo para ello fue Guillermo de Ockham (†1349). Compartía con Marsilio su concepción de una Iglesia democrática y separada del Estado. Pero su pensamiento contenía otras raíces subversivas, no de carácter político sino filosófico. Aplicando un nuevo sentido lógico, consideró que los llamados *"universales"* se reducían a meros términos o nombres. Para él, sólo existían los seres individuales, en los que coincidían esencia y existencia, sin escisión entre ellas. Advertía de lo inexacto de considerar como conceptos inmutables de la teología natural (tales como la misma existencia de Dios o tácitamente la misma doctrina oficial) los llamados *universales*, que no serían sino algo originado en la mente, no en las cosas; serían, pues, expresiones nominales irreales carentes de sentido ontológico y metafísico irrefutable. Su teoría del conocimiento se basaba en la intuición, la inducción y la experiencia, rechazando el conocimiento abstracto, ya que éste se centraba en la esencia de los conceptos universales, que Ockham no reconocía. Su *nominalismo*, como suele denominarse su revolucionaria corriente de pensamiento, suponía liberar la filosofía de su cautividad teológica y, sobre todo, llevaba a deslindar las supuestas verdades que formaban parte del mundo de la fe de aquellas otras cognoscibles a través de la lógica o bien mediante la experiencia. La teología racional ya no explicaría todas las cosas, abriéndose así el camino para interpretaciones religiosas más personales y menos oficiales. Por otra parte, la antropología filosófica occamista, al entender las acciones humanas como actos de libertad, propugnaba un voluntarismo ético de evidente raíz franciscana. De alguna manera, éste es el espíritu que preconiza la futura religiosidad o pensamiento de la Edad Moderna y que permite por otra parte ubicar en pleno siglo XIV el origen de las bases filosóficas de la cultura humanista, pero también del empirismo moderno, del racionalismo lógico no-metafísico o de las propias bases epistemológicas de las futuras ciencias experimentales. Es verdad que la realidad del pensamiento del siglo XIV distaba mucho aún de todos esos logros futuros. Pero sí se intuía el potencial subversivo de los argumentos novedosos.

Junto al tema de los *universales*, el otro gran debate del siglo XIV fue el de la pobreza. En especial fue agudo durante el pontificado de Juan XXII, de 1316 a 1334. La rama espiritual de los franciscanos, la más comprometida con los humildes, había introducido y popularizado hacia 1300 el debate a partir de la defensa a ultranza de la pobreza de Jesús y sus Apóstoles, con la evidente intención de que la Iglesia se alejara de la opulencia propia y de una descarada permisividad moral hacia los ricos, vicios sociales que aquéllos, con la bandera del ejemplo de San Francisco, reprochaban a la institución. El Papado, en las bulas *Quia nonnumquam* y sobre todo *Cum inter nonnullos*, de 1322 y 1323, fue zanjando la polémica, al considerar rechazable la tesis de que Cristo y los Apóstoles habían sido pobres, como propugnaban los franciscanos más radicales. El debate siguió, sin embargo. Autores como los citados Marsilio de Padua o Guillermo de Ockham figuran entre los defensores teóricos de la pobreza. Por otra parte, muchos franciscanos *espirituales* —contrapuestos a los más moderados *conventuales*— dieron un paso más y se hicieron *fraticelli*, ya condenados desde la constitución *Gloriosam Ecclesiam* por el mismo Juan XXII y que fueron perseguidos abiertamente, de modo que desde 1323 ser un franciscano *espiritual* era sospechoso de ser casi un proscrito.

A nadie se le escapa que, aunque eran cuestiones diferentes, el problema de los *universales* y el de la *pobreza* estaban concatenados, pues en ambos casos giraban en torno al problema de la autoridad del Papa. Fue ésta, por otra parte, la que constituyó el *leit motiv* del tercer gran debate bajomedieval de la Iglesia –al margen de las herejías–, el ya aludido del *conciliarismo*, aunque éste propio ya del XV. Se ve, pues, que las grandes controversias de la Iglesia entre 1350 y 1450, aproximadamente, estaban entrelazadas y se entiende perfectamente que las grandes corrientes de pensamiento religioso se polarizaran en torno a ellas.

Hay que reconocer que las aportaciones hispánicas a estas grandes corrientes y debates europeos fueron más bien modestas en los XIV y XV, si se exceptúan las que en este último siglo hicieron algunos sabios formados en Salamanca al debate sobre el conciliarismo, más arriba mencionadas. En el siglo XIV la ausencia de protagonismo hispánico había sido aún mayor. El occamismo estuvo casi ausente en los siglos bajomedievales o fue poco consistente, aunque sí sirvió de referencia para las controversias. La contraposición filosófica más visible se dio entre tomismo y escotismo. Estos últimos, entre los que destacaron Antonio Andrés (†1320), Guillermo Rubió, Álvaro Pelayo (†1349), Pedro de Atabarría o de Navarra (†1347) y Francesc Eiximenis (†1409) postularon una concepción filosófica y religiosa basada en el reconocimiento de la singularidad individual –en esto se aproximaban algo a los nominalistas–, una teoría del conocimiento voluntarista y un acercamiento a una mística más emocional que intelectual, de raíz agustiniana, lo que sedujo más fácilmente a los franciscanos. Frente a ellos, estuvieron los defensores de un naturalismo aristotélico racional y de una primacía del intelecto sobre la voluntad, aparte del realismo gnoseológico antinominalista, y esta corriente más ortodoxa fue, naturalmente, la posición seguida por los dominicos. Entre ellos Nicolás Eymeric (†1399), Pedro de Aragón, Juan de Monzón (†1412), Vicente Ferrer (†1419) o Juan de Torquemada (†1468), todos ellos teólogos de primera magnitud, dominicos y más o menos escolásticos convencionales.

Sin embargo escotistas y tomistas hispánicos no discreparon en los puntos esenciales sobre la autoridad papal y en relación con el nominalismo. Tomistas y escotistas, aunque con matices, tendieron a apoyar al papado frente a las posiciones de Marsilio de Padua y de Ockham, cuyas teorías democráticas rechazaron aquí unos y otros. La defensa de la hierocracia papal por parte del tomismo encajaba con su proverbial defensa de la ortodoxia y, por su parte, el escotismo franciscano se compadecía bien con su cosmovisión jerárquica e irracional, de corte neoplatónico y agustiniano, que bien podía ser aplicada a su concepción eclesiológica, algo claramente expuesto por ejemplo en *De statu e planctu Ecclesiae* de Álvaro Pelayo, pero que también formaba parte del pensamiento de Eiximenis, defensor de la jerarquía papal, en contraste con sus más avanzadas ideas sociales. Es por eso que el autoritarismo papal no fue impugnado tanto desde las doctrinas de los representantes intelectuales más genuinos de las órdenes principales, dominicos y franciscanos, y sus respectivas concepciones tomista o escotista, sino que fueron algunos teólogos conciliaristas, laicos o miembros del clero secular, los mayores artífices de estas posiciones ya en el XV, como se indicó. Y en lo que respecta al nominalismo como doctrina, tomistas y escotistas lo criticaron y conformaron un único frente "realista" o antinominalista. Esta *via antiqua* siguió siendo prácticamente la única preponderante en las escuelas conventuales y en la propia universidad (García García, 1989: 52), de modo que la *via moderna*, la de Ockham, es decir, la *nominalista*, como corriente de pensamiento fue casi olvidada y no penetró hasta el Quinientos en el ámbito hispánico.

De modo que las corrientes doctrinales preponderantes en los reinos hispánicos bajomedievales no se caracterizaron por su vanguardismo o su apuesta innovadora. Hubo, sin embargo, más allá de las ideas filosóficas sobre el nominalismo y el papado, una interesante contraposición entre dos formas de espiritualidad que más o menos se corresponden con las dos principales sensibilidades religiosas entre los frailes.

En efecto, da la impresión de que se desgarraba la *intelligentzia* mendicante en una tensión que afectaba a los principios fundamentales. Uno de sus extremos sería el de una desmesurada autoconfianza en la racionalización especulativa, capaz de elevar el conocimiento escriturístico y la teología moral académica al más alto pedestal teológico, fruto de una conformista –por racionalista hasta el paroxismo– imagen del mundo. El saber teológico era gozosamente percibido como poder y a ello se ajustaba la praxis. Mientras que en el otro extremo los que nos permitiríamos casi llamar "antiteólogos", o teólogos críticos, desde una percepción pesimista –incluso por ser algo más empírica– del mundo, contraponían a la vanidad escolástica de aquéllos un ideal de pureza evangélica muy diferente, anclado en la confianza mística, los anhelos proféticos y en una praxis de pobreza voluntaria ejercida con rigor, pero con el aliciente de una religiosidad afectiva. A menudo esto llevaba a cierto antiintelectualismo. Pues bien, podría, sin duda, asociarse respectivamente a dominicos y franciscanos –franciscanos *espirituales* genuinamente, pero también los *conventuales*– con una y otra concepción religiosa. No es casual que los dominicos se identificasen con el poder y el saber oficial, mientras que los franciscanos –o también los agustinos, que tenían posiciones afines– optaran a veces por practicar de hecho o dar seriedad efectiva a una austeridad personal e intelectual, como se ve por ejemplo al comprobar cómo en 1435 alumnos y profesores franciscanos y agustinos se retiraron de la universidad salmantina (García García, 1989: 51). También era éste el espíritu que animaba a los miembros de la Orden Terciaria o Tercera de los franciscanos, donde hombres y mujeres piadosos, aunque seglares, intentaban servir al ideal evangélico dentro de un compromiso vital bajo la supervisión conventual franciscana.

Es, pues, lícito asociar ambas corrientes espirituales a una u otra orden religiosa. Pero probablemente latían bajo estas posiciones aparentes dos corrientes más profundas, ambas ortodoxas y oficiales, que trascendían las barreras visibles entre dominicos y franciscanos: una de ellas estaba marcada por el respeto a una religión formal, ritual y racional; otra era defensora de la sencillez formal, la sobriedad espiritual y el apasionamiento sincero por la pobreza evangélica. En definitiva, dos maneras esencialmente diferentes de entender la religión, el saber religioso y el compromiso vivencial de los creyentes, más allá de adscripciones concretas.

Ahora bien, esta contraposición, pese a su rotundidad, no agotaba todas las posibilidades espirituales relevantes. De la estricta *observancia* y la recuperación de la pureza monacal se ha hablado antes (apartado 6.1.2) como efectos del afán de reforma impulsado por la misma iglesia y los reyes, que era una vía de superar el estado de crisis existente. Pero otras dos vías más, cada una con varios itinerarios en su interior, compitieron en ocasiones con las grandes corrientes antes citadas. Por un lado, la tentación de dar cobertura a la heterodoxia con la coartada del penoso estado espiritual del clero y la iglesia oficial. Por otro, la apertura de cauces de espiritualidad hasta entonces poco frecuentados, sobre todo la búsqueda de una espiritualidad más personal y responsable. Una y otra vías se dieron en los siglos XIV y XV, aunque da la impresión de que la tentación heterodoxa arraigó más en el Trescientos y la nueva espiritualidad personal progresó fundamentalmente en el siglo siguiente.

6.3.2. Disidencias y heterodoxias

Al existir en el período la noción de doctrina oficial, es decir, aquella que la Iglesia consideraba como tal, la exposición de pensamientos que no encajaban con ella podía colocar a quien los expresara en una situación de sospecha e incluso de proscripción y persecución. El caso extremo serían los considerados "herejes". Hubo, sin embargo, situaciones que, sin llegar a ser tildadas de herejías, eran condenadas. Incluso las opiniones "profesionales" de teólogos solventes. Es conocido el caso de las doctrinas del teólogo Pedro Martínez de Osma, profesor de Salamanca. Las posiciones penitenciales de este eminente teólogo fueron condenadas. Enfrentado en la universidad al ortodoxo Juan López de Salamanca, es sabido que un tratado de Martínez de Osma, *Tractatus de confessione*, escrito en 1476, fue quemado poco después, en 1479, retractándose el autor de sus posiciones. En la obra, que sin embargo no pretendía impugnar la doctrina católica convencional, se criticaba la concepción imperante sobre la penitencia o las indulgencias, una práctica cuyo mercadeo e hipocresía mucha gente conocía. Incluso se ha querido ver que se apuntaban unos postulados en sintonía con los de Wycliff y cercanos a unas posiciones sacramentales del tipo de las que más tarde postularían los luteranos. Pero, claro está, todavía esta reforma doctrinal habría sido prematura. Aunque es posible que la Iglesia intuyera ya en su momento la peligrosidad de este tratado, lo cierto es que el hecho de la condena y quema del libro debe considerarse excepcional en la época, aunque también es reseñable el hecho de que pudiera hacerse. Generalmente, la Iglesia ofrecía mayor elasticidad en el debate doctrinal cuando no se trascendía la especulación académica. Y de ahí que no sea habitual encontrar, a diferencia del caso citado, drásticas condenas a teólogos cuando no tenían detrás un cierto eco social.

En efecto, éste era el verdadero peligro para la Iglesia, que unas determinadas posiciones teológicas y espirituales infectaran al cuerpo social, bien a colectivos significativos del clero, bien a los mismos laicos. Dentro de esta rúbrica, sin llegar a ser calificados de herejías, hubo durante el siglo XIV algunos movimientos de disidencia que fueron condenados por la Iglesia. En el notable libro de Pou y Martí, reeditado hace años, se da cuenta de la actividad de *espirituales* radicales, los *fraticelli*, y de visionarios apocalípticos en los territorios de la corona de Aragón, que parecen haber sido los más afectados (Pou y Martí, 1991). Era un problema europeo. El joaquinismo profético, con su idea milenarista de una Edad del Espíritu que habría de venir a finalizar las superadas Edad del Padre y Edad del Hijo, se había ido cargando a lo largo del XIII de mensajes apocalípticos, ya presentes en el propio fundador Joaquín de Fiore (†1202). Por su parte, el radicalismo social de los franciscanos *espirituales*, con su pertinaz obsesión por la pobreza y la perfección evangélicas, defendida con ímpetu por Juan Olivi a fines del XIII, se había fundido entre algunos sectores *espirituales* con ese milenarismo profético ya antes del 1300. La punta de lanza de esta explosiva mezcla de ideas la constituyeron los *fraticelli* o "hermanos de la pobreza", que a principios del XIV podían fácilmente aplicar su apocalíptica idea del Anticristo al repudiado Papado y la Iglesia oficial. Pues bien, las ideas de los *fraticelos* penetraron con cierta fuerza en la corona de Aragón, en especial en Cataluña, al igual que había ocurrido en regiones de Francia e Italia. Uno de los más célebres intelectuales de la época, Arnaldo o Arnau de Vilanova (1238-1311) estuvo vinculado a esta corriente, pese a no formar parte de la orden franciscana y pese a dedicarse también a la ciencia médica. Sus posiciones teológicas, críticas con el escolasticismo vigente, su propuesta de una escatología apocalíptica –rechazo de la

Ley Antigua frente a los *heraldos* del Nuevo Testamento, que renovarían la Cristiandad–, su propuesta de una espiritualidad rigurosamente evangélica, fueron condenadas. Fernández Conde piensa que más que del dogma se ocupó de la moral, lo que le convirtió en un anticlerical convencido, y de ahí la animadversión eclesiástica (Fernández Conde, 1994: 464-466, 468). Pese a ello, sus ideas se propagaron. Incluso en su vertiente profética, como ha señalado Guadalajara Medina. De hecho, fue bastante célebre su *Tractatus de tempore adventus Antichristi et fine mundi* (Guadalajara, 1996: 195, 200).

A lo largo del siglo XIV las ideas de pobreza extrema y la profecía apocalíptica de proximidad del fin del mundo –signos anunciadores, "emperador de los últimos días", llegada del Anticristo– defendidas por los *fraticelos* siguieron expandiéndose, pese a estar condenadas por el concilio de Vienne de 1311 y por las citadas bulas de Juan XXII de 1322 y 1323, entre otras disposiciones. En general, tales ideas trascendían el ámbito de los frailes y se extendían como la pólvora entre el laicado a través de dos vías: el fuerte beguinismo, muy consistente al parecer en Cataluña, donde existían comunidades de este tipo; y la Orden Tercera de San Francisco, perfectamente acondicionada para acoger precisamente las aspiraciones de vida evangélica estricta por parte de los laicos. Se conoce la identidad y actividad de algunos seguidores relevantes del siglo XIV, tanto frailes como *beguinos* y *begardos*, sobre todo catalanes, en la corona de Aragón gracias la acción represora inquisitorial, con Nicolás Rosell y su sucesor desde 1356, el citado N. Eymeric, autor del *Directorium Inquisitionis*, así como por otras referencias rastreadas por Pou y Martí: hubo grupos proféticos en Gerona, como el de Durando de Baldach en el primer tercio del XIV; grupos en Barcelona, como el del mallorquín Pedro Oller y el de Bonanat, hacia 1320-21; otros grupos en Tarragona, así como en Valencia... Hubo personajes relevantes en las décadas siguientes, como fray Jean de Rocatallada (†1365) –conocido también como Juan de Rupescissa o Peratallada–, defensor de las ideas de los *fraticelos* y profeta nada menos que del Cisma y de un antipapa, profecía que expuso hacia 1350 en su *Vade mecum in tribulatione*; el infante Pedro de Aragón (1305-1381), cuarto hijo varón de Jaime II, seguidor de estas ideas en la madurez de su vida, cuando se hizo franciscano, propagador de las ideas arnaldistas y de los *fraticelos*, así como profeta peculiar, que vinculó el referente del futuro "emperador de los últimos días" a un rey de la casa real catalano-aragonesa (Guadalajara, 1996: 227); el ermitaño lullista Pere Rosell, fustigado por Eymeric por seguir las profecías joaquinistas; el *fraticelo* Arnaldo Muntaner, predicador de Puigcerdá a mediados del XIV y cuya doctrina es conocida por el *Directorium:* defendía la pobreza absoluta de Jesús y sus discípulos, decía que ningún franciscano podía condenarse, que San Francisco sacaba almas del purgatorio una vez al año y que la orden franciscana duraría siempre (Pou y Martí, 1991: 32, 193-202, 259-262).

Hay que decir que estos personajes defendieron postulados que fueron condenados, pero no quiere decir que siempre fuesen castigados como herejes propiamente dichos. La calificación de visionarios, apocalípticos y disidentes parece más pertinente para referirse a ellos, salvo en el caso de los *fraticelos* estrictamente, que sí sufrieron excomunión, persecución, cárcel y otras penas. El caso de Arnaldo Muntaner, perseguido y huido lejos de Occidente, es el más claro de la persecución como hereje. Pero no es generalizable. Hay que decir que las doctrinas como tales no eran sinónimo siempre de proscripción jurídica. Incluso habría que subrayar que las ideas apocalípticas en sí mismas formaban parte del cuerpo doctrinal de la iglesia, a veces puestas bajo sospecha, aunque aceptadas sin problema si no iban acompañadas de un maximalismo anticlerical –como identificar el Anticristo con el Papa, por ejemplo– ni insuflaban necesariamente un contenido subversivo a la sociedad. En este sentido, es conocido por ejemplo que las imágenes apocalípticas eran utilizadas por Vicente Ferrer en sus sermones y no por ello fue proscrito, sino todo lo contrario. Vicente Ferrer tuvo en 1398 una visión en la que se le aparecieron Santo Domingo y San Francisco y le escogieron para la misión evangelizadora. De hecho, a Ferrer se le conoce como "Ángel del Apocalipsis", como se ha dicho, porque así se calificó a sí mismo en un sermón en Salamanca en 1412: citando el anuncio del Apocalipsis de San Juan donde se dice que *"vio un ángel que volava por medio del çielo, que evangelizava e demostrava el evangelio senpiterno a todas las gentes",* el egregio predicador añadía *"Catad aquí la actoridat; que yo só éste por quien sand Johán escrivió esto. E estó en este lugar. Lo que dize que volava por medio del çielo e non en el çielo nin en la tierra, sinon entre el cielo e la tierra, como yo, estando e predicando cada día"* (Cátedra, 1994: 632). Y lo mismo puede decirse de Eiximenis, quien compuso antes de fin del Trescientos un tratado basado en el profetismo joaquinista, *De triplici statu mundi*, donde justificaba las célebres tres edades del monje italiano, por no mencionar la misma *Vida de Jesuchrist*, importante obra del gerundense en la que se daba cabida a la escatología joaquinista. En esta obra, y ha sido resaltado (Guadalajara, 1996: 209), incluía Eiximenis vaticinios proféticos varios, como las enigmáticas alusiones a plagas enviadas por Dios, o el Cisma de la Iglesia –a esas alturas tenía menos mérito indicarlo–, durante el cual *"se levará un mal príncipe que ab ajuda d'altres sostindrá un mal Papa"*. Algunas de las profecías joaquinistas circularon asímismo en otros círculos nada sospechosos. Por ejemplo en versiones castellanas del siglo XV de la vida de San Francisco, como el *Floreto de San Francisco*, que versionaba la obra latina de Bartolomé de Pisa (†1401) y otras compilaciones franciscanas, donde se contenían algunas profecías de Fiore, como la célebre de los *Duo viri*, referida, como es sabido, a los dos fundadores de las dos principales órdenes mendicantes, pero que se asociaba además a la responsabilidad de los frailes en el advenimiento de la Nueva Edad que aquéllos, con su misma existencia, en especial los franciscanos, habían venido a preludiar. Es decir, puede sugerirse que existió una corriente apocalíptica y profética más o menos aceptada y conocida, que sólo cuando se asoció a la defensa por frailes o *begardos* de las tesis radicales de la pobreza, o al anticlericalismo activo, fue perseguida. No es que esta premisa funcionara como una regla automática, pero sí da cuenta del ambiente en el que se desenvolvieron las ideas de los visionarios y disidentes.

La situación podría ser extensible tanto al siglo XIV como al XV, aunque hay algunos matices. En este último, y en todos los reinos hispánicos, hubo ciertas novedades ya previamente a la instauración de la Inquisición real o moderna: parece que las posiciones radicales en el tema de la pobreza se apaciguaron en términos relativos; que tras la superación del Cisma fue cerrándose la llaga del desprestigio eclesiástico, aunque todavía "supuraba", podríamos decir; y también parece que tuvo efecto el hecho de que las reformas de las órdenes acaecidas a fines del siglo, con la *observancia*, la potenciación de las órdenes terceras y las nuevas congregaciones, dieron cabida a la posibilidad de llevar una vida estricta, de rigor evangélico, sin por ello convertir estas naturales inclinaciones ascéticas de clérigos y laicos en comunidades militantes sospechosas o enfrentadas al poder, como había ocurrido en el siglo anterior.

Hubo, sin embargo, grupos heréticos declarados en el siglo XV con la misma lógica que en épocas pasadas. En la primera mitad del siglo actuaba en Aragón y Cataluña la llamada *"congregación de la capuchita"*. El fundador habría sido el predicador Felipe Berbegal, integrante de la reforma observante franciscana. Los *capuchos*, que se distinguían por llevar un hábito más corto y una capilla más pequeña, fueron en un principio aceptados y protegidos, pues era una de las expresiones de la *observancia*. Todavía hacia 1426 el papa Martín V les otorgaba licencia para fundar conventos en Castilla. Pero unos años después las cosas cambiaron. Las invectivas de Berbebal contra los *conventuales* alertaron a Juan de Capistrano y al papado, probablemente asustados ante el riesgo de una posible nueva ruptura franciscana, en este caso entre *conventuales* y *observantes* –partidarios de seguir la regla con total austeridad–, de similar efecto a la acaecida en el XIII entre *conventuales y espirituales*. Por ello Berbegal y sus *capuchos* vieron cómo sus proposiciones eran refutadas, sobre todo por Capistrano, sus congregaciones anuladas y su doctrina condenada por bula papal de Eugenio IV de 1431. Una comisión cardenalicia en 1434 ratificaba la condena de Berbegal, calificado de *begardo* y asociado nada menos que a los husitas, que era un fácil *topos* de descalificación para declarar a alguien miembro de una secta proscrita, aunque no tuviera nada que ver con el movimiento bohemio. El rastro de Berbegal se pierde desde entonces. Se sabe que en aquellos años contaba con seguidores sobre todo en la corona de Aragón. Existían por ejemplo grupos de *beguinas* vinculadas a la Orden Tercera en Barcelona y Valencia. Seguidores de Berbegal eran algunos religiosos que se dedicaban a predicar y propagar sus ideas por muchas partes: Pedro de Barcelona, Alfonso de Spagia, Martín de Fontana, Ángel de Tovar, entre otros, quizá también entre ellos un tal fray Guillem, quizá Guillermo de Albusa, que predicó en el Duranguesado, lo que podría tener alguna relación con la célebre herejía de esta comarca (Pou y Martí, 1991: 264-269, 284-285).

La herejía de Berbegal se había hecho conocida en círculos cultivados a mediados del XV. El teólogo ortodoxo Juan López de Salamanca (Juan López de Zamora, según algunos), profesor de la Universidad de Salamanca, arremetía contra los *capuches* y su fundador en su *Libro de los evangelios moralizados*, escrito antes de 1460, según Manuel Ambrosio Sánchez (Sánchez Sánchez, 1998: 91), quien da cuenta de este autor. Juan López, tras asimilar a Berbegal y los suyos con los *"boemios"* atribuía intenciones criminales a esta congregación proscrita: *"todos los pueblos donde quiera que assientan estos herejes capuches, todos son con ellos, e quieren matar a otros qualesquier religiosos que contra ellos abren las bocas; no acatan estos gargantones nesçios, que se dizen fijos de Sant Françisco e non lo son, mas disçípulos del Antechristo..."*. El mismo Juan López en otros pasajes incluía a Berbegal y los suyos entre las grandes herejías, *"como fue frai Gaudio en Portugal e en Cataluña frai Vervegal, e frai Guillem en Viscaya [...] que su eregía es vana destos capuchos e valdenses, condepnada e reprovada por Johan vicessimo segundo ha más de çient años"*.

Precisamente la mención al "fray Guillem en Vizcaya" hace referencia sin duda a la llamada "herejía de Durango", zona donde este fraile debió de estar predicando, según datos del libro de Pou y Martí. De todos modos, los herejes de Durango, un movimiento iniciado hacia 1425, tenían algunas claves propias, que han intentado descifrar algunos estudios, entre los que destacan los de Avalle-Arce, Meseguer Fernández y más recientemente García Fernández (García Fernandez, 1994; 1999). En esta comarca vizcaína el personaje más importante fue el franciscano Alonso de Mella, hermano del célebre cardenal, que consiguió aglutinar una comunidad y un movimiento de contestación a la Iglesia desde los años veinte del siglo XV hasta los años cuarenta, en que el movimiento fue reprimido, con huida del principal artífice y quema de algunos herejes. El fenómeno de los herejes de Durango, que tradicionalmente se asocia a una manifestación más del célebre movimiento del Libre Espíritu, ofrecía factores propios, pero no tanto por una supuesta idiosincrasia de creencias de los habitantes —como a veces se ha dicho— sino por factores más o menos idénticos a los de otras partes, que confluyeron en un momento dado. Entre ellos, una conciencia de marginación por parte de la Iglesia —desprestigiada por otro lado como institución–, la existencia de varios beaterios femeninos en la comarca y la presencia y actividad de franciscanos radicalizados. Las críticas a la propiedad privada de bienes, la desconfianza hacia la práctica sacramental –dudas en el significado cristológico de la Eucaristía sobre todo– y la esperanza mesiánica en el advenimiento del Espíritu Santo podemos pensar que no eran sino una expresión típica más de ese cristianismo subversivo tan propio de la cultura popular y del franciscanismo contestatario. Pero sirvió para justificar la represión del movimiento, completada hacia 1445. Lo cierto es que este movimiento, obsesionado por la pureza comunitaria, la perfección personal, el pudor y la austeridad evangélica, fue presentado en cambio por sus detractores, en las décadas siguientes a su represión, como un ejemplo de libertinaje sexual promovido por los franciscanos. Como decía la versión de la *Crónica General* escrita unos años después, *"la mayor parte de las mujeres de aquella tierra dexaron a sus maridos, e las moças a sus padres e madres, e se fueron con los dichos frailes e con mucha compaña de omes que los acompañavan por las montañas y por las cuevas dellas, e facían adulterio e fornicación los omes e los frailes con ellas e con las que querían, públicamente, diciendo ¡Aleluya y caridat!"*.

Es evidente que nadie podía contrarrestar la difusión de burdas acusaciones como las descritas y otras manipulaciones de la opinión pública, dispuesta a dar por bueno cualquier relato con tal de que se presentase bajo el formato del estereotipo morboso. Naturalmente, resulta indiscutible que esta función manipuladora correspondió a la Iglesia oficial. Fue ella quien detectó, tergiversó y magnificó unos movimientos que, sin duda, fueron pequeños, localizados y exentos de los peligros que se les atribuían. Esto es aplicable a los herejes de Durango, a los *capuchos* de Berbegal y a otros posibles movimientos a fines del siglo XV. Que se les asociara con los valdenses, los husitas o los *begardos* no es más que la típica demonización y criminalización de tales movimientos, de los que hoy se sabe que, salvo en el caso quizá de los más fácilmente homologables *fraticelos*, no eran extensiones hispánicas de las grandes herejías europeas.

Precisamente cabe preguntarse por la ausencia de grandes herejías en la península durante el siglo XV, herejías masivas, populares y fuertemente arraigadas. La pregunta resulta capciosa, toda vez que la Iglesia demostró que "necesitaba" enemigos de la fe auténticos o imaginarios para reafirmarse. Hace años que sugeríamos que la auténtica gran herejía hispánica fue la herejía conversa, ya que satisfacía plenamente esta curiosa "demanda" de la Iglesia del Cuatrocientos. Convertidos en enemigos interiores del cristianismo, los conversos no eran peligrosos por su criptojudaísmo, así lo pensábamos, sino porque podían cuestionar desde dentro los pilares del orden eclesiástico. Por eso fueron vistas muchas creencias como heréticas cuando eran defendidas por exjudíos o sus descendientes, o se supuso contenido converso a disidencias varias, aunque no fueran promovidas por este grupo. Los conversos fueron la gran coartada para que la Iglesia pudiera ejercitar su imprescindible guerra antiherética. Hombres como Alonso de Espina o Tomás de Torquemada supieron además convertir esta misión en proyecto de estado. La Inquisición, la nueva Inquisición fundada por los Reyes Católicos, venía así en 1478 a completar el ciclo de la represión de la disidencia. Realmente cuando empezó a actuar sólo tenía a los conversos como objetivo explícito, y fueron ellos los primeros quemados en los años noventa. Pero tenía también la tácita función de imponer un único orden espiritual indiscutido y continuar el viejo itinerario seguido antes por la Iglesia medieval.

Letrán IV y las *Decretales* de Gregorio IX en 1234 habían prohibido a los laicos la predicación sin licencia eclesiástica; se les prohibiría tiempo después debatir cuestiones religiosas; el recurso exclusivo a la excomunión era tan frecuentemente usado por la Iglesia que algunos sínodos, como el de Salamanca de 1410, aconsejaban que no se excomulgase *"por cosa de muy pequeña quantía e de poca facienda"* y las Cortes de Madrigal de 1438 (*Cortes*, 3: 352) reprochaban a la Iglesia que abusara de esta prerrogativa; algunos franciscanos y simples creyentes piadosos estaban bajo sospecha y algunos papas habían considerado herético defender, tal como decía el evangelio, nada menos que la pobreza de Jesús o denunciar los excesivos lujos de los servidores de Cristo. Toda esta línea de represión ideológica medieval puede verse refrendada, pues, en el establecimiento de la Inquisición, como se ha indicado.

6.3.3. Hacia una nueva espiritualidad personal

El período bajomedieval cobijó también una cierta apertura hacia formas espirituales nuevas, que no desafiaron a la institución eclesiástica con tanta aspereza como para ser declaradas heréticas, y ni siquiera se pudieron identificar como expresiones de anticlericalismo subrepticio. Es más, incluso eran a menudo estimuladas como parte de la propia renovación de la Iglesia, pese a que a veces contenían elementos que escapaban al cristianismo convencional, elementos no tanto de naturaleza doctrinal sino de contenido humano y espiritual. En el pluralismo reconocido de estas vías de espiritualidad y en el sentido personal de las mismas muchos autores, como Sanz Rodríguez, Fernández Conde y otros historiadores de la Iglesia y la espiritualidad, han querido ver indicios del humanismo y de unas formas de religiosidad avanzadas para su época (Sanz Rodríguez, 1980; Fernández Conde, 1994).

Los benedictinos *observantes*, los cartujos, los jerónimos, desde sus respectivas fundaciones, o los agustinos, las clarisas, los franciscanos –*conventuales, espirituales* y *observantes*–, los *beatos* y *beguinos*, junto con algunos miembros del clero secular –en el que se incluían algunos conversos– fueron los principales impulsores de las nuevas formas. Cada una de estas vías de servir a Dios presentaba matices en sus expresiones espirituales y actitudes religiosas regladas. Se ha mencionado más arriba. Pero, por encima de sus peculiaridades, ¿había algún común denominador que dé pie para hablar de una nueva espiritualidad en los siglos XIV y XV?

Lógicamente, tal posible fenómeno se manifiesta en la obra y ejemplo de autores conocidos, que dejaron huella en la historia espiritual hispánica. Pero hay que ver estos autores como testigos, como representantes de las corrientes de fondo que sacudían la sensibilidad y las emociones religiosas del más humilde fraile o del creyente anónimo. Hay que tener en cuenta que el desprestigio de la Iglesia institucional desde el XIV, antes y durante el Cisma, sobre todo, fue percibido como un trauma. De modo que, al margen de los que se salieron de la doctrina oficial, muchos otros clérigos y laicos preparados, en especial de las órdenes y sensibilidades religiosas citadas, afrontaron la superación del trauma como un desafío personal o colectivo y se percataron de que las respuestas convencionales de la Iglesia, empezando por los mismos instrumentos de fe, eran insuficientes, cuando no contraproducentes. Como personas instruidas, tampoco podían satisfacer sus ansias religiosas con el ritualismo externo de las celebraciones litúrgicas, la trivial devocionalidad popular y el ceremonialismo formal del catolicismo parroquial y dominical, de romerías, procesiones y fiestas patronales, en definitiva, un catolicismo ruidoso, superficial y huero, que poco tenía que ver con el sentimiento religioso profundo. Exigían otras respuestas.

El personal compromiso de cada uno con su vocación en su convento o iglesia, la *observancia*, la cartuja, la orden jerónima, o la simple congregación de laicos devotos, fue en cada caso la primera apuesta vital de la búsqueda. La segunda y paralela fue el respaldo de estas actitudes vocacionales con una nueva cultura religiosa o, si se quiere, con muchos hilos diversos que, desde cada morfología congregacional y sensibilidad peculiar, convergían en un punto de fuga coincidente: una religiosidad de carácter más personal y humanista, que había emergido en el siglo XIV, coincidiendo con la aparición en Países Bajos y Alemania de la *Devotio Moderna*. Ésta alcanzó en el Cuatrocientos su reconocimiento como corriente de pensamiento religioso pujante y llegó entonces incluso a ser relativamente popular. Aunque no se iniciaba la nueva espiritualidad desde el XIV *ex nihilo*, y ahí está por ejemplo San Buenaventura, o el itinerario espiritual del San Agustín de las *Confesiones* –por cierto, lectura espiritual frecuente para muchos en el siglo XV– no es difícil indicar qué rasgos innovadores presentaba la nueva religiosidad de los dos últimos siglos medievales: la propuesta de un acercamiento no dirigido de los fieles a las Sagradas Escrituras, en la línea de la *"Imitación de Cristo"*

–la obra de Tomás de Kempis, escrita hacia 1427–, actitud que llevaba a resaltar el protagonismo de la Revelación y el conocimiento de las enseñanzas de Cristo en la formación del cristiano; la preferencia por la teología mística y espiritual frente a la teología dogmática y la teodicea, por otra parte algo que estaba en relación con la crisis de la Escolástica, lo que en ocasiones se traducía en una aguda desconfianza hacia los saberes intelectuales y la soberbia especulativa universitaria, aunque en esto tan sólo ofrecieron congruencia los nuevos monjes, algunos agustinos y los franciscanos reformados; el énfasis en las cuestiones morales; el interés temático por la vida de Cristo, la Pasión, o la Virgen, así como una ética penitencial más flexible, acorde con la responsabilidad soteriológica personal que se adjudicaba al cristiano en la época; la elección de una metodología religiosa basada en la afectividad y la serena satisfacción interior del alma mediante el recogimiento, la sencillez de vida, la lectura y la serena meditación, convirtiéndose el ascetismo –e incluso la austeridad monacal– en un valor religioso en alza, se siguiese o no personalmente; la obtención, en esta línea, de un prestigio social para una experiencia de renuncia y piedad específicamente femeninas sin romper con los cauces de sociabilidad reglados del convento y sobre todo de la propia vida familiar; el énfasis, en fin, habitual al aunarse las exigencias moralizantes y el recogimiento interior, en unas experiencias religiosas intimistas y contemplativas; esto último en ocasiones se tradujo en un ambiguo regusto por las actitudes estoicas y senequistas, las lecturas espirituales consolatorias o la exacerbación de los tópicos del fatalismo y la resignación, aunque esto ya genuinamente en el plano de las corrientes de pensamiento que supieron extraer de los antiguos clásicos las necesarias referencias culturales que exigía la renovación cristiana de las mentes más inquietas.

Todos o parte de estos contenidos fueron, en suma, los de una literatura religiosa vanguardista que empezó a florecer en el XIV, aunque alcanzó su mayor auge en el siglo siguiente. En pleno siglo XIV, aparte de los autores proscritos –Vilanova, Muntaner– habría que valorar sin duda la obra espiritual de autores como Bernardo Oliver (†1348). Este agustino valenciano mostró en su *Excitatorium mentis ad Deum* su fuerte impulso ascético al escribir sobre el anhelo del alma en su búsqueda contemplativa de Dios (Sanz Rodríguez, 1980: 510). Las aportaciones espirituales de autores algo posteriores que vivieron a caballo de los siglos XIV y XV, y murieron en este último, fueron sobresalientes. Uno de los principales fue el célebre Eiximenis (†1409), interesante pensador también sobre otros aspectos de la sociedad. El polígrafo gerundense escribió algunas obras de fuerte contenido ascético-místico, como su *Vida de Jesuchrist*, hacia 1397-98, donde mostraba el camino para vencer la tentación, o el *Llibre dels àngels*, de 1392, donde aparecía la preocupación por los itinerarios espirituales del alma contemplativa, al igual que en su *Tractat de contemplació*, que enseña al alma *"per fer preparació a contemplar e inflamar-se en l'amor del Senyor"*. Vicente Ferrer (1350-1419), aunque no destacara especialmente en esta faceta, no debe olvidarse tampoco entre los autores espirituales. Sus contenidos se hallan entre sus *Sermones*, pero también escribió un *Tractatus vitae spiritualis*, de contenido ascético y penitencial. Su hermano Bonifacio Ferrer (†1417), que llegó a ser General de la Cartuja, ayudó a dar contenido al neomonaquismo bajomedieval. Quizá el más representativo de los autores espirituales del período de tránsito entre los siglos XIV y XV es Pedro Fernández Pecha (†1402), fundador de los jerónimos y guía de esta corriente espiritual. Dedicado a la oración, la penitencia y la mortificación, desconfiaba de las vanidades intelectuales, por lo que evitó emitir doctrina. Sin embargo, los *Soliloquios*, que se le atribuyen, son una muestra de la mejor literatura ascética, en la que se describe el diálogo entre el alma y Dios y las inquietudes de piadoso recogimiento interior (Sanz Rodríguez, 1980: 522-537).

Como es lógico, en el siglo XV, a medida que el humanismo situaba la persona humana como centro del mundo y la *devotio moderna* se expandía por Europa, los autores espirituales hispánicos ahondaban las líneas iniciadas, sin que se puedan seguir todas y cada una de las aportaciones más allá de un escueto enunciado. Es evidente, por ejemplo, que la espiritualidad de los jerónimos siguió básicamente asentada en Pecha. En una línea semejante se fue asimismo consolidando la austeridad monacal de la prestigiosa congregación de los benedictinos *observantes*. A fines del siglo XV el impulso iniciado en San Benito de Valladolid alcanzaba cotas de gran solidez llegando hasta Montserrat. El abad de Montserrat, García Jiménez de Cisneros, primo del célebre cardenal, fue el principal artífice y ofrecía justo al finalizar el siglo un *Exercitatorio de la vida espiritual*, que se inscribe ya en la ascética de los Tiempos Modernos, pero que, como se está comprobando, tenía sus raíces ancladas en tiempos muy anteriores. Esto podría por ejemplo aplicarse al agustino Lope Fernández de Minaya, que escribió en la primera mitad del siglo XV. Fue autor del *Espejo del alma*, de otra obra titulada *Tratado breve de la penitencia* y del *Libro de las tribulaciones*, obras en las que se aprecia la tendencia de la época a resaltar los aspectos de la conciencia y la penitencia. Y lo mismo cabría señalar a propósito del canónigo barcelonés y embajador en el concilio de Constanza, Felipe de Malla (†1431). En su *Memorial del pecador remut*, escrita en catalán, el autor se vuelca en elogios a María dentro de una religiosidad donde predominaba el mensaje de amor, el ascetismo y la contemplación. Son temas largamente tratados por los autores del XV hasta el comienzo de los Tiempos Modernos, como lo demuestran las obras de Pedro Jiménez de Préxano o Ambrosio Montesino, ya en el límite del período. Pero lo mismo habría que decir de las *Coplas de Vita Christi* escritas en 1467-68 por el franciscano fray

Íñigo de Mendoza, obra espiritual de un autor socialmente crítico, al que no sin fundamento se le han atribuido obras de poesía de protesta.

La espiritualidad renovada del XV, hay que subrayarlo, era tan consistente que en ese siglo hasta la orden más reacia a los cambios, la dominicana, se vio influida, suavemente, eso sí. Un caso notable fue el de Antonio Canals (c. 1352-1418), dominico coetáneo de Vicente Ferrer y vinculado como él Valencia. En su *Scala de contemplació*, obra de contenido místico e inscrita en la *devotio moderna*, se preocupa del entrenamiento del alma hasta llegar al encuentro con Dios. A medida que avanzó el siglo las resistencias de los dominicos a la nueva espiritualidad fueron venciéndose, incluso entre quienes protagonizaban la defensa del saber teológico en la primera línea del tomismo hispánico. El eminente teólogo dominico, y profesor universitario, Pedro Martínez de Osma, no logró sacar adelante sus tesis sobre la penitencia, como se ha indicado, pero su misma formulación indica que algunas ideas de la *devotio moderna* se habían introducido por alguna rendija de los muros tomistas de la universidad salmantina. Es más, incluso los dominicos del más importante convento de la orden, el de San Esteban de Salamanca precisamente, vinieron a aceptar con moderación desde el último cuarto del siglo la validez de la religiosidad sencilla e interior, el retorno a cierta pureza teológica perdida, alejándose de la vana sofisticación tardoescolástica, y abriendo con prudencia la válvula de su ortodoxia, de la que no prescindieron, a las nuevas corrientes humanistas.

El humanismo literario introdujo, por su parte, a lo largo del XV la moda de ciertos temas espirituales, que se difundieron a través de la popularidad de la nueva poética o de la prosa filosófica. Sería el caso del gusto por los temas de la fortuna y la providencia, la salvación individual, la moda de Boecio y la consolatoria clásica, que son temas que se pueden rastrear fácilmente en Mena, Pérez de Guzmán o el propio marqués de Santillana, y que contribuían a difundir nuevas ideas religiosas junto a los mensajes profanos. Lo mismo habría que decir de los compendios de filosofía moral, como en la *Vision Deleytable* del burgalés, formado en Salamanca, Alfonso de la Torre. La obra pretendía ser una enciclopedia filosófica para don Carlos, Príncipe de Viana, pero en ella también se encuentran materiales espirituales, como la visión gloriosa y la descripción del recorrido del alma racional hasta alcanzar la felicidad de encontrar a Dios. Habría que destacar también en la historia de la espiritualidad de la plenitud del siglo XV, más próxima al humanismo, la aportación de Alonso García de Santa María, o Alonso de Cartagena (†1456), célebre obispo de Burgos, convertido al cristianismo cuando era niño junto con su padre, Pablo de Santa María, en cuya sede episcopal le sucedió. Es sobre todo conocido por su obra *Defensorium unitatis christianae*, donde propugnaba la unidad del cristianismo, una clara oposición a los intentos de algunos intolerantes de su tiempo de discriminar a los conversos. Teólogo importante, pensador político notable (cfr. *supra*), instruido humanista, tradujo y difundió varias obras de Séneca y Cicerón, pero para él el conocimiento del clasicismo cultural se supeditaba al cristianismo, ya que defendió que los *studia humanitatis* debían servir para llegar a Dios, como ha sugerido recientemente Verdín-Díez. Alonso de Cartagena mostró lo incompleto de la sabiduría antigua, ya que no había sido enriquecida con la imprescindible revelación de Dios a los cristianos. Reconvirtió conceptos clásicos como *virtus* y *honor*, dotándolos de un significado cristiano. Aunque hombre de Iglesia y de poder, la sensibilidad religiosa de Alonso de Cartagena estuvo muy marcada por el ejemplo de San Pablo –converso al fin y al cabo como él– y por un ascetismo y moralismo muy acentuados. Escribió algunos comentarios a los salmos y un *Oracional*, al final de su vida. La espiritualidad de Alonso de Cartagena refleja cierta desazón estoica, un escepticismo consolatorio y reflexivo, quizá también un extrañamiento interior, rasgos que se consideran característicos de los conversos, sector cuya posición legítima en la comunidad de creyentes precisamente Cartagena reivindicó, postulando una lúcida teología sacramental del bautismo igualador, una cristología apoyada en la universalidad de la obra redentora de Cristo y una insistencia en un Dios misericordioso y clemente.

Finalmente, cabría subrayar también entre los hitos de la espiritualidad del Cuatrocientos la obra de Isabel de Villena (1430-1490). Hija de Enrique de Villena, esta clarisa valenciana ejemplificó en su candorosa *Vita Christi*, escrita en catalán, el espíritu evangélico de las monjas, el amor mariológico, la humildad virtuosa y la piedad contemplativa.

Al mirar hacia atrás se aprecia que esta obra de Isabel de Villena, o las de sus casi coetáneos Pedro Ximénez de Préxano (†1495), autor de un *Lucero de la Vida cristiana*, Ambrosio Montesino o Jiménez de Cisneros, autores que abren las puertas del llamado Renacimiento, eran obras que tenían viejas raíces en tiempos medievales anteriores: en Oliver y el agustinismo reflexivo; en Fernández Pecha y la espiritualidad sobria de los jerónimos; en Eiximenis y el franciscanismo moral; en el retiro cartujano; en Canals y la contemplación mística; así como en todos los autores que habían pensado que era preciso adiestrar al alma en su camino hacia la contemplación de Dios. Y lo habían pensado, o mejor, sentido, antes de 1400, a veces mucho antes. Al admirar la brillantísima literatura ascética y mística del Siglo de Oro convendría echar la vista atrás y rastrear en esa renovada espiritualidad bajomedieval sus más hondas raíces.

7

Representaciones del individuo y la sociedad

7.1. El individuo y los escenarios de la vida humana

7.1.1. Conciencia de lo individual

Una de las corrientes mentales y culturales que se suelen distinguir en el período bajomedieval es la que supuso el descubrimiento del individuo, la afirmación del ser humano concreto, único y responsable, frente a la concepción abstracta e impersonal de las épocas medievales anteriores. Hay en esta afirmación algo de tópico, por cuanto Occidente ha venido tomando conciencia del individuo desde siglos atrás, desde el XII cuando menos, y Gurevich lo ha recordado recientemente. Ahora bien, no es menos cierto que los siglos XIV y XV asisten, si no a un descubrimiento, sí al menos a una acentuación de la individualidad en el sentido indicado. La escultura y la pintura góticas retratan personajes concretos y presentan temas y rasgos realistas. El individuo, y no sólo el símbolo, interesa a los artistas bajomedievales. Proliferan los sepulcros en los que se intenta reflejar fielmente la fisonomía singular del difunto. Se ha hablado también de la individualización en las formas de vestir o en las costumbres alimentarias. La época bajomedieval es igualmente la época de las memorias de los linajes, de unos pocos nobles es verdad. El fenómeno no alcanza al parecer las dimensiones de las *ricordanze* toscanas, pero se explica por los mismos afanes de prestigiar personas y familias concretas. Los autores literarios de los últimos siglos medievales firmaban orgullosos sus obras, se valoraba la autoría. Don Juan Manuel se autocitaba elogiosamente en sus obras literarias. Y sobre todo en el XV algunos autores parecían querer situarse en una especie de anfiteatro compitiendo por escribir los relatos más ingeniosos, los versos más sonoros, que redundasen en su prestigio personal. El marqués de Santillana era uno de éstos. Y por supuesto las vanidades de los poetas de los *cancioneros* rivalizaban en la arena de la composición poética. Las biografías también se pusieron de moda en el período, no ya los relatos de viejos héroes épicos sin fisuras, sino los retratos realistas, a veces ambiguos, y con trazos humanos, de personajes variados. Predominaba la autocomplacencia o el panegírico ajeno, como lo demuestran biografías como la del *Victorial* o los *Hechos del condestable don Miguel Lucas de Iranzo*, y en general las crónicas que trataban benévolamente a personajes relevantes. Pero lo interesante es captar la actitud, la búsqueda de la diferencia, de la identidad del ser humano concreto. Y no falta alguna magnífica galería de retratos o semblanzas, como los *Claros varones de Castilla*, de Fernando del Pulgar, o las *Generaciones y Semblanzas*, de Pérez de Guzmán, auténticos *"who's who"* de la época, a caballo entre lo que hoy sería un híbrido de dos géneros periodísticos, el de la crónica amable de sociedad y el de la sátira social.

El énfasis en el individuo, que podríamos reconocer como tendencia de fondo, cargaba al ser humano de responsabilidades. Se detecta esto en el plano espiritual con la ya mencionada novedosa soteriología personal. El desprestigio de la Iglesia en el XIV y del orden religioso tradicional, así como la introducción en el siglo anterior de la noción de intencionalidad en el pecado, dejaba al creyente bajomedieval envuelto en las dudas de su propia salvación, algo no-necesariamente-dado de antemano. Los propios actos y conductas hacían libre al cristiano, pero también responsable. En un mundo convulso y cambiante –así se percibía– cada persona, más allá de la fría doctrina, consigue o pierde el cielo. Como dice López de Ayala en el Rimado: *"En quanto somos biuos e Dios nos da logar/ de fazer buenas obras, nuestras almas saluar, / pongamos grant acuçia, non le demos vagar, / que quando non cuidamos, nos verná a llamar"* (*Rimado*, est. 146). Se percibía con angustia la propia salvación, pues de cada uno dependía (González Álvarez, 1990: 126). A algunos les sorprenderá saber que el canciller Ayala y otros escritores provocaron una especie de debate sobre la predestinación en pleno reinado de Enrique III. Piénsese, además, que en una época de pérdida del monopolio del pensamiento por parte de la iglesia los laicos reflexionaban con más autonomía sobre sus propias conductas y su salvación.

Hombres angustiados, presuntos artífices –o casi– de su propia vida y destino. Pero no todo eran los miedos a la propia libertad. El énfasis en la individualidad aportaba valores personales nuevos –y contradictorios con la responsabilidad personal en la salvación– en el microcosmos que constituía la imagen del individuo en esa época. Aparte de una nueva noción de la muerte, que se comentará ahora, otros valores se personalizaban y expandían. Es conocido por obra de la filología hispánica de este siglo –Lida de Mankiel entre otros– la importancia de la noción de la Fama, que se difundió en los siglos XIV y XV. Sobre todo se asocia a los afanes de nobles y caballeros y, particularmente, a la posibilidad de lograr con el talento de las letras y la bizarría personal, y no sólo con los logros de las armas, el reconocimiento social y el renombre incluso tras la muerte. Es paradigmática la copla 34 de las que J. Manrique dedicó a la muerte de su padre: *"E pues de vida y salud / fezistes tan poca cuenta / por la Fama, / esfuérçese la virtud / por sofrir esta afruenta / que vos llama"*. La Fama era empeño de los hombres en vida. Pero al final la vida se pierde, permanece sólo su recuerdo en este mundo, según el célebre cliché de Boecio; como dice la última de estas coplas consolatorias manriqueñas: *"que aunque la vida perdió / dexónos harto consuelo / su memoria"* (J. Manrique, *Cancionero*, 192, 195). Otra noción de moda es la idea de la Fortuna, tema de origen pagano, incorporado luego a las tradiciones cristianas, que en los siglos XIV y XV aparece muy popularizado en relación con la inseguridad personal. Sobre todo bajo la alegoría de la *"rueda de la fortuna"*: todo cambia, lo que está arriba puede estar abajo... La fortuna es ciega, no respeta reglas, se mueve sin orden. La describe así Juan de Mena: *"Mas bien acatada tu varia mudança, / por ley te goviernas, maguer discrepante, / ca tu firmeza es non ser constante, / tu temperamento es distemperança, / tu más cierta orden es desordenança, / tu conformidat es non ser confforme, /tú desesperas a toda sperança"* (J. de Mena, *Laberinto de fortuna*, est. 10). Aunque tanto Mena como otros autores, lógicamente al ser cristianos, consideraban la Fortuna sujeta a la Providencia divina, no hay duda del desasosiego que provocaba la evocación de su enorme potencial disgregador. Eso sí, las respuestas personales a esa noción de mutabilidad y descontrol eran ambivalentes: o bien conducían a un refugio introspectivo en la inacción ascética y desprecio del mundo, o bien empujaban a la persecución activa de la gloria y la domesticación deliberada del destino. El eterno dilema.

Angustia, fama, fortuna. Diversas maneras novedosas de afirmarse el individuo. El goce del amor, y hasta del sexo, era otra de ellas. Resultaba también una novedad, obviamente no en la vida real, pero sí en el discurso intelectual. Los temas amorosos sólo aparecen de forma no estereotipada o elíptica en las representaciones culturales desde los últimos siglos medievales, cuando pueden ya resultar convergentes, dentro de un discurso congruente, cierto sentido laico de la vida y el citado sentido de la individualidad. El amor dejaba de ser un tópico y mostraba sus muchas caras. Llaman por ejemplo la atención los diferentes registros sobre el amor que aparecen en un libro como el del Arcipreste de Hita. Se expresa el autor a través de catorce historias de amor narradas, decenas de *exempla* y multitud de comentarios personales llenos de acidez, humor o irónica sensatez. En todo caso, en el *Libro de Buen Amor* aparece la sublime ambigüedad que más arriba hemos atribuido a la polivalencia de las fuentes empleadas: el amor a Dios (*Libro de Buen Amor*, prólogo, n.º 1, 21); la condena convencional a la lujuria y el *loco amor*, el ensalzamiento de las virtudes del matrimonio cristiano (ests. 257, 274-275, 1592-1593); pero también aparece el amor de corte clásico ovidiano (ests. 446 y otras muchas), es decir el tema del dios del amor y del arte de amar, de la seducción, la conquista amorosa y el goce físico; o la mediadora, como *Anus* en *Pamphilus* o el tema medieval francés *De Vetula* de Richard de Fournival o la *Vieille* del *Roman de la Rose*; pero no faltan tampoco los convencionalismos del amor cortés (ests. 107-109); o el doble sentido de algunas sagacidades verbales paródicas de tono goliardesco (ests. 386-387); o la atracción por el rústico mito de las mujeres salvajes encarnado en las *serranas* (ests. 952-953, 956-958). Esta polivalencia tampoco resulta extraña si pensamos que con Juan Ruiz nunca sabemos si nos encontramos ante un moralista ortodoxo, pero atípico, o ante un hedonista críptico. En realidad en sus 1.728 estrofas no se aclara qué se entiende por "Buen Amor" y la ambigüedad axiológica propia de las obras geniales impide determinar cuál era, si es que lo había, el propósito último del autor, cuya oculta intención podría oscilar desde una convencional advertencia cristiana sobre los riesgos morales del amor hasta una subliminal defensa transgresora de los humanos deleites eróticos. Pero que ofrece además una crítica grotesca o cínica de la hipocresía social y sabe discurrir sutilmente por las pecaminosas complicidades de ese clero culto al que la obra se dirigía preferentemente, un clero ocioso con la conciencia partida entre la represión sexual y la voluptuosidad imaginada de las ensoñaciones literarias.

El amor está presente como hecho real en la posería de los *cancioneros*. Respecto del amor cortés y la tradición provenzal, de los que por otro lado son herederos, los patrones amorosos del XV han cambiado algo. Tienen también sus convencionalismos: el galán frecuentemente no correspondido, que sufre, que cae en un cautiverio – *"siervo de amor", "cárcel de amor"*–. Y algunos de los registros del género sí recuerdan los códigos corteses: la dama perfecta e inalcanzable, cúmulo de virtudes y de belleza inigualables. Pero hay diferencias: la dama ya no es necesariamente casada; el galán puede renunciar al galardón por respeto a la moral cristiana, como buen creyente, sí, pero éste ya no es un único código de conducta obligado. Además, el galardón no es una promesa evanescente. El galardón de los *cancioneros* es una recompensa tangible, el sexo, que puede incluso consumarse, física e integralmente. Por supuesto, describirlo descarnadamente hubiese sido de mal tono, o directamente censurado. La metáfora de la muerte – *"muero en ti"*– como clímax erótico, o el juego de dobles palabras, son frecuentemente utilizados por unos autores –cantautores, diríamos hoy– que se vanagloriaban de saber hacer versos refinados. Incluso se usaban con sutileza poética, ya al margen de la consumación o no del acto sexual, las metáforas de corte religioso, un curioso uso galante de la religión que se compadece bien con los aires secularizados, caballerescos e individualistas de los tiempos. Por ejemplo, el poeta Suero de la Ribera (c. 1410-c. 1480) escribió una *Missa de amor*, donde el contenido amoroso aparecía revestido de la formalidad litúrgica de una misa, con sus correspondientes partes (*Gloria in Excelsis, Epistola, Evangelio*, etc., hasta el *Ite, missa est*, con que culminaba su poema). Y Jorge Manrique (†1479) empleaba la figura del dios de amor como interlocutor para sus cuitas amorosas: *"O, muy alto dios de Amor, / por quien mi vida se guía [...] / si eres dios de verdad, / ¿por qué consientes mentiras?"* (Jorge Manrique, *Cancionero*, 109-110). Un diálogo de tema amoroso, éste, que fue típico de la segunda mitad del XV, como se ve en el *Testamento de Amores* de Diego López de Haro, o en el *Diálogo entre el Amor y un Viejo*, de Rodrigo Cota, poetas de *cancionero*. Precisamente en esta última obra de Cota, escrita en el reinado de Enrique IV, se aprecia otro rasgo de individualización ligada al amor: la conciencia de la caducidad ligada a la senectud. Es el diálogo pesimista entre el personaje del amor y un enamorado viejo que se quiere resistir, sin conseguirlo, a la ofensiva de aquél, del que acaba siendo víctima. Esta permeabilidad de los autores hacia el goce del amor pleno, físico y real, es la misma que se puede distinguir, precisamente, en la última gran obra medieval, *La comedia de Calisto y Melibea*, escrita hacia 1499, y también aquí un trágico destino de los personajes realza aun más, aparte de la trama novelesca, la propia humanidad y vulnerabilidad de las vidas personales.

Para que estas nuevas sensibilidades amorosas, y más en concreto sus expresiones culturales, que es lo que interesa destacar aquí, hayan despegado ha sido preciso que se haya considerado desde el punto de vista concreto a la mujer. Parece que este cambio se ha producido en los últimos siglos medievales. Y que han sido las nuevas actitudes urbanas y caballerescas las que lo han conseguido. La cultura clerical convencional de la época, en cambio, anclada en una vetusta tradición teológica, ha seguido considerando a la mujer en abstracto, por supuesto negativamente. Sin duda, para los predicadores –Vicente Ferrer entre ellos–, también para el Arcipreste de Talavera y su *Corbacho*, para Bernat Metge y su *Lo Somni*, escrito hacia 1399, la mujer seguía siendo ese concepto o universal desconocido que personificaba los vicios y las tentaciones. La "literatura antifeminista", como la han denominado los filólogos, alcanza las obras de Eiximenis, autor hacia 1396, del *Llibre de les dones*, y al *Spill* de Jaume Roig, escrito hacia 1459-60. Obras todas ellas, más que de avinagrados misóginos militantes, de moralistas doctrinarios. En general, en las obras doctrinales de corte católico las mujeres eran objeto de una visión negativa que las presentaba como inconsistentes, banales, volubles, viciosas, perversas... En su *Breviloquio de Amor e Amiciçia*, escrito poco antes de 1437, decía "El Tostado", el prolífico obispo abulense, *"commo la naturaleza nos dice, entre los varones e fenbras dio esta exçellencia, que los varones tengan mayor prudençia, seyendo las mugeres non firmes e mudables".* Tampoco eran ideas precisamente originales, sino extraídas de tratados latinos y expuestas con la inercia torpe de los recopiladores de tópicos, algo por otra parte muy marcado en este autor.

Es obvio que estas imágenes se hallaban en la antítesis de las alegrías y los gozos cantados por los poetas y donceles. Pocas veces como en la Baja Edad Media pueden encontrarse sensibilidades tan opuestas.

Se trata, con todo, de expresiones culturales, en el fondo, de convencionalismos y clichés. Por debajo de ellos estaban las relaciones amorosas reales, sin duda más variopintas que las de las representaciones literarias. Y también estaba, más allá de las imágenes, la mujer real, de carne y hueso. Las mujeres, mejor dicho. No se trata aquí de analizar sus condiciones de vida, objeto de una intensísima línea de trabajo en el medievalismo actual, impulsada por autoras como R. Pastor, M. Rivera, C. Segura y otras. Pero sí parece preciso siquiera recordar aquí la discriminación de la mujer en el ámbito público y en el ámbito laboral y cómo se orientaban sus roles más bien hacia el ámbito privado. Y no sólo en la opción más habitual del matrimonio y la vida familiar, sino en la misma concepción que para la mujer existió de la vía religiosa, en modo alguno equivalente o equiparable –dentro de las mismas órdenes incluso– a la de los varones, sino vivida de modo mucho más pasivo. Lo mismo ocurría en el ámbito cultural, donde las escritoras fueron poquísimas, siempre nobles o monjas: Leonor López de Córdoba y sus *Memorias familiares,* escritas antes de 1412; Teresa de Cartagena, autora hacia 1450 de *La arboleda de los enfermos* y de *Admiración de las obras de Dios;* la citada Isabel de Villena y su *Vita Christi.* Pero son excepciones, porque la mujer fue claramente discriminada, tanto en la vida intelectual como en la propia instrucción, cuando no asociadas, como decimos, a una indudable imagen de inferioridad (Segura, 1983; Segura, Muñoz, 1988; Iradiel, 1991).

De las mujeres, asimismo reales, como víctimas de las agresiones físicas, no se ha detectado una especial situación en el período. Como en otras sociedades, en la Baja Edad Media las agresiones sexuales, entre ellas las violaciones, permanecían en su mayor parte sin denunciar. Es posible que el 80 por ciento de estos delitos pasaran desapercibidos. Estas cifras ocluidas impiden saber si eran delitos más o menos frecuentes que en otras épocas. Aun así, no faltan testimonios de estas agresiones. Para el caso castellano, aparte de las fuentes jurídicas y narrativas, las documentaciones tardomedievales, por ejemplo las conservadas para la época de los Reyes Católicos en el Registro General del Sello de Simancas o en el Archivo de la Chancillería, aparte de los documentos conservados en Archivos Provinciales, han permitido acercamientos puntuales de algunos historiadores al problema de las violaciones (Córdoba de la Llave, 1994; Bazán, 1995: 315-327). Ciudad y campo, caballeros y labradores, ningún grupo social o ambiente se vio libre de acusaciones. Es posible quizá que una capacidad mayor por parte de los poderosos de actuar en una sociedad de privilegio remita las conductas de algunos nobles violadores a claves de interpretación en el contexto feudal. Por ejemplo, en 1488 los vecinos de la comarca vasca de Aramayona denunciaron al señor del valle, Juan Alonso de Mújica, por abusos sexuales. Marina de Azcoaga testificaba que *"podía aver treynta e çinco años poco más o menos tienpo que el dicho Juan Alonso, pospuesto el themor de Dios e de la nuestra justiçia estando ella en casa de Juan de Arota, su padre, que hera en la dicha tierra de Aramayona cosa pública e notoria que la tomara e llevara por fuerça el dicho Juan Alonso e la fisyera levar a la su fortaleza de Barajoen e dormiera con ella por fuerça e contra su voluntad e la conosçiera carnalmente"*. Otra mujer de la comarca, María Ibáñez, daba testimonio de cómo el señor de Aramayona encarceló a su marido en su fortaleza y, bajo la condición de liberarlo en su momento, abusó durante cuatro años de ella *"teniéndola por mançeba"* (Bazán, 1995: 651).

Testimonios semejantes menudean por doquier en la documentación castellana de la época y podrían rastrearse en las décadas finales del XV quizá algunas decenas o centenares de casos en el reino. Córdoba de la Llave ha podido documentar 45 casos en el Registro del Sello durante los años 1474-1498 (Córdoba, 1993: 16). En su estudio puede comprobarse la tipología de la circunstancias personales o de oportunidad en que se producían estas agresiones –agresores conocidos de las víctimas, menores indefensas, abusos a criadas, resistencia al agresor...–, una tipología y unos detalles más o menos previsibles en esta clase de delitos y que no parece resultar exclusiva de la época medieval.

Ahora bien, más allá de esa citada especificidad apuntada de abusos de los nobles poderosos, esta sí, legible en clave feudal y ausente en otro tipo de sociedades, lo que quizá deba subrayarse de estos delitos no sea tanto que se cometieran, sino que la sociedad y la justicia los considerara como tales. Desde luego, en aquella época medieval, la más tardía al menos, si el delito era conocido, no quedaba impune, aunque fuera por razones morales o de honra, motivos que no coinciden ciertamente con la consideración actual de estas agresiones, percibidas no tanto contra la honra sino contra la libertad sexual. Pero el delito sí se perseguía, según Bazán, e incluso existía, para corroborar la denuncia y el testimonio verbal, una peritación técnica a cargo de matronas o parteras, que pudieran demostrar la veracidad de la acusación. Debe desmentirse al respecto la idea de que estuviera institucionalizado el "derecho de pernada". Es verdad que se han considerado algunos testimonios, entre ellos algún caso aislado de la Galicia bajomedieval, como la referencia mencionada en el *Memorial de diversas fazañas* de Diego de Valera, que acusaba al arzobispo de Santiago, Rodrigo de Luna, de llevar a cabo este hecho en 1458: *"acaesçió que estando una novia en el tálamo para celebrar las bodas con su marido, él la mandó tomar y la tuvo consigo toda una noche"*. A pesar de que pueda ser indicio de algunas prácticas señoriales ya por entonces en desuso (Barros, 1993), debe subrayarse que el caso denunciado no era visto como un derecho legal. En realidad, la única referencia que se tenía a un posible derecho del *ius primae noctis* señorial en la península durante el siglo XV era una referencia de la Sentencia de Guadalupe en 1486 sobre el conflicto campesino catalán, cuyo artículo noveno, recogido en el apéndice del estudio de Vicens Vives sobre los *remensas*, establecía que los señores *"tampoco puedan la primera noche quel pages prende muger dormir con ella, o en señal de senyoría la noche de bodas de que la muger será echada en la cama pasar encima de aquella sobre la dicha muger"*. Sin embargo, hay muchas dudas sobre la veracidad y el uso de la práctica mencionada en esta sentencia y, sin atrevernos a negarla apodícticamente, no hay que descartar que a lo que se aludiera, más que otra cosa, fuera a un ritual o ceremonia post-nupcial en la que el señor "pasaba" sobre la novia echada en la cama pero de modo simbólico *"en señal de senyoría"*. La interpretación está abierta, no obstante. Pero ante testimonios tan exiguos y controvertidos, cabe más bien suponer, como ha demostrado Boureau para Francia, que el posible *derecho de la primera noche* sea más bien un mito que una práctica, o por lo menos una práctica ordinaria. La violación señorial se dio, como dijimos, pero era un delito, no un derecho. La Edad Media en esto no era tan salvaje como popularmente se piensa.

7.1.2. Miedos renovados ante la muerte

Una de las nociones que se relacionan con las nuevas sensibilidades del período bajomedieval es la de la muerte concebida como idea muy presente u obsesiva. No hay duda de que la propia conciencia de lo individual llevaba a una exhibición de los personales temores. No sólo de la muerte. La propia vejez como experiencia vital se desprende del tópico y se permite aparecer en su física dimensión. Pocos testimonios resultan tan elocuentes de este sentimiento como la *Letra I* que Fernando del Pulgar (*Letras*, 3-9) escribió hacia 1481-1482 quizá dirigida a un médico de Salamanca. Le pedía remedios para sus dolores de "la *ijada*" y *"del alma"* y aludía a la impotencia sexual, el miedo a morir, a la imposibilidad de gozar de los bienes de esta vida, *"porque todos naturalmente querríamos conseruar este seer"*. Y añadía: *"y lo más grave que yo veo, señor dotor, es que si el viejo quiere usar como viejo, huyen dél; si como moço, burlan dél [...] aborrescibles a los propincuos, si son pobres, porque tardan en morir; aborrescibles, si son ricos y biven mucho, porque tarda su herencia"*. La amargura envuelve el relato y el autor se muestra perplejo ante los elogios literarios que se han hecho siempre de la vejez, como el *De senectute* de Cicerón. Como buen hombre de su tiempo, Del Pulgar desconfiaba ya de los tópicos, se fiaba de sus percepciones personales. Éste es en cierto modo el sentido de la época y se corresponde con ese descubrimiento del individuo consciente de su propia singularidad y por ello angustiado en su contingencia reconocida.

La idea de la muerte encaja, sin duda, en esta concepción de lo personal. Los estudios europeos de Ariès, Delumeau, Vovelle, Mitre o Tenenti han convertido la cuestión es un tema recurrente para la Baja Edad Media y Tiempos Modernos, y no faltan estudios de ámbito hispánico, incluyendo libros muy conocidos, que se han ocupado de la cuestión (Portela Núñez, 1988; Infantes, 1997; Martínez Gil, 1996; Guiance, 1998). Lo más espectacular son las populares *Danzas de la Muerte*, sobre cuyos orígenes y contenido se ha escrito largamente. El tema tiene sus precedentes en la literatura latina, con los clásicos motivos de la *consolatio mortis, memento mori, Ubi sunt* —más de un centenar de menciones del *ubi sunt* se pueden rastrear en la literatura medieval— y otros, incluyendo el célebre texto escrito a fines del XII por Inocencio III, *De contemptu mundi*, difundido en los siglos XIII y XIV por toda Europa, como lo prueba el *Libro de miseria de omne*, que lo adapta al castellano, o el poema latino *Vado mori*, conocido en el XIII. Existían también otras tradiciones y leyendas en los siglos XIII y XIV. Pero hasta este último siglo no parece que cristalizaran las célebres *"danses macabres"*. Se conjugaban entonces factores como las calamidades y pestes de la época. O la difusión de nuevas concepciones filosóficas, como por ejemplo la idea de Eckhart y Ockham de que la muerte no era sólo tránsito abstracto a la otra vida, sino realidad misma incluso asequible con la experiencia mística personal. O cambios en las sensibilidades religiosas, en la línea del individualismo. Sin excluir tampoco la incorporación de creencias populares y de origen pagano, como la creencia heterodoxa de que las almas de los muertos permanecían en los difuntos, saliendo de noche a danzar guiadas por una envolvente música interpretada por la Muerte... En realidad, los historiadores han subrayado estos diversos componentes para explicar la aparición de las *Danzas*, enfatizando, como Vovelle, el recuerdo de la religión popular, o las creencias en fantasmas de las que habla Delumeau, todas ellas creencias cristianizadas, o bien, como insistía Tenenti, las *Danzas* serían más bien prueba de secularización y de descubrimiento de la fisicidad del cuerpo. Son, pues, variados los ingredientes y las interpretaciones (Martínez Gil, 1996: 73). Lo cierto es que las *Danzas de la Muerte* se fueron concretando en la segunda mitad del XIV y que desde el primer tercio del XV experimentaron una amplísima difusión por toda Europa (Infantes, 1997: 150). Desde el punto de vista de sus contenidos no había muchas variaciones. Convocados por la alegoría de La Muerte, varios personajes que representaban *estados* sociales –obispos, mercaderes, caballeros, labradores...– iban desfilando en una especie de baile o cortejo macabro, poniéndose en evidencia sus respectivos vicios característicos y resultando al final todos equiparados ante la igualadora muerte, en esa "democracia de ultratumba" de la que han hablado algunos autores, entre ellos Rodríguez Puértolas.

En la península Ibérica no hay abundantes testimonios. Para Cataluña un texto muy conocido fue el que recopilara Pere Miquel Carbonell a fines del XV, pero que era una versión al catalán de un texto francés de N. de Clemanges, profesor parisino fallecido en 1434. Parece que influyeron también textos de teatro religioso tradicional, como lo evidencia por ejemplo la conocida *Passió de Verges*, que conserva una "danza de la muerte" en la representación con procesión que se hace en la plaza. Además había precedentes anteriores en Cataluña, no sólo obras teatrales y cantos religiosos, sino incluso composiciones como una *Questió de la Anima ab lo Cors*, del XV, y un *Cant a la mort* escrito hacia 1420-30 por Felipe de Malla, aparte de que el tema de la muerte estaba presente en obras poéticas, como las de Ausias March (Infantes, 1996: 281, 285). En torno a finales del XIV o poco después el tema parece que era ya conocido en Cataluña. Las danzas castellanas tenían también sus antecedentes europeos. El principal texto literario castellano conocido data de 1520, la *Danza General*, pero se considera un texto modernizado que se debe remontar al menos un siglo antes, hacia 1400, que sería el momento en que debió cuajar la primera versión castellana (Infantes, 1997: 226 y ss.).

Aparte de las *Danzas*, desde principios del XV se propagaron también los textos del *Ars Moriendi* y los géneros de la *consolatio* fúnebre. Se trata de textos de consuelo destinados a ayudar a los moribundos a afrontar sus últimos momentos. Buscaban el arrepentimiento final y evocaban con efectistas descripciones los elementos que había tras la muerte: los tormentos del infierno, la lucha o *"agonía"* (en griego, "lucha") entre ángeles y demonios por llevarse el alma del difunto, el recuerdo de las tentaciones y tretas del Diablo. Desde la segunda mitad del siglo se hicieron muy populares. En los reinos hispánicos (Martínez Gil, 1996: 136, 142, 146-147) hay varios manuscritos conocidos de *Ars Moriendi*, tres versiones catalanas, otra valenciana –de 1432– y cuatro castellanas. La imprenta hizo enormemente populares estos textos. En 1481 se imprimió un texto castellano en Zaragoza, el *Arte de bien morir*, y otro en 1489 asimismo en Zaragoza, seguido por otras impresiones en los años noventa del XV en otras localidades.

Danzas de la Muerte y textos del tipo del *Ars Moriendi* se consideran característicos de los siglos XIV y XV, específicamente de este último. Es lógico preguntarse si respondían a alteraciones en la conciencia religiosa o filosófica propias del período. En este sentido, podría sugerirse que por un lado contenían la vieja doctrina, los clásicos temas cristianos, más o menos actualizados, pero por otro sí pueden interpretarse como resultado de nuevas sensibilidades y preocupaciones explicables en clave específica bajomedieval.

Este período no supuso una ruptura brusca con el pasado. Los tópicos de la vida como tránsito, o el juego de contraposiciones de la metafísica tomista entre Espíritu o Alma/Cuerpo, Cielo/Infierno, Vida Terrena/Más Allá, seguían plenamente vigentes. Y lo prueban no sólo las referencias literarias: *"Este mundo es el camino / para el otro, qu'es morada / sin pesar, / [...] assí que quando morimos / descansamos"*, como señala Jorge Manrique en las *Coplas por la muerte de su padre*. O en otro pasaje, de la copla 16, refiriéndose al efímero esplendor pasado de los infantes de Aragón y de Juan II, al señalar: *"las justas e los torneos / paramentos, bordaduras, / e çimeras / ¿fueron sino devaneos? / ¿Qué fueron sino verduras / de las eras?"*. También lo recuerdan los testamentos. Eran éstos, es bien sabido, actos notariales de contenido jurídico sucesorio y de recomendaciones funerarias, pero al mismo tiempo contenían mandas piadosas, descarga de pecados, retahíla de invocaciones doctrinales más o menos tópicas. Gracias a los estudios cuantitativos y cualitativos sobre los testamentos de la época, que se parecían mucho entre sí, se conoce también la idea de la muerte. Claro que resulta de mayor belleza la expresión literaria, como en esos versos de Jorge Manrique. En realidad, el discurso de la poesía moral –buen ejemplo el *Rimado de Palacio*– insistía en los viejos temas cristianos medievales: la mezquindad de la vanidad humana *(vana gloria)* ante la muerte igualadora *(De contemptu mundi)*, la futilidad de los bienes mundanos (el *ubi sunt*), la fugacidad de la vida terrena *(tempus fugit)*, la propia muerte como liberadora *(consolatio mortis)*. Ahora bien, el discurso sobre la muerte, que recogía con respeto esta vetusta tradición cristiana casi intemporal, se modificó algo durante los últimos siglos medievales al compás de transformaciones en las actitudes mentales.

El cambio o, mejor, la inflexión parece haberse producido hacia 1300-1350, sobre todo desde 1350. Hasta entonces una muerte "domesticada" o "vencida", como han indicado Ariès o Mitre, no asustaba, carecía de dramatismo, era un puro trance basado en el modelo eclesiástico de defunción, diseñado por monjes y clérigos siglos atrás. Pero desde mediados del XIV, por cambios de mentalidad o por la experiencia de las calamidades y las grandes mortandades, como se ha indicado a propósito de las *Danzas*, la muerte comenzó a ser percibida como algo terrible, empezaron a expandirse los temas macabros y el modelo de muerte genérica se convirtió en "muerte propia" o individual, como la denominó Ariès. La muerte dejó de ser una abstracción y se personalizó. De la retórica cristiana del *De contemptu mundi* del siglo XIII se pasó a las *Danzas* y al *Ars Moriendi* de los XIV y XV. Cada uno ahora, según esta sensibilidad, debía tomar conciencia de su propia muerte (Martínez Gil, 1996: 117, 121), al igual que lo hacía de sus respectivos méritos de cara a la salvación. El Juicio Final daba paso en protagonismo a la muerte individual y al Juicio individual. El purgatorio, aunque descubierto en el XII, como demostrara magníficamente Le Goff, no se popularizó hasta el XIV como ese intermedio "tercer lugar" del Más Allá, de elástica adaptabilidad a las penas individualmente merecidas. El creyente, con la interesada aquiescencia de la Iglesia, debía realizar en vida transacciones para ganarse o superar ese espacio escatológico de las postrimerías tan movedizo. Se difundieron entonces los sufragios ofrecidos a las ánimas del purgatorio, las redentoras limosnas, las oraciones, las misas pagadas. Los testamentos dejan ver este deseo del creyente de ganar indulgencias, de descargar las culpas. Por supuesto, la Iglesia se puso a la cabeza de la nueva sensibilidad. Organizó el tráfico de indulgencias, los duelos, las misas, la elección de la sepultura. Es curioso que se popularizara la demanda de los laicos de un "entierro sencillo", por ejemplo la costumbre de enterrarse vestido con un hábito de una orden religiosa —sobre todo, el hábito franciscano—, incluso el deseo de hacerse enterrar en el camposanto de un convento, coincidiendo con la normalización de cuantiosas limosnas y mandas en favor de las órdenes, en plena expansión, sobre todo las mendicantes. La Iglesia supo estimular esta onerosa descarga terminal de la culpabilidad del pecador, al mismo tiempo que fomentó también la fundación —en el caso de los más acomodados— de capillas y sepulcros, incluso permitiendo su construcción en suelo sagrado de iglesias y catedrales, también a cambio de limosnas y dotaciones pías. Era la obsesión por la muerte personal que empezaban a arrastrar los laicos y cuya expresión la Iglesia, como siempre, procuraba reconducir, y también aprovechar venalmente. El miedo a la muerte propia se hacía explícito también en los lutos, muy reglamentados en la Baja Edad Media. Con el luto, generalmente de un año y consistente en vestidos negros de paño o jerga, según la categoría social, se exteriorizaba la pena. Las viudas debían recluirse y no podían casarse hasta pasado largo tiempo, un año o medio al menos.

El sentido macabro de las representaciones de la época no deja de traslucir en el fondo un cierto halo profano, o poco paulino al menos. La muerte no se concebía sólo como tránsito espiritual del alma, la muerte era también *"enemiga del mundo"*, como se dice en *El Libro de Buen Amor*. La muerte causaba dolor, porque se contraponía a la vida. Las descripciones del *Inferno* de Dante marcan el tono de esta sensibilidad atormentada. Al margen de las expectativas del Más Allá, de angustiosa incertidumbre, la muerte no sólo liberaba el alma, sino que sobre todo cancelaba la vida. Y esto dolía. De ahí la recreación de los temas de la Pasión y la Cruz, que se pusieron de moda en el XV, desplazando algo a la Virgen y al Niño en las representaciones artísticas, y ello pese a la pujante moda religiosa de inspiración mariana. Son síntomas de una especie de "delectación morbosa en el dolor y la muerte" (Martínez Gil, 1996: 66). En las representaciones icónicas bajomedievales no se ahorraban los detalles. El tema del *transido*, o representación del cadáver descomponiéndose, aparece en el XIV y goza de cierta difusión. Desde 1350 ya se ha fijado el canon de la iconografía de la Muerte en el arte. Se popularizan los atributos de esta alegoría, como el arco y las flechas, el anzuelo o la red; el *motif* de *"los vivos y los muertos"*, en el que los cadáveres atacan a los vivos –tema ya más bien del XV–, o el tema del *"triunfo de la muerte"*, del XIV, con la representación de la vieja, la mujer a caballo o el esqueleto como sus variados símbolos, de los cuales el último se imponía en el siglo XV. Por supuesto, los *libros de horas* u oracionales iluminados empezaban a recoger esta macabra iconografía de ultratumba, de cadáveres y tormentos típicos del *Ars Moriendi*. Y es casi seguro que las *Danzas de la Muerte*, si es que consistían como se supone en representaciones escénicas musicalizadas –lamentablemente, las referencias concretas de esto son casi inexistentes–, utilizaran esta escenografía. Aparte del teatro callejero y nocturno de Verges, otros indicios lo sugieren. Por ejemplo, la representación de los esqueletos bailando que se halla en la llamada Capilla del Cristo, del castillo navarro de Javier, que seguramente data de fines del XV y que constituye una de las pocas pinturas de danzas macabras conservadas en la península.

7.1.3. Escenarios lejanos. Escenarios próximos (campo y ciudad)

El mundo físico conocido en la Baja Edad Media era aún muy precario. Y en gran medida extraño e incomprensible. Sin embargo, se produjeron avances. Aparte de un moderado progreso en las ciencias experimentales, como la medicina, ciencias físicas y naturales, la propia imagen de la Tierra mejoró notablemente durante los siglos XIV y XV. A la geografía imaginaria del cristianismo y sus "mapamundis" simbólicos le fue sucediendo desde los siglos XIII y XIV una nueva cartografía más precisa y realista. Es algo que tiene que ver con los viajes remotos y sus descripciones, así como con el aumento de los escenarios exteriores a tener en consideración por parte de los europeos, hasta entonces sólo conscientes del continente y del Mediterráneo. De manera que África y el Atlántico, aparte de Asia, fueron los grandes descubrimientos de la Baja Edad Media. En el primer caso, a las rutas seguidas por las caravanas transaharianas, que recorrían por múltiples itinerarios el tercio norte de África durante los siglos bajomedievales, se unieron las expediciones costeras. Destacó la actuación sobre todo del portugués Enrique el Navegante, que permitió alcanzar Cabo Verde en 1445; y en el último tercio del XV la inigualable acción exploratoria de Fernando Gomes, Fernando Po, Diago Cao, Bartolomé Dias, que en 1487 dobló el cabo de Buena Esperanza. En el caso del Atlántico, destacaron sobre todo los castellanos y los portugueses desde las primeras décadas del XV, si bien aún en un radio limitado: Canarias, Madeira, Azores. Ahora bien, los conocimientos de la navegación por parte de los italianos y portugueses, y las técnicas de construcción de las *naos*, hicieron posible que madurara la posibilidad de grandes expediciones, como se demostró en 1492.

Para que todo ello se hiciese posible fue necesario una mejor cartografía, que en efecto se venía desarrollando desde el XIV, y concretamente en las riberas del Mediterráneo. Lo más avanzado fueron los *portulanos*, desde fines del XIII, ampliamente desarrollados desde el siglo siguiente. Contenían detallada información sobre las costas, ya que eran guías de navegación. Hacia 1300 los marinos conocían para sus desplazamientos estos *portulanos*, la brújula y la rosa de los vientos. Los mejores cartógrafos estaban en Italia y en la Corona de Aragón probablemente. A lo largo del XIV se hicieron los primeros *atlas*, o mapas generales, y no ya sólo costeros, mapas basados en la observación directa o en datos empíricos aportados por viajeros, mercaderes, navegantes y peregrinos. El mallorquín Angelino Dulcert elaboró en 1339 un atlas bastante preciso, donde estaban incluso dibujadas las Canarias. Y hacia 1375 el judío Cresques Abraham elaboró el mejor del siglo, el llamado *Atlas Catalán*, precedente de otros grandes atlas genoveses y portugueses del siglo siguiente. El *Atlas Catalán* se dividía en seis partes: la primera y segunda contenían representaciones de carácter astrológico y cosmográfico; las otras cuatro eran un mapamundi de Eurasia, con los perfiles de Occidente muy bien detallados, alejados ya –no así los de Oriente– de la simbología legendaria y mitológica.

La medida del tiempo se hizo también más precisa en estos siglos. Los relojes comunales se expandieron por Europa desde el primer cuarto del siglo XIV. Ya los pequeños relojes eran habituales a mediados de este siglo en la corte de los reyes de Aragón. Pero sobre todo eran significativos en las plazas de las ciudades los relojes de las torres. Aunque éstos no se generalizan hasta el XV. Y prueba de la importancia que se les daba es que incluso algunas villas y ciudades tenían un oficial encargado de su mantenimiento. Era el caso de Benavente, por ejemplo, que tenía un relojero permanente a cargo del concejo, que le pagaba hacia 1470 un salario de 1000 mrs. anuales.

La medida del tiempo en los espacios públicos urbanos nos acerca a los escenarios habituales de la vida de la época, el campo y la ciudad. Pero entendidos como marcos reales de convivencia (García de Cortázar, 1994), no como utopías urbanas. Si nos fijamos en éstas, hay que decir que precisamente los siglos XIV y XV fueron generadores de ilusorios ejercicios discursivos sobre la "ciudad ideal", sobre todo por influencia del humanismo italiano y el descubrimiento de autores como Vitrubio y Vegecio, además de Aristóteles, que se hicieron populares en la época. Son célebres, por ejemplo, las consideraciones sobre la ciudad ideal que hicieron Eiximenis y Sánchez de Arévalo. El primero, que escribió el *Regiment de la cosa pública*, esbozó el ideal de una ciudad marítima, con un urbanismo geométrico y un planeamiento urbano articulado en torno a una plaza, una ciudad pensada para la actividad mercantil y los servicios. La imagen de Sánchez de Arévalo, en su *Suma de Política*, fue obtenida de su estancia en Italia. Era también una ciudad saneada, bien planeada, bien gobernada. En realidad estos diseños de ciudades ideales interesan como expresión del humanismo y de las concepciones urbanísticas de la época, pero eran puras especulaciones copiadas de otros autores clásicos o italianos (Antelo, 1985; Cervera, 1982). Poco ayudan a comprender la percepción de los escenarios cotidianos para la gente de la época, esto es, el campo y la ciudad.

Sobre esto último podría decirse tópicamente que el campo era el lugar de las tradiciones, de las solidaridades colectivas, del trabajo primario. En las ciudades, por el contrario, el trabajo era más especializado, los contrastes sociales muy marcados, el individualismo más rotundo, el laicismo algo más perfilado. Los medievalistas jugamos siempre con estas contraposiciones, no exentas de cierto fundamento. Pero no se deben exagerar las diferencias entre los medios rurales y los de las ciudades. De estas últimas, como es bien conocido, la mayor parte eran pequeñas y medianas, de 500-2.000 habitantes. Sólo unas pocas en la península, cerca de una docena, superaban los 10.000 habitantes, una cifra que para la época nos permite hablar de "ciudad grande". En ellas el tono vital lo marcaban sus grupos altos. Si hubiera que apuntar algún rasgo de la cultura de las capas urbanas elevadas, –en ciudades medias o grandes–, que pudiera caracterizar el largo período bajomedieval, bien podría ser el de 'elitismo aristocratizante' que se dio por doquier, sobre todo ya en el XV. Y que consistía siempre en un estilo de vida donde convergían las ansias de los mercaderes y empresarios ricos por vivir como nobles a la par que la adaptación de la alta nobleza territorial al confort material de la vida burguesa. En este estilo de vida unificado, las construcciones de palacios y torres en la ciudad, los lujos domésticos, los vestidos elegantes, las fiestas de sociedad, las fundaciones de capillas, la exhibición de títulos nobiliarios, la largueza expresada con criados o pobres, así como la búsqueda de ámbitos exclusivos y más bien cerrados –cofradías exclusivistas, "matrículas" restrictivas de linajes–, fueron, entre otros, signos de identificación de las elites urbanas como también de los nobles que residieron en las ciudades.

Esta vocación aristocrática de las capas acomodadas de las ciudades, en el caso de las principales ciudades castellanas, solía venir estimulado, según hemos sugerido en alguna ocasión, por el corsé de una "estamentalización formal" que trataba a los patricios como caballeros. Incluso allí donde la riqueza patricia no se basaba en la propiedad de la tierra y la ganadería, sino que consistía en negocios mercantiles y empresas urbanas, los ricos aspiraron a vivir como nobles, con mentalidad caballeresca, algo demostrado para Burgos, Valladolid, Palencia, Sevilla, Murcia, etc., y que puede también corroborarse en estudios de Esteban Recio, Rucquoi, Peinado Santaella, Sánchez Saus, Ladero, Martínez Carrillo, entre otros. La propia ciudad, como ha señalado Bonachía, era ensalzada en sí misma como algo honorable, elevado y prestigioso. Hay que destacar también como uno de los valores de las elites urbanas castellanas la preparación intelectual, no a la altura del clero, pero sí muy superior a la de siglos anteriores. Isabel del Val nos recuerda que en el Valladolid del siglo XV un título universitario ayudaba en la promoción social: los estatutos del linaje de los Corral, del bando-linaje de los Tovar, equiparaban a los doctores con los caballeros y a los licenciados con los escuderos (Val Valdivieso, 1994a: 134-135). Las elites urbanas castellanas daban importancia a los conocimientos. Y los libros, aunque escasos, no eran elementos ajenos para ellos (*cfr.* apartado 5.1.2). Prueba de la importancia concedida al saber por los dirigentes urbanos fue la injerencia concejil en los asuntos de las universidades, donde éstas existían. En el caso vallisoletano fue muy directo el control del Estudio por parte de los linajes de la ciudad. También los linajes y bandos salmantinos intentaron condicionar la actividad universitaria, aunque aquí la Iglesia y el propio potencial de la universidad, que era en realidad como la universidad de todo el reino, frenó tales intentos.

La situación no era muy diferente en las ciudades de la corona aragonesa. Incluso en una ciudad emblemáticamente mercantil como Barcelona sus mercaderes en el siglo XV prefirieron vivir como la aristocracia urbana tradicional (Aurell, Puigarnau, 1998). Sus valores no fueron ya tanto en este siglo los del comercio y la vida activa sino los del confort, el lujo, la pasividad especulativa, la residencia en los barrios nobles, al tiempo que tampoco descuidaron, como en Castilla, la preparación intelectual, la adquisición de objetos artísticos y la posesión en sus bibliotecas familiares de libros de variado carácter, desde espirituales hasta novelas de aventuras.

El ritmo de la vida urbana estaba muy determinado por las pautas de sus elites. Pero hay que decir también que los poderes municipales con sus reglamentaciones incidían en las actividades cotidianas. La capacidad de dictar ordenanzas y acuerdos lo facilitaba. Es obvio que aspectos económicos y de mercado entraban en su competencia. Pero también dictaban normas sobre moralidad y comportamiento de los vecinos. Actividades como la prostitución, con sus locales específicos —*"burdel", "casa de las mujeres del partido", "casa de la mancebía"*—, solían avanzado el siglo XV estar bajo control municipal en muchas ciudades. Al igual que ocurría en otras latitudes, y lo conocemos por los estudios de Rossiaud, aunque era algo extrapolable también a la península (Esteban Recio, Izquierdo, 1996; Narbona, 1992), uno de los casos mejor conocidos es el de Murcia, estudiado por Rubio García, Menjot y Molina Molina, entre otros. Por ejemplo en 1416 se dictaron normas para que fueran expulsados los rufianes o chulos de la ciudad. Sobre la filosofía municipal acerca de la prostitución, con un claro sesgo de segregación pero también de clasismo, algún documento murciano resulta elocuente. En 1444 se dice: *"por quanto, según derecho canónico e cevil, las malas mugeres son consentidas usar de su maldad e forniçio con los omnes, pero en aquellos mesmos derechos dize que estén apartadas de sus burdeles e non estén nin moren entre las buenas"* y algunas no lo respetan, *"ha acaesçido que una mala muger con su mal usar e conversaçión de aquélla fase otras, que son buenas, ser asý como ella"*, por lo que se les obligaba a *"que se bayan al burdel [...] e eso mesmo que de oy adelante anden todas las malas mugeres por la çibdad en cuerpos syn mantillos e syn otra cobijadura"*. Otro documento de 1470 prohibía a las prostitutas murcianas que llevaran joyas y adornos de oro y plata, *"salvo que lo puedan traer las que sus amigos tovieren cavallo e armas que sea suyo"*. La intervención municipal en asuntos de libertad sexual y moralidad, en abierta competencia intervencionista con la Iglesia, alcanzaba circunstancias de la vida privada. Otro documento murciano de 1472, aunque referido a otro aspecto de la moralidad pública, lo demuestra. Era el caso de un regidor homosexual: *"E por quanto a notiçia de los dichos sennores conçejo es venido que Juan Tallante, regidor, usa del pecado de la sodomía, el qual pecado es a Dios muy aborrecible e muy grande e porque esto es en ynfamia del Regimiento e de esta çibdad, ordenaron e mandaron que en tanto quel dicho Juan Tallante non se purga deste pecado, poniéndose en la cárçel pública desa çibdad e saliendo della por su justiçia, que non entre con ellos en conçejo nin en sus ayuntamientos"*.

El control de la Iglesia o los concejos nunca era total. Había lugar para la diversión y la fiesta. Las fiestas ordinarias bastaban por sí solas para solaz de los vecinos, desde las fiestas patronales hasta los carnavales. Había incluso fiestas más extravagantes. A través de la documentación de sínodos y concilios, por ejemplo de los de la jurisdicción de Toledo (Sánchez Herrero, 1976: 93, 295), tenemos noticias de las llamadas *"fiestas de locos"*. Estas fiestas, que se remontaban a las saturnalias romanas, se celebraban sobre todo en algunos días de diciembre, el 6, San Nicolás, o el 28, fiesta de los Inocentes. En ellas, clérigos y laicos se colocaban máscaras, cantaban canciones obscenas, hacían ruidos permanentemente, imitaciones, parodias grotescas. Era frecuente la participación de clérigos de órdenes menores, que se pintarrajeaban el rostro. A veces se elegían personajes, como el "Rey de las burlas", el "Obispillo", que dirigía misas paródicas y rezos absurdos. Algunos concilios como el provincial celebrado en Aranda en 1473 condenaba estas fiestas, pero era prueba del arraigo entre las gentes. Por supuesto, otras fiestas parroquiales, o celebraciones y ritos de paso familiares, o reuniones juveniles, daban pie en las ciudades a expresar alegrías colectivas y grupales, que por otra parte no resultan específicas de la época bajomedieval en concreto.

Elites dirigentes y trabajadores, integrados y marginados, lujo y miseria, uso de la libertad y control social, fiesta y recogimiento... El mundo urbano ofrecía un escenario paradójico de contrastes, de diversidades, no sólo en el plano colectivo, sino también de valores, de actitudes mentales contrapuestas. Se tiene la impresión de que la geografía imaginaria de los valores culturales era, en cambio, más concisa en los medios rurales. El ejercicio de la libertad personal ha sido siempre más endeble en estos medios. Pero la paradoja en ellos de un severo control ideológico, sobre todo por parte de la Iglesia, en contraste con una cultura popular incorregible y frecuentemente transgresora, es sólo uno de los rasgos más peculiares de los escenarios de la vida rural. La Iglesia no logró doblegar totalmente la resistencia mental de los campesinos, que mostraron muchas veces con modales y valores denostados por aquélla –culto a la glotonería, obscenidades...– un rechazo práctico a los corsés ideológicos impuestos por ella.

Quizá por subrayar algún aspecto del marco de vida campesino podría sugerirse que gran parte de lo que hoy se entiende por cultura tradicional es herencia medieval. Convertidas hoy día en objetos de consumo, en diversiones individuales o en reclamos turísticos, las fiestas y juegos de nuestros pueblos, o buena parte de ellas al menos, evocan una realidad que se remonta, cuando menos, a tiempos medievales. Entonces su función era otra: ofrecer cohesión comunitaria, garantizar la sociabilidad rural, incluso, dirán algunos estudiosos, reforzar el orden establecido al hacer olvidar las calamidades o las desigualdades. Como cualquier otra sociedad "tradicional", la medieval se ajustaría en el análisis de su imaginario lúdico a estos diagnósticos que pudiera hoy hacer un sociólogo rural o un etnógrafo o antropólogo. No merece detenerse aquí, en un libro de historia, en los descubrimientos de estos últimos ni en sus gráficas descripciones costumbristas. Llama la atención, eso sí, que muchos de los juegos y fiestas que ellos estudian se dieran ya en tiempos medievales en parecidas expresiones: *encierros* y corridas de toros, festividades del *mayo*, juegos de *bolos* y *tangas* o *chapas*, pelota, dados, por supuesto festejos diversos de carnavales y sanjuanes... Olmos Herguedas ha rastreado muchos de ellos en la zona centro de Castilla, y particularmente en la comarca de Cuéllar a fines de la Edad Media y contrastado con testimonios todavía vivos, al igual que han hecho otros historiadores para otras zonas de la cuenca del Duero (Olmos, 1995; Martín Cea, 1998). Ocurría lo mismo en otras regiones de la península. Todas ellas vienen más o menos a reclamar hoy la atención sobre ese rico patrimonio cultural. Algunas incluso lo simplifican abusivamente, o lo unifican dentro de sus fronteras actuales, por mor de un rígido regionalismo excluyente o nacionalismo cultural que elimina la connatural diversidad de expresiones que se daban a escala más reducida, comarcal o local. Observar el elenco de juegos y diversiones campesinas de tiempos medievales es reconocer que prácticamente eran los mismos que han empezado a perderse hace unas décadas y que los folcloristas se esfuerzan ahora en recuperar. El lenguaje, y el empeño, del actual etnógrafo es parejo al del medievalista, o modernista, que documenta tales prácticas en sus períodos de estudio. Lo más destacado, quizá, para reflexionar sea la portentosa resistencia al cambio, la perennidad de las tradiciones lúdicas y festivas rurales. Denota un tiempo de *longue durée*, el tiempo lento de las tradiciones orales y las actitudes conservacionistas de las aldeas preindustriales.

7.2. La representación imaginaria del orden social. Los estados y la mentalidad social

7.2.1. De los rígidos "órdenes" funcionales a la pluralidad de "estados del mundo"

"*Triplex Dei ergo domus est, quae creditur una nunc orant, alii pugnant, aliique laborant*", "Triple es, pues, la casa de Dios que creemos una, en la que unos oran, otros combaten y los demás trabajan". El célebre esquema trifuncional de representación de la sociedad medieval, condensado en esta frase de Adalberón de Laón, se había expandido en los siglos XI y XII, como mostrara magistralmente Duby. Sin embargo el esquema se revelaba caduco, aunque no muerto, en los últimos siglos medievales. ¿Cómo agrupar bajo una rúbrica tan amplia como la de los *oratores* todas las categorías clericales, desde el clero regular al secular, desde el más alto obispo al más modesto cura rural, desde los dinámicos frailes urbanos a los sobrios monjes blancos? ¿Cómo encasillar en el mismo orden de los *laboratores* a los ricos mercaderes y a los campesinos pobres? ¿Cómo mantener la identidad de los *bellatores* en un mundo en que la protección militar feudal había perdido ya su función y donde ser caballero tenía menos relación con las misiones de guerra que con el estatus y el prestigio en la paz? Al enfrentarse intelectualmente al ideario de los *Tres Órdenes*, muy arraigado, el pensamiento social de la Baja Edad Media fue respetuoso pero consciente del agotamiento de una visión de la sociedad que siempre fue tendenciosa, simplista y doctrinaria –incluso cuando se formuló–, pero que varios siglos después resultaba además anacrónica y tosca. En el siglo XIII había ya entrado en crisis. Y durante el XIV la doctrina fue renovada. Pero, ¿cómo no hacerse eco incluso entonces de una tradición doctrinaria tan respetable?

En efecto, el ideario de los *Tres Órdenes* seguía siendo conocido en los siglos bajomedievales (Stefano, 1966; Maravall, 1972; Serverat, 1997). Se cita en *Las Partidas* (II, tít. XXI, preámbulo) y, por ejemplo, don Juan Manuel, uno de los que más renovó las concepciones sobre los *estados,* lo recogía en su *Libro de los estados* (cap. 92): en frase del supuesto instructor del infante, *"dígovos que todos los estados del mundo que se ençierran en tres: al uno llaman defensores, et al otro oradores, et al otro labradores".* El *Proemio* de *El Victorial* señala también *"los tres estados de gentes"* por *"disposición de la potençia divina",* y en los *Hechos del Condestable don Miguel Lucas de Iranzo,* escrita ya a finales del reinado de Enrique IV, se muestra la vigencia de este ideario y, como puede apreciarse, con la clásica argumentación funcional: *"el dicho señor Condestable le avía mandado que de su parte les dixese como cosa conosçida era, segund que por los sabios antiguos estaua escripto en todo el mundo ser tres estados: el primero de los oradores, el segundo de los defensores, el terçero de los labradores. E que así como el estado de los oradores era de muy grande esçelençia, por atañer a lo espiritual, así el estado de los labradores era muy nesçesario para sustentamietno del mundo e dar mantenimeitno a los que en él biuen. Pero que sin el estado de los defensores, que era la orden de la cauallería, no se podrían, en ninguna manera los otros dos estados sostener"* (*Hechos*: 203-204).

Podrían citarse otras referencias. Lo cierto es que el ideario seguía siendo conocido. Sin embargo, subdivisiones o matizaciones taxonómicas más concretas corregían o complementaban ya el clásico esquema ternario. La obsesión medieval por las clasificaciones y nomenclaturas es bien sabida (Serverat, 1997: 7). Era, por lo demás, un típico método de aprendizaje en la Edad Media, donde se recurría a técnicas mnemotécnicas, a recitaciones de memoria, otorgando una cierta racionalidad y lógica a los conocimientos. Había en ello una fuerte ortopedia mental, que nos atreveríamos a achacar a varios factores: al efecto del privilegio y las diferencias jurídicas en una conciencia social que veía las personas como intrínsecamente desiguales, a la difusión de las concepciones organicistas, al gusto por las abstracciones y los universales, a la ausencia de unas categorías de pensamiento dialéctico, a unas condiciones materiales de precariedad de medios –que exigían aprender de memoria– y a un ambiente cultural de mayorías iletradas a las que había que ofrecer clasificaciones simplistas de las cosas, planas, ordenadas y comprensibles. En el caso de los *Tres Órdenes,* que se adivinaban insuficientes, se trataba simplemente de adaptar esta metodología clasificatoria a realidades más tangibles, esto es, a una sociedad estamentalizada, pero respetando jerarquías diferentes derivadas de los cargos, el dinero, las profesiones, etc. Por ello nacieron descripciones más complejas –como ya intuyeran Le Goff o Batany– que se ajustaban mejor a la labilidad social bajomedieval que las típicas taxonomías ternarias propias del XI. De manera que tanto éstas como las descripciones estamentales más plurales y variadas coexistieron en la Baja Edad Media. En concreto, en la época había que dar cuenta con clasificaciones más matizadas de tres nuevas circunstancias que el esquema de los *tres órdenes* era incapaz de abarcar: la incorporación de un amplísimo mundo de mercaderes, artesanos, burgueses urbanos, mundo de los negocios y del dinero, que por supuesto no podían ser cómodamente encuadrados en la rúbrica de *laboratores*; unas diferenciaciones basadas en estratigrafías sociales estamentales pero no propiamente funcionales: más o menos riqueza, *mayores-medianos-menores*, etc., que eran diferencias objetivas de grado, pero no porque ejercieran unos y otros funciones distintas en la sociedad; y finalmente, la necesidad de dar cabida a la movilidad social, al cambio de *estado*, a las posiciones intermedias, a la "rueda de la fortuna", que se veían como ineludibles en cualquier retrato de la época. De manera que, respetándolo, parecía preciso que fuera superado el esquema ternario.

Por otra parte la Edad Media disponía de abundantes andamiajes doctrinales en los que apoyar otros ensayos de arquitecturas imaginarias de las jerarquías sociales. Entre los más célebres estaban las jerarquías celestes (Stéfano, 1966: 44; Serverat, 1997: 58 y ss.) desarrolladas por Dionisio Areopagita, con sus tres coros angélicos, pero subdivididos cada uno en tres rangos, de lo que resultaban nueve rangos angélicos. ¿Por qué no iba a existir en la tierra una jerarquía como la que existía en ese orden celeste neoplatónico? Por otro lado, las jerarquías angélicas no eran sino una pieza de la jerarquía escatológica general. El cielo se imaginaba como una pirámide: en su cúspide, la divinidad trinitaria; en el piso siguiente, María; luego San Miguel y el espacio de los arcángeles; luego, los ángeles; más abajo, los santos; finalmente, ya fuera de lo celeste, el piso bajo de los hombres. Pero, aparte de estas jerarquías celestes, existía además una amplia gama de modelos angélicos desarrollados desde el principio de la Edad Media por San Agustín, San Isidoro, Beato, etc. Había además otras nomenclaturas conocidas, como las de las *Artes Liberales* o las *Artes Mecánicas* del *Didascalion* de Hugo de San Víctor. O la literatura didáctica de los *"espejos de príncipes"*, de acusada tendencia taxonomista. O las categorías fiscales de los municipios, *mayores, medianos y menudos*. O la propia didáctica de la doctrina católica, tendente también a la nemotecnia numérica de contenidos compactos: 10 mandamientos, 7 pecados capitales, 14 obras de misericordia, 7 sacramentos... Y, por supuesto, estaban los oficios y sus jerarquías, las profesiones y sus escalas, los cargos y sus categorías, modelos múltiples de jerarquización y clasificación en una sociedad en la que los individuos, como decimos, eran diferentes además según su condición jurídica. Todo empujaba, pues, desde la escatología a la fiscalidad, desde el oficio laboral a la teología penitencial, a ofrecer imágenes de la sociedad a partir de rangos y jerarquías. Y concretamente de *estados* o estamentos.

El discurso de los *estados* en la Baja Edad Media se contiene en diversos géneros: tratados de moral religiosa y política; predicaciones *ad status*; manuales de confesión; y poemas morales de tema bíblico (Serverat, 1997: 30 y ss.).

En cuanto a las formulaciones concretas todas se presentan más complejas que el esquema ternario, pero varían entre sí. Hay que decir que había exposiciones un tanto descriptivas, poco articuladas en sistemas ideológicos. Por ejemplo, si se trataba de una obra moral o penitencial, de descripción de pecados característicos, el autor recorría los *estados del mundo* asociándolos a aquéllos. Por ejemplo en el *Libro de las Confesiones* de Martín Pérez, de principios del XIV, se iba aludiendo a cada *estado* bajo fórmulas como: *"Algunos de los pecados que pertenesçen a los señores menores [...] De los pecados que pertenesçen a los juezes e alcaldes eclesiásticos [...] De los pecados de los escrivanos [...] De los pecados de los doctores e de los maestros e de los letrados [...] De los pecados de los físicos [...] De los juglares, que son otra manera de estriones..."* (*Libro de las Confesiones*, segunda parte). De estos ejercicios resultan tablas de pecados y castigos detalladísimas, donde se relataban decenas y decenas de *estados*, pero que no siempre formaban una concepción integral conceptual, sino más bien prolija, descriptiva y enumerativa. Lo mismo ocurre en el poema moral de López de Ayala, *Rimado de Palacio*, en una de cuyas partes el autor (*Rimado de Palacio*, ests. 193-372) hacía un recorrido por diversos *estados*: Papa, cardenales, dignidades y obispos; reyes, príncipes, emperadores y, en general, los gobernantes; los mercaderes; los letrados; los caballeros; los juezes; los oficiales públicos.

Quizá haya que destacar, sin embargo, otro tipo de formulaciones más elaboradas intelectualmente, menos descriptivas que las anteriores. Una de las más célebres, entre las elaboradas, es la del infante don Juan Manuel (†1348). Aparte de la visión sintética o simplista de los *tres órdenes* o *estados* (*Libro de los Estados*, cap. 92; *Libro del caballero y del escudero*, cap. 17), Juan Manuel desarrollaba la visión analítica o amplia. Se caracteriza por sus matizaciones *in extenso* en el *estado* de los *defensores*, con una jerarquía muy detallada, que explica en amplios capítulos de su *Libro de los estados* (caps. 57, 84, 85, 86, 88, 89, 90, 91, 92, 96, entre otros): emperador, reyes, príncipes, duques, condes, vizcondes, marqueses, ricoshombres, infanzones, caballeros, escuderos, sus oficiales finalmente. Se caracteriza también por considerar dentro de ellos el valor especial de los nobles de sangre real, el escalón más alto de la nobleza, como era de hecho su propia familia, que el autor se empeña en distinguir de categorías inferiores. Se caracteriza, igualmente, por el desprecio hacia los no privilegiados de la sociedad, sobre todo los trabajadores, tan *"menguados de entendimiento"* que casi sería preferible *"en los callar que en los poner en tal libro como éste"* (Apéndice 3).

Si a don Juan Manuel se le aprecia una debilidad por la alta nobleza castellana, a Eiximenis (†1409), que se preocupó también de las clasificaciones sociales, se le puede achacar su defensa de los *ciutadans*, tanto los *honrats* como los *mercaders*, aunque con mayor debilidad hacia éstos, componentes principales de la *mà mitjana* de las ciudades: los mercaderes *"deuen esser favorits sobre otra gent seglar del món..."*, eran la vida de la tierra, el *"tresor de la cosa publica", "sens mercaders, les comunitats caen, los princeps tornen tirans, los jovens se perden, los pobres s'en ploren... Nostre Senyor Déu los fa misericòrdia especial en mort e en vida"*, dice en el *Regiment*. Imagen que contrasta con la del *poble menut*, visto como revoltoso, y, sobre todo, de los campesinos, que, según señalaba en el libro *Terç* del *Crestià*, *"son bestials e rustecs... e sen raó, e quaix bèsties e fort maliciosos"*. En su *Dotzé* del *Crestià* utiliza en la clasificación estamental la concepción organicista o corporativa y, en este caso al margen de sus preferencias, hacía sus comparaciones entre órganos del cuerpo y *estados*. Claro que también Eiximenis jugaba además con otras clasificaciones. Por ejemplo, en el *Libre dels àngels* venía a comparar los nueve coros angélicos con modelos para oficiales reales, en los tres escalones angélicos: los serafines eran los caballeros, los querubines los secretarios, los tronos los escuderos; y en la escala siguiente, las dominaciones eran capitanes, las virtudes, almirantes, las potencias los jueces; y en la tercera escala, los principados, arcángeles y ángeles se correspondían igualmente con los *batlles* y las escalas bajas de la administración local. En definitiva, como se ve en estas distintas nomenclaturas de Eiximenis, no había un único modelo de clasificación. Los autores utilizaban varios registros según el formato de los textos, aunque buscando generalmente códigos estándar reconocibles, organicismo, jerarquías angélicas... En general el esquema ternario se aceptaba como referente, pero se complementaba y enriquecía, en especial para dar cobijo a las categorías urbanas más difíciles de encajar entre los *laboratores*. El poeta Pere March (†1413) afirmaba por ejemplo que *"Clercs, cavallers, llauradors e marxants e menestrals, és lo mon ordenat"*.

Por su parte Vicente Ferrer (†1419) en sus *Sermons* utilizaba diversas clasificaciones, siempre más allá del esquema tripartito, aunque respetando éste. Se mencionan elencos de personajes y profesiones. Un estudioso de sus sermones valencianos ha contabilizado hasta 67 ocupaciones y oficios citados sin contar los campesinos (Llop, 1995: 96). El santo valenciano, que siempre se mostró propenso a las capas populares urbanas, parece preocupado por distinguir en la casilla de los *laboratores* entre *"els que treballen o els que viuen de ses mans"* en la ciudad –que incluye *mercaders*, *menestrals* y *artistas* (*cfr.* apartado 4.2.2)– y los campesinos, *rustecs o llauradors*. Y entre los labradores distinguía entre el *rich llaurador*, el medio o pobre y el bracero. Por supuesto, todos estos *labotatores*, urbanos y rurales, se distinguían como conjunto de los eclesiásticos y de los *cavallers* u *homens d'armes*. El esquema de V. Ferrer, de modo semejante a Eiximenis, estaba marcado por la idea organicista (Llop, 1995: 62): los señores eran la cabeza del cuerpo; los jueces o doctores, los ojos; los oficiales públicos o los confesores, las orejas; los caballeros, los brazos; los mercaderes, el vientre; así sucesivamente, hasta los artesanos, identificados con las piernas; y los campesinos, que eran como los pies.

Más singular era la clasificación propuesta por Enrique de Villena (†1434), que en su obra *Los Doze trabajos de Hércules*, escrita hacia 1417, forzaba una asimilación entre tales 12 hazañas y los 12 *estados* sociales: príncipe, obispo, caballero, clérigo, ciudadano, mercader, labrador, artesano, maestro, aprendiz, ermitaño, mujer. Mientras que, por su parte, Alfonso de la Torre, en su *Visión Deleytable*, de c. 1440 tomaba de Aristóteles una clasificación de saberes y *artes* y adjudicaba cada una a un *estado* determinado: decía que la *Política* "*ovo estas órdenes: primera, por prinçipado; segunda, saçerdoçio; terçera, militar; quarta, enseñadores de las çiençias e leyes e usadores de aquéllas; quinta, medeçina; sesta, artes mecánicas; séptima, agricultura. E fueron aquéstos estados llamados reyes, saçerdotes, cavalleros, sabios, médicos, menestrales, labradores*" (Alfonso de la Torre, *Visión Deleytable*, II, n.º 18, 322).

Las propias *Danzas de la Muerte* constituyeron una descripción de *estados*, que desfilaban uno tras otro. La *Danza General* hacía ir entrando en escena uno tras otro los *estados del mundo*, generalmente alternando en rangos descendentes varias parejas, cada una con un personaje del sector eclesiástico y otro del civil, con lo que en el fondo escondía también la contraposición binaria entre clérigos y laicos. El orden de esta lista en la *Danza General* era el siguiente: Papa, emperador, cardenal, rey, patriarca, duque, arzobispo, condestable, obispo, caballero, abad, escudero, deán, mercadero, arcediano, abogado, canónigo, físico, cura, labrador, monje, usurero, fraile, portero, ermitaño, contador, diácono, recaudador, subdiácono, sacristán, rabí, alfaquí, santero.

Como puede apreciarse fueron muy diversas las taxonomías y contraposiciones, todas venían a sobrepasar el ideario trifuncional y no todas se ajustaron al estricto criterio estamental. La que acabamos de sugerir oculta en la *Danza General*, por ejemplo, era otra de las corrientes que estuvo presente en la Edad Media. Contraponía clérigos y legos y tuvo muchas expresiones, como puede comprobarse por ejemplo en la *Disputa de Elena y María*, en castellano, a fines del XIII; o en el *fabliau* catalán *Planys del cavaller de Mataró*, de fines del XIV, donde se contraponía el mundo de los caballeros al de los eclesiásticos.

Esta contraposición o rivalidad caballeros/eclesiásticos se puede considerar clásico tópico medieval, ya anterior a la Baja Edad Media, sobre todo de cultivo entre clérigos, al igual que otras dicotomías que seguían vigentes en la Baja Edad Media: clero regular/clero secular, monjes/frailes, vida eremítica/vida cenobítica. Conviene, sin embargo, advertir que, junto a ellas o al lado de las taxonomías sobre los *estados* de la sociedad antes mencionadas, aparecieron en el XV nuevas contraposiciones que revelan el mantenimiento del afán medieval por las clasificaciones pero también la renovación de la representación imaginaria de la sociedad, que se producía probablemente ya como consecuencia de la introducción del humanismo. En la cultura caballeresca, como se verá más tarde, el debate entre "las armas y las letras" fue constante en el siglo XV. O la contraposición entre "vida activa/vida contemplativa", es decir, entre hombres de acción frente a intelectuales, como subrayaba por ejemplo Juan de Lucena hacia 1463 en su *Libro de vita beata*, una contraposición por cierto que se hacía compatible (Serverat, 1997: 72), en ese vaivén de lo viejo y lo nuevo, con las clasificaciones de los *órdenes* tradicionales: *laboratores* y *bellatores* eran representativos de la vida activa, mientras que los *oratores* –claro que también juristas, oficiales reales– eran expresión de la contemplativa.

Parece por otra parte observarse que en este tipo de contraposiciones nuevas sobre géneros y estados de vida –armas/letras, activos/contemplativos...–, donde se ven bullir concepciones neoplatónicas, horacianas, epicúreas, etc., ya no se trataba de aceptar el *estado* como destino inamovible, sino que se reflejaba una nueva mentalidad. En ella la elección personal importaba y en ella no se trataba de justificar la ubicación genérica de cada *estado* u *orden* en el mundo, sino de discurrir sobre la mejor manera de obtener la dicha individual. Este anhelo, la búsqueda de la felicidad personal, se convertía de este modo en materia de reflexión cultural, lo que hubiese sido impensable siglos atrás.

7.2.2. "Estados" y crítica moral. Riqueza y pobreza, justicia y protesta

Como puede apreciarse, en los siglos XIV y XV, aparte de diferentes niveles de cultura según grupos sociales, coexistieron viejas y nuevas mentalidades, viejos y nuevos códigos culturales, con raíces y referencias dispares, tales como la vieja teología, la escolástica, las culturas vernáculas o las ideas humanísticas. La imagen cultural de la sociedad no podía, pues, ser unitaria. La descripción de los *estados* y otras representaciones imaginarias del orden social lo pone de manifiesto, como se acaba de ver. Lo mismo ocurría con la representación de los valores sociales afectos o no a estos *estados*. Podrían apuntarse algunos trazos característicos, a sabiendas de la complejidad que entraña circunscribir a unas pocas líneas una axiología social que, cuando menos, exigiría matizaciones singularizadas según las obras y autores de la época.

Quizá haya que comenzar precisamente enfatizando la fuerza de los tópicos sobre las cualidades humanas atribuidas mecánicamente a los *estados*, que fácilmente podría corroborarse computando el léxico y los campos semánticos. Los autores bajomedievales, que tenían como referencia los fuertes códigos de los pecados capitales y otros clichés no menos estereotipados, solieron adjudicar vicios característicos a cada *estado*. Es verdad que había posturas matizadas, pero se trata de señalar la fuerza de los códigos culturales. La soberbia o el orgullo, la violencia o la brutalidad solían achacarse a los caballeros y poderosos; las vanaglorias, hipocresías, intrigas y simonías a los eclesiásticos; los engaños, prevaricaciones y falsedades a los abogados, letrados y ministeriales; los fraudes a los menestrales; la ignorancia, la avaricia o codicia –resistirse a pagar el diezmo–, la obvia rusticidad, a los campesinos; la avaricia y la usura por antonomasia a los mercaderes. Podría rastrearse esta distribución social de los pecados sociales en las obras de don Juan Manuel, de López de Ayala, en los sermones de Vicente Ferrer, en los poetas de los *cancioneros*, en la misma *Danza de la Muerte*, en tantas obras. Es verdad que la adjudicación de los pecados no siempre era precisa. La gula o la lujuria se achacaban indiscriminadamente a todos los grupos sociales. Pero en general sí existió una especialización imaginaria en el mapa social del pecado que nos revela la inercia de los tópicos en aquella época.

Tales tópicos, de profundas raíces medievales, más que retratos humanos, eran registros morales, con una potente carga doctrinaria. Es verdad que cabía la crítica personal, como por ejemplo la que el Marqués de Santillana dedicaba a Álvaro de Luna en su *Doctrinal de Privados*. Pero en general las críticas eran repertorios de clichés. Uno de los discursos más desarrollados fue, precisamente en esta línea, el de la crítica a las riquezas y el dinero y, por extensión, a judíos y mercaderes, frecuentemente identificados –Eiximenis es una excepción– con el pecado de la usura. Cuando se expresaban estas ideas tópicas se estaba recogiendo simplemente una ortodoxa doctrina económica de la Iglesia, puesto que la "economía política" de la época era sin más la ética económica de la Escolástica, que repudiaba los excesos del préstamo con interés. Desde el XIII la avaricia se había convertido el pecado número uno, por encima de la soberbia. Y se relacionaba además con la conciencia de que el dinero resquebrajaba el orden social, a la par que alteraba las posiciones tradicionales a golpe de fortuitos y corrosivos vaivenes de la fortuna (Apéndice 5). El de la crítica a las riquezas –no agropecuarias– y al dinero es un *topos* extraordinariamente generalizado, que ha favorecido por cierto brillantes logros poéticos (*Rimado de Palacio*, ests. 74-83, 298-313, 576-591; *Libro de Buen Amor*, ests. 218, 490-514) y que ha permitido a los predicadores ganarse a sus auditorios de los menudos urbanos: eso dice de los mercaderes Vicente Ferrer, *"qui han la riqueza en lo ventre del arca; mas ja son malalts per usura"* (*Sermons*, II: 38).

La fuerza de los estereotipos es achacable, aunque tuvieran destinatarios más concretos, incluso a la literatura de protesta, estudiada por Rodríguez Puértolas, Scholberg y otros. Incluso a la más mordaz y descarnada entre ella, la del reinado de Enrique IV: la contenida por ejemplo en las *Coplas del Provincial*, alegoría sobre un convento que servía de pretexto para criticar el orden social y las costumbres; las *Coplas de Vita Christi*, del franciscano Íñigo de Mendoza, que dejaba en muy mal lugar a los nobles; las anónimas *Coplas de la panadera*, que ponían en evidencia la cobardía nobiliar; y sobre todo las *Coplas de Mingo Revulgo*, atribuidas a Íñigo de Mendoza, fuerte sátira social a partir del artificio simbólico de simular un diálogo o égloga teatral entre dos pastores, que aludían a lo mal conducidos que iban los ganados (=mal regido el reino), a los ataques constantes de los lobos (=rapiñas y corrupción de nobles y gobernantes), entre otras alusiones alegóricas y simbólicas.

¿Qué valor otorgar a estas representaciones sociales de denuncia? Las críticas a los *estados* solían estar impregnadas de un acentuado moralismo. Lo que criticaban López de Ayala, Eiximenis, Díez de Games o don Juan Manuel es que no se respetase el patrón que correspondía a cada *estado*. Don Juan Manuel defendía *"el estado en que Dios me puso"*. Y el autor de *El Victorial* señalaba: *"Dios tiene a todos proveídos de la su graçia e dada medida de la su graçia a cada uno, e don [...] A unos da graçia de ser letrados, e a otros de ser buenos mercaderes, e a otros de buenos mecánicos, de ser labradores, e a otros de ser cavalleros e buenos defensores. Ansí quando usa el labrador ser mercader, pierde su caudal, e el mercader de ser labrador no sabe, e si usa de caballería no sabe, ca no es de su natural, e si el labrador o el mercader quiere usar de letras, non sabe"* (*El Victorial*, I, cap. 29, 291). Había en el peso de estas ideas la inercia de un conservadurismo asentado en la desigualdad "natural" por designio divino. Es cierto que aparecían nuevas ideas y valores, pero el peso de la tradición era muy fuerte. Pero incluso las críticas a la riqueza o a los nobles y poderosos tenían algo de pura retórica. Se ha dicho en ocasiones que en la Baja Edad Media se dio una pugna entre los valores de una Iglesia o una nobleza feudal en decadencia y una burguesía emergente, pugna de la que la literatura sería fiel reflejo. Sobre todo este esquema, que se compadece bien con una anticuada ortopedia académica –de J. L. Romero, por ejemplo– de la ruptura entre Edad Media "feudal" y Renacimiento "burgués", ha sido defendido por algunos filólogos, como Rodríguez Puértolas, desde cierto marxismo un tanto esquemático. Así por ejemplo, ha podido interpretar la célebre diatriba del Arcipreste de Hita sobre *"la propiedad quel dinero ha"* como reflejo de la crisis del feudalismo y ha llegado a decir que Álvaro de Luna representaba los intereses de la burguesía frente a los de la nobleza latifundista (*Poesía crítica*, 1989: 16, 19). Aunque hay que agradecer a este tipo de enfoques la preocupación por el trasfondo social de la creación literaria, no se puede estar de acuerdo, sin embargo, con estas apreciaciones, aunque sólo sea porque resultan incompletas y porque los medievalistas ya hemos roto con ese juego de contraposiciones elementales 'noblezas/burguesías' para estos períodos históricos. Los contenidos sociales de la literatura no podrán, pues, apoyarse en una polaridad inexistente.

En realidad, las representaciones imaginarias de la sociedad, y muy en particular las de corte crítico y supuestamente subversivo, nos parece que eran resultado de diferentes corrientes de pensamiento, de varias claves culturales. La primera era el cristianismo moral contestatario, con un discurso enfrentado al del cristianismo oficial y conformista. El cristianismo de protesta, o simplemente purista, atacaba los vicios de la sociedad desde la óptica de la defensa de las virtudes humanas y desde la antropología teológica del igualitarismo evangélico, ante la supuesta o real perversión por la Iglesia o los grupos sociales de los 'auténticos' valores cristianos. Este cristianismo contestatario —que late en la poesía de protesta— era interclasista, no se inscribía en la supuesta pugna nobleza/burguesía y carecía del discurso revolucionario que sólo han tenido algunas de las revueltas sociales europeas de la Baja Edad Media. Una segunda clave era la cultura popular, que se había incorporado a los géneros literarios escritos, y que representaba valores diferentes, quizá la solidaridad y las ideas de cooperación y equidad esenciales, obviamente incómodas con el individualismo egoísta propio de los tiempos. Una tercera clave de la literatura de protesta procedía del escepticismo existencialista de los conversos. Una cuarta clave procedía de los ideales caballerescos, de los que se hablará más tarde, en tanto que propugnaban una perfectibilidad de conductas basadas en el buen estilo, la generosidad y la entrega desinteresada, que obviamente tampoco se percibían en la cotidianeidad de la época, ni en las prosaicas aspiraciones de la gente común, ni en las tretas de los triunfadores sociales. Una última clave, al menos para la literatura de protesta de corte antinobiliario, podía proceder también de la parenética monárquica, y en concreto de las apologías de signo centralizador, en el sentido de que este ideario, reforzado entre los escritores políticos sobre todo castellanos, implicaba un elogio de los principios de legalidad y justicia públicas, de denuncia de los abusos de los poderosos, de defensa de una monarquía judicialista y popular, ausente en buena parte de los reinados de Juan II y Enrique IV y que atisbaron a ver concretada muchos en el reinado de los Reyes Católicos.

Todas estas claves discursivas han de ser tenidas en cuenta. En especial la primera de ellas relativiza mucho cualquier idea de transgresión que pueda atribuirse a la literatura contestataria. De las injusticias denunciadas —lógicamente no hablamos aquí de las revueltas sociales, donde sí hubo un discurso antiseñorial y subversivo (Barros, 1990; Mackay, Mackendrick, 1988)— no se derivaba una voluntad de destrucción del orden establecido. En todas las críticas antes mencionadas a los pecados y vicios del mundo, éste podía ser corregido, en efecto, pero en aquellas desviaciones de lo que se suponía que era una perversión de un orden ideal, forjado en un ideario religioso. El orden social —parece sugerir este discurso— había sido creado por Dios y su arquitectura básica no podía ser perversa en su integridad. La crítica social, reflejada en la literatura, se desviaba así inexorablemente hacia una crítica moralizante construida desde los valores del cristianismo. Una crítica que aborrecía ciertas conductas sociales, por ser poco cristianas: soberbia, avaricia, crueldad... Pero no tanto por ser resultado de una determinada manera de organización de la sociedad, que no se impugnaba esencialmente. Los ojos críticos hacia los pecados sociales de los *estados del mundo* tuvieron que ser necesariamente reformistas. Y ello en la medida en que las posibles soluciones a tales pecados sociales se hallaban dentro de la religión y la moral cristianas, que no eran incompatibles con el orden establecido. Nuevamente, pues, nos encontramos con la imposibilidad de soslayar la cosmovisión religiosa para entender la mentalidad medieval, incluso aquella de acentos más contestatarios y críticos.

De alguna manera, los ideales alternativos puestos sobre el tablero de las representaciones imaginarias de la sociedad sólo pudieron consistir, en consecuencia, en una retórica de las utopías sociales, no menos ideal que la propia retórica taxonomista y moralista de los *estados*. Hubo, eso sí, varias utopías. Así, la utopía cristiana de igualdad de origen —en el fondo, la idea agustiniana de igualdad de origen truncada por el pecado original— y de igualdad de ultratumba, concretada ésta no ya sólo en las *Danzas* sino por ejemplo en el discurso manriqueño de las *Coplas a la muerte de su padre*, que era, como se ha indicado antes, la consabida consolatoria del *ubi sunt*. Los humanos eran iguales en origen, en tanto cristianos, e iguales tornarían a ser más allá de la muerte. Pero, en medio, la opresión, el sufrimiento y la desigualdad. Esta utopía cristiana, si es que se puede llamar así a esta quimérica creencia o resignación, era en el fondo la tradicional, la que propugnaba la felicidad en el trasmundo del imaginario católico, el del mundo fantasmagórico ajeno a la vida, el de la emancipación escatológica.

Hubo otras utopías más novedosas en el período. Las citadas especulaciones humanistas sobre la "ciudad ideal" lo eran. Lo eran también los ideales caballerescos. Lo eran los proyectos personales de felicidad en la tierra: la moda del epicureísmo; o la retórica horaciana —aunque también de gregorianismo acrisolado— del elogio de la vida sencilla, en armonía con un ascetismo espiritual en alza. Los modelos '*de vita beata*', o '*de vita christi*', que alentaron el discurrir de muchos autores, sobre todo en el XV, respondían a estas nuevas actitudes mentales y también se vieron reflejadas en las manifestaciones culturales, tanto en la literatura espiritual como en la poesía de los *cancioneros*.

7.2.3. De las Tres Culturas al ideario de exclusión

Hubo otra peculiar "utopía" en los siglos XIV y XV, pesadilla para otros. La que propugnaba la imposición del cristianismo sobre las otras religiones. Desde siglos atrás existía para los católicos la noción de "superioridad" teológica de su credo sobre los restantes. En el período la idea fue aún más lejos y se convirtió en un discurso de exclusión del "otro", el moro o el judío. Especialmente este último fue el objeto de los ataques. Desde el punto de vista religioso y frente al clima de convivencia entre las Tres Culturas —aunque nunca hubo paridad entre ellas, siempre la cristiana fue dominante— empezaron a surgir, acentuándose entre los siglos XIII y XV, las nociones de "unidad" en la fe, que propugnaba la extirpación de otras religiones, y por otra parte, ya en el XV, la de "pureza interior del cristianismo". La combinación de estas tres nociones de superioridad cristiana, unidad confesional y pureza desembocó en una abierta persecución religiosa en el plano de las ideas.

Por supuesto, en los siglos XIV y XV hubo también persecuciones físicas, violencias. A destacar, entre ellas, las acaecidas durante la guerra civil castellana de Pedro I y Enrique II, que ocasionaron la muerte de muchos judíos, o también los célebres *pogroms* de 1391 (Mitre, 1994), tanto en Castilla como en la corona de Aragón, que supusieron la conversión de muchos de ellos, y finalmente las persecuciones contra los conversos en el siglo XV, sobre todo los ataques a los conversos andaluces en los años 1463-73 (Mackay, 1972).

El ideario antijudío (Barros, 1994: 21-84) no contenía sólo referencias de carácter religioso. Incluía los clásicos tópicos de los judíos usureros, los mitos sobre la alteridad cultural y de civilización de los 'inasimilables' judíos —a pesar de que la convivencia diaria desmentía este cliché— y sobre todo en el XV la asociación de la imagen de los judíos con la magia negra, los crímenes rituales y otras acusaciones que, de ser viejas leyendas y narraciones europeas, pasaron a convertirse en acusaciones criminalizantes concretas. Hacia 1460 Alonso de Espina, principal impulsor en el siglo del antisemitismo, llevaba éste a sus más altas cotas, incluso a nivel europeo, en su *Fortalitium Fidei*, en especial en sus libros II y III, auténtica enciclopedia de tópicos antijudíos (Monsalvo, 1999). El clima se fue enrareciendo y acabaron apareciendo imputaciones de supuestos crímenes cometidos por judíos y conversos. Alonso de Espina difundió algunos a mediados del siglo. Muy célebre fue también más tarde una acusación de crimen ritual en un pueblo toledano en 1491, que ayudó a precipitar la expulsión de los judíos, acaecida finalmente en 1492 en los reinos de Castilla y de Aragón.

Pero las víctimas no veían siendo ya sólo los judíos, sino también los conversos, un problema creciente desde 1391. A ellos no se les podía expulsar. Pero se desconfiaba de sus creencias y, desde 1449, se habían iniciado –antes sólo ocurría con los judíos– los ataques físicos a los conversos, aunque fueran muy localizados y esporádicos. En el ecuador y en la segunda mitad del siglo XV hubo intelectuales que defendieron la integración de los nuevos bautizados, como por ejemplo Alonso de Cartagena, mientras que otros, entre ellos Alonso de Espina, les identificaron con los judíos, ensalzaron la "limpieza de sangre" de los cristianos viejos y propugnaron la persecución de los nuevos cristianos y de sus descendientes. La polémica fue muy aguda (Benito Ruano, 1976; Rábade Obradó, 1999). Los partidarios de la persecución acabaron imponiéndose, sobre todo en los círculos de la monarquía, sobre los defensores de la integración. Y desde 1478 se instauró la Inquisición (Netanyahu, 1999), que comenzó a actuar unos años después, una institución que durante las primeras décadas se dedicó a perseguir el supuesto criptojudaísmo de los conversos, considerado como herejía. Se condenó a muchos a la confiscación de bienes o a la hoguera. La Inquisición sirvió además para ejercer una poderosa censura y control ideológico en muchos ambientes culturales.

Hacia 1492, con la expulsión de los judíos (Kriegel, 1978; Pérez, 1993), la victoria sobre los moros de Granada y la Inquisición ejerciendo una sistemática "limpieza" ideológica, puede considerarse consumado un largo itinerario histórico. El que, del siglo XIII al XV, había transitado desde el respeto a las Tres Culturas hasta la forzosa unidad confesional de una monarquía unificada por la fe católica. Significativamente, la política religiosa de los Reyes Católicos fue una de las que más popularidad otorgó a los monarcas, prueba del arraigo del ideario de exclusión en la sociedad de la época.

7.3. Cultura y mentalidades caballerescas

Los caballeros de los siglos XIV y XV se hallaban ya muy alejados de las condiciones históricas y los motivos que les hicieron nacer siglos atrás: las guerras feudales, el servicio vasallático, las conquistas territoriales, el épico sentido de las cruzadas cristianas, incluidas las guerras de "reconquista" en la península. Pero, paradójicamente, fue ya en la época bajomedieval, precisamente cuando más remotos parecían los tiempos de la caballería funcional, cuando se reafirmó la caballerías cultural, la caballería como mito, como estilo de vida. Fueron los nuevos tiempos en que el caballero andante se puso de moda como personaje de ficción, cuando la poesía y la novela de caballería elevaron al nivel de la conciencia literaria y costumbrista la figura legendaria del caballero. Se desarrolló entonces una especie de melancolía estamental por un mundo de castillos y lances militares, de gloria y honor, un mundo inexistente más que perdido, que se evocaba caprichosamente con el recurso de la imaginación y sin el contraste de la realidad.

Durante los siglos XIV y XV la palabra "caballero" tenía varios significados, que cada contexto explica. Podía ser prácticamente un adjetivo, en su sentido figurado y como compendio de virtudes humanas. Pero, en un plano más realista, caballero podía tener, al menos, otros tres sentidos más: el que combatía a caballo, contrapuesto a peón; en segundo lugar, el que era noble o estaba socialmente asimilado a la nobleza, grupo social que tenía privilegios políticos y económicos, con una gradación que iba desde los nobles titulados a la más modesta caballería villana; en tercer lugar, el que era "armado caballero", o sea, el que tomaba de otro la categoría de caballero y era recibido, con las formalidades oportunas, en una Orden de Caballería. Este último significado era el más genuino y emblemático de los tiempos bajomedievales. Y a él se asociaba todo el mundo mental y cultural de la época.

7.3.1. Creación de una identidad genuina. Ambientes y costumbres de un nuevo estilo de vida

En la primera mitad del siglo XIV, en especial en Castilla, existía cierta confusión en lo referente a la caballería. Durante el reinado de Alfonso XI, estratégico en este sentido (García Díaz, 1984), la actividad militar contra los musulmanes otorgaba todavía cierta funcionalidad a los guerreros a caballo. Incluso convenía entonces realizar una extensión numérica de los que estaban en condiciones de mantener caballo y armas, esto es, los *caballeros de alarde* o *caballeros quantiosos*. Por otra parte, el ennoblecimiento de los *caballeros villanos* venía siendo un hecho en villas y ciudades, de las que eran sus dirigentes. Existían también los *caballeros de las órdenes militares*. Se hacía necesario especialmente distinguir los caballeros villanos de los *caballeros de linaje*, que eran los nobles o aristocracia por antonomasia. Había que establecer diferenciaciones cuantitativas y cualitativas. De alguna manera Alfonso XI se preocupó de hacer estas distinciones. En 1333 para Murcia y en 1337 para Sevilla había establecido la obligatoriedad de costear el caballo para aquellos que pudieran hacerlo. Y en las Cortes de Alcalá de 1348 (*Cortes*, I, 613) extendía la obligación en todo el reino, en función de los bienes y con precisiones sobre valoración de los caballos según las regiones, con normas para su circulación en el reino, etc.

Aparte de todo ello, el reinado de Alfonso XI fue decisivo porque instituyó o popularizó un universo de comportamientos y ceremonias concebidos para que la caballería noble o de linaje pudiera presentar una imagen de distinción frente al resto de la sociedad, al tiempo que de cercanía con respecto a la corte regia. Para estos selectos aristócratas el monarca retomó la ceremonia de la investidura de armas. El propio rey, al día siguiente de su autocoronación, realizó la investidura de cien caballeros, que a su vez armarían a otros. La investidura de armas, ceremonia estudiada por Bonifacio Palacios y por Nelly Porro, entre otros, tenía un gran prestigio. En la península Ibérica había sido objeto de tratamiento en *Las Partidas* y en algunos tratados de caballería. Otra de las costumbres caballerescas que este rey estimuló fue la celebración de torneos. En 1335 se celebró uno en Valladolid, en 1338 otro en Burgos. Aprovechó también la obtención en 1340 de los privilegios y la bula para la Cruzada de Tarifa para investir muchos caballeros, coincidiendo con la campaña de El Salado. La campaña de Algeciras incluso atrajo caballeros extranjeros seguramente en busca de fama más que con celo cruzado. Finalmente, dentro de la política de enaltecimiento de los signos de la caballería, Alfonso XI creó en 1332 la Orden de la Banda, llamada así porque *"algunos cavalleros e escuderos de la su mesnada que traxesen vandas en los costados"*, según la *Gran Crónica de Alfonso XI*. La Baja Edad Media fue en toda Europa una época de esplendor de las nuevas órdenes de caballería, denominadas a veces "órdenes seglares de caballería", como diría Keen. Alfonso XI, según relata la *Crónica* de su reinado (*Crónicas de los Reyes de Castilla*, I, 231-232), con la fundación de la Orden de la Banda, primera orden de caballería no religiosa de Europa, llamada así por la cinta oscura que debían llevar sobre paños de gala claros, jalonó un camino luego seguido en otras partes. Habría sido precursor de fundaciones de célebres órdenes de caballería en toda Europa: Orden de la Jarretera en Inglaterra, Orden de la Estrella en Francia, Orden del Dragón, Orden del Toisón de Oro, estas últimas en el Imperio, o la Orden de la Espada, entre otras, todas ellas creadas en los siglos XIV y XV. Aunque morfológicamente entroncaban tanto con las viejas órdenes de cruzada –Temple y Hospital– como con las órdenes militares hispánicas –Santiago, Alcántara, Calatrava–, las *órdenes de caballería* bajomedievales no tenían parangón con la sobriedad espiritual, la regulación religiosa y la funcionalidad militar típicas de ellas. Eran más bien asociaciones caballerescas honoríficas, dedicadas a la organización de torneos, las ceremonias galantes y la exhibición del predominio estatutario de sus integrantes, volcados a parecerse poco menos que a arquetipos nobiliarios.

Toda esta política de fomento de la caballería, sobre todo entendida como engranaje institucionalizado de exaltación de unos valores, no era ajena a la propia intención de prestigiar la institución monárquica misma. El rey se situaba como cabeza de la aristocracia. Como ha sido señalado, la caballería, ya antes de la época Trastámara, pero especialmente desde entonces, iba a ser concebida no sólo como dispositivo cultural, sino también como dispositivo político y propagandístico (Rodríguez Velasco, 1996: 183). Se daba tanto en Castilla como en Aragón. Por ejemplo, Alfonso el Benigno en 1328 armó personalmente caballeros a 18 ricoshombres y éstos a su vez a 180 nobles más, al tiempo que los infantes Pedro y Ramón Berenguer armaban a otros caballeros (Ladero, 1996: 90).

Ahora bien, aún sin ir más allá de la primera mitad del XIV, el refuerzo de la caballería como ámbito de prestigio imaginario no se debe circunscribir únicamente al entorno regio y los nobles de primera fila. Hubo paralelamente un proceso de desarrollo de la caballería como organización societaria y de prestigio en los medios urbanos, en algunos al menos. La imagen de la caballería triunfaba, se imponía como símbolo de distinción. Gran semejanza con las órdenes de caballería tuvieron las *cofradías de caballeros*. En efecto, las elites sociales, incluyendo los dirigentes urbanos y al margen del entorno real, apostaron por esta forma organizativa. Muchos de estos dirigentes municipales tenían entre sus antepasados tenderos y mercaderes, pero formaron en esos siglos asociaciones o cofradías caballerescas. Eran restringidos círculos elitistas que resaltaban la posición de los miembros. Además de expresar su riqueza, la pertenencia a estos clubs ponía de manifiesto el gusto por los caballos engalanados, los desfiles o alardes públicos, las armas y la indumentaria, todo ello como evocación simbólica de un mundo caballeresco despojado ya de eficacia militar práctica. Por ejemplo, en la ciudad de Burgos, a fines del siglo XIII los caballeros villanos de la ciudad, descendientes de mercaderes, crearon la Cofradía de Nuestra Señora de Gamonal. Pero más célebre fue en esta ciudad la Cofradía de Santiago, cuyas primeras ordenanzas datan de 1338. Fundada oficialmente por Alfonso XI a imitación de la Orden de la Banda, agrupaba en exclusiva a más de un centenar y medio de ciudadanos de Burgos, los más ricos y destacados. De ellos saldrían los primeros regidores de la ciudad y a ellos pertenecía la más selecta plutocracia burgalesa, entre ellos los Bonifaz, Mathé, etc. Se les obligaba a disponer de caballo, armas y equipamiento adecuado, celebraban alardes y ceremonias solemnes. El manuscrito de la cofradía es célebre por las bellas ilustraciones singularizadas de cada caballero que la integraba, con retratos de entonces y otros de los siglos siguientes. Este *Libro de la Cofradía de Santiago* es una excelente muestra de cómo los miembros de las oligarquías dirigentes de las ciudades, incluso cuando vivían de los negocios, como ocurría en la mercantil Burgos, preferían iconográficamente ser representados como caballeros y no como burgueses.

La caballería, ya antes del ecuador del siglo XIV, se estaba abriendo camino como imagen, como marchamo, como conjunto de valores entre los grupos altos. Por supuesto, desde entonces este ideario fue acentuándose y sirviendo de referencia a nobles y patricios urbanos. De alguna manera, y por doquier, se vino a producir en el período una ósmosis cultural entre oligarquías urbanas y nobleza señorial de la que ya se ha hablado. Los nobles tradicionales, cuando no los abandonaron, reconvirtieron sus lóbregos castillos en residencias palaciegas, y optaron por residir en torres, casas fuertes y casas-palacios en villas importantes y ciudades. Desde ellas, con mayor facilidad que en remotas fortalezas rústicas, los nobles principales podían además medrar en ambientes cortesanos, otra de sus aspiraciones. Las oligarquías urbanas, por su parte, llenaron sus casas y palacios de escudos de armas, emblemas heráldicos y anhelos marciales. Unos y otros, aproximados en estilo de vida, prefirieron representar imaginariamente sus existencias como *caballeros*. De modo que la vida y los ideales de las elites bajomedievales se condensaron en esta simbiosis cultural que tuvo por escenarios genuinos el castillo, la ciudad y la corte.

Y el mundo de las letras... La pauta del noble escritor había sido abierta en Castilla por don Juan Manuel. Pero fue al filo del 1400 y después cuando se alcanzaba la maduración del perfil: López de Ayala, Jorge Manrique, Gutierre Díez de Games, el marqués de Santillana, Pedro Fernández de Velasco, Diego de Valera. Lo mismo ocurría en Aragón. Los caballeros Jaume March o su hermano Pere, autor éste de *L'arnès del cavaller*, representan esta faceta en Cataluña y fueron armados caballeros en 1360 aun procediendo de una familia de *ciutadans honrats*. Lo mismo ocurría con Arnau d'Erill, Guillem de Masdovelles, a fines del XIV, o el valenciano Gilabert de Próxida, o por cronistas como B. Desclot o R. Muntaner (Martín Rodríguez, Serrano-Piedecasas, 1991: 195). Era una época de tanto arraigo de los valores caballerescos que muchos quisieron vivir "novelescamente" sus vidas como los propios héroes imaginarios de las historias que admiraban (Riquer, 1967: 69).

El siglo XV fue el de plenitud de la cultura caballeresca. En este período el caballero se veía a sí mismo como aristócrata y como cortesano, aunque con toda la bizarría del caballero valiente, generoso y buen guerrero de siempre. Había en cierto modo en esta recreación tardomedieval un cierto regusto decadente, una nostalgia por un pasado idealizado, que diría Huizinga. Precisamente, la imagen del caballero se ponía de moda cuando ya no tenían sentido los modelos feudovasalláticos ni las guerras feudales. El ideal del caballero de la Baja Edad Media, sobre todo del Cuatrocientos, no era ya el del tosco combatiente del siglo XII, sino el de un refinado escritor que leía a los clásicos, atesoraba libros antiguos, se deleitaba componiendo *dezires* y *cantares*, sabía ejercer oficios cortesanos con la finura y flexibilidad política que exigía la vida de la corte o los ambientes selectos palaciegos.

El marco organizativo caballeresco tampoco permanecía estático. Se producía una constante renovación. A algunos les sorprenderá sin duda saber que en el siglo XV el recuerdo de don Juan Manuel no era referencia para nadie, era prácticamente un fósil. Pero incluso la obra de Alfonso XI en aquel siglo se estaba también esfumando, no tanto el espíritu, pero sí realizaciones concretas. A principios del XV la Orden de la Banda ya no existía como tal, se conservaba apenas una extensión de la misma, la Orden de los Donceles, para jóvenes aún no armados caballeros. Los restos de la Banda fueron perdiendo prestigio, la orden no patrocinaba torneos, se otorgó a demasiadas personas, incluso entraron mujeres, prueba de su decadencia. Según Rodríguez Velasco el desprestigio de la Banda había hecho que los monarcas castellanos desde Juan I tuvieran que instaurar otras divisas más restrictivas que identificaban a los auténticamente distinguidos en los actos caballerescos y celebraciones importantes. Se trataba de la Orden de la Paloma, o del Espíritu Santo, fundada por Juan I en 1379; de la Orden de la Jarra y el Grifo, fundada por Fernando de Antequera en 1403 aunque como distinción regia data de 1412; y la Orden de la Escama, fundada en 1420 por Juan II. Fueron las órdenes caballerescas típicas del XV y su esplendor perduró hasta que entraron las órdenes extranjeras, sobre todo, ya a principios del siglo siguiente, la del Toisón de Oro (Rodríguez Velasco, 1996: 122).

No varió mucho, en cambio, en el siglo XV el ceremonial de la investidura de armas, práctica que siguió conservándose en parecidos términos a la regulación existente desde las *Partidas*. Para entrar en el selecto club, el joven escudero debía "ser armado" caballero (Martín Rodríguez-Serrano Piedecasas, 1991: 175 y ss.; Porro, 1998; Palacios, 1975). Este evento consistía en todo un ritual, de tanta importancia y solemnidad que don Juan Manuel lo había llegado a comparar con un sacramento: *"este estado non puede aver ninguno por sí, sy otro non ge lo da, et por esto es commo manera de sacramento"*, según decía en el *Libro del cavallero et del escudero*. Sólo un caballero podía armar a otro. El rey también lo podía hacer. La ceremonia de armar caballero en sí tenía mucho parecido formal con los ritos vasalláticos. El futuro caballero, aún escudero, tras confesarse, lavarse y vestirse con su mejor atuendo, pasaba una noche velando sus armas y rezando ante un altar consagrado. Tras la noche, oía misa y luego, arrodillado ante el altar, el caballero que le iba a armar le ceñía la espada. El caballero novel recibía una pescozada o un golpe de espada en el hombro. Con la espada desenvainada en la mano derecha, el nuevo caballero juraba los votos de caballería y era besado por quien le armaba y otros presentes. En todo momento durante la ceremonia el padrino del nuevo caballero —su señor natural, otro caballero amigo...— le acompañaba. La ceremonia terminaba cuando el nuevo caballero montaba a caballo exhibiendo su nuevo estado y se iniciaba una fiesta en su honor.

Estas ceremonias de incorporación a la caballería tenían su contrapunto en los actos, más infrecuentes, en que un caballero era objeto de una deposición o desarme de la caballería: por razones de traición, huir en combate, perder el caballo jugando a los dados y otras actuaciones semejantes.

Aparte de las ceremonias de entrada en la caballería, había otras ocasiones de exhibirse en público. Imbuidos de bellos ideales, deseosos de mostrar su pericia y valor, los jóvenes, y no tan jóvenes, caballeros ofrecieron a la sociedad de su época el espectáculo de sus competiciones caballerescas: juegos y fiestas, justas, torneos y pasos de armas. No eran espectáculos recién inventados. Estaban tomados de los relatos clásicos de la caballería feudal de los siglos XII y XIII, de los *romans* de Chrétien de Troyes y otros afines. Pero se pueden considerar una moda en el siglo XV en toda Europa.

Un combate entre dos caballeros particulares era una *justa*. Promovida por un desafío, un lance de honor, o simplemente resultado de un reto personal, consistía en un combate individual entre dos caballeros. Sin olvidar el mero placer de luchar y vencer. Alfonso XI había prohibido que se derramase sangre, pero en la época Trastámara esa regla no siempre se cumplía. El combate se dirimía tras romper un número de lanzas previamente pactado, o cuando uno era derribado de su montura tras un choque. Este tipo de combate era heredero de la antigua lid judicial de la época foral, cuando se resolvía un litigio entre dos caballeros en un encuentro militar personal. En la época bajomedieval estos combates habían perdido este carácter resolutorio y se acercaban a lo que se entiende por "duelo" o simplemente "deporte", como diríamos hoy. Caballeros andantes se hicieron famosos como lidiadores profesionales, combatiendo en múltiples desafíos y competiciones, en las que incluso se apostaba. La mirada complaciente de las damas espectadoras, más insinuante que secreta, con el sugestivo señuelo del reconocimiento al triunfador, convertido en seductor varonil, era seguramente uno de los mayores alicientes de las justas.

Hay que decir, sin embargo, que no todos los lances tenían como finalidad el prestigio. En los combates *"a ultrança"*, a muerte, se ponía en juego la vida. Así se planteó, por ejemplo, en 1464 en el duelo entre João de Almada y Menaut de Beaumont, cuando el padre de éste, Juan de Beaumont, caballero navarro antes al servicio del príncipe de Viana, se pasó repentinamente al bando de Juan II de Aragón, lo que produjo el desafío a "batalla a ultranza" por parte del portugués, conde de Avranches, caballero que combatía con su país en las filas contrarias al monarca Trastámara. Aunque se desconoce el desenlace final, se han conservado las *cartas de batalla*, el epistolario del reto entre ellos, que en 1965 diera a conocer Martín de Riquer (1989: 133; 1999: 110-111). Era uno más entre otros célebres enfrentamientos que tuvieron lugar en la época. Numerosos trabajos de Martín de Riquer están dedicados a combates de este tipo, dentro del interés del insigne filólogo por los temas caballerescos medievales. Hay que insistir, pese a algunos casos concretos, que predominó en este tipo de lances personales un tono más bien de mundana vanidad y diversión liviana que de graves episodios marcados por trasfondos de venganzas o trágicas traiciones políticas.

Cuando la competición era múltiple, y en dos grupos de caballeros, no individual, se habla de un *torneo*. Algunos fueron célebres, como el torneo de 1433, relatado en la *Crónica de Juan II*, en que el marqués de Santillana y su hijo pretendían enfrentarse a 60 caballeros dirigidos por Álvaro de Luna, aunque al final se corrigió esta desproporción, reequilibrándose el número de contendientes en un torneo *"de tantos por tantos"* (Rodríguez Velasco, 1996: 124). En los torneos los caballeros contendientes se agrupaban cada uno según su bando, cada uno con sus colores, y en un llano o descampado, ante un amplio público, rompían lanzas y hacían derribos a caballo, o bien combates a pie, con espada. Como en toda Europa, tal como evocaran Huizinga o Keen, los *torneos* fueron habituales en la vida caballeresca de los reinos hispánicos. Ya había sido señalado el sentido de celebración galante, ligada a la noción aventurera y competitiva (Riquer, 1967; 1989; 1999). Pero no debe descartarse, como se ha indicado más arriba, el valor propagandístico tanto de los nobles como de la propia realeza ligada a estas celebraciones (Andrés, 1986; Nieto Soria, 1993). Sin duda el *torneo* suponía uno de los espectáculos de mayor plasticidad de la época, de mayor colorido, donde no faltaba tampoco el toque rojo de la sangre de algunos heridos.

El *paso de armas* representa una variante de la justa caballeresca, con el desafío y el voto del caballero incluidos. Este tipo de votos o sacrificios voluntarios era frecuente en la época y los más genuinos eran votos de amor. El caballero aragonés Bernat Coscón, por ejemplo, en 1431 paseaba un día a la semana por Zaragoza con un muslo atravesado por una flecha (Benito Ruano, 1989: 38). En el típico paso de armas, un caballero mantenedor, sólo o con varios compañeros, aposentado en un lugar fijo y dispuesto a defenderlo, o impedir el paso a otros a toda costa, había hecho un voto o promesa para mantener además una determinada situación personal: dejarse barba y cabellos largos, llevar grilletes o cadenas en partes de su cuerpo, no comer determinados alimentos... Todo ello en homenaje a una dama, real o ficticia. En tal actitud "masoquista", el caballero desafiaba a otros. El rescate se producía cuando otro caballero le vencía, o tras un número acordado previamente de combates. Gastón de Foix hizo una exhibición de este tipo en Barcelona en 1455, cuando el caballero puso un pino en una plaza cuyo paso defendió para su dama. Célebre fue el *paso de armas* que organizó don Enrique, infante de Aragón, en Valladolid en 1428. El propio Juan II y vasallos suyos acudieron a los lances.

El más famoso en Castilla fue el *Paso Honroso de Suero de Quiñones*, noble leonés que, con la promesa de llevar una argolla de hierro al cuello cada jueves, en señal de amor, se propuso en 1434 defender con nueve hombres el paso del puente sobre el río Órbigo, a seis leguas de León, camino de Astorga, en plena ruta jacobea y en año jubilar. Allí esperaría a todos los caballeros que quisieran ir a combatir con él desde 15 días antes del día de Santiago, es decir desde el 10 de julio, hasta 15 días después, o sea, el 9 de agosto. Sólo entonces y tras romper 300 lanzas, no más de tres por caballero, quedaría libre de su voto. Todo quedaba reglamentado previamente. Según el relato que hizo el notario Pedro Rodríguez de Lena el desafío fue un éxito. Se realizaron centenares de carreras. Es verdad que "sólo" fueron 177 las lanzas que se rompieron (Riquer, 1967: 97), pero participaron 78 caballeros, contando Suero y sus nueve compañeros mantenedores —otros nobles amigos— frente a 68 caballeros aventureros —algunos, extranjeros— que pelearon con ellos. Sólo uno de ellos, un caballero catalán, encontró la muerte. Parece que por allí pasaron en busca de aventura buena parte de los más famosos aventureros de la época hasta que don Suero quedó liberado del voto. Entre los más afamados caballeros andantes que acudieron se encontraba Juan de Merlo, que hasta su muerte 1443 había recorrido media Europa en busca de lances y victoria. Acudieron también veinte vasallos del rey Alfonso el Magnánimo de Aragón, aunque el contingente mayor fue el de treinta y tantos caballeros de los reinos de León y Castilla.

Aparte de las justas, torneos y pasos convencionales, se conocen algunas otras variantes, en forma de juego. Las *fiestas* y *juegos de status* constituían diversiones exclusivas de los caballeros. Incluían diversos ejercicios de puntería, *bofordos*, *cañas*, etc., que en tono lúdico recordaban las habilidades propias de los profesionales de la milicia, pero que eran asimismo una ocasión de mostrar talentos personales, atractivo varonil y ganar con ello fama (Andrés, 1986; Quintanilla Raso, 1999). Por ejemplo, el juego de la *Tabla Redonda*, que venía a ser como una sucesión de justas o paso de armas pero con presencia y protagonismo en ellos de las mujeres, es decir, la dama o doncella, que ponía el arnés personalmente a los combatientes y al final entregaba un presente —un pavo, por ejemplo— al vencedor. La escenografía de estos juegos, que duraban una semana o dos, era la típica de los torneos: tiendas, castillos de madera, campo de tierra para los combates, trompetas y pendones (Riquer, 1999: 153 y ss.).

7.3.2. El discurso cultural de los valores caballerescos

Esta mentalidad y estilo de vida se correspondieron durante el período bajomedieval con un esfuerzo por concretar las reglas y la doctrina caballerescas en el plano intelectual. Habría que remontarse al XIII, a las *Partidas* (II Par., tít. XXI), que contienen un tratado de caballería, *De los cavalleros e de las cosas que les conviene fazer*, un tratado luego copiado por el *Tractat de Cavallería* de Pedro el Ceremonioso. Otro referente pionero es el *Libre de l'Orde de Cavallería*, escrito hacia 1275 por R. Llull. El de las *Partidas* y el de Llull son los primeros tratados hispánicos de la caballería. Por supuesto, otra referencia temprana es el *Libro del caballero et del escudero*, escrito hacia 1326 por don Juan Manuel. Con estas obras aparece ya un discurso sistemático de la caballería, aunque cambie en el Cuatrocientos, un discurso cuya estela, en concreto para Castilla, se expone brevemente a continuación.

En cierto sentido, todo el ciclo histórico inicial de ese discurso, desde 1250 hasta 1350, según uno de los más recientes especialistas (Rodríguez Velasco, 1996: 18-22), constituirían una primera etapa, de definición de la caballería. Un segundo período se extendería, con cierto solapamiento temporal respecto al anterior, desde 1330 hasta 1407 y se correspondería con la política caballeresca de Alfonso XI, creador de la primera orden caballeresca laica, y con una línea restrictiva en el uso de la caballería, como se ha indicado, una etapa que llegaría a finales del XIV y principios del XV, incluyendo autores como Pedro López de Ayala, en los albores del humanismo caballeresco. La tercera etapa, que constituye el objeto del libro de Rodríguez Velasco, se extendería desde 1390 hasta 1492. Sería la de expansión de las ideas caballerescas y vendría caracterizada por el nacimiento de la caballería con influencia de modelos clásicos.

Una novedad del siglo XV con respecto al discurso de la caballería anterior es que ya no se basó en las regulaciones nacidas en el entorno regio, como en los siglos anteriores, sino que letrados y caballeros elaboraron obras, hicieron traducir textos y concretaron el espíritu caballeresco al margen de los diseños regios más o menos planeados. Hay que decir que las referencias extranjeras con que pudieron contar en el siglo XV fueron asombrosas: además de los autores medievales bien conocidos (Juan de Salisbury, Juan de Gales, Santo Tomás, Egidio Romano y toda la literatura de los *"espejos de príncipes"*) se incorporaron al acervo de lecturas –normalmente traducidos– Vegecio, Frontino, los historiadores romanos, otros autores clásicos, además de los textos de los humanistas italianos, como el *De militia*, de L. Bruni, el *De nobilitate*, de Buonaccorso de Montemagno, obras jurídicas, filosóficas, etc., de muy diversa naturaleza. Por ejemplo, si se observan las fuentes utilizadas por Diego de Valera (c. 1412-1488), uno de los autores más interesantes y que centra la atención del estudio de Rodríguez Velasco, se encuentran múltiples referencias: las obras de Valerio Máximo, Salustio, Tito Livio, la *Historia Teutonica* –sobre historia y derecho imperiales–, las obras históricas de Alfonso X, las *Crónicas* de López de Ayala, las *Historias Troyanas*, sólo entre fuentes historiográficas; entre fuentes jurídicas, las *Partidas*, las *Decretales* y otras obras del *Corpus Iuris Civilis*, así como obras de Bartolo de Sassoferrato; entre las fuentes filosóficas, obras de Séneca, Cicerón, Boecio, Santo Tomás, Boccaccio; y por supuesto, obras espirituales, San Ambrosio, San Agustín, San Gregorio...

Es evidente que circularon tales obras en ambientes cultivados, de legistas, caballeros urbanos, nobles y entre eclesiásticos. De modo que el discurso sobre la caballería es fácilmente rastreable a través de varios géneros. Uno de ellos era la literatura de ficción, a que se ha aludido con anterioridad: el ciclo bajomedieval es amplio, desde *El Caballero Zifar*, de principios del XIV, o la algo anterior *Gran Conquista de Ultramar*, hasta las obras de ficción caballeresca del XV, que culminan con la redacción final del *Amadís de Gaula* de Garci Rodríguez de Montalvo, escrito por este regidor de Medina del Campo en época de Isabel la Católica. Por supuesto, la literatura en catalán tuvo también un importante desarrollo, con cumbres como la citada novela *Curial i Guelfa* o la obra de Joanot Martorell, *Tirant lo Blanc*. Los géneros de ficción caballeresca se apoyaban en el espíritu de aventura, con los antiguos héroes convertidos en los caballeros de las justas y los torneos, atravesados literariamente por una moral de su época. La vieja materia de Bretaña, con su ciclo troyano o artúrico, sus personajes de Tristán, Merlín, Aturo o Melusina, fueron objeto de numerosas novelas en el XV, generalmente con poca originalidad, pero los relatos más avanzados los adaptaban a su época. Y no sólo los novelistas propiamente dichos, como los citados Montalvo o Martorell. Los escritores que quisieron relatar acontecimientos verdaderos de su época, o biográficos, incluían la temática caballeresca. Por ejemplo, los temas clásicos de la novela bretona estaban presentes en el *Libro de las Bienandanzas e Fortunas*, escrito por Lope García de Salazar (1399-1476), magno relato y heterogénea obra –como ha puesto de manifiesta C. Villacorta, estudiosa de la misma– que es célebre sobre todo por narrar las disputas de los banderizos vascos, pero que se muestra permeable a relecturas en clave de valores caballerescos de su época. Lo mismo pasaba con el resto de la cronística en general, en especial la de la época Trastámara, con obras que constituyen verdaderos cantos a los ideales caballerescos, como *El Victorial* o la *Crónica de Álvaro de Luna*, o incluso obras de corte biográfico como las *Generaciones y Semblanzas* de Fernán Pérez de Guzmán (†1460), donde contrasta el autor los retratos de los grandes personajes con el patrón del ideal del caballero culto y discreto, y lo mismo puede decirse de los *Claros varones de Castilla*, escrita en 1485 por Fernando del Pulgar.

Pero, aparte de novelas y de crónicas o biografías, el discurso de la caballería puede verse plasmado en otros géneros: leyes y recopilaciones legales, *nobiliarios* y *tratados de caballería*.

Sobre las recopilaciones normativas hay que destacar algunos estatutos caballerescos del XV, como el de la Jarra y el Grifo, o el de la Orden de la Vera Cruz, del conde de Haro, una congregación con tono piadoso, pero también de encuadramiento caballeresco. También se recogieron leyes de carácter ceremonial, como las que recopilaron Juan de Lucena o Diego de Valera, así como leyes y ordenamientos de Cortes de contenido caballeresco, como los que recopilaron Alonso de Cartagena en su tratado *Doctrinal de los caballeros* o Alonso Díaz de Montalvo (†1499), autor de la *Compilación de las leyes del reino*, que en 1484 recogía —compilaba, pero corregía y purgaba contradicciones en los textos— los ordenamientos de las Cortes posteriores al de 1348. Los textos legales interesaban al espíritu de la caballería bajomedieval porque valoraban el régimen jurídico y social de la misma.

Sobre los *nobiliarios* se trataba de la recuperación de las genealogías, casi siempre imaginarias, por parte de alguna casa nobiliaria, donde se trazaba una línea de estirpe adornada con hazañas del linaje situadas en el pasado, sin descuidar tampoco fines políticos (Rodríguez Velasco, 1996: 152). Hay muchas en el XV. Alguna se centraba en los aspectos sobre apellidos ilustres, justificaciones heráldicas y temas afines, como el *Libro de los blasones y de las armas de reyes y grandes señores*, escrito en 1464 por Diego Hernández de Mendoza. Algunas de estas obras, como la citada *Bienandanzas y Fortunas* de Lope García de Salazar, escrita en los años setenta del siglo XV, puede considerarse casi una enciclopedia nobiliaria, afín a otras de este género, aunque es una obra muy conectada con los problemas concretos de las luchas banderizas del País Vasco (Díaz de Durana, 1998).

Por lo que respecta a los *tratados*, hay que señalar que, a partir de los referentes antes citados, en el XV se multiplicaron mucho. Podían ser híbridos porque incluían literatura política, recopilaban normativa, etc. Pero su identidad solía consistir en un discurso teórico y doctrinal sobre las reglas de conducta, las virtudes, elogio de los nobles y recreación de la tradición histórica relativa a la caballería. Algunos tratados resultan especialmente interesantes: el *Libro del regimiento de los señores*, escrito por Juan de Alarcón (†c. 1451); los *Proverbios* de Íñigo López de Mendoza, que el marqués escribió hacia 1437 dedicando al príncipe heredero don Enrique consejos sobre las virtudes de la caballería; el *Doctrinal de los caballeros*, escrito hacia 1440 por el obispo de Burgos Alonso de Cartagena (†1456); las *Coplas de vicios e virtudes* de Fernán Pérez de Guzmán (†1460), de mediados del siglo; el *Vergel de los príncipes*, de Rodrigo Sánchez de Arévalo, de 1456, aparte de pasajes de su *Suma de Política*; el *Tratado de la perfección del triunfo militar*, escrito por Alfonso de Palencia hacia 1459; y varias obras de Diego de Valera (†1488), escritas entre los años sesenta y ochenta, como la *Exhortación de la paz*, el *Ceremonial de príncipes y caballeros*, el *Tratado de las Armas*, o el *Doctrinal de príncipes*, aunque este último es más propiamente un tratado político.

Éstos son los géneros. Pero, ¿qué valores eran los característicos de esta caballería tardomedieval? Ciertamente, los valores cristianos formaban parte de su bagaje cultural. *"Defender la Yglesia... amparar e defender a las viudas e huérfanos e personas miserables"*, se dice en la *Suma de Política* de Sánchez de Arévalo, *"mantener la santa fe católica"*, decía Llull y era doctrina común (Stefano, 1966: 87). Tanto los tratados como las novelas de caballerías atribuían a los caballeros virtudes necesarias, entre las cuales estaban lógicamente las propias de los buenos cristianos. Incluso este código tenía un simbolismo que enaltecía la misión caballeresca: la espada era como la cruz, por su forma, para proteger la fe, así como la loriga era protectora como la lealtad, entre otras imágenes similares, aunque no había una visión unitaria de los tratadistas sobre estos símbolos, sino que variaba de acuerdo con diversas tradiciones y la imaginación especulativa de los escritores.

También formaba parte de los ideales caballerescos, aunque más bien se trataba de un discurso paralelo específicamente nobiliario, el ideario genealogista. Aunque son conocidos para Francia y Cataluña algunos textos que recrean la "memoria de los feudales" en los siglos XI y XII, como Duby o Ruiz-Domenec han señalado, fue en el período posterior a 1300 en el que todo el Occidente medieval vio aparecer, o cuando menos renacer como una moda consistente, el género genealógico, es decir relatos que pretendían ensalzar el pasado, obviamente idealizado, de una estirpe familiar. En otras latitudes se produjeron en el XIV dentro de ámbitos urbanos aristocráticos, como los libros de *ricordanze* florentinos, pero en este siglo en la península Ibérica afectan a la nobleza señorial, con alguna sobresaliente excepción como la *Crónica de la Población de Ávila*, compuesta en los siglos XIII-XIV y que ensalzaba los linajes principales de caballeros de la ciudad. Pero en lo referente a un linaje concreto de la nobeza territorial, que era el ámbito más característico para Castilla, el primer escrito castellano conocido corresponde al padre del canciller Ayala, Fernán Pérez de Ayala, y lleva el elocuente título de *Libro del linaje de los señores de Ayala, desde el primero que se llamó don Vela hasta mí, D. Fernán Pérez*. Es también conocido como *Árbol de la Casa de Ayala, Historia de la Casa de Ayala*. Fue redactado en 1371. Con posterioridad a esta fecha el género genealógico se fue extendiendo a muchas casas y en el siglo siguiente, y sobre todo después, incluso los caballeros urbanos se hicieron partícipes de este mensaje. En el caso de la obra pionera del Ayala (Beceiro, 1990; 1995; Pardo de Guevara, 1998) el autor remontaba el origen de su linaje a Alfonso VI de Castilla. En esa época, dice el *Libro*, *"vino aquí a la su merced un fijo del rey don Sancho de Aragón [...] e este tal se decíe don Vela y era mui buen mancebo, e el rey don Alfonso, pagósse dél e criole e fízole cavallero en Burgos e prometióle que lo heredaría [...] e por tiempo el rey don Alfonso vino en tierra de Losa e parósse a tomar huelgo* [tomar aliento] *sobre la peña que era en derecho onde agora es Ayala. E viendo que era toda Montes e Valles, preguntó a los suios de cuio señorío era aquella tierra. E digéronle que era realenga..."*. Es fácil suponer el resto del relato: el rey concede al supuesto ancestro don Vela esas tierras como señorío, con el nombre de Ayala, y, a partir de aquí, contactos con reyes —de Aragón, Navarra, Castilla—, éxitos políticos y militares, obtención de títulos y señoríos... Tanto en éste como en otros casos del género genealógico, los orígenes y buena parte de los argumentos son legendarios, pero revelan una mentalidad nobiliaria: la necesidad de reforzar la memoria linajística mediante el mito de un remoto origen, unos protectores regios y unas actuaciones gloriosas. Por otra parte, la rama secundaria de los Ayala —la principal es la alavesa, del solar originario del linaje— se estableció en Toledo y es significativo que también esta rama menor elaborara una memoria genealógica propia ligada a este ámbito, junto con los típicos elementos de propaganda y legitimación de un linaje, en este caso urbano: armas, elementos funerarios, etc., estudiados recientemente (Palencia, 1995).

Otros *nobiliarios* célebres fueron el anónimo *Linaje de Stúñiga*, de c. 1485, y un *Libro de los linajes más principales de España*, de Diego Fernández de Mendoza.

En los *nobiliarios* y literatura afín, para recrear la tradición se recurría a leyendas conocidas, a acontecimientos apócrifos, a creencias rurales y a *topoi* literarios. Es bien conocido el mito de los orígenes de la Casa de Haro, primeros señores de Vizcaya, que conjugaron tres ilustres fuentes de legitimación legendaria: la sangre real, gracias a un supuesto hermano de un rey de Inglaterra; las leyendas de la Castilla primitiva, al suponer una línea directa femenina con uno de los imaginarios *jueces* fundadores de la Castilla primitiva; y el entronque con la dama del pie de cabra, figura imaginaria vinculada a la mitología vasca pero que evocaba también la fantasía melusiniana (Prieto, 1995). Esta leyenda genealógica de los Haro aparece en fuentes como la *Crónica de Vizcaya*, escrita por Lope García de Salazar en 1454, y en sus *Bienandanzas*, pero habría que remontar la tradición escrita al siglo anterior, a la *Crónica General de 1344* y muy especialmente a algunos pasajes del *Livro de linhagens*, de don Pedro, conde de Barcelos e hijo ilegítimo del rey don Dionís de Portugal, un interesante libro compuesto hacia 1340-44. En la obra, recogiendo tradiciones orales de los siglos XII y XIII, se hacía mención a unas leyendas de los fundadores de los Haro y el Señorío de Vizcaya. Concretamente, la leyenda evocaba el pacto del Señor Diego López de Haro, uno de los primeros titulares, con una extraña mujer que halló en el campo, una Dama misteriosa y mágica que acabó viviendo en las montañas y ayudando a los Señores de Vizcaya, y a los habitantes del territorio, a cambio de sacrificios y ofrendas que éstos estaban obligados a hacerle (Paredes, 1995: 193-196; Prieto, 1995). Pero ésta es sólo una pequeña parte de los temas del *Livro de linhagens*, primer *nobiliario* general peninsular. Contiene datos de centenares de linajes y aparecen miles de personajes peninsulares. El libro narraba múltiples historias, no todas nobiliarias, ya que también se tocaba la materia de los *romans*, la épica castellana, la historia de algunos reyes, etc., aunque predominan las leyendas y tradiciones familiares de los nobles.

Genealogías nobiliarias, exaltación de los linajes. En el siglo XV el ideario se reviste incluso del aura cortesana venida de Italia, con códigos refinados que alcanzan ahora a los nobles hispánicos. También las tradiciones caballerescas europeas más remotas, o modas estéticas diríamos, como el ciclo artúrico –pero al margen de la novela, concretado en elementos como nombres propios, personajes de *cancioneros*, etc.– se extendían por entonces en los ambientes caballerescos, como I. Beceiro ha puesto recientemente de manifiesto (Beceiro, 1993).

Pero quizá el discurso más genuino de la caballería como ideal, ya en el XV, es la conjunción de valores como prudencia, cultura, linaje, virtud y sabiduría. Las *"armas y las letras"*, gran debate del siglo en el que se distingue la búsqueda de armonía entre ambos. Si tuviésemos que buscar un icono que mostrase plásticamente estos nuevos valores bien podría ser el celebérrimo "Doncel de Sigüenza", que era el monumento funerario del joven noble muerto en la guerra de Granada en 1486, al que su padre trasladó a la villa castellana en la que hizo construir el célebre sepulcro y la estatua. El joven doncel, de la Orden de Santiago, aparece recostado leyendo un libro, aunque también se representa el yelmo, símbolo de lo militar. Yarza ha comentado de esta estatua que viene a representar un noble presentado como humanista (Yarza, 1988: 289). El propio epitafio presenta al doncel lector como guerrero que murió luchando.

Ésta es la esencia del ideal del caballero crepuscular de la época, noble, guerrero y culto, cortesano y político. Precisamente el debate sobre la caballería en el XV, analizado por la obra citada de Rodríguez Velasco, resalta los valores de la *dignidad* y la *cultura*. La *dignidad* era la del estamento, un estatuto de nobles, de cualquier condición, pero con un esencial soporte jurídico de distinción tangible. Y la *cultura* era también esencial, la preparación intelectual del caballero. Todo ello está sugiriendo la sustitución o complementación de la vieja caballería cortés, ligada al ejercicio militar y las hazañas guerreras, por un nuevo patrón, el de la *caballería romana* de la que se cree heredera la caballería del Cuatrocientos (Rodríguez Velasco, 1996: 380-381), una idea que triunfa en el XV.

Este ideal caballeresco tenía su propio código con sus propios valores e imágenes: ejercicio de la virtud bajo la prudencia; la noción de caballero deliberativo adornado de virtudes retóricas; la sustitución de la dicotomía clérigos/caballeros por la de la espada/toga, siendo esta última una noción que empujaba a la acción cívica de los laicos; la necesidad de la cultura y el cultivo de las letras como complemento de la acción militar o pública; finalmente, la búsqueda de valores personales donde los referentes del mundo romano, sus héroes legendarios o históricos, sustituían o complementaban a los modelos artúricos de las novelas de caballerías.

Hay que decir que estos héroes artúricos, aunque de forma *sui generis*, estaban precisamente de moda en el XV, un siglo de exaltación de Lanzarote y su mundo. Pero este tipo de literatura estaba demasiado vulgarizada en ese siglo, era demasiado popular, poco distinguida, circulaba ya en la tradición oral, en ambientes villanos y hasta en las letrillas del *romancero*. Por ello, los escritores y tratadistas cultos, Diego de Valera, Pérez de Guzmán, o los poetas de los *cancioneros*, sin rechazar la tradición provenzal ni la materia de Bretaña, los arquetipos de los *romans*, que conocían perfectamente, buscaban además referentes más exclusivos, los de los prudentes romanos antiguos, el mito de César, por ejemplo, o los caballeros romanos de las historias de Salustio o Tito Livio, que veían más próximos a los refinados letrados y cortesanos del XV, humanistas, eruditos, selectos espejos de moral y de sabiduría política, aparte de corteses y bizarros.

Con la imprenta se acabarán expandiendo unos y otros cánones, que el Renacimiento retoma y recicla: los legendarios códigos corteses, la sobriedad de la caballería noble o feudal, la refinada caballería *romana* del Cuatrocientos. Al final, la Edad Media, lo mismo que en relación a las ideas teológicas y filosóficas, ha cumplido con una de su reglas de oro, en este caso en el discurso de la cultura caballeresca: incorporar las tradiciones, renovarlas, crear otras nuevas referencias y, finalmente, trasmitirlas.

Apéndice de textos

1. Textos políticos (Cortes de Castilla)

Cortes de los reinos de Castilla y León, ed. RAH

1a) Justicias locales para cada reino y territorio de Castilla

> (pet. 66) "Otrossí, a lo que me pidieron por merçet que tenga por bien de les non dar alcalles nin justiçias nin merinos nin juezes de fuera, ssalvo en las villas o logares do me lo enbiaren pedir todos abenidos o la mayor partida, et do me lo enbiaren assí pedir, que tenga por bien de ge los dar en esta guisa: a los de Castiella que les dé de aquellos que me enbiaren pedir e que ssean vezinos e moradores de las villas de Castiella, et a los del rregno de León que les dé aquellos que me enbiaren pedir e que ssean vezinos e moradores de las villas del rregno de León, et a los de las Estremaduras que les dé aquellos que me embiaren pedir e que sean vezinos e moradores de las villas de las Estremaduras, et a los del rregno de Toledo que les dé aquellos que me enbiaren pedir et que sean vezinos e moradores de las villas del rregno de Toledo, et a los rregnos e comarcas esso mismo en esta misma guysa e non otros ningunos"
>
> Cortes de Madrid, 1329, reinado de Alfonso XI,
> *Cortes*, I, pp. 427-428.

1b) Pechos desaforados, requisito de reunión de cortes

> (pet. 68) "Otrossí, a lo que me pidieron por merçet que tenga por bien de les non echar nin mandar pagar pecho desafforado ninguno espeçial

nin general en toda la mi tierra ssin sseer llamados primeramiente a cortes.

A esto rrespondo que lo tengo por bien e que lo otorgo."

Cortes de Madrid, 1329, reinado de Alfonso XI, *Cortes*, I, p. 428.

1c) Proyecto de representación urbana y territorial para el Consejo Real

(pet. 6) "Otrossý, a lo que nos dixieron que porque los ussos e las costunbres e ffueros de las çibdades e villas e lugares de nuestros rregnos puedan ser mejor guardados e mantenidos, que nos pedíen por merçed que mandásemos tomar doze omes bonos que ffuesen del nuestro Consejo, los dos omes bonos que ffuesen del regnado (reino) de Castiella, e los otros dos del rregnado de León, e otros dos de Tierra de Gallizia, e los otros dos del rregnado de Toledo, e otros dos de las Estremaduras, e los otros dos del Andaluzía. Et estos omes bonos que fuessen de más de los nuestros offiçiales, quales la nuestra merçed ffuese, e que les ffeziésemos merçed por que lo ellos podiesen pasar.

A esto respondemos que nos plaze e lo tenemos por bien, e ante desto nos ge lo queríamos demandar a ellos, et tenemos por bien de les mandar dar a cada uno dellos por su ssalario de cada anno ocho mill maravedís."

Cortes de Burgos, 1367, reinado de Enrique II, *Cortes*, II, pp. 148-149.

1d) Fundamentos de la justicia regia

"En el nombre de Dios Padre e Fijo e Espíritu Santo, que son tres personas et un Dios verdadero. Porque segunt se falla así por el derecho natural commo por la santa escriptura, la justiçia es la noble et alta uirtud del mundo, ca por ella se rrigen et se mantienen los pueblos en paz et en concordia; et porque espeçialmente la guarda et el mantenimiento e la esecuçión della fue encomendada por Dios a los rreyes en este mundo, por lo qual son muy tenudos de la amar et guardar."

Cortes de Toro, 1371, reinado de Enrique II, *Cortes*, II, p. 188.

1e) Intento de reintegración a la corona real de las mercedes concedidas por el rey

(pet. 3) "A lo que nos pedieron que fuese la nuestra merçed de guardar para nos e para la corona de los nuestros rregnos todas las çibdades e villas et castiellos e fortalezas, segund que el Rey don Alfonso nuestro padre, que Dios perdone, lo otorgó e prometió en las Cortes que fizo en Valladolid después que fue de hedat, e que las tales çibdades e villas e lugares e castiellos commo estos quelas non diésemos a algunos, e si las auiamos dado, que las tornásemos a la corona de los nuestros rregnos, e que de aquí adelante que fuese la nuestra merçed de las non dar nin entregar a otras partes.

A esto rrespondemos que las villas e lugares que fasta aquí auemos dado a algunas personas, que ge las dimos por seruiçios que nos fezieron; mas de aquí adelante nos guardaremos quanto podiermos de las non dar, et si algunas dieremos, que las daremos en manera que sea nuestro seruiçio e pro de los nuestros rregnos."

Cortes de Toro, 1371, reinado de Enrique II, *Cortes*, II, p. 204.

1f) Composición del Consejo Real, *cfr.* 1c

(pet. 13) "A lo que nos pedieron que fuese nuestra merçed que tomásemos e escogiésemos de los çibdadanos, nuestros naturales de las çibdades e villas e lugares de los nuestros rregnos, omes buenos entendidos e pertenesçientes que fuesen del nuestro consejo, e para que andodiesen connusco con los otros del nuestro sennorío para nos consejar en todos los nuestros consejos, e que esto sería muy grand nuestro seruiçio e serían por ende mejor guardados todos los nuestros rregnos e el nuestro sennorío.

A esto rrespondemos que nos plaze de lo fazer así, que es nuestro seruiçio e que dado auemos ya oydores de la nuestra Abdiençia e alcalles de las prouinçias de los nuestros rregnos, que son alcalles en la nuestra corte, e es a nuestra merçed que estos que sean del nuestro conseio."

Cortes de Toro, 1371, reinado de Enrique II, *Cortes*, II, p. 208.

1g) Apelación de los vasallos de señorío a la justicia regia

"Otrosí, tenemos por bien e es nuestra merçed que todos los logares de sennoríos qualesquier de nuestros rregnos, de que los vezinos e moradores dellos quisieren apelar de las sentençias que contra ellos fueron dadas por los senores dellos o por los sus alcalles, sentiéndose dellas por agrauiados, para ante nos o para ante los nuestros alcalles, que lo puedan fazer; e los sennores e los sus alcalles que sean tenudos de ge las otorgar e non ponerles enbargo alguno por que non apellen, et non ge las otorgan, nin les fagan mal nin danno alguno por esta rrazón, ca nos los tomamos a tales en nuestra guarda e en nuestra acomienda por que puedan seguir su derecho, e esto que se guarde así."

Cuaderno de 1377, dado en Burgos, incorporado a las Cortes, reinado Enrique II, *Cortes*, II, pp. 282-283.

1h) Propuestas judiciales de los procuradores: audiencia regia, miembros del Consejo

(pet. 1) "Primeramiente, a lo que nos pydieron por merçed que porque los de los nuestros sennoríos alcançasen mejor cunplymiento de derecho, que nos quisiésemos asentar en abdiençia dos días en la semana para ver e librar las petiçiones, e que será seruiçio de Dios e nuestro.

A esto rrespondemos que nos piden lo que es nuestro seruiçio, que nos plaze de lo fazer ansý daquí adelante, cada que lugar ouiéremos de lo fazer que non seamos ocupado de otros negoçios."

[...] (pet. 4) "Otrosý, nos pedieron por merçed que quisiésemos tomar omes bonos de las çibdades e uillas e lugares de los nuestros rregnos, para que con los del nuestro consejo nos consejasen lo que cunple a nuestro seruiçio.

A esto rrespondemos que nos plaze de lo fazer asý, e nos ordenaremos en ello lo que cunple a nuestro seruiçio."

Cortes de Burgos, 1379, reinado de Juan I, *Cortes*, II, p. 287.

1i) Valor de la fórmula "obedecer, pero no cumplir"

"Otrosí, nos pedieron por merced que porque algunos omes de nuestros sennoríos ganan cartas para desatar los ordenamientos que nos fezimos en las cortes e ayuntamientos por servicio de Dios e nuestro; e mandásemos que tales cartas que sean obedecidas e non cumplidas, e lo que es fecho en cortes o por ayuntamientos que non se pueda desfazer por las tales cartas salvo por cortes.

A esto respondemos que nos avemos ordenado que las tales cartas que fueren ganadas contra derecho que sean obedecidas e non cumplidas fasta que seamos requeridos dello; pero en razón de desatar los ordenamientos o de los dexar en su estado nos faremos en ello lo que entendiéremos que cumple a nuestro servicio".

Cortes de Burgos de 1379, reinado de Juan I, *Cortes*, II, p. 299.

1j) Institucionalización del Consejo Real

"Lo segundo ordenamos un consejo en el qual continuadamente andudiesen connusco en quanto nos estouiésemos en guerra e estouiésemos en nuestro rregno, o lo más çerca de nos que se pudiese. El qual consejo fuese de doze pesonas, es a saber: los quatro perlados e los quatro cavalleros e los quatro çibdadanos, e son estos que se siguen: el arçobispo de Toledo e el arçobispo de Santiago e el arçobispo de Sevilla e el obispo de Burgos; e el marqués de Villena e Juan Furtado de Mendoza e el adelantado Pero Suárez e don Alfonso Fernández de Montemayor; e Juan de Sant Juanes e Ruy Pérez Esquivel e Ruy Gonçález de Salamanca e Pero Garçía de Pennaranda.

A los quales mandamos que libren todos los fechos del rregno, saluo las cosas que deuen ser libradas por la nuestra Abdiençia, e otrosý las cosas que nos rreseruamos para nos, las quales son estas: primeramente, ofiçios de nuestra casa e de la nuestra Abdiençia, otrosý ofiçios de las casas de los infantes, otrosí todas las tenençias, otrosí los adelantamientos, otrosý las alcallías e alguaziladgos que non son de fuero, otrosý los merinos de las çibdades e villas, otrosý poner corregidores e juezes, otrosý los merinos de las çibdades e villas, otrosý escriuanos mayores de las çibdades e otrosý presentaçiones de nuestras iglesias, otrosý tierras e graçias e merçedes e limosnas, otrosý perdón de los omiçianos; e desas cosas sobredichas mandamos que se non entremetan los del dicho consejo syn nuestro mandado espeçial, todavía que es nuestra merçet e nuestra voluntad que todas estas cosas que rreseruamos para nos de las fazer con consejo de los sobredichos que nos ordenamos para este consejo; e quando estos conusco non estouieren, nos lo entendemos fazer con los otros del nuestro consejo que con nos andouieren.

[...] Por ende queremos que sepades que nos fezimos esta ordenaçión por quatro razones. La primera rrazón es porque los fechos de la guerra, los quales son agora muy más e mayores que fasta aquí, e sy nos ouiésemos a oyr e librar todos los negoçios del rregno, non podriamos fazer la guerra nin las cosas que pertenesçen a ella, segund que a nuestro seruiçio e a nuestra onrra cunple. La segunda rrazón es porque como el otro día vos diximos que de nos se dize que fazemos las cosas por nuestra cabeça e syn consejo, lo qual non es asý segund que vos demostramos, e agora de que todos los del rregno sopieren en commo avemos ordenado çiertos perlados e cauaylleros e çibdadanos para que oyan e libren los fechos del rregno, por fuerça averán de çesar los dizires, e ternán que lo fazemos con consejo. La terçera razón es porque dizen que vos echamos más pechos en el rregno de quanto es menester para los nuestros menesteres, e nos por que todos los del rregno vean claramente que a nos pesa de acreçentar los dichos pechos, e que nuestra voluntad es de non tomar más de lo neçesario, e que se despiendan commo cunple en nuestros menesteres, e otrosý que, çesados los menesteres, çesen luego los pechos, fizimos la dicha ordenaçión por que non entre ninguna cosa en nuestro poder de lo que a nos da el rregno, e otrosý que se non despienda sy non por vuestro mandado e ordenaçión de los del dicho consejo. La quarta e postrimera e prinçipal rrazón por que nos mouimos a fazer esta ordenaçión, sy es por la nuestra enfermedat, la qual segund vedes nos recreçe mucho a menudo, e sy ouiésemos oyr e librar por nos mesmo todos los que a nos vienen e rresponder a todas las petiçiones que nos fazen, sería cossa muy contraria a la nuestra salut, commo lo ha seýdo fasta aquí.

[...] Otrosý, commoquier que agora pensarán algunos que estos doze que nos ponemos, que los ponemos por dinidades o por prouinçias, sepan todos que nos non los damos por dinidades nin por prouinçias, nin es nuestra voluntad de lo fazer assý, mas ponemos los agora porque entenemos que cunple asý a nuestro seruiçio e a prouecho de los nuestros rregnos, e que son tales que darán buena cuenta a nos e a los nuestros rregnos de lo que les encomendamos."

Cortes de Valladolid, 1385, reinado de Juan I, *Cortes*, II, pp. 332-335.

lk) Las cortes contra las "cláusulas exorbitantes", limitación relativa del poderío real absoluto

(pet. 11) "Otrosý, muy exçelente rrey e sennor, por quanto en las cartas que emanan de vuestra alteza se ponen muchas exorbitançias de derechos en las quales se dize 'non obstantes leyes e ordenamientos e otros derechos, que se cunpla e faga lo que vuestra sennoría manda e que lo manda de çierta sçiençia e sabiduría e poderío rreal absoluto e que rreuoca e cassa e anulla las dichas leyes' [...] Por ende, muy virtuoso rrey e sennor, suplicamos a vuestra sennoría que le plega que las tales exorbitançias non se pongan en las dichas cartas, e qualquier secretario o escriuano de cámara que las pusiere, por ese mesmo fecho sea falso e priuado del dicho ofiçio, e que las tales cartas non sean conplidas e sean ningunas e de ningunt valor.
A esto vos rrespondo que mi merçet e voluntat es de mandar e mando que se guerde en esta parte la ley de Briuiesca fecha por el rrey don Iuán, mi avuelo, que Dios dé santo paraýso, que fabla en esta rrzón, en qualquier cosa que sea o tanga entre partes e priuadas personas, non enbargante que sobre ello se dé segunda jusión nin otras qualesquier cartas e sobre cartas con quales quier penas e cláusulas derogatorias e otras firmezas e abrogaçiones e derogaçiones o dispensaçiones generales o espeçiales, e avnque se digan proçeder de mi propio motu e çierta sçiençia e poderío rreal absoluto, porque syn enbargo de todo ello toda-

vía es mi merçet e voluntad que la justiçia floresca e sea guardado enteramente su derecho a cada uno e non rresçiba agrauio nin perjuyzio alguno en su justiçia, para lo qual mando e ordeno que ningunt mi secretario o escriuano de cámara non sea osado de poner en las tales nin semejantes cartas exorbitançias nin cláusulas derogatorias [...] mas que las cartas que fueren entre partes o sobre negoçios de personas priuadas vayan llanamente e segunt el estilo acostunbrado e que de derecho deuen yr e ser fechas, por manera que por ellas non se faga nin engendre perjuyzio a otro alguno."

Cortes de Valladolid, 1442, reinado de Juan II, *Cortes*, III, pp. 406-407.

II) **Origen divino del poder regio, rey por encima de las leyes**

"Porque cosa sería muy abominable e sacrílega e absurda e non menos escandalosa e dagnosa e contra Dios e ley divina e umana et repugnante a toda buena porfía e razón natural e a todo derecho canónico e civil e enemiga a toda justicia e lealtat, mayormente de las leyes de vuestros regnos, si el rey, cuyo corazón es en las manos de Dios, e lo guía e inclina a todo lo quel plaze, el qual es vicario e tiene su logar en la tierra e es cabeça e coraçón e alma del pueblo e ellos son sus miembros, al qual ellos naturalmente deven toda lealtat e fidelidat e sujeçión e obediençia e reverençia e serviçio, e por él se ha de guiar e mandar el derecho del poderío, el qual es tan grande, especialmente segunt las leyes de vuestros regnos que todas las leyes e los derechos tienen so sí, porque el su poderío non lo ha de los homes mas de Dios."

Cortes de Olmedo, 1445, reinado de Juan II, *Cortes*, III, p. 483.

2. **Destronamiento del rey por los nobles, Farsa de Ávila, 1465**

2a) **Relato de los hechos**

"Entre tanto que el rrey llegava a Salamanca con la rreyna e la infanta, su hermana, el arçobispo de Toledo se apoderó de la çibdad de Ávila, porque ya la fortaleza de la çibdad y el çimorro de la yglesia estavan de su mano, e así apoderado, vinieron allí luego los cavalleros que estavan en Plasençia con el prínçipe don Alonso, donde fueron convenidos (diputados), los que aquí serán nombrados: don Alonso Carrillo, arçobispo de Toledo; don Yñigo Manrrique, obispo de Coria; don Juan Pacheco, marqués de Villena; don Álvaro Çúñiga, conde de Plasençia; don Gómez de Cáçeres, maestre de Alcántara; don Rodrigo Pymentel, conde de Venavente; don Pedro Puertocarrero, conde de Medellín; don Rodrigo Manrrique, conde de Paredes, e Diego López de Çúñiga, hermano del conde de Plasençia, con otros cavalleros de menos estados, los quales mandaron hazer vn cadahalso, pusieron vn estatua, asentada en vna silla, que dezían rrepresentar la persona del rrey, la qual estava cubierta de luto, tenía vna corona en la cabeça, vn estoque delante de sí, con vn bastón en la mano.

 E así puesto en canpo, salieron todos aquestos nonbrados de la çibdad, aconpañando al prínçipe don Alonso hasta el cadahalso, donde llegados el marqués de Villena, el maestre de Alcántara, el conde de Medellín e con ellos el comendador (*en blanco*) de Saavedra e Alvar Gómez, tomaron al prínçipe e se apartaron con él vn gran trecho del cadahalso. Entonçes los otros señores que allí quedaron, subidos en el cadahalso, se pusieron alderredor de la estatua, donde en altas bozes, mandaron leer vna carta, más llena de vanidad que de cosas sustançiales, en que señaladamente acusavan al rrey de quatro cosas, e que son: la primera, meresçía perder la dinidad rreal, e entonçes llegó don Alonso Carrillo, arçobispo de Toledo, e le quitó la corona de la cabeça. La segunda, que meresçía perder la ministraçión de la justiçia, e así llegó don Álvaro de Çúñiga, e le quitó el estoque, que tenía delante. La terçera, que meresçía perder la governaçión del rreyno, e así llegó don Rodrigo Pimentel, conde de Venavente, e le quitó el bastón que tenía en la mano. Por la quarta, que meresçía perder el trono e asentamiento de rrey e así llegó Diego López de Çúñiga e derribó la estatua de la sylla en que estava, diziendo palabras furiosas, desonestas [...].

 Luego quel avto del estatua fue acabado, aquellos buenos criados del rrey, agradesçiendo las merçedes que de él rreçibieron, llevaron al prínçipe don Alonso hasta ençima del cadahalso, donde ellos e los otros perlados y cavalleros, alçándolo sobre sus braços, con bozes muy altas, dixeron: *¡Castilla por el rrey don Alonso!* E así dicho aquesto, las tronpetas e anafiles sonaron con grand estruendo, entonçes todos los grandes que allí estavan e toda la otra gente llegaron a besalle las manos, con gran solennidad, señaladamente, el marqués de Villena e los otros criados del rrey, que seguían su pasadas."

Crónica de Enrique IV de Enríquez del Castillo
(ed. A. Sánchez Martín, Univ. Valladolid, 1994, pp. 236-237).

2b) Carta del rey al Papa denunciando los hechos, 1465

"E luego otro día seguiente que las dichas cibdades e villas e castillos les entregué, se tornaron al dicho Marqués de Villena e Conde de Plasencia e Maestre de Calatrava e Conde de Benavente e todos ellos se juntaron con el dicho Infante don Alonso, mi hermano, e se vinieron para la dicha cibdad de Ávila, que yo avía fiado del dicho Arzobispo. E estos hombres, no conosciendo pesebre de su Señor, e esta viña que planté e escabé e mondé, al tiempo quesperava que daría uvas, dando fruto de amargura dio lambruscos: a los quales puedo yo bien decir: mi pueblo qué te hice yo?, e cometiendo pública traiçión e usurpando aquello que solamente pertenescería a vuestra Santidad e no a otro alguno, en el caso que yo para esto oviese de reconocer superior, haciéndose ellos mismos jueces e partes, aviendo caído en casos de traiciones, siendo públicamente hereges inhábiles e incapaces no solamente para ser jueces mas para ser oidores, al juicio e al dapnamiento de mi real nombre, se esforzaron e haciendo estatua de madera a imagen de mi persona, descompusieron aquella estatua de los ceptros e corona que le posieron, e digieron que elegían por Rey e Señor destos regnos al dicho Infante D. Alonso, mi hermano, lo qual todo quanto esto sea caso de heregía e traiçión e de cosa sacrílega e de malo e abominable enjemplo e contra Dios e toda justicia en pública ofensa de Dios e de vuestra Santidad [...].

E la elección que ansí contra Dios e contra toda su justicia hicieron al Infante don Alonso, mi hermano, no le hicieron por bien de su persona, nin por el pro e bien común destos mis regnos, nin por la paz e sosiego dellos, mas antes en gran elación e ambición, porquel dicho mi hermano es menor de doce años, e pensando que le ternán en su poder hasta que sea de edad de veinte e cinco años e que con su mano e poder ternán estos mis regnos e la gobernaçión dellos, destruyendo e disipando la corona e estado real, partiendo entre sí las más de las cibdades e villas de la corona real dellos, ca de seis días a esta parte que hicieron el dicho malvado, sacrílego e injusto abto, han repartido entre sí la mayor e más sana parte de las cibdades, villas e logares destos mis regnos. Lo qual si ansí pasase, ya non sería menester ceptro real en los regnos de Castilla e de León, salvo que la tierra se perdiese, e los moros se apoderasen della, como por otro semejante insulto lo hicieron los moros de alliende en tiempo del rey don Rodrigo por la traiçión del Arzobispo don Hospas e del Conde don Julián."

Memorias de Enrique IV (*Memorias*, RAH, II, XXXIV, pp. 498-499).

3. Imagen de la sociedad estamental

"(cap. 89) Otrosí, los fijos de los infantes non han otro nonbre, sinon que se llaman fijos de infantes, que quiere dezir que son derechamente el derecho linaje de los reys, et lievan de aquí el nonbre, así commo los duques del ducadgo, et los marqueses del marquesadgo, et los príncipes del principadgo, et los condes del condadgo, et los viscondes del viscondado. Et así todos estos que son dichos an nonbres señalados, por las razones que de suso son dichas.

Et de cada uno destos estados, segund van desçendiendo de unos a otros et segund las maneras que an de vebir, podemos entender quáles son más peligrosos para las almas et para los cuerpos, o quáles son más aparejados para salvamiento de las almas et para guardar et mantener su onra et su estado.

Et en pos destos, que an nonbres señalados por la razón que de suso vos dixe, a en las tierras otros grandes omnes, que aquí llaman en España ricos omnes, et en Françia llámanlos *banieres*. Et este nonbre, que es todo uno, se dize más derechamente en Françia que en España, ca en Françia dizen, por pendón grande, *banera*, et *beneres* quiere dezir omne que puede et deve traer *banera*. Et en Spaña a los que pueden et deven traer pendones et aver cavalleros por vasallos, llámanlos ricos omnes.

Señor infante, devedes saber que así commo les dizen ricos omnes, non les pudieran dezir omnes ricos. Ca rico omne et omne rico, a do paresçe que es uno, mas ha entre ellos muy gran diferençia. Ca en diziendo omne rico, entiéndese qualquier omne que aya riqueza, tanbién ruano commo mercadero, ca si quiera manera es de fablar quando dize uno a otro: 'Viestes fulano cómmo es omne rico?'. Mas quando dizen rico omne, ponen la riqueza, que es onra, delante, que quiere dezir que es más onrado que las otras gentes, por los cavalleros que a por vasallos, et por el pendón que puede traer.

Et estos ricos omnes no son todos de una guisa, nin son eguales en linage nin en onra nin en poder, ca algunos dellos ay que son de muy grant sangre et vienen del linage de los reys. [...]

(cap. 90) — Señor infante —dijo Julio— en pos este estado de los ricos omnes a otro que llaman en Castiella infançones, et en Aragón llámanlos mesnaderos. Et éstos son cavalleros que de luengo tiempo por sus buenas obras feziéronles los señores más bien et más onra que a los otros sus eguales, et por esto fueron más ricos et más onrados que los otros cavalleros. Et los que son de los dichos infanzones derechamente son de solares çiertos et éstos casan sus fijas con algunos de aquellos ricos omnes que de suso vos dixi. [...]

— Señor infante —dijo Julio—, commo quier que los infançones son cavalleros, son muchos más los otros cavalleros que non son infançones. Et éste es el postremer estado que ha entre los fijos dalgo, et es la mayor onra que omne fijo dalgo puede llegar. Et el cavallero lieva nombre de cavallería, et la cavallería es orden que non deve seer dada a ningún omne que fijo dalgo non sea derechamente. Et si yo vos oviese a contar todas las maneras en cónmo la cavallería fue primeramente ordenada, et en quántos peligros, tanto del alma commo del cuerpo, se para el cavallero por mantener el estado de la cavallería, et quántas gravezas ý a, et quánto la deve reçelar ante que la tome, et cómmo deven ser los cavalleros escogidos, et de cómmo deven seer fechos cavalleros, et de la onra que an después que lo son, et de las cosas que deven gaurdar a Dios et la ley, et a los señores et a todo el otro pueblo, só çierto que se alongaría mucho la razón. Mas si lo quisiéredes saber conplidamente, fallarlo edes en los libros que fizo don Johán, aquel mío amigo: el uno, que llaman *De la cavallería*, et otro que llaman el *Libro del cavallero et del escudero*. Et como quiere que este libro fizo don Johán en manera de fabliella, sabet, señor infante, que es muy buen libro et muy aprovechoso. [...]

(cap. 93) —Señor infante –dixo Julio–, commo quiere que el estado de los que llaman labradores non es tan alto nin tan onrado commo el de los oradores, pero porque vós sodes lego, et los deste estado son legos, dezirvos he primeramente lo que entiendo en los estados que se ençierran en el estado de los labradores, et después fablarvos he en los estados que se ençierran en el estado de los oradores.

Señor infante, como quier que los ruanos et los mercadores non son labradores, nin biven con los señores nin defienden la tierra por armas et por sus manos, pero porque la tierra se aprovecha dellos, porque los mercadores conpran et venden, et los ruanos fazen labrar la tierra et criar ganados et bestias et aves, así commo labradores, por esta razón los estados de los ruanos et de los mercadores ençiérranse en el estado de los labradores. [...]

(cap. 98) En pos el físico et el despensero, ay otros muchos ofiçiales en las casas de los enperadores et de los reys et de los otros señores, así commo coperos et çatiqueros [encargados de partir el pan] et reposteros et cavallerizos et cevaderos et porteros et mensageros et coçineros, et otros muchos ofiçiales más menudos, que paresçe mejor en los callar que en los poner en tal libro commo éste. Et todos estos ofiçiales sobredichos, serviendo bien et lealmente sus ofiçios et non faziendo engaño al señor nin a las gentes de su casa nin de la tierra, pueden muy bien salvar sus almas. Más porque cada uno déstos a muy grant aparejamiento para errar, por cobdiçia o por mala entençión, por ende sus estados son muy peligrosos para salvamiento de las almas. [...]

—Señor infante –dixo Julio–, en pos destos estados que son en casa de los señores, ay otras gentes por las villas et por las tierras a que llaman menestrales. Et éstos son de muchos estados, así commo tenderos et alfayates et orebzes [orfebres] et carpenteros et ferreros, et maestros de fazer torres et casas et muros, et çapateros et freneros et selleros et albéitares et pellegeros et texedores, et de otros menestrales que non faze grant mengua de ser todos scriptos en este libro.

Et todas estas maneras de menestrales, et aun los labradores que labran por sí mismos, así como quinteros o yunteros o pastores o ortolanos o molineros, o otros de menores estados, pueden muy bien salvar las ánimas, faziendo lo que deven lealmente et sin cobdiçia. Más por el aparejamiento que an para non fazer todo lo mejor, et porque muchos déstos son atan menguados de entendimiento que con torpedat podrían caer en grandes yerros non lo entendiendo, por ende son sus estados muy peligrosos para salvamiento de las almas."

Don Juan Manuel, *Libro de los estados*
(ed. Macpherson, Tate, Castalia, pp. 266-270, 278-279, 292).

4. Difusión de la doctrina católica: dos catecismos romances de la primera mitad del siglo XIV

4a) Artículos de la fe, virtudes contrarias a los pecados y obras de misericordia, según el Catecismo de Albornoz, c. 1340

"Conviene a saber que los artículos de la fe son catorze, e destos catorze los siete primeros pertenesçen a la diuinidat e los siete otros pertenesçen a la humanidat de Ihesu Christo.

E los siete artículos que pertenesçen a la diuinidat son estos que se siguen. El primero es que Dios es vno en exsençia e en sustançia. El segundo artículo es que en esta mesma esençia diuinal el Padre es Dios e non es engendrado nin salle de alguna cosa. El terçero es que el Fijo es Dios e es engendrado del Padre. El quarto artículo es que el Spíritu Santo es Dios e non es engendrado, mas salle del Padre e del Fijo. E así en esta mesma essençia de Dios son tres personas departidas entre ssí e ayuntadas en la essençia de la diuinidat. El quinto artículo es que este Dios vno en trinidad es criador de todas las cosas que se pueden veer e non se pueden veer. El sesto artículo es que Dios justifica e dexa a los omnes los pecados dándoles graçia. El séptimo artículo es que Dios da a los omnes galardón e gloria perdurable. E esto auemos por estos versos que se siguen:

Articulus primus mostrat quod sit Deus vnus.
In patremque sequens dicit quod credere debes.
Tercius in natum te cogit credere Christum.
Quartus te cogit in Santum credere Neuma.
In quinto credas deytatem cunta crease.
Sestus ayt 'Crede Dominus peccata remitet'.
'Omnes surgemus' setenus diçit aperte.
Tunc dabitur pena malis, rrequies quoque justis.

Los siete artículos que pertenesçen a la humanidat son aquestos que se siguen. El primero artículo es que Ihesuchristo, Fijo de Dios, desçendió de los çielos a la tierra e fue conçebido en la virgen Santa María por el Spíritu Santo sin obra de varón. El segundo artículo es que nasçió de la virgen Santa María, ella fincando virgen en el parto e después del parto. El terçero artículo es que rrescebió por nos pasión e fue cruçificado e muerto e sepultado. El quarto artículo es que el ánima de Ihesu Christo con la diuinidat desçendió a los infiernos pora librar los santos que ý estavan, fincando el cuerpo en el sepulcro con la diuinidat. El quinto artículo es que en el terçero día rresuçitó ayuntado el ánima con el cuerpo. El sesto artículo es que subió a los çielos a los quarenta días después de la resurreçión e see a la diestra de Dios Padre. El séptimo es que verná en fin del mundo a judgar los biuos e los muertos. E esto auemos por estos verssos:

Conçeptus, natus, passus, desçendit ad yma,
Surgit et asçendit et veniet descernere cuncta.

[... *A continuación:* sacramentos, mandamientos, virtudes cardinales y teologales, pecados capitales ...]
    Contra estos siete pecados mortales son siete virtudes contrarias. La primera es la humildat que es contra la soberuia, la segunda largueza que es contra la auariçia, la terçera es castidat que es contra la luxuria, la quarta es mansedunbre que es contra la sanna, la quinta es mesura e atenperamento que es contra la garganterÍa, la sesta es boniuolençia que quiere dezir bienquerençia que es contra la enbidia, la séptima es diligençia e acuçia que es contra la cçidia.
    Otrosí, deuemos saber que las obras de misericordia son catorze. E estas catorze las siete son spirituales e las siete son corporales e son estas: la primera es dar de comer al fanbriendo, la segunda es dar de beuer al sediendo, la terçera es dar ospedado al que ha menester posada, la quarta es vestir al desnudo, la quinta es visitar los enfermos, la sesta es redemir e sacar los catiuos, la séptima es soterrar a los muertos. E estas siete obras se contienen en este verso:

Pasco, poto, coligo, tego, visito, libero, condo

    Las otras siete obras spirituales son estas: la primera mostrar al que no sabe, la segunda es aconsejar al que dubda e al que ha menester consejo, la terçera es castigar al que pecó e al herrado, la quarta es perdonar al que erró contra él, la quinta es confortar al triste, la sesta es sofrir al enojoso e al doliente e al sannudo, la séptima es rogar a Dios por que todos los omnes ayan bien e sean acresçentados en ello e que sean partidos del mal."

D. Lómax, "El catecismo de Albornoz" pp. 220-221, 225.

4b) Los pecados en el Catecismo de Pedro de Cuéllar, 1325

"Dicho avemos de la vida e honestat de los clérigos e de las vertudes que deven aver e de los dones; e porque los dichos clérigos se deven guardar en quanto más pudieren de pecar, por ende conviene que digamos de los viçios, mayormente que manda el cardenal legado que el clérigo perrochiano que diga çiertos días las speçies de los pecados a sus perrochianos porque devan guardarse dellos.

En tres maneras nasçe el pecado en el omne. La una manera por sugesçión del diablo; la otra manera por la delectaçión de la carne; la otra manera por consentimiento del spíritu.

Sant Pablo nos muestra quáles son los pecados mortales: ydolatría, que es creer en ál sinon en Dios. Pecado contra natura así como sodomítico, maldat e maliçia, fornicaçión. Avariçia, inbidia, homiçidio, varaja e discordia, engaño, usura, maldezir, denuesto, sobervia, vanagloria, fablamiento de males, non obedesçer, neçedat. La inposiçión de la qual dize David: *Audi incompositos et tubesçebam.*

E commo quier que sean muchos los pecados, pero siete son los prinçipales, que se comprehenden en esta diçión: SALIGIA, que son éstos: la S sobervia; por la A açidia; por la L luxuria; por la Y yra; por la G gula, por la otra Y invidia; por la otra A avariçia.

E la sobervia á estos canónigos consigo: atrevimiento o inhobediençia, non sofrir, ponpa grand. E désta nasçe vanagloria, alabo, ypocrisía, presumpçión de vanidades; désta nasçen varajas e contiendas e muchos males. Ante dizen los doctores que es madre de todos los pecados.

Açidia es un enojo de bien; e á consigo canónigos: ateçimiento para fazer bien, e pereza; e desto algunas cosas deximos en el capítulo de la penitençia.

Luxuria es una enfermedat de quebrantar las vertudes de la natura; e este pecado fázese e deséase en muchas maneras por las quales el omne se parte de Dios; e á estos compaños consigo: fenchir el vientre, que dizen los doctores que vezindat de mienbros ayuntamiento es de pecados; comerías e beverías, e vestir vestimentas muelles e de grand preçio, e mucho dormir. [...]

La yra daña muchas devegadas los buenos e los inocentes, que muchas devegadas los buenos son movidos por saña; mas si luego dexa la saña non es pecado mortal. E deste pecado nasçen barajas, lides, discordias, denuestos, blasfemias, malquerencia, temor de voluntad, grand roydo, desdén. E á estos conpañeros consigo: atrevimiento, mudamiento de cara, perdimiento de prudençia, e muchas vegadas fazer tuerto; e algunas destas nasçen de la sobervia.

Gula es comer o bever de más que demande su natura; e esta se despierta por sabores o por odores; e desta nasçen alegría destenprada, suziedat, mucho fablar. E desto costunbran dezir los sabios que en mucho fablar non fallesçe pecado e enbotamiento de entendimiento.

Inbidia es pecado que quema omne de dentro e de fuera. E á estos conpañeros consigo: dolerse omne del bien de otro, e gozarse del mal. E desto nasçe malquerençia, maldezir que se faze en muchas maneras segund que ya deximos, e fazer gran exaltamiento contra su próximo, e fazer daño a su próximo do entiende quel viene bien.

Avariçia es raýz de todos males. E á consigo conpañeros: robamiento de nasçidat, que es çerrar primero; *pussillanimitas*, que es aver flaco coraçón, e despreçiamiento de fe. E destas cosas que se siguen olvida omne la muerta. E desta nasçe trayçión e engaño, perjurio e contra enduramiento de corazón.

Dezimos que peca omne por diversas maneras: por enfermedat o por ynorançia o çierta maliçia. En las primeras dos maneras devemos en tal manera fazer que non sea otro escándalo, conviene a saber por enfermedat o por ignorançia. Cuanto por maliçia non se deve dexar, onde dize nuestro Señor de los fariseos que por maliçia se escandalizavan: *sinite eos*. [...]

E deve saber el clérigo que son ý pecados mortales e son ý pecados criminales. Criminales son aquellos que trahen deposiçión o descabeçamiento o desterramiento o encarçeramiento. Mortales son que non trahen estos pecados consigo; pero dezimos que todo pecado criminal es mortal, mas non todo mortal es criminal; pero largamente dize crimen por todo pecado. E entre los criminales son estos mayores: pecar en la fe cathólica, e fazer pecado contra natura; e más peca tal que si dormiese con la madre propia; e homiçidio; e el pecado que quier matar al rey o al enperador o a su señor; e el pecado que es sacrilegio quien quebranta la iglesia por fuerça; e inçesto, que es yazer con parienta o con cuñada o con afijada o con monja; otrosí conspiraçión, que es quando algunos fazen prometimiento que serán en todo daño de alguno; e de adulterio; e falso testimonio, e simonía e husura. Estos son los pecados más grandes que deven aver grand pena; en los quales, si notorios son, sin denuesto de la iglesia non deven puede ser defendido."

J.-L. Martín, A. Linage, *Religión y sociedad medieval*, Ap. doc. 247-248.

5. Crítica al papel desestabilizador del dinero

"Mucho faz el dinero e mucho es de amar:
al torpe faze bueno e omne de prestar;
faze correr al coxo e al mudo fablar;
el que non tiene manos dineros quiere tomar.

Sea un omne nesçio e rrudo labrador,
los dineros le fazen fidalgo e sabidor;
quanto más algo tiene, tanto es más de valor;
el que non ha dineros non es de sí señor.

Si tovieres dineros, avrás consolaçión,
plazer e alegría, del papa rraçión;
conprarás paraíso, ganarás salvaçión;
do son muchos dineros está mucha bendiçión.

Yo vi en corte de Roma, do es la santidad,
que todos al dinero fazen grand homildat;
grand onrra le fazían con grand solepnidat;
todos a él se omillan, commo a la magestat.
[...]
Faze perder al pobre su casa e su viña;
sus muebles e rraízes, todo lo desaliña;
por todo el mundo anda su sarna e su tiña;
do el dinero juega, allí el ojo guiña.

E faze cavalleros de neçios aldeanos,
condes e rricos omnes de algunos villanos;
con el dinero andan todos los omnes loçanos;
quantos son en el mundo le besan oy las manos.
[...]
Monges, frailes, clérigos, que aman a Dios servir,
si varruntan que el rrico está ya para morir,
quando oyen sus dineros que comienças a rretenir,
quál dellos lo levará comienças luego a rreñir.
[...]
Toda muger del mundo e dueña de alteza
paga se del dinero e de mucha rriqueza;
yo nunca vi fermosa que quisiese pobreza.
do son muchos dineros, ý es mucha nobleza.
[...]
En suma te lo digo, toma lo tú mejor:
el dinero del mundo es grand rrebolvedor;
señor faze del siervo, de señor servidor;
toda cosa del siglo se faze por su amor.

Por dineros se muda el mundo e su manera;
toda muger cobdiçiosa de algo es falaguera;
por joyas e dineros salirá de carrera;
el dar quebranta peñas, fiende dura madera."

"Enxienplo de la propiedat quel dinero ha", del *Libro de Buen Amor,* del Arcipreste de Hita (ed. Gybbon-Monypenny, est. 490-511, pp. 210-213).

6. El exemplum en el sermón

(sentido del Padrenuestro: última petición o invocación) "[...]La séptima e postrimera pectición que digo que es contenida en la oración del *Pater noster* es quando dezimos: *'Sed libera nos a malo. Amen'.* Dezimos: 'Señor, guárdanos e líbranos de mal por sienpre'. Ca aquesta vida es mucho mala, ca en ella hay muchas tristezas e muchas tentaçiones. E aquesto es por el allegamiento que avemos con el infierno, ca moramos en la tierra, que es çerca del infierno. E por aquesto dize David: *'Repecta est malis anima mea et vita mea in inferno apropianquabit'.* Diz 'Llena es la mi alma de males, porque la mi vida está çerca del infierno', e por esto dezimos: 'Señor, líbranos de mal. Amén'.

E aquesta pectiçión viene contra el pecado de la invidia. E porque aqueste pecado es assí puro que en él non ha bien alguno nin plazer, ca el peccado de la sobervia algund plazer trae consigo, ca se deleita omne en ella quando alguno le onrra o le teme, maguer que pecca mortalment, por quanto la sobervia es contra lo que Dios manda; e esso mismo pecado de avariçia trae consigo algund plazer, ca se alegra el avariçioso quando gana alguna cosa, maguer que es peccado mortal, por quanto es contra el mandamiento de Dios; e assí de los otros. Mas en el pecado de la invidia non es otra cosa sinon aver omne desplazer e amargura en su coraçón por el bien que Dios faze a otro.

E aquí vos dyré un enxienplo. Buena gente, eran dos omes, e el uno dellos era muy avariçioso e escaso, en tanto que non se trevía a fartar de pan, diziendo que le avía de fallesçer. E el otro era muy invidioso; que tantas eran las invidias que tomava que jamás non estava sinon rreñiendo. E catad que esto fue magnifestado al rrey. E el rrey fízolos llamar. E desque fueron delante dél, díxoles: –'Amigos, es mi merçed que me sirvades, e yo darvos he qualquier don que me demandardes. Más, catad, quien me demandare primero yo le daré lo que demandare e al otro darle he el doble de lo que el otro ha demandado'. E catad que entre ellos fue grand contienda quién demandaría primero, e non se podían avenir, el uno por la avariçia e el otro por la invidia. E, finalmente, el rrey mandó que demandase el invidioso primero. E el invidioso pensó en sí mismo, diziendo: –'Mesquino de mí, en priessa soy, ca si yo demando a mi señor el rrey un castillo o una villa, luego dará a este otro dos e yo moriré con invidia'. E fallóse en acuerdo de demandar ante algún mal por que lo oviesse el otro doblado. E dixo al rrey: –'Señor, ¿asegurádesme vos que daredes a aquel otro el doble de lo que vos yo demandare?'. E dixo el rrey: –'Yo te prometo que sí, sin falla'. 'Pues, señor –dixo él– non vos demando otra gracia synon que me saquedes a mí el un ojo, por tal que saquedes a aquel otro los suyos ambos, e non le avré invidia'. E así fue fecho.

E ves aquí cómo es malo el peccado de la invidia, e non ha en él alguna semejança de bien. E, por ende, buena gente, partidvos deste peccado e sed caritativos. E por esto dezía David: *'Qui diligitis dominum, odite malum'.* Dize: 'Los que amades a Dios aborresçed el mal'. Porque la invidia es llena de maldat, e por esto dezimos en el *Pater noster:* 'Señor, líbranos de mal'. E por esto dize el thema: *'Ego dispono vobis sicut disposuit mihi Pater'.* Dize: 'Yo enseño a vosotros a fazer oraçión así como mi Padre me lo enseñó a mí'."

Sermones de San Vicente Ferrer en Castilla 1411-1412
(ed. P. M. Cátedra, *Sermón, Sociedad y Literatura,* Ap.
Doc. 9, pp. 364-365)

7. Preeminencia de Castilla

"Los reyes de España, entre los quales el principal e primero e mayor es el rey de Castilla e de León, nunca fueron subjetos al emperador. Ca esta singularidad tienen los reyes de España, que nunca fueron subjectos al Inperio romano nin a otro alguno [...] que los reyes de Castilla e de León non reconosçían superior [...] es de recorrer a las istorias en las quales magnifiestamente parece que en tiempo de los godos muchos de los príncipes de España se llamaban enperadores, e tenían la silla inperial en Toledo, e regían toda España e a aquella parte de Francia que entonce llamavan Galia gótica, que oy dicen Lengua de hoc. [...]

Es de acatar que en España, e aun en aquella parte de España que se llama Castilla, ovo reyes antes de la primera destrucción de Troya. Ca Hércoles, el grande, aquel que fue en la primera destruición de Troya en tiempo del rey Lamedón, ante del tiempo de Príamo, vino a España e ovo batalla con Gerión, rey de España. E aun más especialmente hablando, aquel Gerión era rey de Castilla [...] E del nascimiento de la silla real de Castilla son pasados más de dos mill e seiscientos años. [...]

De la fermosa diferencia de las gentes, el regno de Castilla sobrepuja a Inglaterra magnifiestamente, ca so el señorío de mi señor el Rey ay diversas nasciones e diversos lenguajes e diversas maneras [...] Ca los castellanos e los gallegos e los viscaínos diversas naciones son, e usan de diversos lenguajes del todo. E para guerra de mar tiene mi señor el rey naves e galeas. E para guerra de tierra tiene omes de armas guarnidos de nobles cavallos e muy fuertes armaduras, e tiene eso mesmo cavalleros ginetes, los quales usan de armas moriscas e persiguen los enemigos con maravillosa ligereza, e corren la tierra dellos, e desque han destruido e talado, retórnanse a la batalla de los omes de armas."

Alonso de Cartagena, *Discurso sobre la precedencia del rey católico
(de Castilla) sobre el de Inglaterra* (*Prosistas castellanos del siglo* XV),
BAE, pp. 210-211, 217, 219-220).

Bibliografía

A) Ediciones de fuentes citadas en el texto

Antón de Montoro: *Cancionero* (ed. M. Ciceri, J. Rodríguez Puértolas), Salamanca, 1991.
Arcipreste de Hita: *Libro de Buen Amor* (ed. G. B. Gybbon-Monypenny), Madrid, Ed. Castalia, 1990.
Carcel Orti, M. M., Bosca Codina, J. V.: *Visitas pastorales de Valencia. Siglos XIV-XV*, Valencia, 1996.
Cátedra, P. M.: *Sermón, sociedad y literatura en la Edad Media. San Vicente Ferrer en Castilla (1411-1412)*, Salamanca, Junta de Castilla y León, 1994 (Apéndice Doc: sermones castellanos de Vicente Ferrer).
Cortes de los Antiguos Reinos de Castilla y León, Madrid, RAH, 1861-1882, ts. I-IV.
Crónica de don Álvaro de Luna (ed. Mata Carriazo), Madrid, 1940.
Crónica del Halconero de Juan II (ed. Mata Carriazo), Madrid, 1946.
Crónicas de los Reyes de Castilla [reinados de Alfonso XI, Pedro I, Enrique II, Juan I, Enrique III, Juan II, Enrique IV], (ed. C. Rosell), BAE, Madrid, 1953, vols. LXVI-LXX.
Crónica General de España de 1344 (ed. D. Catalán y S. de Andrés), Madrid, Gredos, 1971.
Díez de Games, G.: *El Victorial. Crónica de don Pero Niño, conde de Buelna* (ed. A. Miranda), Madrid, Cátedra, 1993.
Dutton, B.: *El Cancionero del siglo XV (c. 1360-1520)*, Salamanca, Universidad, 1989-1992, 7 vols.
Eiximenis, F.: *Lo libre de les dones* (ed. Naccarato Coromines), Barcelona, 1981.
— *Lo Crestià* (ed. A. Hauf), Barcelona, 1983.
— *Regiment de la cosa pública* (ed. D. Molins de Rei), Barcelona, 1927.

Ferrer, Vicente: *Opera Omnia* (ed. Rocabertí), Valencia, 1693-1695, 5 vols.
— *Sermons*, Barcelona, Barcino, I-II (ed. J. Sanchís), 1932-1934, reed. 1971, III-VI (ed. G. Schib), 1975-1988 [para los sermones castellanos, *cfr.* Cátedra ed.].
— *Sermons de Quaresma* (ed. M. Sanchís), Valencia, Clàssics Albatros, 1973.
Hechos del Condestable don Miguel Lucas de Iranzo (Crónica del siglo XV), (ed. Juan de Mata Carriazo), Madrid, Espasa-Calpe, 1940.
Jorge Manrique: *Cancionero* (ed. J. Rodríguez Puértolas), Madrid, Akal, 1997.
Juan Manuel: *Libro del caballero y el escudero*, en *Obras completas I* (ed. J. M. Blecua), Madrid, Gredos, 1982, pp. 37-116.
— *Libro enfenido*, en *Obras completas I* (ed. J. M. Blecua), Madrid, Gredos, 1982, pp. 143-189.
— *Libro de los Estados* (ed. I. R. Macpherson, R. B. Tate), Madrid, 1991.
— *El Conde Lucanor* (ed. M. Blecua), Madrid, Castalia, 1988.
Libro de la Cofradía de Santiago (Caballería medieval burgalesa), ed. F. Menéndez Pidal de Navascués, Prol. E. Benito Ruano, Introd. E. Pardo de Guevara, Madrid, 1996.
López de Ayala: Pero *Rimado de Palacio* (ed. G. Orduna), Madrid, Castalia, 1987.
Marqués de Santillana: *Poesías completas* (ed. M. Durán), Madrid, Castalia, 1986, 1989, 2 vols.
Martínez de Toledo, A.: (Arcipreste de Talavera) *Corbacho* (ed. J. González Muela), Madrid, 1970.
Memorias de don Enrique IV de Castilla, t. II, Madrid, RAH, 1913.
Mena, Juan: *Laberinto de Fortuna* (ed. J. G. Cummins), Madrid, Cátedra, 1984.
Metge, B.: *Lo somni* (ed. M. Jordà), Barcelona, 1986.
Palencia, Alfonso de: *Crónica de Enrique IV*, ed. A. Paz y Melia, Madrid, 1904-1409, reed. Madrid, BAE, 1973-1975, 3 vols.
Paredes, J.: *Las narraciones de los "Livros de linhagens"*, Granada, 1995.
Poema de Alfonso Onceno (ed. J. Victorio), Madrid, Cátedra, 1991.
Poesía crítica y satírica del siglo XV (ed. J. Rodríguez Puértolas), Madrid, Castalia, 1989.
Poesía de Cancionero (ed. A. Alonso), Madrid, Cátedra, 1986.
Prosistas castellanos del siglo XV (ed. M. Penna) [incluye obras de D. De VALERA, A. de CARTAGENA, R. SÁNCHEZ DE ARÉVALO], BAE, t. CXVI, Madrid, 1959.
Pérez de Guzmán, F.: *Generaciones y semblanzas*, (ed. R. Tate), Londres, 1965.
Pulgar, F.: *Claros varones de Castilla*, (ed. R. Tate), Madrid, 1987.
— *Crónica de los Reyes Católicos*, ed. J. de Mata Carriazo, Madrid, Espasa-Calpe, 1943.
— *Letras. Glosa a las coplas de Mingo Revulgo* (ed. J. Domínguez), Madrid, Espasa-Calpe, 1958.
Rodríguez de Lena, P.: *Libro del Passo Honroso defendido por el excelente caballero Suero de Quiñones* (reed. facsímil de la de 1783), Valencia, Textos Medievales, 1970.
Roig, J.: *Espill o Llivre de les dones* (ed. M. Gustà), Barcelona, 1978.

(El) Romancero viejo (ed. M. Díaz Roig), Madrid, Cátedra, 1994.
Sánchez de Arévalo, R.: *Suma de la Política* (ed. J. Beneyto), Madrid, CSIC, 1944.
— *Vergel de los Príncipes*, BAE, CXVI, Madrid, 1959.
Sánchez de Vercial, C.: *Libro de los exemplos por a. b. c.*, (ed. Crítica J. E. Keller), Madrid, CSIC, 1961.
Sanz Rodríguez, P.: *Antología de la literatura espiritual española. I. Edad Media*, Madrid, 1980.
Soldevila, F.: *Les Quatre Grans Chroniques: Jaume I, Bernat Desclot, Ramon Muntaner i Pere III*, Barcelona, 1971.
Suárez Fernández, L.: *Documentos acerca de la expulsión de los judíos*, Valladolid, 1964.
Synodicon Hispanum (dir. A. García y García): I: *Galicia*; II: *Portugal*; III: *Astorga, León y Oviedo*; IV: *Ciudad Rodrigo, Salamanca y Zamora*; V: *Extremadura: Badajoz, Coria-Cáceres y Plasencia*; VI: *Ávila y Segovia*, VII: *Burgos y Palencia*, Madrid, BAC, 1981-1997, 7 vols.
Valera, Diego de: *Memorial de diversas hazañas* (ed. Juan de Mata Carriazo), Madrid, Espasa-Calpe, 1941.
Textos medievales de caballerías (ed. J. M.ª Viña Liste), Madrid, Cátedra, 1993.
Torre, Alfonso de la: *Visión Deleytable* (ed. J. García López), Salamanca, 1991, 2 vols.

B) Bibliografía citada

Abadal, R. D' (1972, 1987): "Pedro el Ceremonioso y los comienzos de la decadencia política de Cataluña" (texto orig. 1972), «Prólogo» al t. XIV de la *Historia de España* (Menéndez Pidal). *La crisis de la Reconquista (c. 1350-1410)*, Madrid, ed. 1987 (4ª, 1ª ed. 1966), pp. VIII-CCIII.
Aguadé, S. (coord.) (1994): *Universidad, cultura y sociedad en la Edad Media*, Alcalá de Henares.
Alonso, M.ª P. (1990): "La Monarquía castellana y su proyección institucional (1230-1350)", en *Historia de España Menéndez Pidal, t. XIII. 1. La expansión peninsular y mediterránea (c. 1212-1350)*, Madrid, pp. 509-577.
Alvar, C. y Gómez Moreno, A. (1987): *La poesía lírica medieval*, Madrid.
— (1988): *La poesía épica y de clerecía medievales*, Madrid.
Alvar, C.; Gómez Moreno, A. y Gómez Redondo, F. (1991): *La prosa y el teatro en la Edad Media*, Madrid.
Álvarez Borge, I. (1993): *Monarquía feudal y organización territorial. Alfoces y merindades en Castilla (X-XIV)*, Madrid.
Andrés Díaz, R. de (1984): "Las 'entradas reales' castellanas en los siglos XIV y XV, según las crónicas de la época", *En la España Medieval*, 4, pp. 47-62.
— (1986): "Las fiestas de caballería en la Castilla de los Trastámara", *En la España Medieval*, V, I, pp. 81-108.
Antelo Iglesias, A. (1985): "La ciudad ideal según fray Francesc Eiximenis y Rodrigo Sánchez de Arévalo", *La Ciudad Hispánica durante los siglos XIII-XVI*, Madrid, I, pp. 19-50.

Arranz, A. (1991): "La cultura del bajo clero: una primera aproximación", *AEM*, 21, pp. 591-604.
— (1999): "El Clero", en J. M. Nieto Soria (dir.), *Orígenes de la Monarquía Hispánica*, pp. 140-173.
Arroyo, F. (1974): "División señorial de Aragón en el siglo XV", *Saitabi*, XXIV, pp. 65-102.
Asenjo González, M.ª (1995): "Sociedad y vida política en las ciudades de la Corona de Castilla. Reflexiones sobre un debate", *Medievalismo*, 5, 1995, pp. 89-125.
— (1999): "Las ciudades", en J. M. Nieto Soria (dir.), *Orígenes de la Monarquía Hispánica*, pp. 105-140.
Aurell, J. y Puigarnau, A. (1998): *La cultura del mercader en la Barcelona del siglo XV*, Barcelona.
Aventín, M. y Salrach, J. M.ª (1998): *Història medieval de Catalunya*, Barcelona.
Barrio Barrio, J. A. (1988-1989): "La organización municipal de Alicante, ss. XIV-XV", *Historia Medieval. Anales de la Universidad de Alicante*, 7, pp. 137-158.
Barros, C. (1990): *Mentalidad justiciera de los irmandiños, siglo XV*, Madrid.
— (1993): "Rito y violación: derecho de pernada en la Baja Edad Media", *Historia social*, 16, pp. 3-17.
— (ed.) (1994): *Xudeus e Conversos na Historia. I. Mentalidades e cultura. II. Sociedad e Inquisición* (Cong. Intern., Ribadavia, oct. 1991), Santiago, 2 vols.
Batlle, C. (1973): *La crisis social y económica de Barcelona a mediados del siglo XV*, Barcelona, 2 vols.
— (1981): "Las bibliotecas de los ciudadanos de Barcelona en el siglo XV", *Livre et lecture en Spagne et en France sous l'Ancien Régime* (Colloque Casa de Velázquez, París, 1981), pp. 15-31.
— (1997): "Sociedad urbana y poder en Cataluña (1391-1492)", en *La Península Ibérica en la Era de los Descubrimientos*, Sevilla, II, pp. 943-966.
Batlle, C. y Busqueta, J. (1988): "Bibliografía (1980-1988) sobre ciutats i viles de la Corona d'Aragó a la Baixa Edat Mitjana", *Actas/Mediaevalia*, 9, pp. 513-527.
— (1994): "La renovación de la historia política de la Corona de Aragón", *Medievalismo*, 4, pp. 159-187.
— (1996): "Principe y ciudadanos en la Coreona de Aragón en el siglo XV", en *Principi e città alla fine del Medievo* (a cura di S. Gensini), Pisa, pp. 333-355.
Bazán Díaz, I. (1995): *Delincuencia y criminalidad en el País Vasco en la transición de la Edad Media a la Moderna*, Vitoria.
Beceiro Pita, I. (1983): "Los libros que pertenecieron a los condes de Benavente entre 1434 y 1530", *Hispania*, 154, pp. 237-280.
— (1990): "La conciencia de los antepasados y la gloria del linaje en la Castilla Bajomedieval", en R. Pastor (coord.), *Relaciones de poder, de producción y de parentesco en la Edad Media y Moderna*, Madrid, pp. 329-349.
— (1991): "Educación y cultura en la nobleza (siglos XIII-XV)", *AEM*, 21, pp. 571-589.

— (1993): "Modas estéticas y relaciones exteriores: la difusión de los mitos artúricos en la Corona de Castilla (s. XIII-comienzos del XVI)", en *La España Medieval*, 16, pp. 135-169.
— (1995): "El uso de los ancestros por la aristocracia castellana: el caso de los Ayala", *Revista de Dialectología y Tradiciones populares*, L, pp. 53-82.
— (1998): "Entre el ámbito privado y las competencias públicas: la educación en el reino de Castilla (siglos XIII-XV)", en J. M.ª Soto Rábanos (coord.), *Pensamiento hispánico medieval*, I, pp. 861-885.
Beceiro Pita, I. y Franco Silva, A. (1985): "Cultura nobiliar y bibliotecas, cinco ejemplos de las postrimerías del siglo XIV a mediados del siglo XVI", *HID*, 12, 1985, pp. 277-350.
Beceiro Pita, I. y Córdoba de la Llave, R. (1990): *Parentesco, poder y mentalidad. La nobleza castellana. Siglos XII-XV*, Madrid.
Benito Ruano, E. (1976): *Los orígenes del problema converso*, Barcelona.
— (1989): "La guerra imaginaria. «Las justas e los torneos»", en VV. AA., *Castillos medievales del Reino de León*, León, pp. 35-45
Bermejo Cabrero, J. L. (1986): *Máximas, principios y símbolos políticos*, Madrid.
Bermúdez Aznar, A. (1994): *El corregidor en Castilla durante la Baja Edad Media (1348-1474)*, Murcia.
Blanco, C.; Rodríguez Puértolas, J. y Závala, I. M. (1978): *Historia social de la Literatura española (en lengua castellana)*, Madrid, I.
Bonachía Hernando, J. A. (1990): "El concejo como señorío (Castilla, siglos XIII-XV)", en *Concejos y ciudades en la Edad Media Hispánica* pp. 429-463.
— (ed.) (1996): *La ciudad medieval. Aspectos de la vida urbana en la Castilla bajomedieval*, Valladolid.
— (1998): "La justicia en los municipios castellanos bajomedievales", *Edad Media. Revista de Historia* (Univ. Valladolid), n.º 1, pp. 145-182.
Bonachía Hernando, J. A. y Martin Cea J. C. (1998): "Oligarquías y poderes concejiles en la Castilla bajomedieval. Balance y perspectivas". *Revista d'Història Medieval*, 9, pp. 17-40.
Camillo, O. Di (1976): *El humanismo castellano del siglo XV*, Valencia.
Canellas López, A. (1964, 1986): "El reino de Aragón en el siglo XV (1410-1479)", en vol. XV de *Historia de España (R. Menéndez Pidal). Los Trastámaras de Castilla y Aragón en el siglo XV*, Madrid, ed. de 1986 (4.ª, ed. 1.ª 1964), pp. 323-594.
Carrasco Manchado, A. I. (1995): "Propaganda política en los panegíricos poéticos de los Reyes Católicos: una aproximación", *AEM*, 25, 2, pp. 517-545.
Carrasco Pérez, J. (1997): "Fiscalidad real y urbana: una aproximación al régimen tributario y a la organización financiera de las "buenas villas" del reino de Navarra (siglos XIII-XV)", en Sánchez, A. Furió, A (eds.), *Corona, municipis*, pp. 157-189.
— (1997): "Fiscalidad y finanzas en las buenas villas del reino de Navarra". *Finanzas y fiscalidad municipal. V Congreso de Estudios Medievales*, León, pp. 327-352.
Carretero Zamora, J. M. (1988): *Cortes, monarquía y ciudades. Las Cortes de Castilla a comienzos de la época moderna (1476-1515)*, Madrid, 1988.

Cátedra, P. M. (1984): "La predicación castellana de San Vicente Ferrer", en *Boletín de la R. A. de Buenas Letras de Barcelona*, 39, pp. 235-309.
— (1989): *Historiografía en verso en tiempos de los Reyes Católicos. Juan Barba y su 'Consolatoria de Castilla'*, Salamanca.
— (1993): "Los *exempla* de los sermones castellanos de San Vicente Ferrer", en *Ex libris. Homejane al profesor J. Fradejas Lebrero*, Madrid, pp. 59-94.
— (1994a): *Sermón, sociedad y literatura en la Edad Media. San Vicente Ferrer en Castilla (1411-1412)*, Salamanca.
— (1994b): "La modificación del discurso religioso con fines de invectiva. El sermón", en *L'invective au Moyen Age: France, Espagne, Italie*, n.º 5 de *Atalaya*, pp. 101-122.
Cervera Vera, L. (1982): "La ciudad ideal concebida en el siglo XV por el humanista Sánchez de Arévalo", *BRAH*, t. CLXXIX, pp. 1-34.
(La) ciudad hispánica durante los siglos XIII al XVI (Coord. E. Sáez, C. Segura Graíño y M. Cantera Montenegro) (1985-1987) (Coloquio de La Rábida, 1981) Madrid, 3 vols.
(Las) ciudades andaluzas (siglos XIII-XVI). Actas del VI Coloquio Internacional de Historia Medieval de Andalucía (1991), Málaga.
Clavero, B. (1986): *Tantas personas como estados. Por una antropología política de la historia europea*, Madrid.
Collantes de Terán, A. (1979): "Los señoríos andaluces. Análisis de su evolución territorial en la Edad Media", *HID*, 6, pp. 89-112.
Concejos y Ciudades en la Edad Media hispánica. II Congreso de Estudios Medievales (1990): Fundación Sánchez Albornoz, Ávila-León.
(La) condición de la mujer en la Edad Media hispana (1986): Madrid.
Córdoba de la Llave, R. (1994): *El instinto diabólico. Agresiones sexuales en la Castilla Medieval*, Córdoba.
(Las) Cortes de Castilla y León en la Edad Media (Actas de la I Etapa del Congreso Científico sobre la Historia de las Cortes de Castilla y León, Burgos, 1986) (1988): Valladolid, 2 vols.
(Les) Corts a Catalunya. Actes del Congrés d'Història Institucional (abril, 1988), (1991): Barcelona.
Deyermond, A. (1979-80): "The Sermon and its uses in Medieval Castilian Literature", *La Corónica*, VIII, pp. 127-148.
— (1988): "La ideología del Estado Moderno en la literatura española del siglo XV", en A. Rucquoi (coord.), *Realidad e imágenes del poder*, pp. 171-193.
Díaz de Durana, J. R. (ed.)(1998): *La Lucha de Bandos en el País Vasco: de los Parientes Mayores a la Hidalguía Universal. Guipúzcoa, de los bandos a la Provincia (siglos XIV a XVI)*, Bilbao.
Díaz Martín, L. V. (1997): *Los orígenes de la Audiencia Real castellana*, Sevilla.
Diago Hernando, M. (1997): "El papel de los linajes en las estructuras de gobierno urbano en Castilla y en el Imperio alemán durante los siglos bajomedievales", *En la España Medieval*, n.º 20, pp. 143-177.
Dios, S. de (1982): *El Consejo Real de Castilla (1385-1522)*, Madrid.

— (1985): "Sobre la génesis y los caracteres del Estado absolutista en Castilla", *Studia Historica, Historia Moderna*, III, pp. 11-46.
— (1988a): "Las Cortes de Castilla y León y la administración central", *Las Cortes de Castilla y León en la Edad Media*, vol. II, pp. 255-317.
— (1988b): "El Estado Moderno, ¿un cadáver historiográfico?", en A. Rucquoi (coord.), *Realidad e imágenes del poder*, pp. 389-408.
Edwards, J. (1988, 1990): "Religious Faith and Doubt in Late medieval Spain: Soria. 1450-1500", *Past and Present*, 120, aug., pp. 3-25 (debate en *P&P*, 128, 1990, pp. 152-161).
Esteban Recio, A. e Izquierdo García, M.ª J. (1992): "Familias «burguesas» representativas de la elite palentina a fines de la Edad Media", *Studia Historica. Historia Medieval*, 10, pp. 101-146.
— (1996): "Pecado y marginación. Mujeres públicas en Valladolid y Palencia durante los siglos XV y XVI", en J. A. Bonachía (coord.), *La ciudad medieval*, pp. 131-168.
Estepa Díez, C. (1990): "El realengo y el señorío jurisdiccional concejil en Castilla y León (siglos XIII-XV)", *Concejos y ciudades en la Edad Media hispánica. II Congreso de Estudios Medievales*, pp. 467-506.
Faulhaber, CH. B. (1987): *Libros y bibliotecas en la España medieval: una bibliografía de fuentes impresas*, Londres.
Fernández Álvarez, M. (dir.); Robles, L. y Rodríguez-San Pedro, L. E. (coords.) (1989): *La Universidad de Salamanca*, Salamanca, vols. I-II.
Fernández Conde, F. J. (1982): "Religiosidad popular y piedad culta" y "Decadencia de la iglesia española bajomedieval y proyectos de reforma" en R. García-Villoslada (dir.), *Historia de la Iglesia en España*, II-2.º, pp. 291-357, 419- 462.
— (1994): "Los grandes problemas y realizaciones de la vida intelectual: teología, espiritualidad, filosofía, derecho", "La transmisión del saber en una sociedad predominantemente analfabeta: una catequesis permanente al servicio de una cosmovisión cristiana", en *La época del gótico en la cultura española (c. 1220-c. 1480). Historia de España Menéndez Pidal*, vol. XVI, Madrid, 2.ª parte, III, 1, pp. 439-550; 3.ª parte, II, pp. 863-890.
— (1995): *Las sociedades feudales, 2*, en *Historia de España* (Nerea), III, Madrid.
Fernández Conde, F. J. y Oliver, A. (1982): "Cultura y pensamiento religioso en la Baja Edad Media", y "El Cisma de Occidente y los reinos peninsulares", en R. García-Villoslada (dir.), *Historia de la Iglesia en España*, II-2, pp. 180-253, 464-495.
Fernández de Larrea Rojas, J. A. (1992): *Guerra y sociedad en Navarra durante la Edad Media*, Bilbao.
Franco Silva, A. (1996): *La fortuna y el poder* (col. arts. del autor), Cádiz.
— (1997): *Señores y señoríos* (col. arts. del autor), Jaén.
— (1998): *Estudios sobre ordenanzas municipales (siglos XIV-XV)* (col. arts. del autor), Cádiz.
Furió, A. (1995): *Història del País Valenciá*, caps. 1-3, Valencia.
— (coord.) (1996): *La gènesi de la fiscalitat municipal (segles XII-XIV)*, Valencia (nº monográfico *Revista d'Historia Medieval*).

— (1997): "Noblesa i poder senyorial al País Valencià en la Baixa Edat Mitjana", en E. Guinot (coord), *Les senyories medievals*, pp. 109-151.

García de Cortázar, J. A. (1973): *La época medieval*, Madrid (ed. revisada, 1988).

— (1994): "Los marcos de relación social: el predominio de la aldea y la ciudad", "El ritmo de la comunidad: confirmaciones y ruptura", "El ritmo del individuo: del nacimiento a la muerte", en *La época del gótico en la cultura española (c. 1220-c. 1480). Historia de España Menéndez Pidal*, vol. XVI, Madrid, 1.ª parte, II, IV, V, pp. 83-132, 205-262, 265-320.

— (1997): "El Señorío de Vizcaya: personalidad y territorialidad en la estructura institucional de un señorio bajomedieval", en *Poderes públicos en la Europa Medieval* (Estella'96), Pamplona, 1997, pp. 117-148.

García de Valdeavellano, L. (1967): *Curso de Historia de las Instituciones españolas. De los orígenes al final de la Edad Media*, Madrid.

García Díaz, I. (1984): "La política caballeresca de Alfonso XI", *Miscelánea Medieval Murciana*, 11, pp. 119-133.

García Fernández, E. (ed.) (1994): *Religiosidad y sociedad en el País Vasco (siglos. XIV-XVI)*, Bilbao.

García Fernández, E. (1999): "Expresiones heréticas en la España Medieval: los herejes de Durango", en *Cristianismo marginado. Rebeldes, excluidos, perseguidos*, II, Aguilar de Campo-Madrid, pp. 151-178.

García García, A. (1989): "Los difíciles inicios (siglos XIII-XIV)" y "Consolidaciones del siglo XV", en M. Fernández Álvarez, L. Robles, L. E. Rodríguez-San Pedro, *La Universidad de Salamanca*, I, pp. 13-58.

García Martínez, A. C. (1993): "El valor didáctico de la metáfora en los sermones de San Vicente Ferrer", en *La proyección histórica de España en sus tres culturas* (Medina del Campo, 16-18 abril, 1991), Valladolid, t. II, pp. 355-362.

García Oliver, F. (1991): *Terra de Feudals*, Valencia.

García-Villoslada, R. (dir.) (1982): *Historia de la Iglesia en España*, II-2.º. *La Iglesia en la España de los siglos VIII-XIV*, 3. *La Iglesia en la España de los siglos XV y XVI*, Madrid.

Gerbet, M.ª Cl. (1994): *Les noblesses espagnoles au Moyen Âge, XI-XV siècle*, París.

Gimeno Casalduero, J. (1972): *La imagen del monarca en la Castilla del siglo XIV*, Madrid.

Gómez Moreno, A. (1994): "Proyección de la cultura oral sobe la vida. La transmisión oral del saber: juglares, épica y teatro", en *La época del gótico en la cultura española (c. 1220-c. 1480). Historia de España Menéndez Pidal*, vol. XVI, Madrid, 3ª parte, II, 831-860.

— (1999): "El reflejo literario", en J. M. Nieto Soria (dir.), *Orígenes de la Monarquía Hispánica*, pp. 315-339.

Gómez Redondo, F. (1989): "Historiografía medieval: constantes evolutivas de un género", *Anuario de Estudios medievales*, 19, pp. 3-15.

— (1998, 1989): *Historia de la prosa medieval castellana. I. La creación del discurso prostístico: el entramado cortesano. II. El desarrollo de los géneros. La ficción caballeresca y el orden religioso*, Madrid, 2 vols.

González Alonso, B. (1988): "Poder regio, Cortes y régimen político en la Castilla bajomedieval (1252-1474)", *Las Cortes de Castilla y León en la Edad Media*, vol. II, pp. 201-254.

— (1995): "De Briviesca a Olmedo (algunas reflexiones sobre el ejercicio de la potestad legislativa en la Castilla bajomedieval", en *El Dret Comú i Catalunya* (ed. A. Iglesia), Barcelona, pp. 43-74.

González Álvarez, I. (1990): *El Rimado de Palacio: una visión de la sociedad entre el testimonio y el tópico*, Vitoria.

González Antón, L. (1975): *Las Uniones aragonesas y las Cortes del reino*, Zaragoza, 2 vols.

— (1996): "Sobre poder y sociedad", en *El poder real en la Corona de Aragón (siglos XIV-XVI). Actas del XV CHCA I*, vol. 1, pp. 297-351.

Gonzalez Antón, L. y Lacarra, J. M.ª (1990): "Consolidación de la Corona de Aragón como potencia mediterránea", en t. XIII de la *Historia de España (Menéndez Pidal)*, Madrid, pp. 257-316.

González Jiménez, M. (1977a): "Nivel moral del clero sevillano a fines del siglo XIV", *Archivo Hispalense*, 183, pp. 199-204.

— (1977b): "Beguinos en Castilla. Nota sobre un documento sevillano", *HID*, 4, pp. 109-114.

— (1988): "Las Cortes de Castilla y León y la organización municipal", en *Las Cortes de Castilla y León en la Edad Media*, Valladolid, II, pp. 349-377.

— (1999): "Historia política y estructura de poder. Castilla y León", en *La História Medieval en España. Un balance historiográfico (1968-1998)*, (Estella' 1998), Pamplona, pp. 175-283.

Gonzalez Mínguez, C. (1991): "Aproximación al estudio del "movimiento hermandino" en Castilla y León", *Medievalismo*, 1, pp. 35-55; 2 1992, pp. 29-60.

Guadalajara Medina, J. (1996): *Las profecías del Anticristo en la Edad Media*, Madrid.

Guglielmi, N. Rucquoi, A. (coords.) (1995): *El discurso político en la Edad Media. Le discours politique au Moyen Age*, París.

Guiance, A. (1998): *Los discursos sobre la muerte en la Castilla medieval (siglos VII-XV)*, Valladolid.

Guijarro, S. (1990): "La formación cultural del clero catedralicio palentino en la Edad Media (ss. XIV-XV)", *Actas del II Congreso de Historia de Palencia*, Palencia, t. 4, pp. 651-665.

— (1991): "La formación cultural del clero catedralicio en la Salamanca medieval (ss. XII al XV)", I Congreso de *Historia de Salamanca*, Salamanca, I, pp. 449-460.

Guinot, E. (1992a): "El Patrimoni Reial al País Valencià als inicis del segle XV", *AEM*, 22, pp. 581-640.

— (1992b): "Senyoriu i reialenc al País Valencià a les darreries de l'època medieval", en *Lluis de Santàngel i el seu temps*, Valencia, pp. 185-204

— (1995): *Els limits del Regne. El procés de formació territorial del País Valencià Medieval (1238-1500)*, Valencia.

— (coord.) (1997): *Les senyories medievals. Una visió sobre les formes del poder feudal*, Valencia (monográfico *Revista d'Historia Medieval*).

Hernando Delgado, J. (1981): "Realidades socioeconómicas en el *Libro de las confesiones* de Martín Pérez: Usura, justo precio y profesión", *Acta Historica et Archaeologica Mediaevalia*, 2, pp. 93-106.

Hinojosa Montalvo, J. (1989): "El municipio valenciano en la Edad Media: características y evolución", *Estudis Baleàrics*, 23, pp. 39-59.

Iglesia Ferreirós, A. (1977): "Derecho municipal, derecho señorial, derecho regio", *HID*, 4, pp. 115-197.

Infantes, V. (1997): *Las Danzas de la Muerte. Génesis y desarrollo de un género medieval (siglos XIII-XVII)*, Salamanca.

Iradiel, P. (ed.) (1991): *Saintes, monges, fetilleres. Espiritualitat femenina medieval*, Valencia (extraordinario *Revista d'Historia Medieval*).

— (1992): "Formas de poder y de organización de la sociedad en las ciudades castellanas de la Baja Edad Media", en VV. AA., *Estructuras y formas de poder en la Historia*, Salamanca, pp. 23-49.

— (1997): "Señoríos jurisdiccionales y poderes públicos a finales de la Edad Media", en *Poderes públicos en la Europa Medieval* (Estella'96), Pamplona, pp. 69-116.

Iradiel, P.; Moreta, S. y Sarasa, E. (1989): *Historia Medieval de la España cristiana*, Madrid.

Jular, C. (1990): *Los Adelantados y Merinos Mayores de León. (Siglos XIII-XV)*, León.

Kriegel, M. (1978): "La prise d'une décision: l'expulsion des juifs d'Espagne en 1492", *Revue Historique*, 260, pp. 49-90.

Lacarra, J. M.ª (1973): *Historia política del reino de Navarra desde los orígenes hasta la incorporación a Castilla*, Pamplona.

Ladero Quesada, M. A. (1973): *La Hacienda real castellana en el siglo XV*, La Laguna.

— (1982): *El siglo XV en Castilla. Fuentes de renta y política fiscal*, Barcelona.

— (1989): "La genèse de l'Etat dans les royaumes hispaniques médiévaux (1250-1450)", en C. Hermann (coord.), *Le premier âge de l'Etat en Espagne (1450-1700)*, París, pp. 9-65.

— (1993a): *Fiscalidad y poder real en Castilla (1252-1369)*, Madrid.

— (1993b): "La organización militar de la Corona de Castilla durante los siglos XIV y XV", *La incorporación de Granada a la corona de Castilla* (Actas Symposium Quinto Centenario, Granada, dic. 1991), Granada, pp. 195-227.

— (1996a): "El ejercicio del poder real en la Corona de Aragón. Instituciones e instrumentos de gobierno (siglos XIV y XV)", en *El poder real en la Corona de Aragón (siglos XIV-XVI). Actas del XV CHCA I*, vol. 1, pp. 73-140.

— (1996b): "Monarquía y ciudades de realengo en Castilla. Siglo XII a XV", en *Principi e città alla fine del Medievo* (a cura di S. Gensini), Pisa, pp. 357-412.

— (1998): *Los señoríos de Andalucía* (col. trabajos del autor), Cádiz.

— (1999): "Estado, hacienda, fiscalidad y finanzas", en *La Historia Medieval en España. Un balance historiográfico (1968-1998)*, (Estella' 1998), Pamplona, pp. 457-504.

Lalinde Abadía, J. (1963): *La Gobernación General en la Corona de Aragón*, Zaragoza.
— (1990): "La ordenación política e institucional de la Corona de Aragón", en t. XIII de la *Historia de España (Menéndez Pidal)*, Madrid, pp. 319-416.
Leroy, B. (1995): *Le Royaume de Navarre. Les hommes et le pouvoir, XIII-XV siècles*, Biarritz.
Lawrance, J. (1984): "Nueva luz sobre la biblioteca del conde de Haro: inventario de 1455", *El Crotalón*, I, pp. 1073-1111.
Linehan, P. (1987): "Ideología y liturgia en el reinado de Alfonso XI de Castilla", en A. Rucquoi (coord), *Génesis medieval del Estado moderno*, pp. 229-243.
Lomax, D. (1972): "El catecismo de Albornoz", *Studia Albornotiana 11. Estudios dedicados al Cardenal Albornoz*, n.º especial, 3 vols. I, pp. 215-233.
López Estrada, F. (1994): "¿Una realidad, las culturas nacionales? Las literaturas románicas peninsulares", en *La época del gótico en la cultura española (c. 1220-c. 1480). Historia de España Menéndez Pidal*, vol. XVI, Madrid, 2.ª parte, I, pp. 325-408.
López Morales, H. (1993): "La «pastorada» leonesa y el teatro de Encina y Lucas Fernández", en *Ex libris. Homejane al profesor J. Fradejas Lebrero*, Madrid, pp. 163-171.
Llop Catalá, M. (1995): *San Vicente Ferrer y los aspectos socioeconómicos del mundo medieval*, Valencia.
Mackay, A. (1972): "Popular Movements and Pogroms in Fifteenth Century Castile", *Past & Present*, 55, pp. 33-67.
— (1980): *La España de la Edad Media, desde la frontera hasta el imperio, 1000-1500*, Madrid.
— (1985, 1986): "Ritual and propaganda in fifteenth-century Castile", *Past & Present*, 107, pp. 3-43; y "A rejoinder", *Past & Present*, 113, pp. 185-208.
Mackay, A. y Mackendrick, G. (1988): "La semiología y los ritos de violencia: sociedad y poder en la Corona de Castilla", *En la España Medieval*, 11, pp. 153-165.
Madero, M. (1992): *Manos violentas, palabras vedadas. La injuria en Castilla y León (siglos XIII-XV)*, Madrid.
Mansilla, D. (1982): "Panorama histórico-geográfico de la Iglesia española (siglos VIII al XIV)", en R. García-Villoslada (dir.), *Historia de la Iglesia en España*, II-2, pp. 611-683.
Maravall, J. A. (1954): *El concepto de España en la Edad Media*, Madrid (reed. 1997).
— (1972): *Estado Moderno y mentalidad social. Siglos XV al XVII*, Madrid.
— (1973): *Estudios de historia del pensamiento español*, Madrid.
Marsán, R. E. (1974): *Itineraire espagnol du conte médiéval (VIII-XV siècles)*, París.
Martín Cea, J. C. (1991): *El mundo rural castellano a fines de la Edad Media. El ejemplo de Paredes de Nava*, Valladolid.
— (1998): "Fiestas, juegos y diversiones en la sociedad rural castellana de fines de la Edad Media", *Edad Media. Revista de Historia* (Univ. Valladolid), n.º 1, 1998, pp. 111-141.

Martín Rodríguez, J.-L. (1976): *La Península en la Edad Media*, Barcelona.
— (1981): "Enseñanzas medievales de una cena evangélica", en *La España Medieval*, pp. 249-261.
— (1983): *Economía y sociedad en los reinos hispánicos de la Baja Edad Media* (recop. trabajos del autor), Barcelona, 2 vols.
— (1990): "Defensa y justificación de la dinastía Trastámara. Las crónicas de Pedro López de Ayala", *Espacio, Tiempo y Forma. Historia Medieval*, s. III, 3, pp. 157-180.
— (1993): "Amor, cuestión de señorío", en *Amor, cuestión de señorío y otros estudios zamoranos*, Zamora, pp. 9-31.
Martín Rodríguez, J.-L. y Linage, A. (1987): *Religión y sociedad medieval. El catecismo de Pedro de Cuéllar (1325)*, Valladolid.
Martín Rodríguez, J.-L. y Serrano-Piedecasas, L. (1991): "Tratados de Caballería. Desafíos, justas y torneos", *Espacio, Tiempo y Forma, s. III, Historia Medieval*, t. 4, 1991, pp. 161-242.
Martínez Carrillo, M.ª Ll. (1990): "Fiestas ciudadanas. Componentes religiosos y profanos de un cuadro bajomedieval. Murcia", *Miscelánea Medieval Murciana*, XVI, pp. 11-50.
— (1993-1994): "Elitismo y participación popular en las fiestas bajomedievales", *MMM*, XVIII, 1993-94, pp. 95-107.
Martínez Gil, F. (1996): *La Muerte Vivida. Muerte y Sociedad en Castilla durante la Baja Edad Media*, Toledo.
Menéndez Pidal, R. (1964, 1987) "El Compromiso de Caspe, autodeterminación de un pueblo (1410-1412)", Introducción a al vol. XV de *Historia de España (R. Menéndez Pidal). Los Trastámaras de Castilla y Aragón en el siglo XV*, Madrid, 1986 (4.ª, ed. 1.ª, 1964), pp. IX-CLXIV.
Menjot, D. (1988): "Un chrétien qui meurt toujours. Les funérailles royales en Castille á la fin du Moyen Age", en *La idea del sentimiento de la muerte en la historia y en el arte de la Edad Media*, Santiago de Compostela, pp. 127-138.
Mínguez Fernández, J. M.ª (1990): "Las hermandades generales de los concejos en la Corona de Castilla (objetivos, estructura interna y contradicciones en sus manifestaciones iniciales)", *Concejos y ciudades en la Edad Media*, pp. 539-567.
Mira Jódar, A. J. (1997): "*Administrar los drets al senyor rey pertanyents*. La gestión de la fiscalidad real en el País Valenciano en la Baja Edad Media", en Sánchez, M. Furió, A. (eds.), *Corona, municipis i fiscalitat a la baixa edat mitjana*, pp. 527-553.
Mitre Fernández, E. (1968): *Evolución de la nobleza en Castilla bajo Enrique III*, Valladolid.
— (1969): *La extensión del régimen de corregidores en el reinado de Enrique III*, Valladolid.
— (1988): *La muerte vencida. Imágenes e historia en el Occidente Medieval (1200-1348)*, Madrid.
— (1991): "La historiografía bajomedieval ante la revolución Trastámara: propaganda política y moralismo", *Estudios de Historia Medieval en homenaje a Luis Suárez Fernández*, Valladolid, pp. 333-347.

— (1994): *Los judíos de Castilla en tiempos de Enrique III. El pogrom de 1391*, Valladolid.
— (1996): "Tradición e innovación en la obra cronística del Canciller Ayala", en *La España Medieval*, n.º 19, pp. 51-75.
Molina Molina, A. L. (1987): *La vida cotidiana en la Murcia bajomedieval*, Murcia.
Monsalvo Antón, J. M.ª (1984): "Herejía conversa y contestación religiosa a fines de la Edad Media. Las denuncias a la Inquisición en el Obispado de Osma", *Studia Historica. Historia Medieval*, II, 2, 1984, pp. 109-139.
— (1989): "La participación política de los pecheros en los municipios castellanos de la Baja Edad Media. Aspectos organizativos", *Studia Historica. Historia Medieval*, VII, pp. 37-93.
— (1995): "Historia de los poderes medievales, del Derecho a la Antropología (el ejemplo castellano: monarquía, concejos y señoríos en los siglos XII-XV)", en C. Barros (ed.), *Historia a Debate. Medieval*, Santiago de Compostela, pp. 81-149.
— (1996): "Solidaridades de oficio y estructuras de poder en las ciudades castellanas de la Meseta durante los siglos XIII al XV", en A. Vaca (ed.), *El Trabajo en la Historia* (VII Jornadas de Historia), Salamanca, pp. 39-90.
— (1999): "Algunas consideraciones sobre el ideario antijudío contenido en el *Liber III* del *Fortalitium Fidei* de Alonso de Espina", en *Homenaje a la profesora C. Orcástegui Gros*, Zaragoza, Universidad, II, pp. 1061-1087.
Montagut, T. de (1987): *El Mestre Racional a la corona d'Aragó, 1283-1419*, Barcelona, 2 vols.
Montero Tejada, R. M.ª y García Vera, M.ª J. (1992): "La alta nobleza en la cancillería real castellana del siglo XV", *Espacio, Tiempo y Forma, s. III, Historia Medieval*, V, pp. 163-210.
Moxo, S. (1969): "De la nobleza vieja a la nobleza nueva. La transformación nobiliaria castellana en la Baja Edad Media", *Cuadernos de Historia. Anexos de Hispania*, 3, pp. 1-210.
— (1975): "La sociedad política castellana en la época de Alfonso XI", *Cuadernos de Historia. Anexos de Hispania*, 6, pp. 187-326.
Muñoz Pomer, M.ª R. (1987): *Orígenes de la Generalidad Valenciana*, Valencia.
Narbona Vizcaíno, R. (1992): *Pueblo, poder y sexo. Valencia medieval (1306-1420)*, Valencia.
— (1998): "Tras los rastros de la cultura popular. Hechicería, supersticiones y curanderismo en Valencia medieval", *Edad Media. Revista de Historia* (Univ. Valladolid), n.º 1, pp. 91-110.
Netanyahu, B. (1999): *Los orígenes de la Inquisición*, Barcelona.
Nieto Soria, J. M. (1988): *Fundamentos ideológicos del poder real en Castilla (siglos XIII al XV)*, Madrid.
— (1993): *Ceremonias de la Realeza. Propaganda y legitimación en la Castilla Trastámara*, Madrid.
— (1994): *Iglesia y génesis del Estado Moderno en Castilla, 1369-1480,* Madrid.
— (1998): "El 'poderío real absoluto' de Olmedo (1445) a Ocaña (1469): La monarquía como conflicto", en *La España Medieval*, 21, pp. 159-228.

— (1999): "Ideología y poder monárquico en la península", en *La Historia Medieval en España. Un balance historiográfico (1968-1998)*, (Estella' 1998), Pamplona, pp. 335-381.

— (dir.) (1999): *Orígenes de la Monarquía Hispánica: propaganda y legitimación (c. 1400-1520)*, Madrid.

Olmos Herguedas, E. (1995): "L'ethno-histoire et sa méthode. Etude de quelques pratiques ludiques et festives en Castille", *Revue Européenne d'Histoire*, 2, pp. 161-176.

Orella Unzúe, J. L. (1976): *Partidos políticos en el primer Renacimiento (1300-1450)*, Madrid.

(El) pactismo en la Historia de España (1980): Simposio celebrado en abril de 1978, Madrid.

Palacios Martín, B. (1975): *La coronación de los reyes de Aragón, 1204-1410. Aportación al estudio de las estructuras políticas medievales*, Valencia.

Palencia Herrejón, J. R. (1995): "Elementos simbólicos de poder de la nobleza urbana en Castilla: los Ayala de Toledo al final del Medievo", en *La España Medieval*, 18, 1995, pp. 163-179.

Pallares, M. C.ª (1993): *A vida das mulleres na Galicia medieval (1100-1500)*, Santiago.

Palomo Fernández, G.; Serna Gabriel y Galán, J. I. (1994): "La ciudad y la fiesta en la historiografía castellana de la Baja Edad Media: escenografía lúdico-festiva", *Hispania*, 186, pp. 5-36.

Pardo de Guevara, E. (1998): "Presencia de la materia genealógica en la literatura histórica medieval. La conformación de un género histórico", en J. M.ª Soto Rábanos (coord.), *Pensamiento hispánico medieval*, I, pp. 393-403.

Paredes, J. (1995): *Las narraciones de los* Livros de linhagens", Granada.

Pastor Fluixá, J. (1993): "Nobles i cavallers al País Valencià", *Saitabi*, XLIII, pp. 13-54.

Peinado Santaella, R. G. (1991): "Las elites de poder en las ciudades de la Andalucía Bética", *Las ciudades andaluzas (siglos XIII-XVI). Actas del VI coloquio...*, pp. 337-356.

Pérez, J. (1993): *Historia de una tragedia. La expulsión de los judíos de España*, Barcelona.

Pérez-Prendes, J. M. (1974): *Cortes de Castilla*, Barcelona.

(El) poder real en la Corona de Aragón (siglos XIV-XVI). Actas del XV Congreso de Historia de la Corona de Aragón (1996): (Jaca, 1993), Zaragoza, 5 vols.

Polo Martín, R. (1999): *El régimen municipal de la corona de Castilla durante el reinado de los Reyes Católicos (Organización, funcionamiento y ámbito de actuación)*, Madrid.

Pons Alòs, V. (1996): "Los Trastámara y la nueva nobleza valenciana", en *El poder real en la Corona de Aragón (siglos XIV-XVII). Actas del XV CHCA I*, vol. 5, pp. 243-256.

Porro, N. R. (1998): *La investidura de armas en Castilla. Del Rey Sabio a los Reyes Católicos*, Valladolid.

Portela, E. y Nuñez, M. (coords.) (1988): *La idea y el sentimiento de la muerte en la historia y en el arte de la Edad Media*, Santiago.
Pou I Marti, J. M. (1991): *Visionarios, beguinos y fraticelos catalanes (siglos XIII-XV)* (introducción J. M. Arcelus Ulibarrena, ed. fácsimil de la ed. de 1930), Madrid.
Prieto Lasa, J. R. (1995): *Las leyendas de los señores de Vizcaya y la tradición melusiniana*, Madrid.
Quintanilla Raso, M.ª C. (1982): "Haciendas señoriales nobiliarias en el reino de Castilla a fines de la Edad Media", *Historia de la Hacienda española, épocas antigua y medieval*, Madrid, pp. 769-798.
— (1990): "Historiografía de una elite de poder: la nobleza castellana bajomedieval", *Hispania*, L/2, 175, pp. 719-736.
— (1997a): "El protagonismo nobiliario en la Castilla bajomedieval. Una revisión histórica (1984-1997)", *Medievalismo*, 7, pp. 187-233.
— (1997b): "Política ciudadana y jerarquización del poder. Bandos y parcialidades en Cuenca", *En la España Medieval*, 20, 1997, pp. 219-250.
— (1999): "La nobleza", en J. M. Nieto Soria (dir.), *Orígenes de la Monarquía Hispánica*, 1999, pp. 63-103.
Rábade Obradó, M.ª P. (1995): "Simbología y propaganda política en los formularios cancillerescos de Enrique II de Castilla", *En la España Medieval*, 18, pp. 223-239.
— (1999): "Judeoconversos e Inquisición", en J. M. Nieto Soria (dir.), *Orígenes de la Monarquía Hispánica*, 1999, pp. 239-272.
Ramírez Vaquero, E. (1990): *Solidaridades políticas y conflictos políticos en Navarra, 1387-1467*, Pamplona, 1990.
— (1993) *Historia de Navarra. II. La Baja Edad Media*, Pamplona, Col. Temas de Navarra.
Ramos Vicent, P. (1983): "Reafirmación del poder monárquico en Castilla. La Coronación de Alfonso XI", *CHM*, 3, 1983, pp. 5-36.
Reglá, J. (1966, 1987): "La Corona de Aragón (1336-1410)", en t. XIV de la *Historia de España* (Menéndez Pidal). *La crisis de la Reconquista (c. 1350-1410)*, Madrid, ed. 1987 (4.ª, 1.ª ed. 1966), pp. 439-605.
— (1966, 1987): "Navarra. Reinados de Carlos II el Malo (1332-1387) y Carlos III el Noble (1361-1425)", en t. XIV de la *Historia de España* (Menéndez Pidal). *La crisis de la Reconquista (c. 1350-1410)*, Madrid, ed. 1987 (4.ª, 1.ª ed. 1966), pp. 381-435.
Reglero de la Fuente, C. M. (1993): *Los Señoríos de los Montes de Torozos. De la repoblación al Becerro de las Behetrías (siglos X- XIV)*, Valladolid.
Rico, F. (1977): *Predicación y literatura en la España medieval*, Cádiz.
Riquer, M. de (1967): *Caballeros andantes españoles*, Madrid.
— (1980): *Història de la literatura catalana*, 2.ª corregida, Barcelona.
— (1989): *Las literaturas románicas. Historia y textos. Antología: cantares de gesta, trovadores, narrativa medieval, literatura catalana y castellana y vida caballeresca*, Suplemento de la Revista *Anthropos*, Antologías temáticas, 12.
— (1999): *Caballeros medievales y sus armas* (col. arts.), Madrid.

Rodríguez Velasco, J. D. (1996): *El Debate sobre la caballería en el siglo XV. La tratadística caballeresca castellana en su marco europeo*, Salamanca.
Rodrigo Lizondo, M. (1975): "La Unión valenciana y sus protagonistas", *Ligarzas*, 7, pp. 133-166.
Romeu, S. (1985): *Les Corts Valencianes*, València.
Rubies, J. P. y Salrach, J. M. (1985-6): "En torn de la mentalitat i la ideologia del bloc de poder feudal a través de la historiografía medieval fins a les quatre grans cròniques", *Estudi General*, 5-6, pp. 467-510.
Rubio García, L. (1991): *Vida licenciosa en la Murcia bajomedieval*, Murcia.
Rucquoi, A. (coord.) (1987): *Génesis medieval del Estado Moderno: Castilla y Navarra (1250-1370)*, Valladolid.
— (coord.) (1988): *Realidad e imágenes del poder. España a fines de la Edad Media*, Valladolid.
— (dir.) (1991): *Genèse médiévale de l'Espagne Moderne. Du refus à la revolte: les resistances*, Nice.
— (1991): "La lutte pour le pouvoir en filigrane de l'historiographie trastamariste", en A. Rucquoi (dir.), *Genèse médiévale de l'Espagne Moderne. Du refus à la revolte: les resistances*, Nice, pp. 127-144.
— (1992): "De los reyes que no son taumaturgos: los fundamentos de la realeza en España", *Relaciones. Estudios de Historia y Sociedad*, México, vol. XIII, n.º 51, pp. 55-100.
— (1993): "La formation culturelle du clergé en Castille à la fin du Moyen Age", en *Le clerc séculier au Moyen Age*, pp. 249-262.
— (1995): "Democratie ou monarchie. Le discours politique dans l'université castillane au XV siècle", en N. Guglielmi y A. Rucquoi, *El discurso político*, 1995, pp. 233-255.
Ruiz, T. F. (1984): "Une royauté sans sacre: la monarchie castillane du Bas Moyen Age", *Annales. E. S. C.*, 39, pp. 429-453
— (1991): "Festivités, couleurs et symboles du pouvoir en Castille au XV siècle. Les célebrations de mai 1428", *Annales. E. S. C*, 3, pp. 521-546.
Sabaté, F. (1994): «*Lo senyor Rei és mort*». *Actitud i ceremònies dels municipis catalans baix-medievals davant la mort del monarca*, Lleida.
— (1997): *Le territori de la Catalunya medieval. Percepció de l'espai i divisió territorial al llarg de l'Edat Mitjana*, Barcelona.
— (1998): "Ejes vertebradores de la oligarquía urbana en Cataluña", *Revista d'Història Medieval*, n.º 9, pp. 127-149.
(Las) Sabias mujeres (1994, 1995): Madrid, 2 vols.
Salrach, J. M. y Durán, E. (1981): *Història dels Països Catalans. Dels orígens a 1714*, Barcelona, 2 vols.
Sánchez, M. (1995): *El naixement de la fiscalitat d'Estat a Catalunya (segles XII-XIV)*, Barcelona-Vic.
Sánchez, M. y Furió, A (eds.) (1997): *Corona, municipis i fiscalitat a la baixa edat mitjana*, (Col. loqui 1995), Lleida.
Sánchez Herrero, J. (1976): *Concilios Provinciales y Sínodos Toledanos de los siglos XIV y XV. La religiosidad cristiana del clero y pueblo*, La Laguna, Sevilla.

— (1984): "Centros de enseñanza y estudiantes de Sevilla durante los siglos XIII al XV", en *La España Medieval IV. Estudios dedicados al prof. D. Angel Ferrari Núñez*, II, pp. 875-898.
— (1986): "La literatura catequética en la Península Ibérica, 1236-1553", en *La España Medieval. Estudios en memoria del profesor D. Claudio Sánchez Albornoz*, V, vol. II, Madrid, pp. 1051-1118.
Sánchez Herrero, J. y Pérez González, S. M.ª (1998): "Aprender a leer y escribir, libros y libreros en la Sevilla del último cuarto del siglo XV", *Edad Media. Revista de Historia* (Univ. Valladolid), n.º 1, pp. 47-71.
Sánchez León, P. (1993): "Aspectos de una teoría de la competencia señorial: organización patrimonial, redistribución de recursos y cambio social", *Hispania*, 185, 1993, pp. 885-905.
Sant Vicent Ferrer i el seu temps (1997), Valencia.
Sánchez Sánchez, M. A. (1998): "La represión de la disidencia ideológica en el discurso religioso medieval", en A. Vaca (ed.), *Disidentes, heterodoxos y marginados en la Historia*, Salamanca, pp. 83-108.
Sánchez Saus, R. (1991): *Los linajes sevillanos medievales*, Sevilla, 2 vols.
Santiago-Otero, H. (1996): *La cultura en la Edad Media hispana (1100-1470)*, Lisboa.
Sanz Rodríguez, P. (1980): *Antología de la literatura espiritual española. I. Edad Media*, Madrid.
Sarasa, E. (1979): *Las Cortes de Aragón en la Edad Media*, Zaragoza.
— (1981): *Aragón y el Compromiso de Caspe*, Zaragoza.
— (1986): *Aragón en el reinado de Fernando I. 1412-1416. Gobierno y administración. Constitución política. Hacienda Real*, Zaragoza.
Sarasa, E. y Serrano, E. (eds.) (1993): *Señorío y feudalismo en la Península Ibérica* (Congreso, dic. 1989), Zaragoza, 4 vols.
Scholberg, K. R. (1971): *Sátira e invectiva en la España medieval*, Madrid.
Segura, C. (ed.) (1983): *Las mujeres medievales y su ámbito jurídico*, Madrid.
— (1984): *Las mujeres en el Medievo Hispano*, Madrid.
Segura, C. y Muñoz, A. (eds.) (1988): *El trabajo de las mujeres en la Edad Media hispana*, Madrid.
Sesma Muñoz, J. A. (1988): "El sentimiento nacionalista en la Corona de Aragón y el nacimiento de la España Moderna", en A. Rucquoi (coord.), *Realidad e imágenes*, pp. 215-232.
— (1989): "Fiscalidad y poder: la fiscalidad centralizada como instrumento de poder en la Corona de Aragón (siglo XIV)", en *Espacio. Tiempo. Forma*, serie *III. Medieval*, 4, pp. 447-463.
— (1989): "Violencia institucionalizada: el establecimiento de la Inquisición por los Reyes Católicos en la Corona de Aragón", *Aragón en la Edad Media*, VIII, pp. 659-673.
— (1991): "Todos frente al rey. La oposición al establecimiento de una monarquía centralizada en la Corona de Aragón a finales del siglo XIV", en A. Rucquoi (coord.), *Genèse Médiévale de l'Espagne Moderne*, pp. 75-94.

— (1996):"Las transformaciones de la fiscalidad real en la Baja Edad Media", *El poder real en la Corona de Aragón (siglos XIV-XVI). Actas del XV CHCA*, Zaragoza, t. I, vol. 1, pp. 231-291.
— (1997): "La compenetración institucional y política en la Corona de Aragón", en *Poderes públicos en la Europa Medieval* (Estella'96), pp. 347-371.
Serverat, V. (1997): *La pourpre et la glèbe. Rhéthorique des états de la société dans l'espagne médiévale*, Grenoble.
Sobrequés Vidal, S. (1973): *El compromís de Casp i la noblesa catalana*, Barcelona.
Sobrequés Vidal, S. y Sobrequés Callicó, J. (1973): *La guerra civil catalana del segle XV. Estudi sobre la crisi social economica de la Baixa Edat Mitjana*, Barcelona.
Sobrequés Callicó, J. (1982): *El pactisme a Catalunya*, Barcelona.
Sobrequés, J. (ed) (1992): *Història de Barcelona. II. La formació de la Barcelona Medieval*, Barcelona.
Soldevila, F. (1965): *El compromís de Casp. Resposta al Sr. Menéndez Pidal*, Barcelona.
Soto Rábanos, J. M.ª (coord.) (1998): *Pensamiento medieval hispano. Homenaje a Horacio Santiago-Otero*, Madrid, 2 vols.
Stefano, L. de (1966): *La sociedad estamental de la baja Edad Media española a la luz de la literatura de la época*, Caracas.
Suárez Fernández, L. (1966, 1987): "Castilla", en t. XIV de la *Historia de España (Menéndez Pidal). La crisis de la Reconquista (c. 1350-1410)*, Madrid, ed. de 1987 (4ª, 1ª ed. 1966), pp. 3-378.
— (1964, 1986): "Los Trastámara de Castilla y Aragón en el siglo XV (1407-1474)", en vol. XV de *Historia de España (R. Menéndez Pidal). Los Trastámara de Castilla y Aragón en el siglo XV*, Madrid, ed. de 1986 (4.ª, ed. 1.ª 1964), pp. 3-318.
— (1975): *Nobleza y monarquía. Puntos de vista sobre la historia política castellana en el siglo XV*, Valladolid, 2.ª ed.
— (1994): *Monarquía Hispana y Revolución Trastámara*, Madrid.
Tate, R. B. (1970): *Ensayos sobre la historiografía peninsular del siglo XV*, Madrid.
Tatjer Prat, M.ª T. (1996): "La potestad judicial del rey. El Consejo del Rey en su función de administrar justicia (s. XIII y XIV)", en *El poder real en la Corona de Aragón (siglos XIV-XVI). Actas del XV CHCA I*, vol. 2, pp. 379-388.
Tena García, S. (1994): "Ámbitos jurisdiccionales en el País Vasco durante la Baja Edad Media. Panorámica de un territorio diverso y fragmentado", VV. AA. *Pueblos, Naciones y Estados en la Historia*, Salamanca, pp. 29-41.
Val Valdivieso, M.ª I. (1994a): "Universidad y oligarquía urbana en la Castilla bajomedieval", en S. Aguadé, *Universidad, cultura...*, pp. 131-146.
— (1994b): "Ascenso social y luchas por el poder en las ciudades castellanas del siglo XV", en *La España Medieval*, 17, pp. 157-184.
Valdeón, J. (1966): *Enrique II de Castilla: la guerra civil y la consolidación del régimen (1366-1371)*, Valladolid.
— (1975): *Conflictos sociales en el reino de Castilla en los siglos XIV y XV*, Madrid.
Valdeón, J.; Salrach, J. M.ª y Zabalo, J. (1980): *Feudalismo y consolidación de los reinos hispánicos (siglos XI-XV)*, en *Historia de España* dir. por Tuñón de Lara, vol. IV, Barcelona.

Vicens Vives, J. (1953): *Juan II de Aragón. Monarquía y revolución en la España del siglo XV*, Barcelona.
— (1964, 1986): "Los Trastámara y Cataluña (1410-1479)", en vol. XV de *Historia de España (R. Menéndez Pidal). Los Trastámara de Castilla y Aragón en el siglo XV*, Madrid, 1986 (4.ª, ed. 1.ª 1964), pp. 600-785.
Vilar, P. (1978): *Cataluña en la España Moderna. Investigaciones sobre los fundamentos económicos de las estructuras nacionales,*. I (ed. orig. íntegra, París, 1962), Barcelona.
Vinyoles, T. M.ª (1990): "La violència marginal a les ciutats medievals (exemples a la Barcelona dels volts del 1400)", en *Violencia i marginació en la societat medieval. Revista d'Història Medieval*, 1, Valencia, pp. 155-177.
Viña Liste, J. M.ª (1991): *Cronología de la Literatura Española. I. Edad Media*, Madrid.
Yarza Luaces, J. (1988): "La imagen del rey y la imagen del noble en el siglo XV castellano", en A. Rucquoi (coord.), *Realidad e imágenes del poder*, pp. 267-291.
— (1997): "Imágenes reales hispanas en el fin de la Edad Media", en *Poderes públicos en la Europa Medieval* (Estella'96), Pamplona, pp. 441-502.
Zabalo Zabalegui, J. (1973): *La administración del reino de Navarra en el siglo XIV*, Pamplona.